FRIEDRICH SCHORLEMMER

Klar sehen und doch hoffen

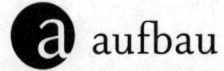 aufbau

FRIEDRICH SCHORLEMMER

Klar sehen und doch hoffen

Mein politisches Leben

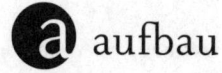 aufbau

Mit 41 Abbildungen

ISBN 978-3-351-02750-6

Aufbau ist eine Marke der Aufbau Verlag GmbH & Co. KG

1. Auflage 2012
© Aufbau Verlag GmbH & Co. KG, Berlin 2012
Einbandgestaltung hißmann, heilmann, hamburg
Satz und Reproduktion LVD GmbH, Berlin
Duck und Binden CPI – Clausen & Bosse, Leck
Printed in Germany

www.aufbau-verlag.de

Eines Predigers Amt ist eigentlich darauf gerichtet, daß er immerdar liebe, predige, helfe, rate und die Hörer zum Glauben und zur Liebe anhalte.

Martin Luther

Wes Fuß wär' niemals fehlgesprungen?
Wer lief nicht irr' auf seinem Lauf?
Blick hin auf das, was dir gelungen,
Und richte so dich wieder auf.

Theodor Fontane

Wer glaubt, etwas zu sein, hat aufgehört, etwas zu werden.

Sokrates

Wege entstehen dadurch, daß man sie geht.

Franz Kafka

Wenn der Teufel der Lehre nichts anhaben kann, so legt er sich wider die Person, lügt, schmäht, flucht und tobt wider dieselbe.

Martin Luther

INHALT

UMKEHR FÜHRT WEITER

VOM AUGUSTINERKLOSTER ÜBER DIE SCHLOSSKIRCHE ZUM MARKTPLATZ

DIE TAGE DER BEFREIUNG

ERNÜCHTERUNGEN – WEDER VERKLÄRUNG NOCH DÄMONISIERUNG

WIR SIND ÜBERALL AUF DER ERDE – STASI UND KEIN ENDE

REISEERLEBNISSE

MEIN LEBEN IN UND MIT DER KIRCHE

WAS ICH ERINNERE, WAS ICH SUCHE

»STEH AUF, FRIEDRICH!« – KLAR SEHEN
UND DOCH HOFFEN

Am Morgen des 21. August 1968 weckte mich mein Vater früh um sechs mit dem waschwasserkalten Satz: »Friedrich, steh auf! Die Russen sind in Prag einmarschiert.«

Ich schreckte auf, fiel aber wie gelähmt in mich zurück. Was hatte Vater gesagt? Für ein paar Sekunden bestand ich darauf, geträumt und etwas falsch verstanden zu haben. Ich hatte nichts falsch verstanden und nicht geträumt. Mir kam die Inschrift auf dem Tor zur Hölle in den Sinn: »Lasst, die ihr eintretet, alle Hoffnung fahren!« (Dante)

Erst einen Tag zuvor war ich aus Prag gekommen, um am 22. August – meinem Tauftag – den Gottesdienst zur Silberhochzeit meiner Eltern zu halten. Prag war in jenem Sommer die Hauptstadt eines politischen Frühlings mitten im kalten Staatssozialismus. Und nun: die Russen. Panzer, an deren rasselnde Ketten die Hoffnung gelegt war wie eine Schwerverbrecherin. In Prag war nichts an sich selbst zerbrochen, es war eine Hoffnung niedergewalzt worden. Auf den Panzern saßen junge Soldaten, die vielleicht selber nicht begriffen, was sie da taten, aber sie taten's. Befehligt wurden diese Panzer von der Angst einer bolschewistischen sowjetischen Kaderpartei, der Ruf nach Freiheit würde das System insgesamt untergraben und zum Einsturz bringen.

Friedrich, steh auf! Vielleicht begriff ich in jenen Augusttagen erstmals, dass Wirklichkeit und Hoffnung aneinanderschlagen können wie unversöhnliche Metalle. Ich werde sein!, tönt die Hoffnung. Ich bin!, klirrt die Wirklichkeit. Und

15

du stehst dazwischen, suchst fiebernd den Brückenschlag. Er kommt in dem kleinen starken Wörtchen »doch« zum Ausdruck. Klar sehen und doch hoffen! Diese Maxime wurde mein Lebensmotto. Ich leitete es aus dem Denken von Albert Camus ab.

Mit der Hoffnung, sagte Ernst Bloch, habe man nicht nur etwas zu essen, sondern auch etwas zu kochen. Sie ist Arbeit am Wirklichen. Hoffen heißt: an einen Überschuss glauben und aus solchem Vertrauen Handlungskraft gewinnen.

Ich lebte in jenen Jahren, in die der Schock von Prag fiel, ganz im Pathos der »Theologie der Hoffnung«. In mir pochte der Satz aus dem Johannes-Brief: »Es ist noch nicht erschienen, was wir sein werden.« (1. Joh. 3,2) Mag die Wirklichkeit den Menschen erschöpfen, seine Möglichkeiten sind es kaum. Mit Augenmaß für das Relative leben, ohne die weitgesteckten Horizonte zu verraten. Diese Spannung begriff ich mit den Jahren als eine Definition für so etwas wie Zufriedenheit. Ein Wort, das mir lange als kleinbürgerlich galt. Verriet, wer sich zufriedengab, nicht allen Sturm und Drang, alle Utopie? Nein, wer zu viel von der Welt fordert, erkrankt an ihr und an sich selber. Die Träume darf man nicht von den Gegebenheiten kappen, unter denen sie gedeihen sollen. Friedrich, steh auf! Das war der Weckruf für einen träumerischen Realismus und ein realistisches Träumen. Der graue Schein des jeweiligen Tages soll mir nicht den Sinn für ein ferneres Licht nehmen.

… und doch hoffen! Dies ist Bekenntnis, Trotz, es klingt auch ein wenig Furcht mit, zu niederreißend sei vielleicht, was ohne jede Bemäntelung wahrgenommen werden muss. Der sehr schwarz veranlagte Heiner Müller sagte, Hoffnung sei Mangel an Information. Nein, ich behaupte den aufrechten Blick in voller Kenntnis der Dinge, aber wie gesagt: Die Realität spaßt nicht mit ihren Fakten, und es gehört Mut zur Wahr-

16

heit. Sie kann wie ein Felsblock vorm Wunsch der Hoffnung stehen, am liebsten über alles Hemmende hinwegzusehen.

Martin Luther hob in der Heidelberger Disputation 1518 hervor: »Der Theologe der Herrlichkeit nennt das Schlechte gut und das Gute schlecht. Der Theologe des Kreuzes nennt die Dinge, wie sie wirklich sind.« (These 21) Im Unterschied zur gängigen Meinung, Theologie sei eine illusionäre Wirklichkeitsschau, ja geradezu falsches Bewusstsein, nimmt Luther sie dafür in Anspruch, schonungslos aufzuklären. Für einen evangelischen Theologen wird die Erkenntnis lebensleitend, dass die verruchte Wirklichkeit nur im Horizont des Kreuzes erträglich wird. Klar sehen – und doch hoffen!

Der Theologe der Herrlichkeit legt einen glitzernden Schein über die Wirklichkeit. Weil er sie nicht aushält, muss er sie beschönigen, Altäre üppig vergolden – und sei es mit dem Blut unterworfener Völker Südamerikas in den Kathedralen Spaniens. Der Theologe des Kreuzes dagegen kann die Wirklichkeit in all ihrer Härte sehen, weil ihm diese Härte die Hoffnung nicht rauben kann. Sola gratia – allein aus Gnade, die nicht unterwürfig macht, sondern aufrichtet. Dies ist der radikalste religiöse Widerspruch gegen einen Zynismus, der sich aus der Realität heraushält und sich über sie stellt.

Es geht mir, gewissermaßen berufsbedingt, immer wieder um Luther und mit ihm darum, Dinge beim Namen zu nennen. Wer sich für Minderheiten, Ausgegrenzte, Flüchtlinge einsetzt, darf nicht verschweigen, dass z. B. nicht alle Zugewanderten friedlich sind. Wer aber gewalttätige Kurden gewalttätig nennt, rechtfertigt damit noch lange nicht die Unterdrückung der Kurden durch die Türken. Wer Ausländerkriminalität benennt, ist nicht automatisch ausländerfeindlich. Wer offen den Verdacht äußert, »Hartz IV« könne auch als Hängematte missbraucht werden, diskriminiert damit nicht alle Arbeitslosen. Und wer die Enttäuschung alter

Kommunisten über die aus der Geschichte gejagte DDR versteht, ist deshalb weder ein Nostalgiker, noch verhöhnt er Opfer der SED-Diktatur. Worte wie Pflicht und Gehorsam, Bescheidenheit und Ordnung, Heimatliebe und Nationalstolz können und müssen wieder in ihr Recht gesetzt werden. In ihnen stecken Werte, ohne die wir nicht gemeinschaftlich leben können. Daher dürfen wir nicht auf sie verzichten. Aber es sollte nicht verschwiegen werden, für welchen Missbrauch, für welches Unrecht diese Begriffe herhalten mussten.

Klar sehen, was ist. Schönfärber und Schönredner hat es immer gegeben. Davon zeugt auch der Konflikt zwischen dem Propheten Jeremia und den »falschen Propheten«. Diese falschen berieten die Könige und legten ihnen alles mundgerecht vor, damit sie nicht in Ungnade fielen. Der wahre Prophet aber ist einer, in dessen Belieben es nicht gestellt ist, was er sagt. Er folgt der Wahrheit, die er auf dem Herzen hat und die ihm auf der Zunge brennt – wie Jeremia, der Unglücklichste und Mutigste unter den Propheten. »Denn sie gieren doch alle, groß und klein, nach unrechtem Gewinn.« Über das störrische Volk urteilt er: »Sie haben ein Gesicht, härter als ein Fels.«

Propheten werden verdächtigt, Schwarzseher, Agenten des Feindes, Wichtigtuer, unbelehrbare Volksverächter und Staatsfeinde zu sein. Sie haben mit Gefühl- und Rechtlosigkeit zu rechnen, wenn sie auf das *schon* sichtbare und das *noch* drohende Unheil hinweisen. Sie blicken nicht rückversichernd auf die Oberen und auch nicht auf die Volksstimmung. Sie glauben an ihr Gesetz: Es gibt keine Hoffnung ohne Wahrheit, ohne Einsicht, ohne Umkehr. Sie sehen der Wirkungslosigkeit ihrer Anstrengungen ins Auge und bleiben dennoch im Mühen; eine Resthoffnung auf Wandel behalten sie. Deshalb das wiederkehrende Bild von der Nachlese, wie am Weinstock.

Natürlich leidet der Prophet unter seinem Auftrag, die

Wirklichkeit ohne Rücksicht aufzudecken. Wahrheit tut weh, auch dem, der sie sagt. Dem Volk sowieso. Das gemeine Volk will hören, dass alles gut wird, auch wenn dies gelogen wäre. Gutredner werden gut bezahlt und gern gehört. Ein Prophet steht daher als Einzelner immer gegen die vielen.

»Bessert euer Leben und euer Tun, so will ICH bei euch wohnen an diesem Ort. Verlasst euch nicht auf Lügenworte.« (Jeremia 7,3 f.) Geistesgeschichtlich gesehen, ist die Philosophie der Propheten ein Schritt aus der streng vorgegebenen Norm in die Freiheit des persönlichen Handelns. Es geht nicht bloß um Normbefolgung; es geht um Wahrnehmen von Verantwortung – die Propheten vollziehen den Schritt von der Moral zur Ethik, zur eigenen, freien, verantwortlichen Tat. Hier waltet nicht mehr das Schicksal, hier wird Verantwortung eingeklagt. Für jeden.

Die Bibel half mir immer beim Erden der Sehnsüchte, der Menschenrechts- und Friedensutopien. Sie half mir, ein realistisches, also ein skeptisches Menschenbild zu behalten. An Propheten, nicht an Herrschern habe ich mein Denken und Tun geschult, habe mich an ihrem Anspruch gerieben, spürte und spüre immer wieder den Abstand zu ihrer Klarheit. Ihr Leiden ließ ich an mich heran, ihre Kraft beneidete ich. Sie haben mir geholfen, meine nunmehr dreiundvierzig Jahre als Pfarrer ohne Schönfärberei zu betrachten, ohne Selbstblendung, also nicht nur das Feuer, sondern auch die Asche der Jahre zu sehen. Den Blick vom Spektrum der Erfahrungen, auch von Enttäuschungen nicht feige abzuwenden – aber dabei das Hoffen nicht aufzugeben. Wenn ich mich auf das Lebensskript von Propheten berufe, dann nicht anmaßend nähebetont, sondern verehrend und ermutigt.

Der Holzschnitt »Ein Prophet« von Emil Nolde begleitet mich seit meinem 16. Lebensjahr. Ich hatte ihn von einer Postkarte abfotografiert, vergrößert und auf ein Brett geklebt. Zu meinen »Propheten« zähle ich auch Martin Luther King, Wolfgang Borchert, Ernesto Cardenal, Dorothee Sölle. Und Hilde Domin! »Dennoch-Sagen« war die Lebensmaxime dieser kleinen Frau und großen Dichterin, die einem ihrer Bücher den Titel »Aber die Hoffnung« gab – und die nach ihrer Erfahrung mit Hitlers Deutschland lebenslang das Veronal in der Handtasche behielt.

Klar sehen und doch hoffen. Das ist Lebenskunst schlechthin. Man zeige mir freilich einen, der diese Kunst durchgängig hat leben können. In ständiger Balance zwischen Skepsis und Sehnsucht, sodass eines das andere aufhebt, ja -wiegt. Immer stehen sich die Kräfte mit Eigenmacht gegenüber; die eine wirft sich im Übermaß der Entgegnung auf die Angebote der anderen, auf das Schwarz der nüchternsten Erkenntnis antwortet die farbigste Droge des Wünschens. Der Mensch, ein Zerrissener zwischen den Gemütslagen, zwischen Abgrund und Wolken schwebend, zwischen Optionen in Überfülle und totaler Alternativlosigkeit. Jedes der späten Lebensjahre nimmt dir ein Gran Traumkraft und verstrickt dich zugleich in das tragische Empfinden, dass just jetzt – da die Begehrlichkeiten des einst prallen Lebens abfallen wie eine Last – des Traumes schönste, ungezwungenste Zeit sein könnte. Nunmehr, da ohnehin aus naturgegebenen Umständen das Erfüllbare nicht mehr das Erstrebenswerteste ist, könnte die Hoffnung etwas freier, unbelasteter, fast wieder jugendlich durch den Sinn schwirren. Aber ihr steht ein gewachsener, gehärteter Wirklichkeitssinn gegenüber, der nur noch kalte Rechnungen aufmacht und auf die ablaufende Uhr zeigt. Ich sehe tieftraurig auf die UNO-Klimakonferenz in Durban zurück. Sollte kollektive Einsicht auf dem Globus nie mehr greifen?

Bald nach meinem Wechsel 1978 aus der Stadt des Raben in die Stadt des Schwans – also von Merseburg nach Wittenberg – entdeckte ich das Konterfei Martin Luthers am Katharinenportal. Der Steinmetz hatte es über einem der Türsitze eingemeißelt mit einer Umschrift, die als ein Lebensmotto Luthers gilt: »*Im Stillesein und Hoffen wird eure Stärke sein.*« Stillesein bedeutet hier nicht, in sich gekrümmt die Klappe zu halten, aus Angst, ein falsches Wort zu sagen, sondern ganz konzentriert sein, genau hinschauen und ganz gelassen sein – so wird Stärke auf den Menschen zukommen. So wird Glauben zu einem der Zukunft geöffneten Dasein. In diesem Sinne habe ich versucht zu leben und zu widerstehen – bei allem Versagen und Verzagen, in Zeiten tiefer Müdigkeit, des Zweifelns, des Verzweifelns und der Selbstzweifel. Zu widerstehen galt es der Welt und mitunter auch mir selber. Der Weckruf meines Vaters hat mich geleitet und begleitet: »Friedrich, steh auf!«

BLICK ZURÜCK OHNE ZORN – ERINNERUNGEN UND PERSPEKTIVEN

Erinnerung erfindet. Denn die Vergangenheit legt sich nicht selber ab in einen Ordner, darin man das Gewesene, all das Wirkliche und Wahre nachschlagen kann. Wer sich an sein Leben erinnert, kann auf nichts Befestigtes, nunmehr Unantastbares zurückgreifen, er rekapituliert und fabuliert gleichermaßen, er steht somit unweigerlich zwischen Archäologie und kleiner Weltengründung. Noch im Denken an entfernteste biografische Einzelheiten hört die Selbstsuche im Gegenwärtigen nicht auf. Die Zeit haut nichts in Stein, das man sich von allen Seiten betrachten könnte. Alles steht nur gefiltert zur Verfügung – Daten und Fakten, Personen und Ereignisse.

Zur Freude darüber, dass sich meine Erinnerungen mit Erfahrungen anderer Menschen decken, kommt das Glück, manch Aufgerufenes ergänzt, bereichert zu wissen durch fremde Wahrnehmungen. So paradox es klingen mag: Der

Blick zurück lebt von der Freiheit, offenzulassen, wie etwas wirklich geschah. Es handelt sich um jene Offenheit, die ins Heute zielt. Erinnern geht nicht der Frage nach, wie etwas war, sondern forscht mit dem Material des Vergangenen nach dem, was ist.

Vergangenheit lebt. Aber dieser Satz widerspricht keinesfalls jenem Satz, der mir ebenso wichtig ist, vor allem in Bezug auf die Auseinandersetzung mit der DDR: Man muss Vergangenheit irgendwann auch Vergangenheit sein lassen. Warum können wir die DDR nicht endlich im Grabe lassen, statt sie permanent zu exhumieren? Alle Nachrufe sind inzwischen geschrieben. Kaum ein Staat der Welt wurde so gründlich analysiert wie dieses vierzig Jahre dauernde Staatsexperiment mit diktatorischen Mitteln. Das Sezieren begann bereits in dem Moment, da das System endlich verlosch. Was war, darf uns nicht beherrschen, indem unaufhörlich Feindbilder, ja sogar Hass aufrechterhalten oder reanimiert werden. Die seit 1990 dominierende Art der Aufarbeitung stand und steht weiterhin der Versöhnung entgegen. Ich fühlte und fühle mich dem verbunden, was Nelson Mandela nach 23 Jahren Kerker zusammen mit Bischof Tutu in beeindruckenden Ansätzen initiiert hat: Vergebung – nicht ohne Wahrheit; Wahrheit – nicht ohne Versöhnung.

In diesem Buch steige ich selbst noch einmal hinab in den trockengelegten Brunnen DDR, weil ein Großteil meines Lebens dort stattfand und ich sehr wohl Argumente für eine Freiheit der Loslösung habe, die nichts zu tun hat mit Vergessen oder Verdrängen. Es ist die Freiheit des weiterführenden Gesprächs, das aus dem gestrigen Los Erkenntnismaterial schürft für morgige Lösungen. Keiner kann etwas Sicheres über die Zukunft sagen, aber wir kennen das Gelebte und können mit großer Sicherheit sagen, was wir nicht, was wir nie wieder wollen. Das ist unser Fundus, daraus entstehen Entscheidungen, die vielleicht nicht weniger Irrtum befördern als frühere Taten. Aber ein paar Irrwege dürften vermeidbar sein! Klare, unverstellte Sicht auf die Welt bedeutet zuallererst Einsicht in die Tatsache, dass mit dem Wechsel der Zeiten die alten quälenden, existenziellen Probleme blieben: Hochrüstung, bipolares Denken, Fremdenfeindlichkeit, ideologische Verengung, Machtgier und Machtmissbrauch, Feindbildzimmern und Steinewerfen.

Ich will einstigen Hoffnungen, Einsichten und Visionen nachsinnen und fragen, was davon unerledigt ist. Ohne eine Leitidee, die in Freiheit angenommen und von Freien gemeinsam getragen wird, hat eine Gesellschaft keine lebenswerte Zukunft. Deshalb lebe, denke, schreibe ich wieder und wieder gegen Gleichgültigkeit, Zynismus und Resignation.

Die Frage, was Kirche Jesu Christi sein kann, hat mich mein ganzes Leben beschäftigt, und sie treibt mich heute um, zumal die gegenwärtige Kirche hinter ihren Möglichkeiten zurückbleibt und sich oft zeitgeistig, beliebig, eventgierig gibt. Was ich in der Evangelischen Kirche der DDR als einer geduldeten Gegenöffentlichkeit einzubringen versuchte, dokumentiere ich ebenso wie vieles, was ich als Prediger in der wilhelminischen Schlosskirche in Wittenberg habe anregen können.

Jedem Menschen ist der Mut zu wünschen, sich selbst gegenüber ehrlich zu sein und nicht nur seinen Anteil an der Lösung eines Problems zu benennen, sondern auch zu erkennen, was er zu dessen Verursachung beigetragen hat. Solcher Mut ist möglich, wenn der Mensch um Gnade weiß. Dies ist eine der wertvollsten Gewissheiten. Ich jedenfalls wüsste nicht, wie ich anders leben sollte.

Beglückt mache ich mir bewusst, wie oft ich in meinem Dasein Bewahrung, Behütung, gute Fügung erfuhr. Ich wundere mich, dass ich noch immer am Leben bin. Ich erschrecke, wie oft ich am Abgrund vorbeischlitterte. Längst gestorbene

23

Freunde und Lehrer ziehen an meinen Augen vorüber – wie eine »Wolke der Zeugen«. Auch Beziehungen, die abgebrochen wurden, erkaltet, erloschen sind oder sich im Wirbel wechselnder Zeiten, Orte und Umstände verloren, werden nun, da ich schreibend mein Leben bedenke, wieder lebendig. Was oder wer in diesem Buch keine Erwähnung findet, ist dennoch nicht aus meinen Gedanken und Gefühlen gelöscht. Privates soll privat, im Vertrauen Anvertrautes vertraulich bleiben. Wahrhaftigkeit setzt nicht die Kunst außer Recht, Vorhänge zu platzieren, wo ich sie für angemessen und anständig erachte.

»Je mehr man über die faktische Wahrheit hinausgeht, desto spürbarer werden die Schwierigkeiten des Mitteilens und Verstehens«, schrieb Siegfried Lenz 1964. Spruch trifft auf Widerspruch. Lenz erinnert an die Weisheit der Kabbala: »In ihr ist die Wahrheit das, was sich geziemend widerspricht … Diese Wahrheit … liegt im Aufblitzen eines emporgerissenen Messers, in der pfeilschnellen Berührung der Schwalbe mit dem Wasser. Sie ist in einer einzigen Sekunde gewonnen und wieder verloren.«[1]

Worin besteht sie also, die Wahrheit eines Menschen? Wie viele gegensätzlich konturierte Bilder er doch in anderen erzeugt – auch wenn er selber zweifelsfrei meint, ganz klar und eindeutig zu sein. An jedem besseren Kleidungsstück findet man heute mindestens fünf Etiketten. Ich bin im Laufe der Jahre auf Dutzende Etiketten gekommen, mit denen man mich bedachte – sachlich, teilnahmsvoll, mitunter schmeichelhaft, aber auch heftig schmähend, mich missverstehend oder schroff bis gemein ablehnend. Die Stasi nannte mich stets »widersprüchlich«, das klingt im Arsenal der groben Schnüffel- und Denunziationsprosa fast wie eine Verirrung ins Milde. Ich musste mich mit den Jahren damit abfinden, dass meine Art polarisiert. Allen, die es nicht lassen können, die Welt in Freunde und Feinde einzuteilen, biete ich eine willkommene Projektionsfläche, ohne es im Geringsten darauf anzulegen. Alpha braucht auf Anti-Alpha nicht lange zu warten. Wahrscheinlich wirke ich auf manche Menschen auch im Sitzen wie jemand, der gerade die Treppen zu einer Kanzel nimmt. Das ist wohl das Schicksal aller, die in der zugigen Öffentlichkeit tätig sind. Wer dort arbeitet, muss ertragen, dass sich andere an einem abarbeiten. Ertragen schließt für mich ein: offen austragen, was einem unerträglich ist.

Ich – das ist immer ein anderer. Schrieb der Dichter Arthur Rimbaud. Was weiß ich von mir? Was wissen die anderen von mir? Und was wissen weder die anderen noch ich selbst von mir? Meine jüngste Schwester Ulrike, die aus privaten Gründen nach Westdeutschland ausgereist war, hatte mir 1978 in einem Brief ein Gedicht Wolfgang Borcherts beigelegt. Sie ahnte wohl, dass diese Zeilen mich seit meinem 16. Lebensjahr begleitet hatten. Das Blatt hängt bis heute über meinem Schreibtisch: »Was morgen ist, auch wenn es Sorge ist, ich sage: Ja!« Wieso sollte ich nicht Ja sagen, wo ich doch so viel weniger durchmachen musste als Wolfgang Borchert? Der Autor von »Draußen vor der Tür« sagt Ja, wissend, dass er sich beständig überforderte. Das freilich kenne ich nur zu gut. Ich teile seinen Wunsch, Leuchtturm für andere sein zu wollen, in Nacht und Wind und für jedes Boot – »und bin doch selbst ein Schiff in Not«.

Jeder ist in eine bestimmte Zeit gestellt. Denke ich über meinen Lebensweg nach, steht mir immer deutlicher vor Augen, dass ich von vielen Menschen umgeben bin, die mir zu Leuchttürmen geworden sind. Ihnen widme ich das, was ich an Erinnerungen notiert habe und was ich an Perspektiven skizziere. Solche Leuchttürme richten mich auf und lassen mich »nach oben« sehen. Wer zu Jesus aufschaut, empfängt einen Rückruf: Sieh hin, die Erde!

Die Briefe meines Vaters an meine Großmutter zeigen ihn als einen Mann, dessen Denken und Fühlen ganz in seiner Zeit verwurzelt war. Im April 1932 forderte er seine Mutter auf, die nationalliberale Deutsche Volkspartei zu wählen, deren prominentester Politiker der 1929 gestorbene Gustav Stresemann war. Zu den Irrwegen seines Denkens zähle ich – rückblickend! –, dass er sich nach der Machtübernahme der NSDAP zeitweilig deren Ideologie angenähert hat. Im Mai 1933 hatte der Student noch über einen gewissen Anpassungszwang berichtet: »Wir mussten nämlich alle in den nationalsozialistischen Studentenbund eintreten. Wenn nicht, dann gibt es keinen Gebührenerlass und keinen Freitisch mehr. Ich soll Scharführer werden, und da waren wir Samstag und Sonntag in Brachwitz zum Exerzieren.« Er bat um 40 Mark für eine SA-Ausrüstung. Im Sommer 1933 besuchte er die SA-Führerschule in Wernigerode. Einige Monate, vielleicht ein Jahr später – das genaue Datum ist unklar –, gab er den Scharführerposten auf.

Er gehörte einer schlagenden Verbindung an. In einem Brief vom Sommer 1934, dem er stolz ein Foto von sich im »Chargenwichs« beilegte, berichtete er: »Im Laufe dieser Woche besichtigen wir das Gefängnis und das Museum der Nationalsozialistischen Revolution. Gestern war Göbbels [sic!] hier in Halle. Wir waren auch auf den Brandbergen. Er hat ganz fabelhaft geredet. 160 000 Menschen waren dort versammelt.« Die Zahlenangabe darf getrost bezweifelt werden. Unzweifelhaft ist, dass mein Vater von den Goebbels'schen Propagandakünsten beeindruckt war. Der Sog der Massen und der Massenbegeisterung hatte ihn wie so viele anfänglich ergriffen.

In den Briefen geht es sehr oft um etwas Geld zum Leben,

um Essen und Kleidung, Dinge, an denen es dem Studenten Wilhelm Schorlemmer stetig mangelte. Er berichtete wiederholt über das Studium, über Prüfungen, auch über den »Ariernachweis«, den er zu erbringen hatte. Im November 1934 teilte er seiner Mutter und den beiden Tanten Emma und Hermine in der Börde mit, dass er »auf Budensuche gegangen« sei: »Ich wohnte zuerst Laurentiusstr. 15. Ich stellte aber sogleich fest, dass es Juden waren, und bin daher sofort umgezogen nach Brandenburgerstr. 10 I.« Hier fühlte er sich »sehr wohl«. Ein paar Monate später, im April 1935, riet er, »Triumph des Willens«, den »großartigen« Parteitagsfilm, unbedingt anzuschauen. Dennoch wurde aus ihm kein überzeugter oder aktiver Nazi. Eine Abwertung der Juden oder anderer Völker habe ich nie von ihm gehört. Für sein 1. Theologisches Examen lernte er in dem 1937 erschienenen Ethikbuch von Alfred Dedo Müller. Darin hieß es, dass »eine theologische Betrachtung die ganze Tiefe und Unausrottbarkeit des kriegerischen Instinktes in der menschlichen Natur zu Gesicht bekommen« müsse. Der Krieg sei »offenkundig eine anthropologische Wirklichkeit, die wir einfach vorfinden«.[2]

Müller tritt »der ideologischen Verfälschung des ganzen Problems durch den aufklärerischen Pazifismus« entgegen.[3] Luther habe den »Gehorsam gegen den Staat im Liebesgebot verankert«, und so sei ein Christ aufgefordert, »um der Liebe willen sich dem staatlichen Gebot zu unterwerfen«. Für die Verwirklichung dieser Gedanken biete die gegenwärtige politische Lage einzigartige Bedingungen, weil die die sogenannte deutsche Revolution tragende politische Bewegung »ganz aus dem repräsentativen Erlebnis e i n e s Mannes wuchs, der von sich sagen kann: ›Aus dem Volke bin ich gewachsen, im Volke bin ich geblieben, zum Volke kehre ich zurück‹«[4].

Alfred Dedo Müller lehrte bis 1957 an der Leipziger Universität, die seit 1953 den Namen von Karl Marx trug. Dort dominierten »rote Theologen«. Zu ihnen wollte ich nicht, auch wenn mich der religiöse Sozialist Paul Tillich, der in die USA emigriert war, mit seinen Schriften früh fasziniert hatte. Karl Barth, den Sozialdemokraten, verehrte ich. Er war 1935 als Professor, nachdem er den Eid auf den Führer nicht abgelegt hatte, in die Schweiz zurückgegangen. Eigentlich wollte ich in Westberlin studieren, um Helmut Gollwitzer, den Nachfolger Martin Niemöllers und Hitler-Gegner, hören zu können. Die Mauer machte es unmöglich. So entschied ich mich für Halle. Als ich 1962 dort mein Studium begann, sprach keiner von der Vertreibung des »roten« Professors Günther Dehn durch nationalsozialistische (Theologie-)Studenten im Juni 1933. Mein Vater war daran nicht beteiligt, soweit ich weiß. Für mich ist es heute noch ein Skandal, *was* damals zum Skandal erklärt wurde. Dehn hatte 1928 beklagt, es sei üblich geworden, den Tod fürs Vaterland im Ersten Weltkrieg unter das Bibelwort »Niemand hat größere Liebe denn die, dass er sein Leben lässt für seine Freunde« (Johannes 15,13) zu stellen. Er wandte ein, der, der getötet wurde, habe »eben auch selbst … töten wollen. Damit wird die Parallelisierung mit dem christlichen Opfertod zu einer Unmöglichkeit.«

Ich gehe noch einen Schritt weiter. Mit Tucholsky bin ich der Meinung, dass Soldaten – auch die ermordeten – Mörder sind, weil sie unter dem staatlich sanktionierten Befehl stehen, den Feind zu vernichten. Sie müssen morden, um eines vermeintlich hohen Zieles willen. Das ist ihre moralische Pflicht. Werden sie selbst Opfer dieser Perversion und sterben den »Heldentod«, nennt man sie verharmlosend »Gefallene«. Dem Sinn-losen soll so als Trost für Hinterbliebene ein Sinn verliehen werden. Mich erschreckte die Radikalität eines Kurt Tucholsky. 1931 hatte er in der »Weltbühne« den Artikel »Der bewachte Kriegsschauplatz« mit dem provokanten Satz

»Soldaten sind Mörder« veröffentlicht, der bis in die jüngste Zeit heftige Diskussionen ausgelöst hat und Gegenstand gerichtlicher Auseinandersetzungen war, u. a. im Zusammenhang mit der Bombardierung der Tanklastzüge bei Kunduz.

Tucholsky hatte den Offiziersgeist als junger Mann radikal abgelehnt, aber auch sehr früh die Erfahrung der eigenen Verführbarkeit thematisiert. Gruppendynamik in einer Armee konnte selbst Tucholsky in ihren Bann ziehen. Dabei hatte er den Mechanismus des Militarismus längst erkannt und bereits 1912 Krieg mit Mord gleichgesetzt. Er wurde im Ersten Weltkrieg nicht an die Front abkommandiert, sondern von vornherein in die Etappe. Er schrieb offen, dass er nicht sterben wolle. Zum Helden oder Märtyrer sei er nicht geboren. »So tat ich, was ziemlich allgemein getan wurde: ich wandte viele Mittel an, um nicht erschossen zu werden und um nicht zu schießen – nicht einmal die schlimmsten Mittel. Aber ich hätte alle, ohne jede Ausnahme alle, angewandt, wenn man mich gezwungen hätte: keine Bestechung, keine andre strafbare Handlung hätt' ich verschmäht. Viele taten ebenso.«[5] Er hatte sich in der Etappe relativ gemütlich eingerichtet. Seine Äußerungen sind durchaus zwiespältig. So schrieb er einerseits: »Es ist noch nicht – nach 6000 Jahren noch nicht – in die Köpfe gegangen, daß Blut Blut ist und daß es keinen geheiligten Mord geben darf.« Andererseits: »Ich wünschte nicht, daß der Krieg nun auf einmal ein Ende hätte – ein Jahr brauche ich ihn noch.«[6]

Erst in dem Text »Der bewachte Kriegsschauplatz« bäumte er sich scharf gegen die Absurdität des Krieges auf, weil dieser alle zivilisatorischen Errungenschaften außer Kraft setze. »Da gab es vier Jahre lang ganze Quadratmeilen Landes, auf denen war der Mord obligatorisch, während er eine halbe Stunde davon entfernt ebenso streng verboten war. Sagte ich: Mord? Natürlich Mord. Soldaten sind Mörder. Es ist ungemein bezeichnend, daß sich neulich ein sicherlich anständig empfindender protestantischer Geistlicher gegen den Vorwurf gewehrt hat, die Soldaten Mörder genannt zu haben, denn in seinen Kreisen gilt das als Vorwurf.«[7]

Ich frag mich, wie man diese Scharfzunge auf »Mutterns Hände« und »Schloss Gripsholm« verharmlosen oder in der DDR im antimilitaristischen Kampf instrumentalisieren konnte. Mir erschloss sich eine neue, auch religiöse Fragen berührende Welt bei Tucholsky, als ich 1997 zur Verleihung des Tucholsky-Preises an den schweizerischen Dichter, Pfarrer und Pazifisten Kurt Marti die Laudatio als Jurymitglied im Deutschen Theater in Berlin zu halten hatte.[8]

In Vaters Bibliothek stand jeder in der DDR veröffentlichte Tucholsky-Band. Und zu meinen ersten selber gekauften Büchern gehörte »Tucholsky. Ein Lesebuch für unsere Zeit«, herausgegeben von Walther Victor im Thüringer Volksverlag, es erreichte schon 1954 eine Auflage von 40 000. (Auch das war DDR-Kulturpolitik, die Spuren hinterlassen hat.) Wenn beim Großen Zapfenstreich vor Schloss Bellevue heutzutage der Befehl kommt: »Helm ab zum Gebet«, dann höre ich immer Tucholskys »Kopf ab zum Gebet« (»Gebet nach dem Schlachten«) mit.

Rückblickend auf meine Studienzeit, erachte ich es als unverdientes Glück, dass ich aus den Ethikfragmenten des Hitler-Gegners und Verantwortungspazifisten Bonhoeffer lernen und an ihm meine Maßstäbe für das Menschliche – für das das Christliche einsteht – gewinnen und justieren konnte. Seine Texte haben mich ermutigt. An ihm habe ich mich immer wieder aufgerichtet.

»Wer unter euch ohne Sünde ist, der werfe den ersten Stein« (Joh. 8,7). Den Stein auf meinen Vater lasse ich in der Tasche. Ich bin dankbar und freue mich, dass ich trotz Wehrdienstverweigerung 30 Jahre nach ihm mit anderen Einsichten und Aussichten studieren konnte, dass ich nicht solchen politischen Versuchungen ausgesetzt gewesen bin wie er und nicht in einen Krieg ziehen musste. Ich will nicht mit den Erkenntnissen von heute neunmalklug daherkommen und richten. Die Vorgänge werten, das will ich um der Zukunft willen. Ich kann die Enkelin von Generalfeldmarschall Rommel gut verstehen, die nicht darüber richten mag, wie sich Menschen in einer Diktatur verhielten. »Ich bete für uns, dass wir nie in die Lage geraten, unsere Zivilcourage in einer Zwangsherrschaft unter Beweis stellen zu müssen.«[9]

VATER KOMM, ERZÄHL VOM KRIEG

Als Sanitätsgefreiter hat mein Vater die ersten Tage des Unternehmens »Barbarossa«, jenes barbarischen Raub- und Vernichtungskrieges, miterlebt, bald auch die Gnadenlosigkeit, mit der Partisanen hingemordet und Dörfer ausgeraubt wurden.

In seinem 269 Seiten langen Kriegstagebuch las ich 70 Jahre nach dem Überfall auf die Sowjetunion.

Samstag, 21. 6. 1941
Wir liegen seit vorgestern Nacht in einem kleinen Wäldchen, das nur wenige Kilometer vom Bug entfernt sein soll. Wir haben ein Zeltkamp aufgebaut und faulenzen in die wunderschönen Tage hinein. Gegen Abend und in der Nacht hören wir ferne Detonationen. Die Russen scheinen zu sprengen. Der Sonnenuntergang tauchte das flache Land von zahlreichen Waldstücken in ein goldenes Licht, dass man den Krieg vergessen konnte. Doch das stumpfe Sprenggeräusch jenseits des Flusses ließ uns immer wieder an das bevorstehende Ereignis denken. Gestern wurde uns das allgemeine Marschrichtungsziel bekanntgegeben. Unsere Division soll in Verbindung

mit den anderen, nach Erzwingung des Bugübergangs und Durchbrechung der feindlichen Befestigungslinien, in Gewaltmärschen auf Moskau vorstoßen. Die Verproviantierung der Truppe soll ohne Rücksicht auf die Bedürfnisse der Zivilbevölkerung aus dem Gebiet selbst gewonnen werden, da man wahrscheinlich vom Nachschub abgeschnitten wird. Heute Nacht sollen wir in das Dorf, dessen Kirchturm man vom Waldrand aus sehen kann, abrücken. Eine Schule wird der Ort unseres ersten Hauptverbandplatzes sein. In dieser Nacht soll der erste Stukaangriff auf die russischen Linien erfolgen. Die letzte Post geht heute fort. Wer weiß, wann sich wieder einmal die Gelegenheit zum Schreiben bietet. An Mutter und Anne habe ich ganz knapp geschrieben und sie auf die Ereignisse vorbereitet, von denen die beiden wohl schon wissen werden, wenn mein Brief sie erreicht.

Sonntag, 22. 6. 1941

Um 12 Abmarsch des zweiten Zuges zur Schule Zablorie. Da die Gefahr des Ari-Beschusses besteht, ziehen wir uns an den Dorfrand zurück. Unsere Wagen stehen in einem Kornfeld neben einem Bauernhof. Bis ½ 3 im Wagen geschlafen. Punkt 3.15 beginnt das Arifeuer. Im Nordosten steigen bald große Rauchwolken auf. Von der Antwort der russ. Ari nichts zu bemerken. So gehen wir, nachdem gegen 4 h unsere Geschütze schweigen, zur Schule und richten HVP ein. 6 h erste Verwundete. Im ganzen kommen 87 Verwundete, darunter 2 Russen. Staunend und neugierig wird der erste Russe betrachtet. Junger Kerl, asiatischer Typ, sehr schlechte, zerlumpte und geflickte Uniform. Unsere Schützen sind beim Vorgehen auf zähen Widerstand gestoßen. Die meisten Verletzungen kommen auf die Baumschützen. Besonders ein Scharfschütze in einem Bunker, soll, nach Aussagen der Verwundeten, allein ca. 12 Tote und viele Verwundete gemacht haben. Selbst Patz konnte ihn nicht erledigen. Granatsplitterverletzungen durch eigene Artillerie standen an zweiter Stelle. Bis abends ½ 9 wird pausenlos gearbeitet.

Montag, 23.6.1941

½ 4 Wecken. Die restlichen Schwerverwundeten werden abtransportiert. HVP aufgelöst. Heute ist Ruhetag ...

26.6.1941

Am Nachmittag kam ein Panjewägelchen. Ein Ukrainer aus Sbunice, jenseits des Bug, brachte auf Heu eine traurige Last. Auf Heu hatte er zwei seiner 6 Kinder liegen. Die Gesichtszüge aller drei zeigten nichts Slawisches. Man hätte den Alten für einen Professor halten können, der älteste Junge hatte, nach dem Vater artend, scharfe feine Gesichtszüge, wunderbare blaue Augen. Der Kleine wurde operiert, beim Großen kam jede Hilfe zu spät (Gasbrand). Er wollte weiter in ein Hospital. Ich redete ihm das aus. So fuhr er dann in sein Dorf zurück, um erst den Tod des Ältesten abzuwarten.

29.6.1941

Wir gingen einige Schritte in den Wald, da sahen wir die Schützenlöcher, da lagen die Russen, wie sie gefallen waren. Bleckend zeigten die im Tod verzerrten Gesichter ihre blendenden Zähne. Ein Schütze hockte mit aufgepflanztem Bajonett zum Sprunge gekrümmt in seinem Loch, als wollte er im nächsten Augenblick herausspringen. Eine Handgranate hatte ihm Kopf und Gesäß zerrissen. Im Nebenloch lag ein anderer vollkommen verbrannt, dass man Mühe hatte zu erkennen, wo Gesicht und wo Beine waren. Auch auf der Straße längs lagen die Russen noch unbeerdigt. Von der Stadt Sluzk stehen nur noch Kamine, nur wenige Häuser, darunter das Rathaus, sind unbeschädigt. Und vor dem Rathaus steht ein überlebensgroßes Denkmal Lenins auf einem hohen Podest.

Freitag, 13.2.1942

Am Morgen wurde noch ein Befehl verlesen, der zum verschärften Vorgehen gegen die Zivilbevölkerung mahnt. Sie soll mehr Furcht vor den deutschen Soldaten bekommen als vor den Russen + Partisanen. Dörfer, wo sich Partisanen zeigen, sollen ausgerottet werden, Mann, Weib + Kind. Die letzte Kuh, das Saatgetreide, alles kann geholt werden. Es ist kein ritterlicher Kampf, es ist Vernichtungskrieg in seiner blutigsten Form.

Faschingsdienstag, 17. 2. 1942

Wir gehen auf Quartiersuche. Kein Haus unbelegt. Nur eine elende Hütte, die letzte in dieser Richtung. Andere Richtung im Dorf, auch alles belegt. Nur eine verfallene, windschiefe Hütte ist frei. Kalt und leer. Nur eine Frau liegt stöhnend auf dem Ofen. Wir gehen erst mal weiter. Kommen aber wieder zurück, ohne etwas gefunden zu haben. Sachen rübergeschafft – Pferd in den gegenüberliegenden Schuppen. Die Alte wird merkwürdig lebendig, als wir draußen rumstöbern. Sie versuchte uns fortzuscheuchen mit der Erklärung, dass der Ofen kaputt sei. Er hängt auch ziemlich windschief im Zimmer. Da fängt sie auf einmal an zu plärren, als Franz nach Sachen sucht, um einen Ofen zusammenzubringen. Auf den Dachboden hängen noch drei Gurri. Unter einem Steinhaufen, den wir forträumen, als Ofenunterlage eine Truhe. Sie plärrt wieder und versucht uns wegzudrängen. Wäsche ist drin. Als sie merkt, dass wir weder ihre Wäsche noch ihre Gurri wollen, wird sie wieder ruhig. Ohne Aufforderung wäscht sie jetzt unser Kochgeschirre, hilft beim Holzsägen, schleppt Steine zum Ofenbau ran und ist gar nicht mehr krank. Am zerbrochenen Eisenofen – Ziegelsteine als Unterlage – ein alter Blechkanister als Esse, und bald brennt, wenn auch zuerst etwas qualmend, unser Ofen.

Aschermittwoch, 18. 02. 1942

Im Osten nicht Neues.

Ich bewundere an meinem Vater, dass er seine Erfahrungen ohne erkennbare innere Zensur aufgeschrieben und das Tagebuch stets bei sich getragen hat. Ich stelle mir vor, dem SD oder der Gestapo wären diese Berichte in die Hände gefallen. Ich wäre wohl gar nicht geboren worden. Er hat uns Kindern oft und viel von seinen Kriegserlebnissen erzählt. In Erinnerung war mir geblieben, dass er zu den Truppen gehörte, die bis nahe Moskau vorgedrungen waren. Die unglaubliche Kälte habe er dank der Öfen in den Holzhütten überlebt, auch dank der Gütigkeit russischer Babuschkas, die den Feinden und Zerstörern des Landes als Menschen freundlich begegnet waren, sie anfangs gar mit Begeisterung gefeiert hatten. Sehr bald begann die rassistische Unterdrückungs- und Vernichtungsorgie. Einen Partisanen, der mit Sprengstoffpaketen nächtens zum deutschen Militärlager unterwegs gewesen war, hatte mein Vater als Wachtposten gestellt und dafür das Ritterkreuz 2. Klasse bekommen. Die Frage, was aus diesem Russen geworden ist, hat ihn nicht mehr losgelassen.

Einen Nierenschuss hat er 1942 ganz knapp überlebt. Das hat ihm letztlich das Leben gerettet, denn nach seiner Genesung wurde er in die Etappe nach Frankreich beordert.

Für die Hochzeit mit der Medizinstudentin Anne Haack bekam er im August 1943 Fronturlaub. Nach neun Monaten wurde ich geboren.

Mein Vater hat selber nie schießen müssen. Schwerverwundete hat er behandelt, Sterbende begleitet, Angehörigen in persönlichen Briefen die Todesnachricht übermittelt. Über das, was der Krieg aus Menschen macht, unter welchen Befehlen deutsche Soldaten Grausiges unter der Zivilbevölkerung angerichtet haben, hat er nicht hinweggesehen, davon hat er nichts ausgeblendet. In seinen beiden letzten Lebensjahrzehnten las er fast ausschließlich Literatur über den Zweiten Weltkrieg. Das war das Lebensthema, mit dem er – bis zu seinem Ende – nicht fertig geworden ist.

Ich bin dankbar, dass ich einen Vater und sechs Geschwister haben durfte. Die meisten meiner Schulkameraden wuchsen nicht nur ohne Väter auf, oft wurden die Väter auch noch beschwiegen, weil sie sich als aktive Nazis hervorgetan hatten.

Ich habe den Wehrdienst verweigert, weil ich keinesfalls einen Fahneneid sprechen konnte, der in der Grundstruktur dem Eid glich, den mein Vater abgelegt hatte. »Unbedingter Gehorsam« mit Selbstverfluchungsklausel. Niemals! Aber ich gehöre nicht zu denen, die den roten Militarismus der DDR, den totalitären Staat und die kommunistische Ideologie auf eine Stufe stellen zu können meinen mit dem, was in deutschem Namen und von Deutschen im Nationalsozialismus angerichtet worden war. Ich wurde Pazifist aus politischen Gründen, aus Gewissensgründen, auch im Gedenken an meinen Großvater, der schon im ersten Kriegsmonat 1914 als vermisst gemeldet worden war. Meinem vaterlos aufgewachsenen Vater kamen die Tränen, als er mir in meinem 14. Lebensjahr das Schlusskapitel aus »Im Westen nichts Neues« vorgelesen hat. In seinem Kriegstagebuch heißt es mehrfach in ironischem Anklang »Im Osten nichts Neues«.

Mein Vater schrieb genau vier Wochen nach meiner Geburt an meine Mutter, voller Sehnsucht nach seinem Erstgeborenen, sich selbst fragend:

»Wirst du nicht richtig ein bisschen eifersüchtig auf den kleinen Kurfürst, da er noch mit ernstem, nachdenklichem Professorengesicht im Wagen liegt? …

Wie kann er dort aufwachsen, zwischen dem Blühen, all dem Duft des Vorsommers? Seine kleinen Äuglein sehen die alte Tanne und begreifen es noch nicht, was für ein Ding das ist. Noch gehört er ja Dir mit all seinen Lebensäußerungen und Begierden.

Wie wird er wohl seinen Vati anschauen, wenn er mal kommt?

Wir wollen einmal vernünftig in die Zukunft blicken. Ich hätte gern für Dich und das Kind eine Rentenversicherung abgeschlos-

Mit Eltern und Geschwistern in Herzfelde, 1950

sen. Kannst du da mal Schritte unternehmen? Such doch mal mit
der Allianzgesellschaft eine Verbindung ...«

Im Juli 1944 teilte er ihr aus dem Lazarett in einem Kloster
mit:

*»Meine Gedanken kommen mir besonders bei dem abendlichen
kurzen Gang durch den Klostergarten. Im nächsten Monat muss
nun der Junge getauft werden, sonst wird mir der kleine Heide zu
alt.*

*Ich kann nicht genug von ihm hören. Denn dann bin ich immer
wieder bei euch, ganz nah in dem alten Haus, und wenn ich dann
die Kletterrosen vor mir sehe, wünsche ich mir, dass solche auch an
unserer Haustür wachsen sollen. Wie schön, denn dann wäre der
Dornröschenschlaf eigentlich erst vollkommen.*

Ein ganz klein wenig könnte ich Dich beneiden – dort im Herz-felder Frieden mit unserem Jungen.

Genieße nur das Glück deines jungen Mutterseins und lass es Dir nicht allzu sehr trüben von dem Gedanken, dass einer fehlt, der doch mit seinem Herzen dabei ist. Und wo unser Herz ist, da leben wir ja eigentlich in dieser Welt.

Wie viel Liebes möchte man euch sagen, am Bettchen sitzen mit Dir und nicht zu sprechen, nur das kleine Wurm anschauen. Wenn Du über unserem Kind betest, wirst Du auch an mich denken.«

Vater sein, Kind sein, Poesie des Gartens – *und* nüchterne Sorge für die Zukunft in düsterer Zeit: Allianzversicherung. Gerade wer sich poetisch erhebt, muss geerdet bleiben.

Dieser Sanitätsobergefreite Wilhelm Schorlemmer kehrte 1946 aus amerikanischer Kriegsgefangenschaft in die SBZ zu-rück und wurde zum Arbeitseinsatz in Leuna/Merseburg ver-pflichtet, ehe er die Familie wiedersehen konnte, die im alt-märkischen Dorf Herzfelde lebte. Ich musste mich als Zweijähriger erst an meinen Vater, den »Onkel Vati«, gewöh-nen. Er erklärte mir, was ich nicht verstand. Warum fremd-sprechende Soldaten hier waren, warum die Stadt Magdeburg so schwarz und voller Ruinen war, wer Stalin war, wer Nie-möller war, was KZs waren, warum Kommunisten herrschten und was Kommunisten waren. Er erklärte mir die Welt. Er las mir (und später auch meinen jüngeren Geschwistern) viel vor.

Als 1970 unsere Tochter Uta geboren wurde und ich sie vier Wochen lang nur durch eine Scheibe sehen durfte, er-ahnte ich, welche Sehnsucht mein Vater gehabt haben muss, als noch nicht klar war, wie lange der Krieg dauern und was aus Deutschland werden würde. Meine Mutter starb 1971 nur 49-jährig an Krebs, und mein Vater fand Trost mit der Enkeltochter auf einer Gartenwiese liegend und außerhalb des Laufgitters spielend. Er sagte noch Jahre später stolz: »Ich habe ihr die Freiheit gezeigt.« Ein Leben ohne Gitter!

Der Blick zurück in die DDR trägt vielfach verdüsterte Züge. Mit der Entfernung von jenem abgeschlossenen geschichtlichen Zeitabschnitt wachsen nicht nur Desinteresse und Unkundigkeit der Jüngeren (eine natürliche Begleiterscheinung aller Geschichte), sondern offenkundig auch die Eintrübungen in der Erinnerung vieler, die maßgebliche Teile ihres Lebens in der DDR verbrachten. Das Gedächtnis zahlreicher Menschen suggeriert – und dies steigerte sich in den letzten Jahren zweifelsfrei zu einem Haupterzählstrang –, Widerstand gegen das SED-Regime sei überhaupt nicht möglich, weil gar zu gefährlich gewesen, schon jedes frei geäußerte Wort habe sämtliche Lebensmöglichkeiten gekostet. Man beschreibt die DDR als weit schlimmer, um plausibel zu begründen, dass man zu denen gehörte, die sich tatenlos angepasst haben. Mitläuferschaft? Nein, wehrt man ab: Nichts war Charakter, alles Zwang.

Bautzen und Waldheim, die Orte staatlicher Justizbrutalität und gnadenloser Strafpraxis, sind seit meiner Jugend stehende Begriffe für politische Willkürherrschaft gewesen. Einstige »politische Häftlinge«, aber auch aufmüpfige Bürgerrechtler (aus kleinen oppositionellen Gruppen, meistens unter dem Dach der evangelischen Kirchen) verkörpern das leibhaftige schlechte Gewissen jener, die sich der Einschüchterung durch die Herrschenden brav gebeugt hatten und deren Handeln nicht von ihrer Courage und Denkkraft bestimmt wurde, sondern von ständiger Angst.

Von Kindheit an bin ich von Ausreden und Selbstentschuldigungen umgeben gewesen. Das SED-System hat dieses Lebensrezept raffiniert genährt. Da die Behörden immer wieder an einzelnen Leuten ein Exempel statuierten, prägte sich allen ein, wie schnell sie selbst in eine solch missliche, die Existenz zerstörende Lage kommen könnten. Also sorgten die Bürger vor, indem sie sich ins Grau der Masse zurücksinken ließen. Bloß nicht auffällig werden. Das Strafgesetzbuch der DDR war gewissermaßen eine Abschreckungsschrift. Die Machthaber wandten ihre Gesetze und Paragraphendoktrin nicht strikt und unflexibel an (die Gefängnisse hätten sonst bei Weitem nicht ausgereicht), nein, sie beherrschten die Auslegungslist, das Spannungsspiel zwischen kurzer und langer Leine. Man ging strafrechtlich vor nach politischer Zweckmäßigkeit. So hing das Strafgesetzbuch wie ein Damoklesschwert über den DDR-Bürgern. Wo sie es für nötig hielt, zeigte die Macht, wie es bei Brecht heißt, die Instrumente, das genügte vielfach; die meisten schwiegen, schluckten, bissen sich auf die Zunge, erhoben den vorauseilenden Gehorsam zur Tugend und sprechen heute das Wort »Diktatur« aus, als seien sie der puren Hölle entkommen.

Andere wiederum erinnern sich angesichts der so zugigen Freiheit vorwiegend an die wohlige soziale Geborgenheit in der DDR. Beim Schreckensbegriff »Sicherheit« denken sie hauptsächlich an Arbeitsplatz und Neubauwohnung. So stehen sie sich oft unversöhnlich gegenüber: die vielen Nutznießer und die wenigen Verfolgten, die noch immer »Überzeugten« und die sich nach wie vor unterdrückt Fühlenden. Man attackiert einander: Ostalgiker! Schwarzmaler! Die selektiven DDR-Bilder prallen unvereinbar aufeinander. Die Wahrheit wird eingeklemmt, ins Unkenntliche verformt.

Ich möchte mich so redlich wie möglich erinnern. Bereits Ende der fünfziger Jahre empfand ich mich als ein Einsamer in der Masse, es war die Masse der bereitwillig oder schweigend geduckt sich Fügenden, es war rundum die Lust am Kollektiven, die mir seelisches Leid zufügte. Ich wollte nicht nur heimlich »Die Gedanken sind frei« singen, sondern frei leben und mich frei äußern. Widerstand bedeutete für mich als Schüler pure Selbstbehauptung gegen Ideologisierung, also Eingemeinden ins geistig Uniforme. Ich fühlte mich nicht heldenhaft, ich fühlte mich umzingelt, genötigt, bevormundet. Ich sah mich um und wurde noch trauriger: Ich war allein. Aber eigentlich konnte ich mir nicht vorstellen, als Einziger den Druck, diese Tendenz zur Vermassung, diese Atmosphäre aus Kontrolle und Züchtigung zu spüren. Trugen die anderen Masken, und hinter diesen Masken saß der gleiche Zweifel, die gleiche Distanz, die ich empfand?

Das Verhalten vieler wurde durch die Trennung in privat und öffentlich geprägt. Letztlich wussten die Machthaber trotz der ständig perfektionierten Überwachungstechniken nicht, was die Leute wirklich dachten. Deshalb hatten die Aktionen des Spitzelapparates bei allem kalten Kalkül stets etwas Hektisches, ja Panisches; solche Unsicherheit tritt ein, wenn man Phantomen nachjagt. Ich wage zu behaupten, der ständige Wechsel von privater und öffentlicher Person hat auch die DDR-Bürger selbst verunsichert.

Gute Freunde fand ich, war dennoch oft Außenseiter und habe den Preis des Alleinseins gezahlt. Umso dankbarer war ich für jede Geste der Ermunterung (auch vonseiten einiger Lehrer). Mir war das Glück beschieden, auch mit Menschen zusammenzutreffen und zusammenzuleben, die nicht gespalten waren und die sich nicht abtrennen ließen von ihrem wahren Ich. Sie sagten, was sie dachten, und dachten wirklich, was sie sagten. Das war möglich. Dies sei gesagt gegen alle Einschwärzungen des realen Lebens in der DDR.

Zur Mauer bemerkte ich, das ist »eine Todesgrenze für Flüchtlinge aus der DDR, kein antifaschistischer Schutzwall gegen den Westen«. Das Spittelwasser, einen Bach im Chemiedreieck bei Bitterfeld, der in die Mulde fließt, charakterisierten wir öffentlich als Einspeisung von Gift in den Wasserhaushalt. Die Kampfgruppen bezeichneten wir als die militärische Reserve der Staatssicherheit zur Bekämpfung der »inneren Feinde«, die Angehörigen des MFS nannte ich laut meiner Stasiakte 1977 »Kettenhunde«.

1981 bestärkte mich mein Bischof Werner Krusche mit dem kühnen Satz: »Wir wollen durchschaubar sein. Was wir denken, das sagen wir. Und was wir sagen, das denken wir. Mehr und anderes als das, was wir sagen, denken wir nicht. Wir wollen durchschaubar sein.« In den folgenden Jahren wurde mir Václav Havel zu einem wichtigen Mutanker: Leben in der Wahrheit hieß, sich nicht mehr mit der Lüge abspeisen lassen, wenigstens Wahrhaftigkeit suchen.

1968 hatte ich gegen den Einmarsch in die ČSSR protestiert. Ich schrieb die allgemeine Erklärung der Menschenrechte und später Texte der KSZE ab und verbreitete sie. Meine Bibelarbeit auf dem Kirchentag 1987 wurde in einem Stasibericht festgehalten: »Seine Angriffe richtete er weiterhin gegen die Staatsgrenze sowie die ideologische Abgrenzung, sprach über die Verletzung von Menschenrechten sowie die Notwendigkeit, mehr individuelle Freiheit zu gewähren. … Man könnte sich nicht mehr mit dem realen Sozialismus begnügen … Das Publikum applaudierte bei jedem Satz, den Schorlemmer als seine Zukunftsvision bezeichnete. ›Ich sehe ein endgültig innerlich und äußerlich entmilitarisiertes, neutralisiertes, entblocktes deutsches Land vor mir in einer europäischen Friedenswelt. (starker Beifall) … Die besten deutschen Traditionen sind nicht mehr der korrekte Stechschritt und obrigkeitlicher Angstgehorsam, sondern menschliche Zuverlässigkeit und persönliche Gewissensverantwortung. Von deutschem Boden geht Frieden aus – das steht nicht nur in der Zeitung. Ich sehe eine weltoffene Gesellschaft – wir grenzen uns nicht ab und auch nicht ein. (starker Beifall) Soziale und individuelle Menschenrechte werden nicht mehr gegeneinander ausgespielt, sondern miteinander ausgefüllt.

(Beifall) Die Freiheit eines jeden wird zur Bedingung der Freiheit aller – so Marx. Christen haben nicht die große kritische Klappe, sondern gehen mit kleinen Schritten mit den anderen mit. (Beifall) Der Austausch von Gedanken und Lebensweisen macht niemandem mehr Angst. Wir lernen von den anderen – keiner will den anderen mehr ablösen.‹«

Im Spitzelbericht vom 16. November 1988 werde ich so zitiert: »Manche wissen, was sie an mir haben, es gibt eine ganze Reihe stalinistischer Krokodile, aber die sterben langsam aus. … die haben die oberste Order, still zu sein, greifen hier und da wieder zu, verbreiten Angst und Schrecken, im Grunde aber ist der Fluss frei.«

Andere fanden erst (wieder) zu ihrem Ich, als sie mit dem Ende des SED-Staates selber denken *durften* und auch *mussten*. Sie gerieten in eine schwierige »Positionierungs«-Phase. Ende 1989 kam eine merkwürdige Redeweise auf: »Ich muss mich erst (zu dem oder dem Problem) noch positionieren.« Ich wusste in jenen dramatischen Monaten oft nicht, wer eigentlich wer ist und wer was denkt, will oder ablehnt. Was war Kalkül, was echt? Was war Wandlung, was nur Wendung hin zu einem erneuten Opportunismus?

Als der Regimedruck gewichen, der Macht-Panzer gebrochen, der Atem nicht mehr flach war und die Freiheit des eigenen Denkens erprobt werden konnte, erwies sich, dass aufrechter Gang wahrlich Training voraussetzt. Nicht wenige suchten erneut nach Anlehnung und nach einem ganz vorn, der sagt, »wo es langgeht«. Helmut Kohl bot sich an, er versprach baldigst »blühende Landschaften«. Wohlstandswünsche siegten über Befürchtungen, erneut fremdbestimmt zu werden. Die Warner wurden abgetan, ihre Skepsis über die künftige Entwicklung im Osten, ihre Träume von einem »dritten Weg« seien ebenso realitätsfern wie ihre Blauäugigkeit zu DDR-Zeiten.

Aber die Widerständigen in der DDR waren keineswegs »blauäugig«. Wir haben meist genau überlegt, was wir zum jeweiligen Zeitpunkt tun könnten und müssten. Wir haben unsere Wehr gegen den Staat verantwortungsbewusst kalkuliert, meist nicht gesinnungsethisch-utopisch gehandelt, sondern mit klarem Blick auf mögliche Gefährdungen und trotz allem mögliche Veränderungen, die nur *mit* unseren Gegnern, nicht gegen sie zu erreichen waren. Meine Maxime seit den siebziger Jahren lautete: nicht so weit provozieren, dass mich die Organe »mit Sicherheit« ins Gefängnis bringen. Ich wollte nicht durch Haft lebenslang geschädigt, gedemütigt, ins Alternativlose getrieben werden. Aus der Seelsorge und seriösen politischen Sendungen der Westsender, vor allem des Deutschlandfunks, wusste ich, wie Häftlinge in Bautzen zerstört wurden. Im Stasibericht vom 11./12. Juli 1988 heißt es: »Im Rahmen der operativen Bearbeitung des OV wurde ›Johannes‹ mehrfach und eindeutig die Verletzung des genannten Straftatbestandes nachgewiesen. Die entsprechenden strafrechtlichen Einschätzungen der Abt. IV belegen dies.« Der OV Johannes war ich. Mir war damals klar, dass man mich täglich wegsperren konnte; mich schützten kirchenpolitische Rücksichten. Bis in die letzten Wochen der DDR hat die Stasi in der »politisch-operativen Bearbeitung des OV solche Schwerpunktorientierungen wie Zersetzung, Disziplinierung und Zurückdrängung umgesetzt und realisiert. – Aufbauend auf der politisch-operativen und strafrechtlichen Bewertung des aktuellen Sachstandes des OV erfolgt die politisch-operative Bearbeitung derzeit gem. §§ 97, 98, 106 StGB.«

Ich wollte nicht in den Westen, nicht abgeschoben oder freigekauft werden. Ich wollte in diesem Landstrich bleiben, bei den Menschen, denen ich mich verbunden fühlte. Dazu zählten Künstler, deren Werke mir in der Lüge Wahrhaftigkeit vorlebten.

In meinem Ordinationsgelübde hatte ich mich an einen Ort gebunden, der mir für die verkündigende und seelsorgerliche Arbeit angetragen war. Ich wollte nicht heimatlos werden; ich selbst bestimmte, was mir Heimat war, nicht die Anmaßungsmaschine SED.

Signifikant für die Unterscheidung zwischen Land und Leuten sowie dem politischen System und seinen Funktionsträgern wurde ein Spruch, der in manchen unserer Büros hing: »Bleibe im Lande und wehre dich täglich.« Für uns stand dahinter: Diejenigen, die hier die Macht ausüben, sind nicht legitimiert, ihnen gehört das Land nicht. Wenn wir in den Westen gehen, überlassen wir ihnen das Feld. Der Widerstand wird geschwächt durch jeden, der aus den Reihen tritt in Richtung Westen. Oft war das Ziel für uns weit in die Ferne gerückt, dennoch bemühten wir uns um den nächsten Schritt.

Ich war nach 1968 davon überzeugt, dass Veränderungen nur gewaltlos und nur mit den Trägern des Systems zu erreichen wären. Nie habe ich den Versuch aufgegeben, mit Staatsvertretern zu kooperieren, die ein Gespür dafür erkennen ließen, dass sich die Kluft zwischen Propaganda und Wirklichkeit täglich vertiefte. Wir befassten uns mit aus dem Westen geschmuggelter links-liberaler Literatur, mit Texten kommunistischer Dissidenten wie Leszek Kołakowski, Werken von Herbert Marcuse oder Erich Fromm. Wir wollten als Wissende agieren, auf der Basis linken Gedankenguts argumentieren. Wir mussten uns die geistigen Grundlagen der emanzipatorischen Idee aneignen, wir mussten auch uns selbst befreien von ideologischem Vorurteil. Es musste uns um die Wahrheit gehen, ohne die Machtfrage zu stellen. Das hatte im Sozialismus bislang als Antwort nur Panzer provoziert. Wie wichtig waren für die Strategie gewaltloser Bedrängung des Systems Gedanken Robert Havemanns oder Rudolf Bahros. Zu unseren Hauptthemen gehörten die Verbindung von individuellen und sozialen Menschenrechten, die Verknüpfung des Friedens in der Gesellschaft mit der Abrüstung. Das sind Problemfelder, die bis heute immer neue Konflikte heraufbeschwören.

Wir lebten in der DDR in zermürbender Alternativlosigkeit. Der Handlungsspielraum war gering, aber wir haben versucht, ihn auszufüllen und allmählich zu erweitern. Zu viele haben sich damals diese Freiheit nicht genommen, sondern darauf gewartet, dass ihnen Freiheit irgendwann gegeben wird. Nur wenige sind bis ans Äußerste gegangen, sind der Masse vorausgegangen; diese Propheten, Gesandte der Zukunft, mussten, wie Günter Kunert sarkastisch schrieb, »in unbequemen Unterkünften« auf die schweigende Mehrheit warten.

Mir ist es wichtig, an drei kleine Gruppen zu erinnern, die am 9. Oktober 1989 – in der von polizeilicher Aggressivität begleiteten Agonie des Systems, also in gefahrvoller Situation – eine besondere Rolle für die friedliche Revolution gespielt haben: die Arbeitsgruppen »Frieden«, »Menschenrechte« und »Umweltschutz«. Ihr Aufruf ist nicht so medienwirksam geworden wie Kurt Masurs in Leipzig per Stadtlautsprecher verbreiteter. Aber als »Aufruf gegen die Gewalt« war er mindestens ebenso wichtig. Er kam von unten, und darin stand jener Satz, der später, als er überall laut wurde, eine gänzlich andere Bedeutung bekommen sollte: »Wir sind ein Volk.«[10]

Mit diesem – mahnenden – Satz war am 9. Oktober 1989 gemeint: Ihr Polizisten, ihr Kampfgruppen, ihr von der Armee, ihr von der Partei – wir sind mit euch gemeinsam *ein* Volk. Verhindern wir auch gemeinsam, dass ein Bürgerkrieg ausbricht! Gleichzeitig kam der Slogan »W i r sind das Volk!« auf. Wer heute das Wort »Volk« und nicht das Wort »wir« betont, verfälscht den Ursprungssinn. Denn dies war kein völkischer Satz, sondern ein Widerstandssatz gegen die Anmaßung der SED und deren Herrschaftsorgane: Wir sind das

Volk und nicht i h r! Später hieß es nur noch: »Wir sind e i n Volk«, und das zielte einzig auf die deutsche Einheit.

Ich war und bin davon überzeugt, dass der Umbruch in der DDR, diese »friedliche Revolution«, nur gelingen konnte, weil in der unabhängigen Friedensbewegung von Suhl bis Rostock nach einer langen inneren Vorbereitungsphase die Gewaltlosigkeit zum umfassenden Handlungsprinzip wurde, weil dieses Prinzip politisch griff und ihm die Volksmassen so besonnen wie entschlossen folgten.

1989 geschah etwas, womit wohl niemand gerechnet hatte: Aus der jahrzehntelangen Friedensarbeit der (jungen) Gemeinden heraus wurde der Geist Martin Luther Kings politisch wirksam. Der Geist der Gewaltlosigkeit, der für mich mutigste wie anmutigste Geist, trug Menschen durch dramatische Konflikte hindurch. Er hat zur Freiheit ermuntert, und er hat Frieden gestiftet. »Welche Zuversicht hast du für dein Tun?« Und: »Welche Strategie hast du, um etwas praktisch Erfahrbares zu erreichen?« Diese beiden Fragen gehören für mich zusammen.

Die Staatsorgane warfen der Kirche immer wieder vor, sie kopple sich vom System ab, bekämpfe es und missbrauche ihre Räume als Oppositionslokale. Als Manfred Stolpe auf der Bundessynode 1986 in Erfurt unmissverständlich erklärte, Kirchen seien »keine Oppositionslokale«, habe ich ihm in der Plenardebatte öffentlich widersprochen und gesagt, das Wort Opposition gehöre nicht ins Strafgesetzbuch, es bedeute kritische Teilhabe, nicht Gegner-, gar Feindschaft.

Freilich gab es Gemeindemitglieder, die mehr und mehr Angst bekamen. Sie fürchteten angesichts einer politisierten Kirche und eines wachsenden Konflikts der Institution mit dem Staat, selbst kriminalisiert zu werden. Kirchenleitende Personen haben ständig vermittelt zwischen engagierten Gruppen und traditioneller Gemeindearbeit. So konnten atmosphärische Trübungen überstanden werden, wie sich z. B. in den Abschlusspapieren der Ökumenischen Versammlung vom April 1989 zeigte. Besonders Manfred Stolpe hat sich »auf seinen Kanälen« als Mann der Kirche und Anwalt der Bedrängten für Deeskalation eingesetzt. Wer unsere damaligen Handlungsspielräume außer Acht lässt, ist für mich unredlich oder leidet an Amnesie.

Wenn ich an die DDR-Zeit erinnere, *will* und *darf* ich Folgendes nicht vergessen: Für die Staatsorgane war das Bedrohlichste, dass die kleinen Gruppen ihre Aktivitäten vernetzten oder gar politische Konzepte entwickelten. Wir blieben wohl meist unterhalb dessen, was wir eigentlich sagen oder tun wollten, weil wir wussten: Falls wir weitergehen, dann geht es auf jeden Fall nach Bautzen. Richtig ist die nach 89 vielfach getroffene Feststellung, dass wir kein ausformuliertes politisches Konzept hatten, etwa für die Bildung einer pluralistischen Demokratie. Stürzen war das eine – etwas aufbauen das andere. Der Zusammenbruch der SED-Herrschaft hat uns kalt erwischt, als wir plötzlich aufgerufen, in die Freiheit versetzt, auch gezwungen waren, Parteien zu gründen. Wer hatte zu dieser Zeit ein Programm, und wem trauten die DDR-Bürger zu, den Karren aus dem Dreck zu ziehen? Woher sollte das Geld kommen und woher unbelastete und in juristischen, ökonomischen, verwaltungstechnischen Fragen »auf Anhieb« kompetente Leute?

Unser Wittenberger Kreis hatte im Juni 1988 zum Hallenser Kirchentag »20 Thesen zur gesellschaftlichen Erneuerung« vorgelegt. Sie galten bei der Staatssicherheit als das erste konzeptionelle Papier der Gegenseite und wurden als so gefährlich eingeschätzt, dass sie auf dem SED-Plenum im Dezember 1988 Gegenstand einer Polemik wurden. Dabei handelte es sich nur um eine Zusammenstellung dringend zu lösender Probleme, nicht um strategische Gedanken, die auf eine staatliche Alternative hinausliefen. Der Sektorenleiter beim Staatssekretär für Kirchenfragen, Voigt, kam zu mir und attackierte mich: »Das Wort Sozialismus kommt bei Ihnen gar nicht mehr vor!« Dass wir »Rahmenbedingungen verändern« wollten, galt ausdrücklich als konterrevolutionär. Deshalb beschäftigten sich die Abteilung PUT (Politische Untergrundtätigkeit) und die Abteilung PID (Politisch-ideologische Diversion) umfassend mit mir.

Wir wollten einen grundlegenden gesellschaftlichen Dialog eröffnen, um einen politischen Umbruch zu erreichen. »Der Sozialismus braucht die Demokratie wie die Luft zum Atmen. Gorbatschow« Vom Sozialismus hatten wir uns gedanklich bereits so weit entfernt, dass uns dieses Wort überhaupt nicht mehr in den Sinn kam. Den Dialog hatte die Repressionspolitik der SED in den vier Jahrzehnten ihrer Herrschaft erfolgreich verhindert, sodass für die Ostdeutschen der Anschluss an die wirtschaftlich prosperierende und politisch funktionierende Bundesrepublik plötzlich als die beste und schnellste Lösung erschien.

DIE STIMMUNG EINER ZEIT BERÜCKSICHTIGEN

Mir bleibt unvergessen, wie oft ich in meinem Leben beklommen als Einziger aufgestanden bin und mich die verkniffene Feindseligkeit der um mich herum Schweigenden weit mehr peinigte als die harsche Abweisung durch »die Offiziellen«. Ich hatte so oft das Gefühl, einen Frieden zu stören, der von Lügnern und Belogenen gleichermaßen, in böser Kumpanei fast, geknüpft worden war. Wie leicht war es, pathetisch das Borchert'sche SAG NEIN zu (re-)zitieren, aber wie schwer, im Geiste dieser Verse ganz konkret eine Unterschrift zu verweigern, wie schwer, als Einziger kein FDJ-Hemd zu tragen,

wie schwer, bei einer Abstimmung bei der sogenannten Gegenprobe blitzartig mit »Nein« zu votieren; blitzartig, weil
für die Gegenprobe meist nur wenige Sekunden blieben, ein
»Nein« ist in einer totalitären Gesellschaft einfach nicht vorgesehen! Der Einzelne verschwindet in der Zustimmungs-
masse, erst Volksgemeinschaft, später Kollektiv genannt. Der
Kontrakt zwischen Herrschenden und Untertanen ist in allen
Systemen psychisch und sozial fest geknüpft. Die geistig und
politisch engmaschige Ideologie des Marxismus-Leninismus
hatte mehr DDR-Bürger erfasst, als heute zugegeben wird.
Viele beruhigten sich mit dem Satz, man habe doch schließlich guten Zielen gedient. So können Ideale zum Erstickungs-
teppich werden, es bildet sich allmählich Wirklichkeitsaller-
gie heraus. Verstockung nannten das die alten Propheten:
Nicht sehen wollen wird damit bestraft, dass man irgendwann nicht mehr sehen kann.

Wer allerdings bei Urteilen die Stimmung, die Atmosphäre
einer Zeit nicht in den Blick nimmt, kommt zu falschen
Schlüssen, zu falschem Urteil, sofern er sich ausschließlich
auf die Fakten und hinterlassenen Dokumente bezieht. Kier-
kegaard geht mir durch den Sinn: »Das Leben wird vorwärts
gelebt und rückwärts verstanden.« Oder der Leipziger Aphoristiker Horst Drescher: »Wir wissen so ziemlich alles über
die Zeit von 1945 bis 1933, aber fast nichts über die Zeit von
1933 bis 1945.« Wer redlich bleiben will, darf nicht vom Ergebnis her, er muss vom Ausgangspunkt her denken, muss
alles mitfühlen wollen, was dieses letztlich wohl unentwirr-
bare Knäuel aus Kräften und Gegenkräften, Ängsten, Illusionen, Dummheiten, Klugheiten, Wissen, Unwissen bildet. Die
Spur der Geschichte geht durchs Chaos, durchs Gestrüpp,
sie ist keine schnurgerade Linie. Folgerichtigkeit ist das
Nach-Wort, so wie überhaupt alle Philosophien nachträglich
entstehen, dann, wenn man etwas überlebt hat.

In welche Atmosphäre hinein wagte jemand in Mitglieder-versammlungen der Gewerkschaft FDGB, das eigene Wort zu erheben? Wer nicht die Umstände, die Existenz- oder Kar-riereängste, die einschüchternde Kraft der staatlichen Insze-nierungen mit bedenkt, diese Blicke aus den Augenwinkeln, wenn einer eigensinnig auftrat – der erhebt sich zum merk-würdigen Wesen, das offenbar frei ist von allen Bindungen an Zeit und Konstellationen. Aber das setzt die Feigen, die Mitläufer freilich nicht ins gleiche Licht, in dem die Mutigen, die Menschen des Gegenlaufs stehen. Das Bedenken der Zwänge, unter denen einer in die Starre gedrückt wird, ver-kleinert nicht die Preisung derer, die inmitten der Zwänge doch aufstehen und sich für die Einsamkeit entscheiden – in der sie aber ganz bei sich sind. Es ist kaum noch nachvoll-ziehbar, was an Selbstüberwindung, an Herzschlag geleistet werden musste für so klare Sätze wie: »Ich gehe nicht an die Grenze.« »Ich will kein Kandidat der SED werden.« Oder auf der anderen Seite: »Ich will meinem Staat danken und diene drei Jahre.« Da lief auf der Unterzeile der unausgesprochene Satz: »Ich will doch studieren.«

Neben dem Faktengedächtnis ist unsere Erinnerung bestimmt durch das Geruchs-, das Geschmacks-, das Gehör- und das Ge-fühlsgedächtnis. Wer weiß noch, wie die Tageszeitung »Frei-heit« roch? Wie die DDR-Brötchen und -würstchen schmeck-ten? Wie schneidend die Stimme des Schuldirektors war? Wie lächerlich der sich überschlagende Sound Erich Honeckers klang oder wie kabarettreif (dabei so gefährlich selbstsicher) der sächselnde Singsang des Spitzbarts Ulbricht? Und welche Stimmung herrschte bei einem Konzert mit Bettina Wegener oder Barbara Thalheim, bei einer Lesung von Reiner Kunze oder Christa Wolf? Wie gespannt, wie wach, wie erregt und sinnbegierig sahen wir »Lenins Tod« von Volker Braun am Berliner Ensemble oder den »Drachen« von Jewgeni Schwarz am Deutschen Theater. Im Hallenser Kino »Freundschaft« sah ich 1966 in der ersten Reihe schenkelklatschend Frank Beyers DEFA-Film »Spur der Steine«. Für Stunden lebte ich – zusammen mit meinem Studienfreund Siegfried Neher – in einer anderen DDR, einer DDR mit ruppigen, wirklichen Menschen. Tags darauf wurde der Film verboten. (Wer übrigens erwähnt noch, dass das Drehbuch als Vorlage den Roman des parteitreuen Kommunisten Erik Neutsch hatte?!) Die beklemmenden Bilder aus Güstrow vom Dezember 1981, Helmut Schmidt bei Erich Honecker, gehören ebenso zur DDR wie dann der trotzig-hoffnungsvolle, mitten aus dem Volk kommende Satz »WIR sind das Volk! WIR sind das Volk!« vom Oktober 1989. Wer nicht dabei war, betont den Satz meist falsch – weil er nicht weiß, in welche Geschichte und in welche Atmosphäre hinein so selbstermutigend gerufen wurde: Es war der Ruf des Volkes nach sich selbst. Das Volk sagte endlich »Ich«, als es »Wir« rief. Dann kam der Ruf nach der D-Mark. Nun haben wir nicht »den Salat«, aber eine tiefe Verunsicherung durch einen krisengeschüttelten Euro.

Immer wieder kommt, aus westlichem Munde, gegen uns Ost-Deutsche forsches Befragen auf. Das prallt gegen den Betroffenen wie eine Ohrfeige: Wie konntet ihr nur leben in diesem System? Warum seid ihr in der DDR geblieben? Weshalb habt ihr nicht öffentlich widersprochen, auf der Straße demonstriert, den Widerstand organisiert, euch nicht allen politischen Organisationen des totalitären Staates entzogen? Das sind Fragen, aber ihr Gestus ist oft genug schon die Antwort. Erkundigung gerät flugs zum Verhör, das aus Ahnungslosigkeit der Nachgeborenen, aus kaltnüchternem Willen zum Unverständnis oder aus moralgetränkter Naivität kommt.

Der allgemeinen, selbstgewissen Unschuld gegenüber gehen einem die Fragen ganz schnell aus. Natürlich auch die unbequemen Fragen, die man an sich selber zu richten hat. Das Fragen nach dem eigenen Versagen darf nicht als Kampf gesehen werden, den man, die Frage ablehnend, gegen andere führen muss. Diese Frage ist eine Form der Selbstbegegnung, die Freiheit, die man sich gegen sich selbst nehmen muss.

Also den Mut finden, als Einzelner die totale Kenntlichkeit zu wagen, ob in einer Elternversammlung, einer Wahlversammlung, einer Parteiversammlung, einer Schulklasse, einem Lehrerkollektiv oder bei einem Jugendweihefestakt – wie unüberwindlich waren viele innere Hürden längst geworden. Der Schritt von der Wut zum Mut ist ein Riesenschritt, wenn man erst einmal erfolgreich und zäh verzwergt wurde.

Anpassung wurde angesichts der staatlichen Pressions-Instrumente zum »Kern der Gesundheit« (Christa Wolf in ihrer 1968 erschienenen Erzählung »Nachdenken über Christa T.«). So kann ich gut verstehen, dass eine 33-jährige Mitarbeiterin der Akademie der Wissenschaften, gebunden an Beruf und Entwicklungsträume, *nicht* öffentlich gegen die Berichterstattung über Tschernobyl protestierte oder sich nicht beteiligte an den Debatten, die in kirchlichen oder dissidentischen Kreisen über die Energiegewinnung in der DDR stattfanden, über die Devastierung der Landschaften durch Riesenbraunkohlentagebaugebiete oder über den Plan, in Arneburg ein großes Atomkraftwerk nach dem Tschernobyl-Typ zu bauen. Wer schwieg, schwieg nicht einzig aus charakterlicher Feigheit. Man hatte etwas zu verlieren, das ein eigenes Gewicht besaß im Abwägen dessen, was man tat oder unterließ.

Ich kann mir das alles gut erklären, weiß ich doch um die Atmosphäre und um die Verletzbarkeit von Menschen, die in staatlichen Institutionen arbeiteten. Nur sollte sich niemand dazu verleiten lassen, heute, in der neuen Freiheit, den damals unterbliebenen Mut nachträglich zu steigern. Es geht um Redlichkeit damals und um Redlichkeit heute. Mir ist zum Beispiel nicht bekannt, dass der Wanderprediger der Freiheit, der jetzt Bundespräsident ist, sich je über seinen unmittelbaren Bereich in Rostock hinaus an den Aktivitäten dissidentischer Gruppen beteiligt hätte. Das erwähne ich nicht im Ton des Vorwurfs. Nur fände ich es redlicher, weniger verbal Scharfrichterliches zu äußern und mehr die Situation einer Zeit zu erklären, in der man nicht ins offene Messer rennen wollte und sich deshalb an- und einpasste. Dass man keinen duckmäuserisch-freiheitsscheuen Dauerschaden davontrug – daraus darf man Freude und Genugtuung und rhetorische Kraft entwickeln.

Auch in der Kirche war Aufmüpfigkeit keinesfalls selbstverständlich »an der Tagesordnung«. Im kirchlichen Raum erlebte ich oft genug Gezischel, wenn ich, etwa auf Synoden, ans Mikrofon ging – und ich ging wohl bei jeder Synode mindestens einmal ans Mikrofon, wenn der Bericht der Kirchenleitung diskutiert wurde. Dann hörte ich – neben anerkennenden Worten – Tuscheln: »Der will doch nur wieder provozieren!« Oder: »Der wird immer besonders dann wach, wenn die Westmikrofone angeschaltet sind!« Nun, ich ging auch nach vorn, wenn keine Westmikrofone da waren, und ich redete schon zu Zeiten, da noch gar keine westlichen Berichterstatter dabei waren. Und, ihr Herren Neider: Die Mikrofone richteten sich zum Rednerpult, weil ich redete. Und zwar Klartext. Diesen einen Satz Hochmut leiste ich mir gern an dieser Stelle!

So habe ich bei der Synode 1988 in Dessau gesagt, dass Menschen, die von Privatreisen aus der Bundesrepublik zurückkämen, darüber erschrocken seien, »wie ergraut die 39-Jährige schon ist. Sie wünschen sich nur ganz Alltägliches, nämlich Blumen im Mai, Gemüse im Juli und gastliche Gaststätten«. Wer sprach denn damals offen aus, dass unsere Flüsse langsam zu giftigen Abwasserrinnen wurden und Kinder im Kindergarten Atomkriegsübungen machen mussten?! Es ging doch nicht nur um die Freiheit zu reisen. Es ging um die bedrückende und erbärmlich-freudlose Atmosphäre im Lande. Was geht einem in einer Diktatur durch den Kopf, wenn alle sich beugen? Wenn alle sich beugen, beugen sich noch mehr. Wenn alle eine Fahne heraushängen, fallen die wenigen Etikettier-Abstinenten noch mehr auf – und flaggen schnell noch.

Wer versteht heute noch, nach so vielen Jahren, was es bedeutete, als meine Tochter Uta ihrer Lehrerin im Juni 1989 unmittelbar vor dem Abitur sagte: »Haben Sie keine Angst, Frau Jänicke, ich mache Ihnen keine Schwierigkeiten.« Erst 2011 erzählte mir dies die Lehrerin. Da war sie, diese Mischung aus gegenseitiger Angst, tief verwurzeltem Misstrauen, da war das ständige Abwägen zwischen Aufstehen und Hockenbleiben, so vieles von taktischem Verhalten – aber im Satz meiner Tochter lebte auch ein Quäntchen Selbstbewusstsein, wie sehr man doch mit unangepasstem Verhalten den falschen Frieden stören, die Diener des Staates in die Krise bringen konnte. Und da steigt alles wieder hoch, was in jenem Sommer 1989 geschah: die feierliche Zeugnisübergabe mit den hohlen Beteuerungen einer rosigen, sozialistischen Zukunft für alle, die privilegierte Aussonderung der Offiziersanwärter, der sogenannten 25-Ender, die zu einer besonderen Feierlichkeit beim Rat des Kreises abwanderten. Schuldirektor Peter Nitze hatte in seiner Rede stolz darauf verwiesen, wie viele höhere Offiziere aus der POS Philipp Melanchthon bereits hervorgegangen seien (wenn ich mich richtig erinnere: fünfundzwanzig). Ich saß da und habe nicht ergrimmt gefragt, ob er dabei wohl auch die Jahre 1914 und 1939 im Blick hatte. Ich hätte es tun müssen, statt wütend, aber schweigend den Saal zu verlassen. Verfolgt von scheelen Blicken, na ja, der »Staatsfeind Schorlemmer«. Immerhin hatte ich erreicht, dass meine Kinder nicht am Wehrunterricht teilnehmen mussten. Aber welch einen Seiltanz musste der Schuldirektor Peter Wittig an der Rosa-Luxemburg-Schule 1979 aufführen, die Macht des Staates zu repräsentieren und zugleich, unter Zeugen, durchblicken zu lassen, dass er Verständnis für unsere Weigerung habe. Er blieb, im Unterschied zu vielen Apologeten der sozialistischen pädagogischen Staatserziehung, auch nach 1990 Lehrer.

Am Ende ist es stets und wohl einzig die Kunst, die, wo andere meinen, die Wahrheit zu berichten, Tieferes zutage fördert: Wahrhaftigkeit. Wir lesen, hören, sehen uns ein Bild an, weil wir mit einem Hochgefühl, einem Schmerz, einem Gewinn, einem Verlust so umgehen möchten, dass die in allem festgeschriebene Undurchdringlichkeit der Welt lebbar bleibt oder wird. Wir antworten auf alles mit Bildern, um der Wirklichkeit ihren unmittelbaren Auftritt zu versalzen. Wer das Elend singen lehrt, der ist ein Künstler. Die Erziehungsanstalt DDR war im Grunde wie jede Schule des Lebens: Dir wird aberzogen, dich auf dich selbst zu konzentrieren. Man soll am Ende so tun, als sei Erlerntes, etwas Eingebläutes etwas Eigenes – zum Schluss agiert man in der Art einer von der Gesellschaft gebauten und programmierten Maschine. Es scheint beim Erzogenwerden darauf anzukommen, sich sogar vor sich selber zu verstellen. Sichverborgenbleiben heißt, ihnen da draußen so zu passen, dass sie dich gut erzogen nennen. Dies bricht die Kunst auf. Du wirst dir wieder deutlich, und die da draußen können, vielleicht, nicht mehr so ganz mit dir machen, was sie wollen. Kunst macht in dem Sinne nicht stark, sie macht porös, sie macht sensibel, also untauglich fürs Harte, Lederne. Freilich stets nur für den Moment der schönen Illusion, diese Wirkung dauere an. Und doch stärkt und motiviert Kunst, so mündig wie sensibel zu werden, zu bleiben, ins Nach- und Vorausdenken zu führen.

Da fallen mir zuerst Christa Wolf und Franz Fühmann ein, deren Essys und deren Prosa.

Lüge, Anpassung und Wegschauen, gesellschaftspolitische Apathie, all das, was die DDR zum Glück an ihr Ende trieb – es lebt auf und wird übermächtig in heutiger westlicher Demokratie, einem System mit hart aussortierender Konkurrenz. Manchem wurde das Lobwort »Freiheit« schal im Mund – wer 55 Jahre alt ist und bereits zahlreiche vergebliche Bewerbungen geschrieben hat, der entwickelt unweigerlich eine wachsende Distanz zu einem System, das sich demokratisch nennt, aber vorrangig ein Beförderer von rücksichtslosen Kapitalinteressen wurde und Menschen massenhaft erübrigt – zugunsten der Effizienz.

Über zwei Jahrzehnte nach dem Verlöschen der DDR ergeben sich unterschiedlich angesiedelte Erinnerungen über »das Leben in der DDR, in dem nicht alles schlecht war«. Es war wahrlich nicht alles schlecht, aber ich möchte kaum etwas davon zurückhaben. Und ich möchte meine Kräfte darauf konzentrieren, das zu verändern, was *heute* grundlegend schiefläuft.

WIE SICH ALLES ZUSAMMENFÜGT

Soweit ich mich überhaupt daran erinnern kann, was ich in der Kindheit dachte, fühlte, hoffte, war ich immer an Politik, an den öffentlichen Dingen, an der res publica interessiert. Die Verwerfungen der Nachkriegszeit im geteilten Deutschland, die Fluchten vieler Familien um uns herum und die russische Militärpräsenz haben mich wahrscheinlich tiefer geprägt, als ich selber lange Zeit wahrzunehmen bereit war. Dunkel und dumpf lagert in meinen Erinnerungen, dass ich 1953 erstmalig vom »Zuchthaus« im Nachbardorf Lichterfelde hörte, aus dessen scharfer Bewachung Gefangene geflohen seien und nun gen Westen drängten. Überall Polizei, auch Sowjetarmisten mit Maschinenpistolen, nächtliches Scheinwerferlicht über Feldern und Wiesen.

Drei Jahre später, Oktober 1956, erklärte mein Vater mir den Aufstand in Ungarn und in welch gefährliche Lage die Welt mit der Suez-Krise geraten war.

Im Dorf Schönberg hatten Funktionäre in den frühen fünfziger Jahren mehrere Holztafeln mit Propagandasprüchen aufgestellt. Die am Weg zu einer Großtischlerei trug die Losung »Deutsche an einen Tisch«. Ich wusste, mit der Tischlerei hat das nichts zu tun. Mosaiksteine einer Welt, in der offenbar nicht ausgemacht war, dass die Dinge gut ausgehen. Mein Grundgefühl, wenn ich nach draußen sah, war Fremdheit, wenn ich den Blick nach innen wandte, ins bergende Elternhaus, umfing mich Sicherheit. Und in den Gesprächen mit dem Vater begann ich zu ahnen, welche moralischen Stützen mein Leben halten würden. Es war ein Gespür, das noch kein Benennen kannte.

Mit drei Freunden bin ich während der Internatszeit in Seehausen über die Mauer von Pfarrer Dieter Staemmlers Grundstück gesprungen. Wir haben uns in sein Amtszimmer geschlichen, wo er uns von Dietrich Bonhoeffer erzählte und vorlas: »Widerstand und Ergebung«. Dort begegnete mir auch der Name eines Naturwissenschaftlers, eines Physikers, der Glaube und Wissenschaft zusammenzudenken verstand. Eine mich aufwühlende Entdeckung, denn ich litt als Christen-Kind unter dem verächtlich gemeinten Vorwurf von Kindern aus atheistischen Elternhäusern: Wer glaubt, weiß nicht – wer aber weiß, hat Glauben nicht nötig. Glaube versus Wissen!

Dieser Carl Friedrich von Weizsäcker sollte mich mein Leben lang begleiten. Seine Friedenspreisrede »Die Bedingungen des Friedens« 1963 öffnete mir die Augen für die Welt, in der ich lebe. Da steckt in jedem Satz so viel bis heute Gültiges: Frieden ist oberste Lebensbedingung des technischen

Zeitalters; was den Frieden am gefährlichsten bedroht, ist der Welthunger; Unmoral der Ökonomie ist die schwerste Umweltbelastung; das Neue Testament bleibt das revolutionärste Buch, das wir besitzen.

Von Weizsäcker hat 1985 den Vorschlag für ein »Konzil für Gerechtigkeit, Frieden und Bewahrung der Schöpfung« in das internationale ökumenische Gespräch eingebracht. Ich war geradezu beglückt, als ich ihn beim Berliner Kirchentag 1987 auf einem Empfang traf und er mir vorschlug, in einen Nebenraum zu gehen, wo man sich ungestört unterhalten könne. Keine allzu lange Begegnung, aber ein kurzes festes Ankern in jener Welt geistigen Austausches, die mir beizeiten zum Lebenselixier geworden ist.

Es mag seltsam anmuten, dass ich als Christ und Gegner des rigiden SED-Sozialismus stets auf der Suche nach wahrhaft marxistischen Gesprächspartnern war. Aber das lag im Charakter meiner Neugier, die ihre Kraft mit Argumenten beweisen wollte, nicht mit bloßer, feindbildlicher Abkehr. Ich wollte mit Gegnern streiten, ja vielleicht war es ein missionarischer Zug. Mich trieb alles hin zum schmalen Grat, wo auch die Dinge auf den Punkt kommen müssen, um zu bestehen. Ich selber fürchtete keine Frage, und wenn die DDR-Ideologen ihre Macht stets damit zu beweisen meinten, dass sie den geistigen Streit kalt und brüsk verweigerten, offenbarte das nur ihr Elend. Im Sozialismus der Kaderparteien ging es vielen Leuten gut, dies war der vermeintliche Sieg der Arbeiterklasse: Die Armut war vom Magen der vielen in den Kopf der Funktionäre gestiegen.

Aber es gab undogmatische linke Denker, und sie kamen nicht zufällig aus der Tschechoslowakei. So traf ich 1966 in Berlin bei einer kirchlichen Ost-West-Begegnung auf Milan Machovec, den ich – der Mut des unbedarften Studenten – nach Halle zu einem Vortrag einlud. Er kam tatsächlich und sprach in der Stadtmission vor 300 Zuhörern (damals eine unvorstellbare Menge von Menschen, die sich trauten, in eine öffentliche Veranstaltung mit einem Prager Reformmarxisten zu gehen) über »Bergpredigt und Marxismus«. Genau ein Jahr nach unserer Begegnung begann mit der – von Machovec prophezeiten – Abwahl des Prager Machthabers Nowotny und der Wahl Alexander Dubčeks zum KP-Vorsitzenden der »Prager Frühling«.

Der tschechoslowakische Kreis schloss sich mir gewissermaßen, als ich mich an einem langen Abend 1993 mit dem jahrhunderterfahrenen Kommunisten Eduard Goldstücker im Goethe-Institut in Prag unterhalten und 1996 auf der Prager Burg für die »Süddeutsche Zeitung« ein Gespräch mit Präsident Václav Havel führen konnte. Noch im September 1987 hatte ich beim Olof-Palme-Friedensmarsch, nach einer Predigt in einer Prager Kirche, die völlig desillusionierten, ja hoffnungslosen Tschechen erlebt, die in Havel dann im November 1989 ihre hoffnungstiftende Symbolfigur fanden. So legt die Geschichte immer wieder ihre verwirrenden, verunsichernden Spuren, und plötzlich geschieht das Unverhoffte, Wunderbare. Klar sehen und doch hoffen!

1986 lernte ich in Budapest Arpad Göncz durch Vermittlung seiner Tochter Ingka kennen. Der promovierte Jurist und Agrarwissenschaftler war nach der Revolution 1956 zu lebenslanger Haft verurteilt worden, nach acht Jahren Zuchthaus freigekommen und dann als freischaffender Übersetzer und Schriftsteller tätig gewesen. Sein Roman »Der Sandalenträger«, eine Parabel über die Verurteilung und Verbrennung des Meister Nikolaus, eines Waldensers, im frühen 15. Jahrhundert, erschien 1987 in der DDR. Von 1990 bis 2000 sollte Göncz ungarischer Präsident werden. Ebenfalls zu lieben Freunden wurden mir nach der Maueröffnung die beiden aus der Widerstandsbewegung kommenden tschechischen Botschafter in Deutschland Jiří Gruša und František Černý. In der langjährigen Gesprächsreihe »Lebenswege« der Evangelischen Akademie in Wittenberg hatte ich sie beide zu Gast – ebenso Adam Michnik und György Konrad, dessen in der DDR verbotene Bücher über »Antipolitik« ich früher geradezu verschlungen hatte.

Was in diesen Zeilen wie protokollarische, gar eitle Aufzählung klingen mag: Es folgt schlichtweg meinem anhaltend dankbaren Staunen darüber, was mir an Begegnungen beschieden war, welche Bereicherung ich, ein bemühter Provinzmensch vom Elbufer, erfahren durfte. Martin Walser schrieb einen Text über Boris Becker und spricht darin von seiner »Neigung zur Verehrung«. Ich gestehe diese Neigung ebenfalls. Bei Boris Becker hielte sie sich garantiert in Grenzen, aber ich halte Teilhabe an den Schwingungen des Miteinander-im-Gespräch-Seins für ein großes Geschenk. Schöne Momente, wenn du unverhofft eine Hand drückst, die jene Bücher schrieb, aus denen du in umflorter Zeit gewissermaßen Sauerstoff fürs freie Atmen sogst. Großer Augenblick, wenn du plötzlich Worte wechselst mit Menschen, die doch schon immer zu dir sprachen in deiner Einsamkeit oder Ratlosigkeit oder Sinnbedürftigkeit.

Meine Lust am Erfassen jener Welt des so vielfach Gedachten, Geschauten, Geschriebenen, immer in Verbindung mit dem lebendigen Dialog über das Unerledigte – diese Lust brachte mich beim Theologiestudium ständig an den Rand der Enttäuschung. Akademismus. Trockenschwimmen. Buchstabengeistigkeit. Historismus. Ich kompensierte diese Tristesse durch frühe, sehr aktive Mitarbeit in der Evangelischen Studentengemeinde (ESG). Dort lernte ich Demokratie kennen, üben, schätzen – aber auch erleiden, wenn just diese demokratische Prinzipien lehrten, auch verquere Ansichten und unliebsame Mehrheiten zu verkraften. Hier traf ich auf die Studentenpfarrer Siegfried Schmutzler und Johannes Hamel, die in DDR-Gefängnissen nicht gebrochen werden konnten und die uns vorlebten, was ein freier, unbeugsamer Geist gegen SED-Geistlosigkeit ist.

Wenn man solcher Unabhängigkeitscourage begegnet, straffen sich die eigenen Lebensnerven, und die Schritte werden fester und ausgreifender. Im Jahre 1969 hielt ich in der Studentengemeinde, als nunmehriger Konviktsinspektor, einen Vortrag zum Thema »Nationalsozialismus und Kommunismus«. Darin verglich ich beide Regime und fand zahlreiche Strukturparallelen. Der Mitstudent Christian Gehlsen beschwerte sich über mich beim damaligen Propst. Er hielt meine Ausführungen für antikommunistisches, also gefährlich-unverantwortliches Gedankengut. Aber damit war er bei Walter Münker an der falschen Adresse. Nach nunmehr vierzig Jahren meine Aufzeichnungen von damals lesend, wundere ich mich, dass der Vorgang damals ohne weitere Folgen geblieben ist. Der Systemvergleich war das Tabu schlechthin, und dass alles ruhig blieb, belegte nur eines der gefährlichsten Instrumente der DDR: Unberechenbarkeit des Zugriffs, Willkür des Verbots. Hetzjagd im Zufallsgenerator.

Im Studium versuchte ich mich auf jene Fragen zu konzentrieren, die mir existenziell wichtig waren. So hatte ich mir im Proseminar der Kirchengeschichte Luthers Reformschrift »An den Christlichen Adel deutscher Nation von des christlichen Standes Besserung« ausgesucht. Es handelte sich um die inhaltlich umfangreichste Aufgabe. Aber mich interessierte das Thema, und so wagte ich es und stöhnte, quälte mich mit – rückblickend gesagt – mäßigem Erfolg. Getragen hatte mich die Begeisterung für den einfachen Mönch Luther, der mit dem kühnen Mut des Einzelnen »gegen alle« auftrat. Ich ahnte damals noch nicht, dass ich mich fast 20 Jahre von diesem Wittenberger Reformator entfernen würde, denn: Ich bekam es lange Zeit vornehmlich mit Lutheranern und deren Orthodoxie zu tun und musste erschrocken erkennen, wie stark gerade die lutherischen Kirchen obrigkeitshörig gewesen waren, bis hin zum Gehorsam gegenüber Hitler. Und die Thüringische Lutherische Kirche war »von oben her« nicht nur rot, sie verschwieg auch ihre ganz spezielle braune Vergangenheit.

Im Neutestamentlichen Seminar legte ich eine Arbeit über »Paulus auf dem Areopag« (Apostelgeschichte 17) vor und suchte erneut den Dialog mit der Philosophie, mit anderen Religionen und Kulturen. Warum die Theologie sich so wenig der Literatur zuwandte, konnte ich nie verstehen und las selber mit wahrlich heißem Bemühen Lessing und Goethe, Dante und Shakespeare, Frisch und Brecht. Auch unter theologischen Gesichtspunkten. Wenn man Gott aus der Kunst herausnehme, so der Bildhauer Alfred Hrdlicka, breche deren Grundgebäude zusammen. Kunst ist undenkbar ohne das Konfliktfeld von Lebensfrist und Ewigkeit. Weil das wahre, große Skandalon der Existenz darin besteht, dass der Mensch mit der Geburt schuldig wird und sterben muss, hat Kunst im Grunde keinen anderen Anlass, keinen anderen Tiefengrund, und genau diese Frage schlägt den Bogen zum Zuspruch christlicher Theologie.

Im 2. Examen suchte ich mir deshalb das Thema »Die moderne Poesie und die Sprache der Verkündigung« aus. Die Predigt zum 2. Examen beschäftigte sich mit dem »Menschen im Widerspruch« von Wollen und Tun – nach Römerbrief Kapitel 7, worin Paulus starke anthropologische Anleihen bei Plato nimmt. Die Prüfungs-Katechese hatte ich über das Gebot der Feindesliebe aus der Bergpredigt zu halten. So fügte sich alles zusammen – quasi zu meinen bleibenden Lebensthemen. Mehr Gerechtigkeit zu suchen, diese wunderbare Schöpfung zu bewahren und Bedingungen eines gerechten

Friedens zu schaffen, das sind meine Grundthemen geworden, ethisch, spirituell, politisch. Im Großen das Kleine sehen, im Kleinen das Große nicht vergessen! Und dabei hoffen und glauben, nie ganz allein dazustehen.

Obwohl bekannt war, dass Merseburg eine einzige ökologische Giftküche war, bewarb ich mich nach dem Studium ausgerechnet dorthin, insbesondere wegen des reformerischen Superintendenten Martin Ziegler. Ihn erlebte ich nie als »den Chef«, sondern als den partnerschaftlichen Bruder, der sich nicht zu schade war, gemeinsam mit dem Kreiskirchenrat das Pfarrhaus zu entrümpeln, in das wir ziehen sollten und das verwahrlost hinterlassen worden war – von einem grundfaulen, aber staatsnahen Pfarrer. Ich habe alle Räume selber gemalert und zwei Zimmer tapeziert, zusammen mit Hans Hanewinckel. Ziegler wurde 1989 als Sekretär des Bundes der Evangelischen Kirchen zu einem der drei Moderatoren des Zentralen Runden Tischs in Berlin. Auch er trat 1990 in die SPD ein.

Wieder muss und will ich Menschen benennen, die meinem Lebensweg Richtung, Raum und Ruhe inmitten turbulenter Ereignisse gaben. Seit 1961 bekam ich es mit Walter Jens zu tun und seinen – in die DDR geschmuggelten! – Schriften. Ich lernte viel von ihm – besonders, was trotz des Missbrauchs durch die Nazis eine gute deutsche Rhetorik ist und was sie bei der Beförderung des aufklärerischen Geistes zu leisten vermag. Ab 1978 habe ich das, was ich zur Ars rhetorica bei Jens las oder auf NDR 3 jahrelang von ihm hörte und dann als Jugend- und Studentenpfarrer erprobte, als Dozent in Wittenberg am Predigerseminar gelehrt, bis 1992. Seit 1983 habe ich Inge und Walter Jens oft getroffen – immer bereichert, geradezu schwebend, ja anders kann ich es nicht ausdrücken, von dannen ziehend. O schöne deutsche junge alte Sprache. Der agil professorale, freche, wunderbar souveräne »Geischt« aus Tübingen hat mich beseelt. Dorothee Sölle aus Hamburg eröffnete mir einen poetischen Zugang zu aller Theologie (»Theopoesie«), und viele DDR-Schriftsteller halfen mir mit ihren Werken, im ungeliebten Staat zu bestehen und zu widerstehen, von Christa Wolf bis zu Christoph Hein, von Maxi Wander bis Reiner Kunze. Zu den von mir verehrten, guten Lehrern und treuen Hirten zähle ich die Pröpste Christoph Hinz in Magdeburg, Heino Falcke in Erfurt und Hans Treu in Wittenberg – auch die Bischöfe Johannes Jänicke, Werner Krusche und Christoph Demke in Magdeburg. Mit Christof Ziemer verbindet mich eine Freundschaft, die bis 1963 zurückreicht. Er war mein Studieninspektor in Halle, ich ab 1967 sein Nachfolger. Was gewaltfreie Erhebung wider Dogmatiker heißt, hatten wir beide diskutiert. Jahrelang, tagelang, nächtelang. Dieser Superintendent und Pfarrer an der Kreuzkirche in Dresden wurde zum allgemein akzeptierten Vermittler in den entscheidenden Stunden am Abend jenes 8. Oktober 1989 in der Elbestadt. Dass diese Volkserhebung gegen die SED größtenteils friedlich blieb, ist den auf beiden Seiten handelnden Personen in Dresden zu verdanken.

Luther hatte die Gemeinsamkeit von Christen »mutuum colloquium et consolationem fratrum« genannt (also: wechselseitige Beratung und Ermutigung der Geschwister), zumal mit guten Freunden und getreuen Nachbarn. Solches Glück hatte und habe ich. Was wäre ich ohne meine Freunde und meine Freundinnen, ohne meine Mitbrüder und meine Lehrer, was ohne die glücklichen Umstände – zu denen auch die schweren gehören, in denen der Wert von Schönheit und Erfüllung mit aller nur möglichen Kraft aufleuchtet, zu der die Vergänglichkeit fähig ist.

Im Februar 2012 laufe ich bei klirrendem Frost vom früheren Herzfelder Pfarrhaus über einen Acker bis zum Kirchenwald. Hier habe ich mit Vater im Winter öfter Holz geschlagen und im Sommer bei Sonnenaufgang Pilze gesammelt. Pawlowscher Reflex: der Schmerz in den Fingern, wenn sie wieder auftauen.

Ich schreite in Seehausen von der Winkelmann-Oberschule, einem sehr schönen Gründerzeit-Schulgebäude, bis zum am Rande der Stadt liegenden Schülerheim. Den Weg also bin ich zwei Jahre lang an jedem Unterrichtstag gegangen, zu Fuß natürlich, hin und zurück. Er kommt mir unendlich lang vor.

Ich gehe in Halle von den Franckeschen Stiftungen zum Löwen-Gebäude der Martin-Luther-Universität und weiter bis zum Bahnhof. Auch dieser Weg kommt mir ziemlich lang vor. Aber das habe ich früher nicht so empfunden. Welch ein zunehmender Verfall der Häuser damals, welch ein Wunder des Wiederaufbaus, welch Entsetzen über das Nebeneinander von Verrottendem und Glitzerndem heute.

Gleich neben dem Bahnhof am Thälmannplatz hat das mächtige Arbeiterfäuste-Monument aus Beton gestanden. Hier im Straßentunnel haben wir 1968 gegen die Verfassung unser »NEIN, NEIN, NEIN« gemalt. Und hier, schräg gegenüber von Grüns Weinstuben, waren die Räume der Evangelischen Studentengemeinde gewesen, in denen ich das größte geistige Vergnügen hatte: die Vorträge von Carl Friedrich von Weizsäcker, wenn er zu den Jahressitzungen der Leopoldina gekommen war.

Ich schreite in Merseburg vom Neumarkt zum Pfarrhaus am Rande der Stadt, gehe weiter zum katholischen Kindergarten und wundere mich, wie lang der Weg ist, den ich Morgen für Morgen mit unserer Tochter Uta und unserem Sohn

Martin zurücklegte, den ich zur Kinderfrau brachte. Auf seinem Gesicht mischten sich Tränen und Rotz, wenn er flehentlich bat, dass ich ihn wieder mitnähme oder bei ihm bliebe.

Ich fahre mit meinem Rad auf den Wittenberger Lutherhof und höre nach 29 Jahren den Nachklang des Schmiedehammers von Stephan Nau, das Lied »Bewahre uns Gott, behüte uns Gott« und das anfeuernde Hoi-Hoi-Hoi der vielen Hundert begeisterten Jugendlichen.

Ich laufe auf dem schmalen, kaum noch sichtbaren Streifen aus Pflastersteinen mitten durch Berlin. Hier stand einmal »der Schutzwall«. 28 lange Jahre.

Die Sandkuhle, in der wir immer gebadet haben, suche ich in den weiten Werbener Elbauen. Sie ist versandet wie viele andere Weiher auch, langwirkende Folge der Elbvertiefung.

Ich schreite den Weg ab von unserer Werbener Kirche bis zum Friedhof – erinnere mich an den Zug hinter dem Sarg der Mutter 1971, hinter dem Sarg des Vaters 1995 und gieße die Rosen an des Bruders Grab.

Ich steige am 15. März 2012 auf den Turm unserer gotischen Kirche. Hier bin ich vor genau 55 Jahren heruntergefallen. Und lebe. Unfassbar noch immer, auch für meine Kinder und Enkel. Leben ist immer auch Wunder.

WO ICH GROSSGEWORDEN BIN

WAS EIN KIND GESAGT BEKOMMT

Ja, eine ganze Schoor Lämmer, bemerkte eine alte Frau in Werben an der Elbe, als mein Vater sich mit seinem Namen in der neuen Pfarrstelle in Werben vorstellte. (Im Altmärker-Platt bezeichnet man eine Schaar als Schoor.)

Es war rückblickend schön und bereichernd, wenn auch nicht ganz leicht, als ältester Sohn mit sechs Geschwistern aufzuwachsen. Keines möchte ich missen, eins muss ich missen; ein Bruder starb 1957 an Kinderlähmung.

Mich hat mein Vater früh rangenommen, ob beim Graben und Jäten, beim Ausfahren der Fäkalien auf unser Spargelbeet im Juni. Zweimal wöchentlich mähte ich vom Frühsommer bis zum Herbst morgens um halb fünf mit der Sense weitab vom Haus Gras und schob das Futter für unsere Ziegen, Gänse und Enten mit dem Rad nach Hause. Ich schaufelte die angelieferten Kohlen in den Schuppen und stellte, solange geheizt wurde, täglich für fünf Kachelöfen die Briketts und das gehackte Holz bereit. Wie kalt und wie lang erschienen mir damals die Winter!

Lustvolles Ernten von Kirschen, heimliches Stibitzen im Erdbeerbeet, Staunen beim Ausschleudern der Bienenwaben, die tägliche Sorge um meine Tauben … Als Pfarrerssohn stand ich immer unter besonderer Beachtung. Ein Pfarrerskind bekommt gesagt, was es schon um des Vaters willen nicht machen darf – und wenn schon, dann mit schlechtem Gewissen. Beim Obstklauen, dem Mundraub, konnten die andern einfach genießen. Ich nicht.

Frühe politische Neugier und viel Rumspinnen führten zu Fluchtfantasien des Achtjährigen und des Dreizehnjährigen in den Westen. In der Elbe schwamm ich mich frei, was bei uns hieß, dass man einmal ans andere Ufer schwamm und wieder zurück. (Heute kann ich mir schwer vorstellen, meine vierzehnjährige Enkelin quer durch den Strom schwimmen zu lassen.) Ich habe wohl kaum einen jugendlichen Blödsinn ausgelassen, bis mir nach meinem Sturz vom Kirchturm im März 1957 allmählich bewusst wurde: Leben ist unverdientes Geschenk.

Seit Kindheitstagen hörte ich das »Echo des Tages«, und mein Vater erklärte mir, was ich nicht verstand. Ich las und las und las: Erich Maria Remarque und Wolfgang Leonhard, Schiller, Zweig und Feuchtwanger. Unser Vater erzählte uns viel und las uns vor. Große Literatur, von Storm bis Kleist, von Heine bis Tucholsky.

Schillers Dramen verschlang ich in den mir vom Vater geschenkten Reclambändchen. Das Pathos der Freiheit wehte mich in »Don Carlos« an, die Niederungen der Politik fand ich bei »Fiesko«. Zur Konfirmation 1958 schenkte mir eine Tante aus dem Westen Büchmanns »Geflügelte Worte«. Diese Sammlung lenkte mich hin auf den Herkunftsort weiser Sprüche wie etwa den Satz des Faust in »Faust II«: »Nur der verdient sich Freiheit wie das Leben, der täglich sie erobern muss.« Aber ich musste eben auch jedes Jahr Pflaumenmus rühren, Stunden um Stunden, und regelmäßig den Schafstall ausmisten.

In den liturgisch ziemlich festgelegten Gottesdiensten meines Vaters blieb mir vieles sehr fremd, einige Kernsätze haben sich jedoch bei mir regelrecht eingenistet, z. B.: »Es ist dir gesagt, Mensch, was gut ist und was der Herr von dir fordert, nämlich Gottes Wort halten und Liebe üben und demütig sein vor deinem Gott«. (Micha 6, 8)

Ich lebte in einem Land mit einer »doppelten Wirklichkeit«, die Kluft zwischen privat und offiziell war unüber-
brückbar. Ich erlitt viel angstschlaue Anpassung und hörte
selten ein offenes Wort. Im Schülerheim von 1958 bis 1960
fühlte ich mich wie ein Fremdkörper und musste immer auf
der Hut sein. Da sprach mich direkt an, was Jesus in seiner
Aussendungsrede den Seinen mit auf den Weg gab: »Siehe,
ich sende euch wie Schafe mitten unter die Wölfe. Darum
seid klug wie die Schlangen und ohne Falsch wie die Tauben.« (Matthäus 10, 16)

Noch mehr war es mir auf der Schwelle zum Erwachsenwerden gesagt, ganz mir gesagt: »Fürchtet euch nicht. Fürchtet euch nicht.« Aber so einfach war das nicht. Ich fürchtete
mich schon. Ich musste mich täglich mit meinen Ängsten und
mit meiner Urangst anfreunden. Bis heute.

FAMILIENBANDE UND MAUERBAU

Um es vorweg zu sagen: Wir hatten Westverwandtschaft. Ich
kann mir kaum denken, wie unsere neunköpfige Familie bei
dem geringen Gehalt meines Vaters ohne Westhilfe durchge-
kommen wäre. Oft half ein lang erwartetes Paket von Tante
Beate aus Hamburg, die leere Haushaltskasse auszugleichen.
Meine Eltern hatten ja keinen Pfennig gespart, sparen können. Ich hatte in der Kindheit wie alle meine sechs Geschwister fast nur angetragene Westklamotten an, die immer an die
jüngeren Geschwister weitergegeben wurden. Bohnenkaffee
hätten sich meine Eltern nie leisten können.

Westpakete halfen auch der DDR-Mangelwirtschaft,
knappe Devisen zu sparen. Wenn man nur einmal zusam-
menrechnet, wie viele Tonnen Kaffee in den Osten verschickt
worden sind. Und jedes Westpaket war ein Schlag ins Ge-

sicht einer Gesellschaft, die sich als historisch überlegen fühlte und mit ansehen musste, dass der Westen bessere Ware in besserer Verpackung anbot.

Filmaufnahmen vom August 61 an Stacheldraht und Mauer gehen mir immer noch nahe. Geradezu erlösend wirkte das Passierschein-Abkommen 1962, bis dann mit dem Grundlagenvertrag 1972 sogar Freunde, mit täglich 25 DM Eintrittsgeld, einreisen konnten.

Es bildeten sich Freundesbande mit familienähnlichen Formen, meist vermittelt durch kirchliche Kontakte. Ich hatte das Glück, seit 1963 regelmäßige Treffen mit westlichen Partnern erleben zu dürfen.

Studentengemeinden »infizierten«, nein inspirierten den Osten mit freiheitlichem Gedankengut, auch mit den emanzipatorischen Aufbrüchen der 68er-Generation, ohne allerdings deren sozialistisch-abstrakte Illusionen und verächtliches Reden von der FdGO zu teilen. Wir hatten's real.

Ich fuhr im Februar 1982 zur Hochzeit meiner jüngsten Schwester und machte einen Umweg über Köln. Ein Kindheitswunsch war in Erfüllung gegangen: den Rhein und den Kölner Dom, Hamburg und die Nordsee sehen. Nie wieder wurde das von mir so intensiv erlebt, weil es den Charakter des Außerordentlichen und Einmaligen hatte.

Allabendlich begingen fast alle geistige Republikflucht mit Westfernsehen oder Westradio – bis auf die ganz Linientreuen. Unvergessen, wie brutal die SED gesellschaftliche Führungskader zwang, alle Kontakte ins Nicht-Sozialistische Wirtschaftsgebiet (NSW) abzubrechen, ja sich von Verwandten im Westen regelrecht – mit Unterschrift! – loszusagen. Karriere oder Westfamilie, das war hier die Frage. Das Wort »Westen« hatte offiziell-ideologisch einen abwertenden Sinn, alltagspraktisch einen faszinierenden Klang: Westpaket, Westgeld, Westauto, Westbesuch, Westsender, Westzeitung, Westwaren, Westreise. Westbeziehungen hatten trotz allem mehr Reiz als »Vitamin B« oder die Parteiprivilegien. Vor 50 Jahren war die »Nato-Plane« Kunstfaser-Symbol für Westbeziehungen und Wrangler geradezu ein Bekenntnis – nachdem die Direktoren auf Jeans-Verbote verzichten mussten, trug man sie selbst mit FDJ-Hemd. Plenzdorf hatte das Lebensgefühl in doppelter Wirklichkeit in seinem Stück »Die neuen Leiden des jungen W.« so gut eingefangen, dass selbst Westler es bestens verstehen konnten.

Die politisch-ökonomischen Zusammenhänge hatten uns sehr unterschiedlich geprägt, aber trotz der Teilung, die eine Ewigkeit andauerte, blieb ein Grundgefühl: Wir Deutschen gehören doch zusammen! Der vom historischen Schicksal eher begünstigte Westteil half. Symbolisch und wirklich. Familienbande zwischen Ost und West hatten sich meist als stabil erwiesen, sie hatten auch einen besonderen Reiz wegen der besonderen Schwierigkeiten gehabt. Wie übersichtlich waren doch die Konflikte zur Zeit der Teilung, die sich kaum jemand zurückwünscht. Bis 1990 hatte das Wünschen noch geholfen. Familienbande implizieren stets Doppeldeutiges. Nach dem Fall der Mauer spürten wir erst richtig, wie weit voneinander entfernt wir wohnten und wie weit die Entfremdung fortgeschritten war. Die ziemlich große Ost-Bande dachte wohl, sie könne sich auf die Tasche der Westverwandten setzen, sie kam plötzlich an und hielt die Hand auf. Und die Westseite reagierte erst großzügig, dann bald streng: Das haben wir uns alles hart erarbeitet. Nun macht ihr mal.

Die von einer Mehrheit im Osten ersehnte Einheit konnte nicht ohne Blessuren abgehen. Wir Ostdeutschen wurden häufig ziemlich undankbar und Westdeutsche ziemlich ungerecht – als ob wir die ganze Misere zu verantworten gehabt hätten. Hinzu kamen natürlich leidige Erbstreitigkeiten. Selbst verkommene Häuser kriegten ja plötzlich wieder Wert.

Am 2. Dezember 1990 fanden die ersten gesamtdeutschen freien Wahlen statt, ganz vom »Kanzler der Einheit« dominiert. Noch ein Jahr zuvor war dies schier undenkbar gewesen.

Wir sind wieder im Normalfall unserer familiären Beziehungen angekommen, denn Familie ist und bleibt das, was auf dem Sofa sitzt und übelnimmt, wie Tucholsky treffend bemerkte. Wie verstrickt doch viele Ostverwandte gewesen sind, wie ätzend haben viele Westdeutsche ostdeutsches Gehabe gefunden. Und dann erst diese Westarroganz wegen Westautos, Westmark, Westpass und Westgeruch. Die 40 Jahre Teilung mutierten zu beinahe nostalgischem Dauererzählstoff: »Weißt du noch, wie der DDR-Zoll …?« Und Westdeutsche tischen viele Angstgeschichten über die – entwürdigenden – Grenzkontrollen auf. Ein wenig wollen sie auch mitgelitten haben.

»Ihr« und »wir« werden noch einige Zeit brauchen, ehe alle selbstverständlich »WIR« sagen. Es heiratet sich längst hin und her; die geteilte Nation liebt und zeugt sich wieder zusammen und vergisst deshalb nicht die Verwurzelungen, hier und dort. Meine Kinder sind mit westdeutsch Sozialisierten verheiratet. Schön normal, nicht stinknormal!

WO GOTT EIN FREMDWORT IST

Seit meiner Kindheit wurde mir vermittelt, dass ich in dieser Gesellschaft ein Fremdling, ein Außenseiter, ein Übriggebliebener sei. Ich gehörte ja nicht der progressiven Kraft schlechthin an, sondern per Geburt zu einer rückständigen, reaktionären, unwissenschaftlichen, historisch überholten Institution. Die Religion würde, wie die ganze alte kapitalistische Welt, gesetzmäßig absterben und der kleine verbliebene Rest von

Gläubigen geduldet, sofern sie sich nicht in öffentliche Angelegenheiten einmischten und sich den gesellschaftlichen Anforderungen in der DDR nicht verweigern. Wenn wir als Christen nur geduldig alles hinnähmen!

Und wir gemäß einer eigenen duckmäuserischen Gebetsformulierung aus Zeiten des christlichen Obrigkeitsstaates festhielten, »dass wir unter ihrem Schutz und Schirm ein ruhiges, stilles und gottgefälliges Leben führen mögen«. Das war nichts für mich. Und das las mein Vater jeden Sonntag als agendarisch vorgesehenes »allgemeines Fürbittgebet«. Andererseits sang ich aus vollem Herzen »Erhalt uns, Herr, bei deinem Wort / und steure deiner Feinde Mord … // Beweis dein Macht, Herr Jesu Christ, / der du Herr aller Herren bist« oder das von Johann Sebastian Bach grandios vertonte Lied »Jesu, mein Freude« von Johann Franck (1653). »Unter deinen Schirmen bin ich vor den Stürmen aller Feinde frei. / Lass den Satan wettern, lass die Welt erzittern, mir steht Jesus bei. / … / Tobe, Welt, und springe; ich steh hier und singe in gar sichrer Ruh. / … / Erd und Abgrund muss verstummen, / ob sie noch so brummen. / … Weicht, ihr Trauergeister …«[11] Das hat Kraft, das gibt Kraft.

Ich las Dietrich Bonhoeffers »Gefängnistagebuch«, und ich fand bei Fontane anstifterische Imperative: »Tritt ein für deines Herzens Meinung / Und fürchte nicht der Feinde Spott, / Bekämpfe mutig die Verneinung, / So du den Glauben hast an Gott.«

Solchen protestantischen Widerspruchs- und Widerstandsgeist lernte ich auch zu Hause, allerdings als Teil einer verschwindenden Minderheit, politisch stets beargwöhnt und als eine 5. Kolonne der imperialistischen BRD abgestempelt. In meiner Kirche war mir vieles von Jugend an fremd gewesen und fremd geblieben. Sowohl was die Inhalte als auch was die Formen anlangte. Nicht zuletzt deshalb habe ich Theologie studiert: um für mich zu klären, was an den Vorwürfen dran und was der Kern der Botschaft des Christentums sei und wie man mit Tradition auch anders umgehen könne. Ich wollte mich in dieser mir weithin feindlich gesinnten Welt meiner Haut mit guten Argumenten wehren können. Ich wollte der atheistisch-aggressiven Macht etwas entgegensetzen und dem vordergründigen Herrschaftspathos, das immer zugleich eine atheistische Stoßrichtung bei der Befreiung von jeglicher Knechtschaft hatte. Die geschlossene Ideologie der SED faszinierte mehr Leute und »überzeugte« mehr Ostbürger, als sich das heute zugestehen mögen. Das Belächeltwerden, der ständige Rechtfertigungsdruck, das Alleinstehen, das Benachteiligtsein hat bei vielen jungen Leuten in der DDR tiefe Verletzungen hinterlassen, die aus bewusst christlichen Elternhäusern gekommen waren und Konsequenzen zu tragen hatten. Nicht selten bricht nachträglich unterdrückte Wut auf, die mit Wucht auch neurotische Fixierungen nach rückwärts auslösen kann.

Kirche war und ist in der Tat eine Hüterin von Tradition und wird nicht vorgestrig, sofern sie Tradition als Sprungbrett in die Zukunft und nicht als ein Sofa des Verflossenen versteht. Tradition ist – wohlverstanden – der Gewinn von Zukunft unter Zuhilfenahme der Erfahrung aus Vergangenheit. Tradition zu bewahren heißt eben nicht, Asche zu verwahren, sondern die Glut unter der Asche zu erhalten, ja ein Feuer am Brennen zu halten, das erleuchtet und wärmt.

Ich erlebte aber als Vierzehnjähriger auch das Versagen der Theologie und der kirchlichen Amtsträger beim Generalangriff auf Bibel und Kirche. Wir waren dem antikirchlich atheistischen Propagandafeldzug nicht gewachsen, z. B. bei der Konstruktion einer schroffen Alternative zwischen göttlicher Schöpfung oder natürlicher Evolution, zwischen der Abstammung von »Adam« als Gottes Geschöpf und Ebenbild oder von den höheren Primaten. Adam oder Affe – das war hier die Frage. Darwin wurde erfolgreich gegen die Kirche in Stellung gebracht. Glaube stand fortan gegen Vernunft. Wie kann man als Denkender glauben und als Glaubender das Denken nicht aufgeben? Diese Frage trieb mich um, solange ich denken kann.

Seit 1965 gab es »Druck von unten« für eine Studienreform des Theologiestudiums. Dafür machten wir Studenten – völlig unerlaubt – Meinungsumfragen und werteten sie aus. Der neue Bischof, auf den wir große Hoffnung setzten, wurde 1968 in Magdeburg eingeführt. Er hatte 1967 in der Ulrichskirche in Halle einen Vortrag gehalten mit dem Titel »Die Reformation geht weiter«, und wir wollten, dass er die dort geäußerten Thesen auch als Bischof im kirchlichen Leben wirksam werden ließ, und fertigten ein grünes Transparent mit weißer Schrift. Darauf stand lediglich »Die Reformation geht doch weiter, Herr Bischof?«. Dies entrollten meine Schwester Renate und der damalige Biologiestudent Konrad Elmer während der Einzugszeremonie. Bischof Krusche berichtet in seinen Memoiren, wie allergisch die Staatsvertreter auf diesen kleinen »Zwischenfall« reagierten. Sie hatten einfach Angst, auch in der DDR würden Studenten aufmüpfig werden, und handelten stets nach der Maxime »Wehret den Anfängen!«.

Ich stand und stehe bei jeder Predigt vor der Frage, wie viel seelsorgerlicher Trost mit striktem Bezug auf die Bibel und die evangelische Tradition und wie viel »Unterscheidung der Geister« mit sozialpolitischem Bezug nötig sind, wie viel Rücksicht auf traditionell Glaubende ich nehmen muss und wie ich all den Suchenden, Zweifelnden und Fragenden annehmbare Antwortangebote geben kann.

1974 hatte ich für einen Jugendtag in Leuna Texte zusammengestellt, von denen ich meinte, dass sie angemessen zum Ausdruck bringen könnten, was Christsein in der heutigen

Zeit heißt. Dabei hatte ich auch all die Bibeltexte angefügt, die ich für zentral und unverzichtbar halte. Die missionarische Wirkung auf die Staatssicherheitsleute, die dieses und andere Hefte in meiner Akte abgelegt haben, will ich nicht unterschätzen.

Wenn die Kirche sich verändert, sich von alten Denkmustern mit guten Gründen trennt und modern werden will, darf sie sich allerdings nicht anbiedern. Was Kirche tut, darf gerade nicht beliebig werden oder sich gar zuerst daran orientieren, was bei den Massen gerade ankommt. Natürlich ist es gut und richtig, wenn wir als Kirche beim Volk sind und auch Angebote machen, die volkstümlich sind und Menschen anziehen, für die sonst die Schwellen der Kirche zu hoch sind. Es ist geradezu beeindruckend, wenn Bischöfin Junkermann auf Einladung eines Bahnhofsveranstalters im neugestalteten Bahnhof in Halle 2011 einen Gottesdienst anbietet, in dem es um unser aller Verantwortung für die geht, die in unserer Gesellschaft durchs Netz fallen. Seit mehreren Jahren gestalte ich während des Töpfermarktes in Wittenberg auf den Stufen des Rathauses einen kleinen Sonntagmorgengottesdienst für die vielen aus allen Ländern Deutschlands kommenden Töpfer. Zwei von ihnen töpfern vor den Augen der Gemeinde zuvor im Chorraum. Das sind bleibende sinnliche Erlebnisse, die ich nicht unter *Event* oder *Highlight* verbucht sehen möchte.

EIN GEBORENER STAATSFEIND

Er setzte sich neben mich und lächelte. Das Lächeln war eine Einladung. Es sollte wie eine Hand sein, die der Helfende auf die Schulter des Hilfebedürftigen legt. Das Lächeln kam aus aller Mühe, mit der ein Mensch einem anderen Menschen etwas Gutes, ja Rettendes zugutekommen lassen will.

Das Lächeln war nicht Güte, das Lächeln war Tücke. Es war eine Aufforderung zum Verrat. Es breitete sich als fieser Auftrag auf dem Gesicht des Schuldirektors Rudolf Zieron aus, im Herbst 1959, im zehnten Jahr der DDR, während der Schularbeiten im Schülerheim in Seehausen. Zieron lächelte, und jedes Wort, das er jetzt sagte, machte dieses Lächeln kenntlich als diabolische Miene zum ebenso diabolischen Vorschlag: »Friedrich, Sie sind doch nicht dumm. Sie können nichts dafür, dass Ihr Vater Pfarrer ist, aber werfen Sie doch allen diesen ganzen Ballast ab, mit dem Sie aufgewachsen sind.«

Der Mensch verliert in den Selbstverständlichkeiten, mit denen er von früh auf in seinen Alltag hineinwächst, wahrscheinlich den Sinn für die Kostbarkeiten des Geläufigen, in das er gebettet ist. Aber kaum hatte der Direktor seine hinterhältig-wohlmeinende Rede beendet, überkam mich ein tiefes Gefühl von Zugehörigkeit mitten in der fremden Welt. In die Stille des Moments, in dem der lächelnde, grinsende Lehrer der Wirkung seiner Worte nachlauschte und ich meinen Ohren nicht traute – in diesen Moment Leere schoss ein so inniges wie gewaltiges, ja ein mich übersteigendes Gefühl von Verbundenheit, von Loyalität gegenüber Elternhaus und Herkunft hinein. Wenn ich bis dahin nicht gewusst hätte, was Geborgenheit ist, Getragensein, Gerechtfertigtsein in bös organisierter Welt, jetzt wusste ich es, und es war nicht nur Erkenntnis, es war Erfahrung geworden. Wenn ich heute an die Szene zurückdenke, wünsche ich mir das Bild vollendet, und das wäre: Er lächelt mich fies an, und ich lächle siegend, überlegen zurück. Ich habe nicht gelächelt.

Solche Ratschläge, wie sie mir der Schuldirektor zu unterbreiten gewagt hatte, sollte ich noch öfters zu hören bekommen.

Schon der Beginn in Seehausen glich einer Tortur, man behandelte mich wie einen Gegenstand, den man ohne Beden-

Aufbruch zur Mittelschule mit Internat in Seehausen. Meine Mutter verabschiedet mich am 31. August 1958 mit einem Handfeger.

ken hin und her schiebt, da er leblos ist. Ich kam mir vor wie leblos. Am 31. August 1958 war ich mit meinem Fahrrad, mit Sack und Pack, Bett und Papieren abends im Schülerheim von Seehausen angekommen. Aber dort wusste man nichts von mir. Niemand war über meine Aufnahme in die Mittelschule informiert worden. Wie kam dieser Pfarrersjunge hierher? Erst später stellte sich heraus: Eine Russisch-Lehrerin, die aus dem Baltikum stammte, ihren Ruhestand im Westen verleben wollte und ganz legal dorthin übergesiedelt war, hatte meinen Eltern und mir diese Schulzulassung, inklusive Aufnahme ins Schülerheim, zugesandt – freilich ohne jede Rücksprache mit irgendwem. Als sei das ihr Abschiedsgeschenk: mich quasi heimlich, in einem Akt der listigen Selbstermächtigung, auf einen Lebensweg zu schicken, den zu gehen einem Menschen meiner Herkunft nur auf diese Weise möglich war. Ein Versuch, mich einzuschleusen in eine Volksbildung, die Pfarrerskindern oft genug versagt blieb. Da ich mich ahnungslos auf den Weg gemacht und an jenem Abend in Seehausen müde, abgespannt angeklopft hatte, stellte die Lehrerin den Staat vor vollendete Tatsachen. Man musste sich nun mit mir befassen, so oder so. Die Verhältnisse sahen sich wieder mal gezwungen, kenntlich zu werden.

Meine unverhoffte, an keinem Plan ablesbare Ankunft versetzte das Haus in Aufruhr. Frau Zieron, die Heimleiterin, holte ihren Mann, beide teilten mir entschieden mit, dass ich hier nicht angemeldet sei, also auch nicht aufgenommen werden könne. Ein Irrtum liege vor, ich möge in der städtischen Schule nachfragen. Dass bald die Dunkelheit hereinbrechen würde, störte sie nicht. Sie schickten mich wieder weg.

Die andere Schule hatte gar kein Schülerheim, was also sollte ich dort abends? Wen würde ich überhaupt antreffen? Trotzdem fuhr ich mit Sack und Pack zum Wohnhaus jenes mir genannten Schuldirektors. Er fummelte gerade an seiner Angel herum, fühlte sich also augenscheinlich bei sehr wichtigen Dingen gestört, die ihm alle Aufmerksamkeit abforderten. Er blickte nicht mal auf, als er mir sagte, ich solle doch zum Pfarrer Staemmler gehen, dort könne ich übernachten, und morgen werde man dann klären, was da schiefgelaufen sei. Jedenfalls sei ich auch an dieser städtischen Schule nicht registriert.

Wieder fuhr ich los, war innerlich so durcheinander, dass ich mich mehrmals verfuhr, schließlich nicht mehr wusste, wo ich überhaupt war. Einbrechende Dunkelheit steigerte meine Verwirrtheit. Ein Labyrinth schien mich zu verschlucken. Halb zehn abends kam ich wieder hilfesuchend im Schülerheim an. Nun schien ich die Frau des Direktors zu rühren, mein hilfloser Ausdruck bewegte ihr Herz, sie verwies mich in eines der Zimmer. Wie in Trance, aber erlöst stand ich in einem Zimmer mit acht Betten. Die Welt hatte wieder Wände, an denen sich der Blick festhalten und eine Ordnung ausmachen konnte. In solchen Momenten wächst die Hoffnung, die Dinge gingen gut aus.

Aber kaum hatte ich mein Bett in diesem Zimmer bezogen – zwar unter einem Dach, aber doch noch nicht ganz bei mir selbst angekommen –, da riss einer die Tür auf, als wollte er sie aus den Angeln reißen, und rief im Befehlston: »Wer ist hier Schorlemmer?«. Ich stand wie angewurzelt und erwiderte zwischen Mechanik und Erschrecken: »Ich.« Der Kerl im FDJ-Hemd forderte mich auf, das Bett wieder abzuziehen und ihm in ein anderes Zimmer zu folgen. Dort standen nur vier Betten. Und jener türaufreißende Schreihals erklärte sich unumwunden, als sei dies die nötigste wie selbstverständlichste Sache der Welt, zu meinem Bewacher. Dieser Schüler der 11. Klasse, der zur FDJ-Leitung der Schule gehörte, hatte den Auftrag bekommen, mich zu »neutralisieren«. Er warnte mich unumwunden vor Versuchen, religiöse Propaganda zu betreiben. Als sei ich nicht ein Vierzehnjähriger, der sich auf eine gewisse Unschuld berufen darf, sondern ein ausgewiesener Staatsfeind, der eigentlich hinter Gitter gehört und den man demzufolge auch auf freiem Fuße ständig im wachsamsten Blick haben muss. Ich sah mich in meiner Fantasie Luzifer ausgesetzt; mein Eisenbett stand wie ein Doppelbett neben ihm. Sofort verwickelte er mich in eine Debatte, nein, er klagte die Kirche an – wegen Hexenverbrennung und wegen NATO-Bischof Otto Dibelius. Was sollte das werden, wie würde ich das aushalten?

Ich war geradezu der Paria der Schule, der Einzige, der kein FDJ-Hemd trug. Wie umzingelt fühlte ich mich, ausgesetzt einem fortwährenden, unverschämten Spießrutenlauf. Da gab es den Lehrer Mattheier, durch dessen Denunziationseifer mein Vater 1956 beinahe nach Bautzen gekommen wäre. Keine Unterrichtsstunde in Staatsbürgerkunde und Geschichte ließ er verstreichen, ohne die Verbrechen der Kirche anzuprangern; mich trafen seine rhetorische Vehemenz, sein fuchtelnder Wortschatz, sein ideologischer Hass, als sei ich die Inkarnation aller Päpste, aller klerikalen Eiferer, aller eroberungssüchtigen Kreuzritter. Ich stand unter Anklage und die Atmosphäre um mich herum, nähme man sie als menschliches Wesen: Sie feixte und lehnte sich schadenfroh zurück. Ausgerechnet dieser verächtlich Bohrende und Bellende versuchte mir einzureden, ein Blauhemd zu tragen, meinen eigenen Weg zu gehen, mich von meiner bürgerlichen Herkunft zu lösen und eine wissenschaftliche Weltanschauung anzunehmen. Und auch bei ihm wieder dieser geschmeidige Wechsel ins Anbiederische: Bei einem der gemeinsam zurückgelegten Zwei-Kilometer-Fußwege vom Schülerheim zur Winkelmann-Schule riet ausgerechnet dieser Kommunist mir geradezu freundschaftlich-besorgt, ich möge doch nicht weiterhin diese schreckliche Kassenbrille tragen – aus finanziellen Gründen hatte mein Vater mir keine andere zugestehen wollen (oder können).

Für meine guten Noten in Deutsch rächten sich manche meiner Mitschüler mit Spott über mein Ungelenk beim Geräteturnen. Keine Gelegenheit wurde ausgelassen, mich als Außenseiter zu markieren. Wenigstens teilte ich mein vergebliches Schwärmen um eine schöne Seehäuserin mit einigen Mitschülern. Anvertrauen konnte ich meinen Schmerz freilich niemandem. Ich sehnte mich nach dem guten, freundschaftlichen Gespräch mit irgendjemandem, statt dessen versuchte jener Elftklässler, der mir zur Bewachung beigegeben war, mich andauernd in stichelnde Dispute zu verwickeln – über die Kirche, ihre Verbrechen, ihre Unwissenschaftlichkeit, ihre ideologische Westorientierung, ihre himmlischen Vertröstungsillusionen. Er rackerte sich als Einredner und Ankläger ab, uns trennten Welten, nur wollte er nicht anerkennen, dass es eine Welt außerhalb seiner geistigen Ausrichtung überhaupt gab. Für ihn war Pawel Kortschagin der Held, für mich Schillers Don Karlos und der Marquis von Posa.

Sooft es die Zeit erlaubte, verzog ich mich in den nahe gelegenen Park und las, was mich interessierte: Kleist, Schiller, Storm. In den Büchern dieser Autoren wurde mir das Unerträgliche lebbar. Literatur erfuhr ich als Nothelferin; aller Schmerz des Realen wurde auf eine Weise hinnehmbar, die das Traurigsein nicht beendete, aber ihm die Ausschließlichkeit nahm, es beträfe nur mich. In den Büchern war ich nicht belangbar durch den Spott und die Verachtung der anderen. So wie der Organismus im Schlaf nach Träumen verlangt, vielleicht um sich am Leben zu erhalten, so brauchte mein Bewusstsein bei Tage, in der übermäßigen Auflagerung von Feindlichkeiten ringsum, das Erfinden von Visionen, von Partnern. Die Literatur verschaffte mir dieses Gegengewicht; mein Rückzug schien mir keine Flucht, sondern ein Aufschwingen zu sein, ein Ankommen im Ehrenwerten; ich las diese Bücher nicht, ich lebte sie. Lesen war mir ein schönes Abirren aus dem Elendigen, nur freilich gab es stets diese Not der Rückkehr ins Schäbige, Harte, Hinterlistige, und schon damals empfand ich den ewig zwiespältigen Zauber der Kunst: Sie baut seelische Härten ab – in einer Welt allerdings, die solch seelische Härte überall und frech und forsch zur Lebenstechnik erhebt. Aus dem Erleben der Kunst kommt der Mensch stets so gestärkt wie doppelt verletzlich …

In der Klasse fand ich niemanden, der sich für meine Probleme interessiert hätte. Und besagter Stempel, ein Feind des Staates zu sein, wurde mir von zahlreichen Lehrern und bei vielen Gelegenheiten aufgedrückt. Die Atmosphäre an der Schule empfand ich stets als angespannt, von Druck und Misstrauen geprägt. Montags fand ein Appell statt, alle standen im Blauhemd; nur ich war der quasi blinde Fleck im einheitlichen Farbaufgebot der Staatstreue oder zumindest der Anpassungsbereitschaft. Der kumpelhaft-humorig auftretende Parteifunktionär Domogalski, der wahrlich nicht von pädagogischer Gabe gestreift worden war, wurde uns Vierzehnjährigen als Lehrer für Geschichte und Staatsbürgerkunde vorgesetzt. Ein Mann, der nichts vermitteln konnte und wollte; er war nicht in der Lage, Geschichte wie eine Schatzkammer zu öffnen und einzuladen ins geheimnisvolle, nach merkwürdiger Logik sich vollziehende Menschheitsgeschehen. Nun waren Geheimnis und Unwägbarkeit die allerletzten Kriterien, denen ein sozialistischer Blick in die Geschichte zu folgen hatte, aber noch ein deterministisches Weltbild erlaubt Erzählung und Spannung. Nichts da! Bei diesem Mann gab es nur die Anekdote, die aus einem Lehrer gleichsam einen guten Kumpel der Schüler machte, bei dessen Unterricht man sich wohlig zurücklehnen konnte. Und er hatte nur ein einziges Thema: den Antifaschismus und den Aufbau »unserer neuen sozialistischen Gesellschaft unter Führung der SED in ewiger Verbundenheit mit der Sowjetunion und ihrer ruhmreichen KPdSU«. Mit seiner unverbindlich dahinplätschernden Art unterließ er wenigstens das dogmatische Bellen, das bei diesem Stoff allenthalben durchs Land tönte. Ich hörte ihn reden und dachte daran, dass ich bereits (gehütetes Geheimnis!) das antistalinistische Buch »Die Revolution entlässt ihre Kinder« von Wolfgang Leonhard gelesen hatte und Leute kannte, Schuldige wie Unschuldige, die nach 1945 hinter die Zuchthausmauern von Bautzen gekommen waren. Geschichte hatte sich mir schon eingeschrieben als quasi hauptamtliche Gewalttat, die sich mit hehren Losungen und patriotischen Parolen kaschiert.

An der Schule gab es freilich auch Pädagogen, die mich mit Sympathie und Achtung behandelten. Insbesondere der Physik- und Mathematiklehrer Dreyer, der eines Tages in den Westen abhaute, und sein Nachfolger Dr. Hoffmann, der immer demonstrativ, also für mich äußerst befremdlich, sein Parteiabzeichen trug, behandelten mich mit einem Anstand, der

mir guttat, meinem Gemüt aufhalf und mich in der Gewissheit stärkte, dass Charakter letztlich etwas Systemunabhän-
giges ist. Auch die Deutschlehrerin Ilse Weiß, der ich wohl
durch mein Literaturinteresse aufgefallen war, begleitete mich
wohlwollend durch diese Schulzeit. Ebenso der Chemielehrer
Fischer, der erst später, um Direktor werden zu können, in die
Partei eintrat. Er würde eines unerwarteten Tages ausgerechnet mich, den Nicht-FDJler(!), auserwählen, die festliche Schul-
Abschlussrede zu halten. Meine erste Rede, zu der ich mich
geradezu hinquälte vor Ernst und Aufgeregtheit. Sie schien
mir eine Gelegenheit zu sein, diese Zeit des Herumgestoßen-
werdens, der Verunsicherung, der ständigen Abwehrkämpfe
mit einem einzigen großen Moment, in dem mir alle zuhören
müssten, die offen Feindseligen wie die hinterlistig Feigen, in
einen Sieg zu verwandeln, in einen Sieg des Rederechts, der
Genugtuung, ja der Wiedergutmachung. In dieser Rede 1960
dankte ich für das Erlernte und Erfahrene. Inspiriert von Schillers Freiheitspathos, sprach ich über den Mut zu eigenständi-
gem Denken. Ich glaube mich an Aufmerksamkeit, Stille, Zustimmung und zumindest Staunen erinnern zu können.
Gewisslich klang ich anders als der FDJ-Sekretär aus der Abi-
turklasse, der mit lockeren politischen Attitüden aufwartete.

Der erwähnte Geschichtslehrer Domogalski fuhr 1959 mit
unserer Klasse nach Thüringen. Wir besuchten nicht nur die
Wartburg, sondern auch Buchenwald. Ehemalige Häftlinge
führten uns. Die Bilder und Berichte gingen mir nahe, machten fassungslos: Was der Mensch dem Menschen antut! Am
Schluss besichtigten wir die pathetisch aufgerüstete Etters-
berg-Gedenkstätte. Die stalinistische Architektur der Denk-
mal-Anlage offenbarte ihre Ähnlichkeit mit der nazistischen:
einschüchternde Wucht, statuarischer Prunk, kolossaler Auf-
stiegsgeist. In der Schule hatten wir »Nackt unter Wölfen«, das
beeindruckende Buch von Bruno Apitz, gelesen; und nun

standen uns die Reste der Baracken, in denen der Roman angesiedelt ist, wahrhaft vor Augen. Auch die Zelle des Pastors Paul Schneider und die speziell ausgestattete Gedenkstätte für Ernst Thälmann. Vom Ettersberg sahen wir hinab ins liebliche Weimar mit seinem Goethe- und Schillerhaus sowie der Herderkirche; davor das riesige Gauforum. Der Stein der Straßen, der Gebäude als das, was uns überlebt. Das bleibende Material, das unberührt bleibt von den Händen, die es berühren, seien es Dichter oder Richter, Denker oder Henker. Und Straßenpflaster, Kieselwege, auf denen der Stiefeltritt der Mörder ebenso wenig einen Abdruck hinterließ wie das Wanken der Opfer. Gedächtnis, das ist der einzige Ort, der bewahrt.

Dieses Thema, der Mensch in der Geschichte, hat mich nie losgelassen, und weil es so überwältigend Hirn und Herz zermartern kann und weil man regelmäßig so erschütternd und kopfschüttelnd vor den Blutauswürfen der Geschichte steht, führt es zu Fragen, die man nicht einfach nur stellen, sondern hinausschreien möchte. Und wo man schreien möchte, neigt man zu Ungerechtigkeit. In der Tonart eines rigorosen Einspruchs, ja eines unversöhnlichen Moralismus habe ich mit fünfzehn (!) meinen Eltern große Vorwürfe gemacht, sie seien nicht gegen Hitler aufgetreten. Es tat ihnen weh, wie ich ihnen da entgegentrat, und selbstredend tat es mir später leid. Mein Verhalten war die Reaktion nach Lektüre des von meinem Vater aus Westberlin mitgebrachten Buches »Der Nationalsozialismus. Dokumente« von Walther Hofer. Dort las ich von den Verbrechen der Nazis gegenüber Deutschland und der Welt. Aber darin erfuhr ich auch vom verhängnisvollen Hitler-Stalin-Pakt, dessen Existenz in der DDR verschwiegen wurde. Ein Pakt, der vielen Kommunisten gleichsam das Herz brach, sie in ihren Glaubensgrundfesten an Moskau erschütterte, sie in ein quälend diszipliniertes Schweigen trieb.

Was ich da gelesen hatte, war konspiratives Wissen. Aber

seit meinem 14. Lebensjahr wusste ich Literatur ganz selbstverständlich zu trennen in erlaubte und verbotene. Zu den gehüteten Geheimnissen daheim im Bücherschrank gehörte auch das Kriegstagebuch von Helmut Gollwitzer, der ein Wort des Propheten Jeremia als Titel gewählt hatte: »... und führen, wohin du nicht willst«. Gollwitzer, der, obwohl er Nazi-Gegner gewesen war, in Straf- und Umerziehungslager in der Sowjetunion deportiert wurde, hat trotz seiner bitteren Erfahrungen an einem grundlegenden Unterschied zwischen dem Sowjetsystem und dem Nationalsozialismus festgehalten. Er schreibt in seinem Tagebuch: »Auch im Stalinismus scheint sich der humanistische Ansatz, mit dem der Marxismus angetreten war, insofern durchzuhalten, als ihm der Sadismus, der den SS-Staat so bestialisch machte, gänzlich fehlt. Die Grausamkeit des Stalinismus ist eine blutleere Grausamkeit. Seine Menschenverachtung ist nicht zynisch, sondern utopisch: Verachtung des gegenwärtigen Menschen als eines ›vorgeschichtlichen‹, um des zukünftigen Menschen willen, der erst der wahre Mensch sein wird. Oder: Sein Zynismus ist der der kalten Zweckmäßigkeit, aber nicht der Zynismus der Triebbefriedigung ...« Gollwitzer kannte offenbar damals noch nicht das Ausmaß des Gulag-Systems. Albert Camus hat in »Der Mensch in der Revolte« den Unterschied auf eine ganz andere Formel gebracht: »Der Nationalsozialismus ist die Preisung des Henkers durch den Henker, der Stalinismus ist die Preisung des Henkers durch das Opfer.«

Gollwitzer sollte mir später bei meinem Studium vielfach begegnen – als ein unermüdlicher Streiter für die soziale Botschaft des Christentums, eine Befreiungsbotschaft für die Unterdrückten, die zur Inspiration vieler Achtundsechziger wurde. Er hat das Elend des politischen Kommunismus durchschaut und analysiert, aber in gleicher Schärfe wandte er sich gegen den prinzipiellen, geistlosen Antikommunismus im Westen. Nachdem ich sein Buch »Der Marxismus und der christliche Glaube« gelesen hatte, wuchs mein Interesse, Marx im Original zu lesen, vor allem die Frühschriften, die 1968 in der DDR erstmalig erschienen. Vorher hatten sie im Giftschrank gestanden, selbst in kirchlichen Bibliotheken, zusammen mit Friedrich Nietzsche oder Karl Jaspers.

Der junge Marx mit seiner Idee von der Aufhebung aller Entfremdung wurde plötzlich hochaktuell. Debatten über ein realistisches Menschenbild kamen auf, auch über »Transzendenz«. In den »Ökonomisch-philosophischen Manuskripten« fand sich eine geradezu aufregende Stelle über entfremdete Arbeit – die es auch in der sozialistischen Gegenwart gab.

»Worin besteht nun die Entäußerung der Arbeit? Erstens, dass die Arbeit dem Arbeiter äußerlich ist, d. h. nicht zu seinem Wesen gehört, dass er sich daher in seiner Arbeit nicht bejaht, sondern verneint, nicht wohl, sondern unglücklich fühlt, keine freie physische und geistige Energie entwickelt, sondern seine Physis abkastet und seinen Geist ruiniert: Der Arbeiter fühlt sich daher erst außer der Arbeit bei sich und in der Arbeit außer sich. Zu Hause ist er, wenn er nicht arbeitet, und wenn er arbeitet, ist er nicht zu Haus. Seine Arbeit ist daher nicht freiwillig, sondern gezwungen, Zwangsarbeit. Sie ist daher nicht die Befriedigung eines Bedürfnisses, sondern sie ist nur ein Mittel, um Bedürfnisse außer ihr zu befriedigen.« Solche Sätze Marxens nannten wir in der Evangelischen Studentengemeinde in Merseburg 1971 die »Buna-Stelle«. Mit meinen Seminaren zu Karl Marx stand ich bald in der Kritik einiger Eltern und Pfarrkollegen, die mich kommunistischer Propaganda in den Räumen der Kirche bezichtigten. Mich beeindruckte, wie die Oberschülerin Ingrid den Eltern vorgaukelte, sie ginge zur Disko – und in Wirklichkeit zu meinen Jugendseminaren kam.

Die Marx-Texte zur Entfremdung führen zu Grundfragen

unseres Menschseins. Festzuhalten bleibt, dass der »Mensch zur Arbeit geboren ist wie der Vogel zum Fliegen« (Luther), dass Arbeit zur menschlichen Würde gehört. Und der tätige Mensch versteht es, nach den Gesetzen der Schönheit zu produzieren. Das Soziale schließt also durchaus das Ästhetische ein. Man möchte – in der Regel – teilhaben am gesellschaftlichen Produktions- und Reproduktionsprozess, statt sich alimentieren zu lassen. Der Mensch muss von seiner Arbeit würdig leben können. Das steht hinter heutigen Forderungen nach einem Mindestlohn.

Als Studieninspektor an den Franckeschen Stiftungen war ich vierzehntägig zur Marx- und Hegel-Lektüre nach Potsdam, ins Johann-Gerhardt-Institut, gefahren. Satz für Satz studierten wir Hegel und Marx. Hans-Jochen Tschiche, der als Linker stets gegen die SED-Ideologie gestanden hatte, war regelmäßig dabei. 1968 hat er auf einem Kreis-Kirchentag in Stendal öffentlich erklärt, fünf Prozent entschlossener Leute würden genügen, ein System – auch die DDR – aus den Angeln zu heben. Fortan war dieser Pfarrer aus dem Altmarkdorf Meßdorf ein von der Stasi scharf beäugter Theologe. Später leitete er die Evangelische Akademie in Magdeburg, 1989 war er Mitbegründer des »Neuen Forums«, 1990–1998 Mitglied bzw. Leiter der Fraktion Bündnis 90/Die Grünen im Landtag von Sachsen-Anhalt und Partner der ersten Minderheitsregierung unter Reinhard Höppner.

Als ich mit Studenten der »roten« Hochschule »Carl Schorlemmer« in Merseburg besagte Frühschriften von Marx las, hatte die Beschäftigung mit dem Säulenheiligen der Marxisten diverse Ideologie-Wächter auf den Plan gerufen. Die Zuträgerschaft des Stasispitzels Emil S., den ich seit Kindheitstagen kannte, kündete allerdings von erschreckender Dummheit. Auch hier der neuerliche Beleg des Geläufigen: Die Systemtreuen stürzten sich beflissen in den Marxismus, um sich nicht mit Marx befassen zu müssen. Und man betäubte sich (und andere!) mit Phrasen befreiender Kollektivität, um den unerbittlichen Despotismus einer Kaderpartei zu vertuschen.

Inzwischen wissen wir, dass etwa 20 Millionen Menschen in den Lagern des Gulag umgekommen sind. Wir haben genaue Kenntnis über die »Säuberungen« der Partei seit der Ermordung Kirows 1934. Rybakow hat in seinem Roman »Die Kinder vom Arbat« die Angst- und Unterwerfungsmaschinerie so beklemmend wie klar beschrieben. Von Tendrjakow, Schalamow, Solschenizyn und Aitmatow liegen Romane vor, die den Glauben an den Sozialismus in der Tiefe erschüttern mussten. Aber eben nicht erschüttern durften. Weshalb die Propaganda, das Gewäsch der Medien, die Dogmatik der Agitation zum letzten Aufgebot eines nicht gewinnbaren Krieges gegen die Wahrheit wurden. Der Film »Die Reue«, ein Produkt der Perestroika, führte in der DDR noch 1988 zu scharfen Attacken in Richtung Sowjetunion und Glasnost, weil die SED just in diesem Film eine Verunglimpfung des Sozialismus sah. In den Zeitungen sollte die Realität zur Unkenntlichkeit verschönt werden. Eine lächerliche, absurde ideologische Züchtung.

Ausgerechnet die sozialistische Schule hatte mich gelehrt, meinen Status als quasi Ausgeschlossener mit immer größerer geistiger Bereitschaft als Bestätigung zu nehmen. So schmerzlich es für einen Jungen ist, nicht dazuzugehören, so sehr fand ich in meinen geistigen Beschäftigungen den notwendigen Halt, ja Unterschlupf. Wo man hinausgedrängt wird, wächst man in etwas anderes hinein.

»Humanität ohne Divinität führt zur Bestialität« – diesen Satz erläuterte Pfarrer Dieter Staemmler, als ich mich mit drei anderen Schülern in Seehausen konspirativ in seiner Wohnung traf. Er war der Sohn des Hitlergegners und Bonhoefferfreundes Johannes Staemmler. Wir lasen Bonhoeffers Briefe und Aufzeichnungen aus der Haft, die in »Widerstand und Ergebung« veröffentlicht wurden. Bis heute begleiten, orientieren, stützen mich diese aus dem Gefängnis herausgeschmuggelten Briefe. Im Mai 1944, in meinem Geburtsjahr und -monat, schrieb Bonhoeffer, was mir als Maxime sehr nahegeht: »Wir haben zu stark in Gedanken gelebt und gemeint, es sei möglich, jede Tat vorher durch das Bedenken aller Möglichkeiten so zu sichern, dass sie dann ganz von selbst geschieht. Erst zu spät haben wir gelernt, dass nicht der Gedanke, sondern die Verantwortungsbereitschaft der Ursprung der Tat sei. Denken und Handeln wird für Euch in ein neues Verhältnis treten. Ihr werdet nur denken, was ihr handelnd zu verantworten habt. Bei uns war das Denken vielfach der Luxus des Zuschauers, bei Euch wird es ganz im Dienste des Tuns stehen. ... Gehen wir einer Zeit der kolossalen Organisationen und Kollektivgebilde entgegen oder wird das Verlangen unzähliger Menschen nach kleinen, übersehbaren, persönlichen Verhältnissen erfüllt? Muss sich beides ausschließen? Wäre es nicht denkbar, dass gerade die Weltorganisationen in ihrer Weitmaschigkeit mehr Raum für das persönliche Leben hergeben? ... Unsere Kirche, die in diesen Jahren nur um ihre Selbsterhaltung gekämpft hat, als wäre sie ein Selbstzweck, ist unfähig, Träger des versöhnenden und erlösenden Wortes für die Menschen und für die Welt zu sein. Darum müssen die früheren Worte kraftlos werden und verstummen, und unser Christsein wird heute nur in zweierlei bestehen: im Beten und im Tun des Gerechten unter den Menschen. Alles Denken, Reden und Organisieren in den Dingen des Christentums muss neugeboren werden aus diesem Beten und aus diesem Tun.«[12]

Das Vermächtnis eines protestantischen Märtyrers. Es trifft meine Auffassung vom Christsein im Allgemeinen und vom

Pfarrersein im Besonderen. Beten, Meditieren, Nachdenken und zugleich der Welt aktiv zugewandt bleiben.

Der Welt zugewandt bleiben. Was bedeutete das damals, 1960, nachdem ich die Mittelschule abgeschlossen und meine Abschiedsrede gehalten hatte, auf die ich so stolz war? Ermutigung als Auftrag. Die Rede war verhallt – ich jedoch stand erneut vor dem Nichts. Wo eine Lehrstelle finden? Der Sinn stand mir nach »abhauen«. Weg aus diesem Land! Fort von denen, die mich nur immer anfeindeten; sie hatten es in der Schule getan, sie würden es auch künftig tun. Nur raus hier! Aber meine Mutter sagte zu meinem Plan, über die Grenze zu gehen, nur einen einzigen Satz: »Alle oder keiner!« Ohne den Segen der Mutter wollte ich nicht gehen. Allein zu sein in einer fremden Welt, das traute ich mir nicht zu. Auch hing ich zu sehr an meinen fünf Geschwistern und an meinem Zuhause in Werben an der Elbe. Mein Freund, der Tischlersohn Heinz Gereke, war nach Wedel in Holstein gegangen, da er dort seinen Traumberuf als Gärtner ergreifen konnte. Er hatte mir geschrieben, ich solle einfach nachkommen. Gärtner! Das war auch mein Traum. Draußen sein, unterm Himmel, in freier, frischer Luft! Sosehr ich das Lesen mochte, ich wollte nicht in Räumen eingesperrt sein, ich wollte die Natur spüren, mich zu ihr in Beziehung setzen – graben und harken, säen und pflanzen, gießen und hacken, Kirschen und Äpfel pflücken, Rosen und Tulpen schneiden. Die Welt als Garten – gegen alle Wüsten. Den Wundern des Wachsens, des Werdens und Vergehens nachsinnen, die Jahreszeiten nicht nur am Kalender verfolgen, sondern sie leben. Der Traum blieb Traum.

Was sich erfüllte, war lediglich eine sogenannte kirchliche Grundausbildung. Mein Vater gab mir Privatunterricht in Geschichte, ansonsten hatte ich sehr viel praktische Arbeit in der Kirchgemeinde zu erledigen. Beim Bearbeiten der Kirchensteuerkarten im Kreiskirchenamt registrierte ich, dass immer mehr Menschen sich aus der Kirche verabschiedeten, genötigt durch den Staat oder einfach nur gelangweilt oder unwillig, weiterhin Kirchensteuer zu zahlen. Ich wäre im Übrigen lieber in den Boden versunken, als mich jemals bereit zu erklären, an Türen zu klingeln und um die Kirchensteuer zu bitten, ja zu betteln.

Viermal wöchentlich fuhr ich in die Volkshochschule nach Wittenberge, zusammen mit Rosemarie, der Tochter eines Tankwarts, sowie dem Sohn eines Fleischers, die ebenfalls keine anderen Bildungsmöglichkeiten bekommen hatten. Der Fleischersohn wurde später wunschgemäß Tierarzt, und das ohne jeden politischen Kotau. Auch ich wunderte mich, dass ich ohne jede prüfende, misstrauische Nachfrage ob meiner Herkunft sofort in die Abendkurse der Volkshochschule aufgenommen wurde. Man fragte mich weder nach meiner Mitgliedschaft in einer gesellschaftlichen Organisation noch nach meinen Eltern. Ich hatte lediglich mein Zeugnis der mittleren Reife vorzulegen. Das DDR-System ließ also sympathische Lücken. Wenn man vom totalen Staat spricht, muss man auch von diesen Lücken sprechen, selbst wenn sie Ausnahmen blieben. Ich lernte bei lange emeritierten Lehrern privat Latein, erfuhr dabei von der großen griechisch-römischen Geistesgeschichte, lernte auch das Römische Reich und dessen Machtmechanismen kennen. Wer wusste, was Pax Romana war, verstand später besser die Pax Sowjetica von Stalin bis Tschernenko und die Pax Americana von Truman bis George W. Bush.

Dennoch blieb ich weiter sehr allein mit meinem Denken. Zum Glück hatte ich immer auch sehr vertraute Freunde und meinen Vater, der mich so ausführlich und geduldig in vieles einweihte – und seine große Bibliothek. Seit 1956 hatte ich interessiert fast jeden Abend im Nordwestdeutschen Rundfunk das »Echo des Tages« mit Nachrichten und anschließenden Kommentaren gehört. Der RIAS war meinem Vater zu antikommunistisch. Am Radio verfolgte ich – da war ich zwölf – die vergeblichen Hilferufe Ungarns; ich war erschrocken, wie die sowjetischen Panzer alles niederwalzten, wie Imre Nagy in eine Falle gelockt und ermordet wurde. Früh begriff ich, was Systemkonfrontation und Kalter Krieg war. Unheimlich, davon zu hören, dass am Suezkanal zeitgleich ein Krieg tobte – ein Agreement der Machtblöcke: Greift ihr nicht ein, greifen wir nicht ein. Über allem die gegenseitige Vernichtungsdrohung durch Atomwaffen. Manchmal, wenn man die Senderfrequenzen suchte: die Stimme Ulbrichts, über den es unzählige Witze gab. Die Witzfigur war auch eine Angstfigur. Als zum Beispiel 1957 an einer Litfaßsäule auf einem Plakat Ulbricht die Nase fehlte, verdächtigte man natürlich sofort mich. Es war immer am einfachsten, mich »vors Loch zu schieben« – das war die gängige Denkart meiner Mitschüler: Ich sei das ja gewohnt, ich hatte doch am wenigsten zu verlieren, mich würde solcher Verdacht doch wohlig bestätigen. So sollten auch Fotos, die Jungs aus der Seehäuser Schule während ihres Besuches kurz vor dem 13. August 1961 in Westberlin geknipst hatten, von mir stammen. Die Wahrheit war, dass ich den Film entwickelte und die Bilder bei uns in der Dunkelkammer des Pfarrhauses vergrößerte. Sie wurden in einem Spind gefunden, und alle Zeigefinger gingen automatisch in meine Richtung.

Als 1968, am 6. April, der Volksentscheid zur Ulbricht'schen Verfassung stattfand, hatte das DDR-Regime den Gipfel der Volks-Nötigung erreicht. Alle sollten in Betrieben, Verkaufsstellen, Schulen, Universitäten öffentlich erklären, dass sie bei dieser Volksbefragung über die Verfassung mit »Ja« stimmen würden. Die gesamte Stadt Halle war tapeziert mit »JA«-Plakaten. »Ja zur Verfassung« – ob im Fleischerladen oder im Miederwaren-Geschäft, in der Straßenbahn oder in der Kneipe. Des Nachts hatten Unbekannte an den Giebel der Arbeiter-und-Bauern-Fakultät auf dem Gelände der Frankeschen Stiftungen mit Ölfarbe ein riesengroßes Kreuz mit einem Kreis gemalt, und daneben stand »NEIN«.

Wer wurde verdächtigt? Natürlich das Nest der Konspiration, das Sprachenkonvikt mit 36 Studenten, das ich leitete. Zwei Studenten hatten zudem gerade ihr Zimmer gemalert und in die Fenster mit Leimfarbe – als Ulk – ein »JA« gepinselt. Sechzehnmal. Auch das eine Provokation, die zu dem »NEIN« am Gebäudegiebel passte. Zum Glück ging die Sache glimpflich aus.

Übrigens gab es immerhin 24 353 ungültige und 409 733 Gegenstimmen bei der Abstimmung zur neuen Verfassung. Jede einzelne dieser Stimmen ein Mutzeugnis gegen das Millionenheer der Gebückten und Überzeugten, der überzeugt Gebückten, der gebückten Überzeugten. Es war das einzige Mal, dass bei »Wahlen« in der DDR eine Alternative bestanden hatte: ein Ja oder ein Nein anzukreuzen. Ohne diese Abstimmung hätte weiter die Verfassung von 1949 Bestand gehabt, die formell noch von der deutschen Einheit ausgegangen war. 1968, das war das Jahr, in dem Christa Wolfs »Nachdenken über Christa T.« erschien. Die Herausgabe der Marx-Frühschriften habe ich bereits erwähnt. Töne der Freiheit kamen aus Prag herüber. Biermann sang sein unvergessliches, so wahrhaftiges, so trauriges, so hoffnungsvolles Lied »Das Land ist still. Noch«.

MEINE KIRCHE, MEIN REFUGIUM – EIN LERN- UND LEBENSORT

Ich weiß, ich weiß: Wer liebt, übertreibt. Liebe macht nicht blind, Liebe macht in einem Maße sehend, dass andere mit ihren Wahrnehmungsmöglichkeiten oft nicht mehr mit- und standhalten können. Wer liebt, ist Weltengründer, daher die

Vermutung, Liebe sei etwas Göttliches. Liebe ist die große Malerin – auf jenen Bildern, die sie dem Liebenden auf die Netzhaut brennt und die ihm unter die Haut gehen, ist die Welt schöner, als sie ist. Die geliebte Welt hat Farben, vor denen die wirkliche Welt verblasst. Liebe ist daher eine Gefahr für die wirkliche Welt. Sie offenbart, was aus der Welt werden könnte, wenn es weniger Herrschaft gäbe. Was wir lieben, muss nicht schön sein, aber es wird schön, indem wir es lieben. Klar, dass ich jetzt an SIE denke, meine liebste – Kirche.

Verglichen mit Backsteinkirchen etwa in Stendal und Salzwedel, in Lübeck und Wismar, Stralsund und Bad Doberan, Brandenburg und Soest ist sie nicht die Schönste an sich, aber für mich – weil ein Großteil meines Lebens mit ihr verbunden ist. Sie ist weit und breit nicht zu übersehen, die Kirche meiner kleinen Heimatstadt Werben. Sie ist gleichsam die Letzte, die einem nachschaut, wenn man den Ort verlässt, in welche Himmelsrichtung auch immer, und kehrt man in die Stadt zurück, entbietet ihr stilles riesiges Schiff den ersten Gruß. Sehe ich sie von ferne, bin ich Gott nahe, mir selber nahe. Ihre Schönheit mag schmucklos sein, sie weckt doch Sentimentalität. Sie ist der Back-Stein, der seine aufgesogene Wärme auf mich ausstrahlt. Sie erblickend, rufe ich wieder und wieder mein eigenes Leben auf. Diese Kirche lebt. Und da man die Erfahrung macht, dass mit wachsendem Alter immer heftiger, unabweisbarer die Bilder der Kindheit wiederkehren, sie das Gedächtnis bestürmen, sei es auch erlaubt, wieder kindlich zu fantasieren. So blicke ich unverwandt und erinnerungsselig auf die Werbener Kirche – und bilde mir ernsthaft ein, sie blicke zurück. Fenster können zwinkern, Backstein kann seufzen, eine Kirche kann sogar ihren Turm schütteln wie einen Kopf, wenn wir das nur wollen im Überschwang unserer Rückwendung zu den längst archivierten Kapiteln unserer Biografie.

Im Turm dieser Kirche bin ich 1957 beim Taubenfangen zwanzig Meter hinuntergestürzt. Wer das überlebt, muss es ja geradezu als eine Pflicht übernehmen, lernend ins Wesen der Gnade einzusteigen, also: Theologie zu studieren.

Hier bin ich 1958 konfirmiert und 1969 getraut worden. Und hier habe ich einen Tag nach jenem schrecklichen Einmarsch der Russen in die Tschechoslowakei, am 22. August 1968, meinen Eltern die Silberhochzeitspredigt gehalten – nicht ahnend, dass meine Mutter nur noch drei Jahre Leben haben würde. Freude und Elend, Glück und grausame Einbrüche. Unsere alten Glocken waren 1940 für Kanonen eingeschmolzen worden. 1957, nach einer großen Spendenaktion, die mein Vater erfolgreich bei Christen und Nichtchristen unternommen hatte, konnten vier gusseiserne Glocken wieder eingehängt werden. Bis 1962 habe ich die Werbener Kirchenglocken geläutet, am liebsten die größte mit ihrem tiefen Ton. Ich stand mit anderen Läutejungs ganz oben, spürte eine Freiheit, die ich damals noch nicht ausdrücken konnte. Die Ungebundenheit, das Gefühl des Losgelöstseins hatte etwas mit der Offenheit des Himmels zu tun, und wenn ich hinuntersah, das Gras, die Erde, quasi den Grund erblickte, schloss sich mir der Kreis: Ich fühlte mich aufgehoben, mit den Dingen verbunden, ich empfand mich so groß wie klein und spürte zwischen beidem keinen Unterschied.

Für die Orgel der Kirche trat ich vom zwölften Lebensjahr an den Blasebalg. Während meiner zweijährigen kirchlichen Grundausbildung bestritt ich Kirchenführungen und säuberte das rostende Stahlgerüst für die Kirchenglocken mit einer Drahtbürste. Anschließend hatte ich den riesigen Glockenstuhl mit dem Rostschutzmittel Bleimennige und mit grauer Farbe zu streichen. Das war Fron, und die Geistigkeit des Gebäudes verlor sich in dumpfer Langeweile. Alles in der Kirche wurde mir grau und garstig, ich fühlte mich bestraft, der kalte Stein schaute kalt zu. (Damals war noch nicht einmal an ein ablenkendes Kofferradio zu denken.)

Die Kirche offenbarte mir auch ihre dunklen, verschwiegenen Stellen, das Gotteshaus wurde mir Verbündeter in wahrlich zweifelhafter Angelegenheit: Im Gewölbe versteckte ich einen gefundenen Browning mit sechzehn Schuss – »für den Tag der Revolution«. Damals war ich vierzehn. Schießen wollten wir nicht, mein Freund Heinz Zschache und ich, aber drohen können. Als wir vernünftiger wurden, 1960, hat Heinz die Waffe in das alte Hafenbecken, den Bunhaken, geworfen. Mein Vater las davon erst Anfang der neunziger Jahre in einem meiner Texte, und obwohl inzwischen so viel Zeit vergangen war, sprach er fast ein halbes Jahr nicht mit mir. Wie doch Ängste dauerhaft ihr Regime in uns errichten, wie sie uns auf seltsam unberechenbare Weise festhalten und der Zeit nicht gestatten, das berühmte Gras wachsen zu lassen. Plötzlich waren in meinem Vater böse Vorstellungen hochgestiegen: Was wäre geschehen, hätte man unser Versteck entdeckt? Wäre er verhaftet, verurteilt und nach Bautzen verschleppt worden? Hätte das Urteil gegen uns Kinder Jugendwerkhof geheißen? Die Kirche stand und schwieg, und oft habe ich mit gemischtem Empfinden ins Gewölbe geschaut.

Vor dem Chorraum der Werbener Kirche hat 1971 der Sarg meiner 49-jährigen Mutter und 1995 der meines 83-jährigen Vaters gestanden.

Seit einigen Jahren habe ich in Werben ein kleines Häuschen, ich blicke auf den hohen Chor der Kirche, vor allem bei Sonnenuntergang geht mir das Herz auf. Schaue ich inständig auf diese Kirche, stark beschäftigt mit der eigenen Geschichte, dann vollzieht sich ein Austausch, dann wird der gebaute Backstein ein Wesen, das zu den Abschieden und Heimkünften gehört. Die Kirche erscheint mir stets wie eine große im Lichte rot leuchtende Glucke. Das Leuchten ist

In meiner Heimatstadt Werben

wahrhaft ein Heim-Leuchten, wenn ich aus Richtung Behrendorf, Wendemark oder Räbel komme. Am strahlendsten leuchtet sie, wenn ich mit dem Fahrrad am Deich entlang im Gegenwind fahre.

Am Lichteinfall in der Kirche habe ich die Tages- und Jahresrhythmen erkannt, frühmorgens, mittags, abends, nachts. Wintersonne, Frühlingssonne, Sommersonne, Herbstsonne. Auch Herrschaftskritik habe ich hier studieren können, als drastisches Bild ausgerechnet in ein Kirchenfenster gemalt. Auf diesem Bild werden die hohen Herren gefesselt in den Schlund der Hölle geschoben, und der Teufel heißt Mammon. Er befehligt, er besticht alle. Er denkt, dass alle käuflich sind, alles in der Welt sich einzig ums Geld dreht. Und die Menschen meinen, Geld würde nicht stinken. Nur einer steht dem Teufel gegenüber, und man weiß auf den ersten Blick: Er ist anders, er stellt das Gesetz der bösen Erfahrung in Frage, er steht allein gegen den Lauf der Welt – und doch nicht allein: Er hält zwischen sich und den Teufel, der lockend seinen Goldteller präsentiert, die Heilige Schrift. Das gute Wort, das den Menschen wertschätzend, hoffend übersteigt und in dem »Gott« alles ist, nur kein Allerweltswort. Wie die Kirche kein Allerweltsort ist.

Der gotische Kirchenraum mit dem wunderbaren St.-Annen-Altar schenkt Freiheit. Gehe ich konzentriert durch die dreischiffige Hallenkirche, bin ich umfasst von Erhabenem und Erhebendem; eine Strahlung aus 560 Jahren. Ein Haus, gebaut aus gebrannten Ziegeln, gebranntem Lehm. Der Lehm, aus dem der Mensch wurde, nutzbar gemacht auch für ein architektonisches Wunderwerk, das Jahrhunderte überdauerte und weiter herausragt aus allem, was einer rasch und fortwährend wirkenden Vergänglichkeit anheimgegeben ist.

So überschaubar diese kleine Hansestadt Werben ist, so weitet sich die Welt, wenn man ins Halbdunkel dieser Kirche tritt, die mir oft auch wie eine riesige Hütte vorkam, Schutzraum gegen das Draußen, Zuflucht vor den Zumutungen des Gott-Losen, plötzlich nicht mehr aus Stein, sondern aus Stroh und Schilf und Geäst. Ich bin in diese Kirche hineingegangen, als kröche ich unter, zu Zeiten, da Gott ein Unwort war, vier Buchstaben zum Lächerlichmachen. Ich aber wollte ernst sein, wollte ernst nehmen, was draußen ideologisch-anmaßend diffamiert wurde.

100

In einer verzweckten Welt ist und bleibt das Gotteshaus ein Gebäude, das keinen errechenbaren Zweck, aber Sinn verkörpert. Offen ist die Werbener Kirche zum Osten hin, woher das Licht kommt. Nach Westen hin geschlossen und wehrhaft mit jenem mächtigen Turm versehen, dessen prächtige Spitze im Dreißigjährigen Krieg von Tillys Truppen abgeschossen wurde. Ein Haus, das sich wahrlich auftürmt, es zeigt hoch hinaus, zur Ehre Gottes. Zu armen Zeiten auch ein verlässlicher Ort für Arme. Von Gesängen widerhallend die Mauern, inniglich vermischt der Freudenchoral mit dem Trauergesang. Hier haben sich mir die Kirchenjahresrhythmen tief eingeprägt: Advent, Weihnachten, Epiphanias, die Passionszeit und der Kulminationspunkt des Lebens, das Osterfest. Sodann die Themensonntage: Quasimodogeniti, Kantate, Rogate, Exaudi, Misericordias Domini, Himmelfahrt und Pfingsten, das Fest der Dreieinigkeit, Trinitatis genannt, der Jerusalemsonntag und das Erntedankfest, der Bußtag und der Totensonntag. Dann wieder: »Machet die Tore weit und die Türen in der Welt hoch, dass der König der Ehre einziehe«. Jahr für Jahr, was Jahrhundert für Jahrhundert überliefert wurde: Taufe. Abendmahl. Einsegnungen und Trauungen. Bitt- und Dank- und Gedenktage. Jeder Tag ein Kosmos an Geist und Gefühl. Jedes Fest eine Vielfalt an Versenkungs- und Öffnungsmöglichkeiten. Jeder Anlass eine Feier der Gnade, eine Feier der Dialektik von Leben und Tod, Werden, Vergehen und doch bleibender Beständigkeit.

Immer haben mich die Glocken gerufen, hat mich die Orgel beim Singen begleitet. Hier wurde vor einem dreiflügeligen Marienaltar das Brot gebrochen, von der Kanzel wurde mir (manchmal) das Wort hörbar, das nicht abkanzelt und doch in meine Mitte trifft – und wo am Taufstein das Neugeborenwerden von Neugeborenen gefeiert wurde: Der alte Adam wird ersäuft. Eine neue Kreatur ist möglich, vorweggenommen im Vertrauen auf den, der Vertrauen gelebt und gelehrt hat. Hier bin ich Mensch. Hier darf ich sein, der ich bin. Hier kann ich über mich hinauswachsen – aus Gnade und mit neuem Selbstbewusstsein. Ein Platz, an dem Ängste aussprechbar sind, wo man ohne Furcht, aber mit tiefer Ehrfurcht sitzt, lauscht, schweigt, singt, betet, lacht, weint. Hier hat jeder Zutritt, hier verlieren weltliche Unterschiede ihre Geltung. Und doch drängen die weltlichen Gepflogenheiten, die Privilegien herein. Praktiken der bevorzugten Platzierungen, der protokollarischen Hervorhebungen hatten sich auch in den Kirchen etabliert. Folgende Schreckensvision, heute noch als Irrwitz belächelt, könnte eines Tages Realität sein: VIP-Lounges im Gotteshaus! Und der Gottesdienst ein Event! Bis sich die Sparte der Unterhaltungssendungen wie ein Krebs noch durch die letzten, ja: heiligen Inseln der Besinnung frisst?

Kirchen mit ausgewählten Plätzen für Leute, die sich demnach als Auserwählte fühlen dürfen, sind kaum christlich zu nennen. Sie sind sinnentstellend eingemeindet worden in einen bürgerlichen Kulturbegriff des falschen Tempelgeistes, der wieder soziale und Standesgrenzen zu ziehen versucht. Aber der Tempel des Heiligen Geistes sind immer wir selbst; in uns, durch Versammlung (ohne Platzschilder) und gemeinsame Sammlung weitet sich der Raum Kirche – auch die vollste Kirche sollte wie eine Einladung für weitere Bedürftige draußen anmuten. So heißt es im Psalm 84: »Die Schwalbe hat ein Nest gefunden – deine Altäre Herr Zebaoth«, und der im Innersten erschütterte Beter des Psalms 42/43 blickt wehmütig zurück, wie er »einherzog in großer Schar mit Frohlocken und Danken zu Seinem heiligen Berg und Seiner Wohnung (dem Jerusalemer Tempel) und anschauen konnte die schönen Gottesdienste des Herrn mit Freude und Wonne«.

»Meine« Werbener Kirche wurde mir zum Ausgangspunkt,

den Sonntag zu begreifen. Später waren die Moritzkirche in Halle, der Merseburger Dom und die Wittenberger Stadtkirche gute Lehrer in dieser Sache. Der Sonntag ist der Tag der Unterbrechung, der Tag, da wir unser Tagwerk bedenken, da wir ausruhen, nachdenken, zu uns selbst kommen, Freisein genießen. Mir, dem Kinde, erschienen die Sonntage langweilig. Die Verlangsamung und bewusste Ereignislosigkeit, die unsere Eltern sorglich pflegten, widersprachen meinem Gemüt, das auf Geschehen aus war, nicht auf Kontemplation. Und heute? Noch immer bedarf es des Lehrers für eine sinnvolle Langeweile, die gleichsam als zurückeroberte Zeit empfunden wird. Das ist bei allem guten Willen nicht einfach in einer Welt, die sich keine Zeit mehr gestattet für natürliche Licht- und Bewegungsabläufe; das Dunkel ist durch permanente Lichtverschmutzung ausgemerzt, durchgehende Ladenöffnung bestimmt den Rhythmus, und fortwährende Erreichbarkeit ist zur Selbstpflicht geworden. Wir sind Gejagte, erreichen jeden Hof nur mit Müh und Not, und die Ruhe in uns: längst tot … Der Sonn-Tag ist ein Frei-Tag, die Woche beginnt mit dem Sonntag und endet nicht mit dem Wochenende – das habe ich zu leben versucht; dieser Rhythmuswechsel ist ein aktiver Vorgang, und für diese Bewusstwerdung, die nie abgeschlossen ist, war der Kirchgang für mich wesentlich. Die Kirche ist ein kathartischer Raum, ein Raum der inneren Reinigung. Eine stilvoll gepflegte, geöffnete Kirche als Raum der Stille bleibt eine heilsame Störung unseres Alltags. In diesen Räumen mit Liebe, Kraft und Fantasie den Gottesdienst zu gestalten – als ein Ereignis für die kommende Woche, aus den Erfahrungen der zurückliegenden Woche heraus! Mit dem Transzendenzgefühl: *Was ist, ist nicht alles. Es gibt etwas, das uns überschreitet, aber mich als Einzelnen nicht übergeht.* So geht es sich gut in die nächste Etappe Zeit. Gütig. Und gut betraut für all das, was –

wir sind ja mitten im unwägbaren Leben – nicht gut gehen wird.

Dieses geliebte Gotteshaus steht in Werben, so steht es also mitten in der Welt der Sünder. Es ist ein Prachtbau für den Wanderprediger aus Nazareth, aber auch hier prunkten die Herrschaftswappen hoher Herren; auch hier, im Haus des Bergpredigers für den Frieden, fanden Lobpreisungen von Kriegen statt. Die Gebete sind wehrlos gegen den Charakter dessen, der sie tönend in den Mund nimmt, nicht der Gnade wegen, sondern um der eigenen Macht willen. Wehrlos sind die Gebete, wenn Altar gesagt und Thron gemeint ist. So frage ich mich: Wie wurde hier gepredigt zum Sedan-Tag am 2. September, am 1. August 1914, am 9. November 1918, nach dem 30. Januar 1933, nach dem 9. November 1938, wie nach dem 8. Mai 1945? Seit meinem 14. Lebensjahr frage ich mich: Wie wurde Religiöses von der Kanzel herab politisch instrumentalisiert? Was wurde mit einem Schweigen übergangen, das gegen christliche Gebote verstieß und Untertanen noch untertäniger machte? Du kannst noch so gegen die Mauern starren, der Geist der Jahrhunderte ist verklungen, verebbt, aber da ist er dennoch. Er zeigt sich im Fragen, das kein Ende nimmt, in der Unruhe, die bleibt und aus dem Erinnern eine Handlungspflicht fürs Jetzt keltert.

Aufbewahrt in der Kirche von Werben ist die sogenannte Goldbeck-Bibel von 1545 mit der wundervollen persönlichen Widmung Martin Luthers, einer Auslegung des Psalms 1,1–2:

> Wohl dem, der nicht wandelt im Rat der Gottlosen,
> noch tritt auf dem Weg der Sünder
> noch sitzt, wo die Spötter sitzen,
> sondern hat Lust am Gesetz des Herrn
> und sinnt über seinem Gesetz Tag und Nacht.

Der rote Luther befragt den schwarzen, Gottesdienst zur Raderfahrungstagung in Wittenberg 2003

Ein hart merklich Wort ist das, daß außer Gottes Wort alle Menschenlehre sogar verdammt sind, daß sie heißen der Gottlosen Rat, der Sünder Weg, der Spötter Sitz, und Gott nichts von ihnen wissen will.

Auch wir sind Spreuen, die der Wind verweht. So doch Rat, Weg, Sitz schöne, herrliche Namen sind und gleißen zur Verführung der Welt.

Auch wir Heutigen sind Spreuen, auch wir sitzen da, wo Spötter sitzen; auch wir sind Menschen, die nicht über die Thora, der Weisung Gottes, Tag und Nacht nachsinnen, sondern Tag für Tag einfach dahinleben. In meiner Kirche, in unseren Kirchen ist es Oberwort und Überwort: *Gott*. Kirchenräume verleiten dazu, dieses Wort nicht nur selbstverständlich, sondern gedankenlos, gewohnheitsmäßig, routiniert auszusprechen. Gerade als Pfarrer sage ich: Just in der Kirche sollte es ein Wort bleiben, in dem das Unverfügbare sein Recht behält, das Geheimnis bewahrt bleiben möge, das Rätsel nicht zur Lösung gedrängt werden darf. Wer es in einem befreienden und bergenden Sinne ganz intim gebraucht, sollte sich stets auch die andere Seite der Deutungen vergegenwärtigen. Über Jahrtausende, Jahrhunderte, Jahrzehnte, Jahre, ja von Stunde zu Stunde ist das Wort »Gott« *ge*braucht und *miss*braucht worden. Darin teilt es das Schicksal aller großen menschheitlichen Begriffe. In meines Vaters Bibliothek fand ich das 1936 erschienene Buch »Gottesfinsternis« des jüdischen Religionsphilosophen Martin Buber. Darin heißt es: »Welches Wort der Menschensprache ist so missbraucht, so befleckt, so geschändet worden wie dieses! … Wir können das Wort ›Gott‹ nicht reinwaschen, und wir können es nicht ganzmachen; aber wir können es, befleckt und zerfetzt wie es ist, vom Boden aufheben und aufrichten über einer Stunde großer Sorge.«

Es war der Pfarrerssohn Friedrich Nietzsche, der in seinem Buch »Die fröhliche Wissenschaft« einen tollen Menschen am hellen Vormittage eine Laterne anzünden und auf den Markt laufen und unaufhörlich schreien lässt: »Ich suche Gott! Ich suche Gott!«

Dieser tolle Mensch ruft: »Wohin ist Gott? Ich will es Euch sagen?! Wir haben ihn getötet – Ihr und ich! Wir sind seine Mörder! Aber wie haben wir dies gemacht? Wie vermochten wir das Meer auszutrinken? Wer gab uns den Schwamm, um den ganzen Horizont wegzuwischen? Was taten wir, als wir diese Erde von ihrer Sonne losketteten? Wohin bewegt sie sich nun? Wohin bewegen wir uns? Fort von allen Sonnen? Stürzen wir nicht fortwährend? Und rückwärts, seitwärts, vorwärts, nach allen Seiten? Gibt es noch ein Oben und ein Unten? Irren wir nicht wie durch ein unendliches Nichts? Haucht uns nicht der leere Raum an? Ist es nicht kälter geworden? … Gott ist tot! Gott bleibt tot! Und wir haben ihn getötet!«

Dieser tolle Mensch, hinauskomplimentiert aus der Kirche und heftig zur Rede gestellt, habe immer nur entgegnet: »Was sind denn diese Kirchen noch, wenn sie nicht die Grüfte und Grabmäler Gottes sind?«

Noch heute: Die Glocken läuten, sie schlagen, sie rufen, aber ihr Ruf verhallt. Kleiner sind die Kreise geworden, die sich in den großen Räumen versammeln. Nicht nur, dass die Kirche mitunter kalt ist – sie lässt auch in wachsendem Maße Menschen kalt. Es betrübt mich, dass dieses Haus in unserer Zeit der Hast und der fiebrigen Ablenkungen oft leer bleibt. Aber es lässt den, der es betritt, niemals leer.

Die protestantische Kirche darf um ihres Auftrags und ihrer Existenz willen nicht an der eigenen Einsamkeit erkranken. Sie darf nicht einer Gesellschaft nachgeben, in der die Wahrheit statistisch, per Umfrage, ermittelt wird und von Zustimmungsquoten her politische Programme entworfen werden. Die evangelische Kirche muss sich in ihren Kirchen als ein Ort der Entschiedenheit beweisen, statt zu einer Kirche der Beliebigkeit zu werden. Eine Reformkirche (ecclesia reformata semper reformanda) ist keine Zeitgeist-Kirche. Sie wird sich immer im Sinne des Apostels Paulus in der »Unterscheidung der Geister« zu üben haben – unter der einen Überschrift: Jesus – Kyrios: Jesus ist der Herr. Dieser Herr begegnet uns zugleich als Bruder, als Freund, als ein Begleiter, als ein Helfer und Liebender, als ein Wissender und Verstehender. Innerlichkeit mit einer eigentümlich erfahrenen Christusnähe wird zur Voraussetzung für äußersten Einsatz. Ihrer »Fremdheit« in der Welt darf sich Kirche nie schämen. Diese Fremdheit ist ihr Ausweis. Die protestantische Kirche wird zu jeder Zeit laut und vernehmlich fragen, was es im konkreten Leben der Menschen bedeutet, Salz, Licht und Sauerteig zu sein, und sie hat dafür zu sorgen, dass das Reich Gottes ein kritisches und hoffnungsstiftendes Kontrastprogramm zu den »Reichen der Welt« bleibt.

Zeitgeist-Kirche wäre eine Kirche, die stets modern sein will und bald alles modern nennt, was gerade in Mode ist. Die Trendkirche ist eine charakterlose, also nutzlose Kirche. Freilich ist die Kirche, die ich meine, keine Verschluss-Sache aus Furcht vor Realitätsberührungen – wo *Frömmigkeit* nicht mit Offenheit gepaart wird, wird sie einfach eng und stickig. Aber: Wo *Offenheit* nicht mit Frömmigkeit gepaart bleibt, wird alles flach. Meine 40 Jahre Dienst in der Kirche sagen mir: Lasst uns nicht zu achtlos und arglos Traditionen über Bord werfen, aber sie mit unserer Zeit verbinden, »*versprechen*«. Und damit im Klartext bleiben, der eindeutig ausspricht, *wo* wir stehen, *wofür* wir stehen, *wogegen* wir stehen, *warum* wir aufstehen, wo die Grenze für unsere Kompromissbereitschaft liegt, wo also das Gewissen zu schlagen beginnt. Das kalkuliert und beschönigend Wohltemperierte passt nicht zu einem Christen. Diesem Auftrag zu entsprechen, ihm treu zu bleiben – das hat mich die DDR-Zeit gelehrt, und meine Kirche in Werben half mir stets als Vertrauensort, als aufmunternde Zeugin, die aus den Jahrhunderten kräftigend zu mir sprach. So lebe ich gern in ihrem Schatten, in ihrem Licht.

Welch weiser Alltagsspruch: die Kirche im Dorf lassen. Ja,

wir sollten alles tun, damit »die Kirche im Dorf bleibt«, auch in der Klein- und in der Großstadt. Der Symbolwert ihrer Präsenz ist nicht veraltet, die fußläufige Erreichbarkeit einer Kirche ist unverzichtbar. Die Entfernung sollte so sein, dass man – in Gedanken – die Arme nach ihr ausstrecken könnte. Mir geht nach, was Luther auch mir so oft Besorgtem ins Stammbuch schrieb: »Wir sind es doch nicht, die da die Kirche erhalten könnten. Unsere Vorfahren sind es auch nicht gewesen. Unsere Nachkommen werden's auch nicht sein; sondern der ist's gewesen, ist's noch und wird's sein, der da sagt: ›Ich bin bei euch alle Tage bis an der Welt Ende.‹«

Und doch braucht's besorgte und helfende Bauleute: Erhaltung kann nicht allein höherer Kraft überlassen werden, wenn Rechnungen auf recht irdische Art bezahlt werden und inspirierende Ideen gefunden werden müssen. Also bin ich in den Förderverein für meine Heimatkirche eingetreten, bin ihr auf diese Weise noch näher und freue mich, dass seit 2011 die Kirchentüren im Sommer ganztägig offenstehen. »Offen für alle« – nicht bloß in St. Nikolai in Leipzig.

ICH WAR IM KONSUM

Die DDR war nicht nur SED, Mauer, Stasi, Doping, sondern auch Konsummarke, Zahnpasta, Trabant, Letscho und Dederonschürze, billiges Brot, Nordhäuser Korn, Halberstädter Würstchen und Pouch-Faltboote. Wenn ich mich an DDR-typische Produkte erinnere, sogar irgendwie gerne, dann an Radeberger Bier im D-Zug, Rübensirup aus Tangermünde, Adventspyramiden aus dem Erzgebirge und die legendären Herrnhuter Sterne. Und an Eterna-Schallplatten, später die Blues-Scheiben bei Amiga. (Wie glücklich war ich, das mit nächtlichem Pflügen auf den riesigen Schlägen der Uckermark verdiente Geld in Platten »anlegen« zu können, etwa das Klavierkonzert a-Moll von Schumann mit Swjatoslaw Richter zu besitzen.) Das ist nicht Ausdruck von Ostalgie, sondern einfach dessen, was bis in die Kindheit scheint und wo – nach Ernst Bloch – noch niemand war: Heimat.

Kein Zurück! Aber die DDR war halt ein Ost-Produkt deutscher Geschichte, das ich historisch bedenken, so kritisch wie differenzierend beurteilen will – bis ich es auch wegzulachen lerne. Jeder wird sein ganz eigenes Kapitel hinzufügen und versuchen müssen, alles, auch das Schwere, das Schmerzhafte zu integrieren, sich innerlich schließlich davon zu verabschieden und befreit weiterzuleben. Und jede(r) hat noch einen Restgeschmack und einen Restgeruch von DDR in sich – sei es nur die Süße der Konsummarken, sei es das Pionierferienlager, sei es der Mief im VPKA beim Warten auf eine Reisegenehmigung, sei es das gegrillte Schweinefleisch auf der Brigadefeier mit Goldkorn aus Nordhausen, sei es die grünweiß gesprenkelte Sprelacart-Tischplatte in der Küche.

Ich war im Konsum, bis die Konsumläden aufgelöst wurden. Das letzte Markenheft konnte ich nicht mehr abgeben. Aber ich habe 25 Jahre geklebt.

Es ist zu Zeiten allgemeinen Gejammers nicht unwichtig, an die Mangelgesellschaft zu erinnern. Wenn ich heute durch die prall gefüllten Regalreihen der riesigen Einkaufsmärkte irre, dann weiß ich, ich war einst mit weitaus weniger zufrieden. Es gab alltägliches Leben mit den unverwechselbaren »Waren des tägliches Gebrauchs« und ihrem typischen Design. »Deine Hand für dein Produkt«. Eigentlich eine schöne Formel! Ich wurde seit Kindestagen mit den Produkten vertraut, ja auch irgendwie positiv abgefunden. Sie gehörten zu meinem Leben, und so sind sie Teil der Erinnerung – wie andererseits die Westpakete aus jener ganz anders riechenden, unerreichbaren Westwelt mit Fetischcharakter. Was

110

war Nutella gegen Morli, was Westkaugummi gegen Ost-gummi?!

Auch die Witze über den Mangel hatten es in sich, die die Wirklichkeit besser einzufangen vermögen als noch so klug recherchierte Aufsätze.

Auf dem Postamt reklamiert ein Kunde, dass die Ulbricht-marken alle nicht kleben. Sagt der Postbeamte: Sie dürfen auch nicht vorne draufspucken.

Kaffee-Mix ist zu verwenden, soll das Unkraut schnell ver-enden.

Worin bestand der Unterschied zwischen Marx und Murks? Marx war Theorie.

Warum sollte in jedem Gemüseladen ein Polizist stehen? Damit wenigstens etwas Grünes im Laden ist.

Freilich: Hinterher lässt sich leicht grinsen. Ich rieche noch das Uramol-Öl aus der unverbrauchbaren Literflasche an meinen Händen, nachdem ich versucht hatte, es in kleinere Flaschen umzuschütten. Ich puste in Gedanken die Krümel weg, die aus der mühsam erbrochenen Flasche des Barock-Büroleimes aus Dresden rieselten, oder kratze aus der Rie-senschachtel die so schnell eingetrocknete Wittolschuhcreme aus Wittenberg, kriege Wutanfälle über den »undichten So-zialismus«: Die Plaste-Manie zeigte sich an Wasserhähnen in den häuslich-hässlichen Bädern, die zu wahren Tropfstein-höhlen wurden. Mir brennt der Starkreiniger IMI wieder in der Nase. Und ich weiß noch vom Gaumenglück nach dem Erstehen eines Glases Pflaumenmus aus Mühlhausen oder echten Letschos aus Ungarn.

(Intensive Erinnerung oder bloßes Wiedersehen von lang Vergangenem führt zu Pawlow'schen Reflexen, an das Be-schwerliche wie an das Schöne, führt zu Speichelfluss oder Angstschweiß.) Unvergessen meine Wut über die beim Auf-pumpen auseinanderfliegenden Fahrradpumpen, die stets defekten Ventile, die Nägel, die sich beim ersten zaghaften Hammerschlag schon verbogen, der regelmäßig verklemmte Klammeraffe. Made in Germany wurde zu Made in GDR. Und jedes Westprodukt ein Sieg über den Sozialismus. Nicht so beim Sauerteigbrot, auch nicht bei den gebundenen Klassikerausgaben vom Aufbau-Verlag mit sensationellen Niedrigpreisen bei exzellenter Qualität. Letztlich aber ein Staat, der die Gesellschaft verschluckt hatte und schließlich gar an den Weichteilen der Menschen gescheitert ist, an seinem Klopapier (»ein Folterwerkzeug« aus Heiligenstadt!), an der pellkartoffelartig aufplatzenden Seife, an der miserabel schmeckenden, kaum schäumenden Zahnpasta und dem äußerst knappen Zahnbürstenangebot. An den Weichteilen lassen die Menschen auf Dauer nicht mit sich spaßen. (Vom Stand der Zahnarzttechnik einmal ganz zu schweigen.) Sich mit dem zerrissenen »Organ des Zentralkomitees der SED« seine Exkrementreste abzuwischen oder bei der Ulbricht-Marke auf die falsche Seite zu spucken schuf schließlich nicht die erwünschte Entlastung.

Von vielen Ostdeutschen wird angesichts des Nachmittagsprogramms im heutigen (privaten) Fernsehen und angesichts von »Bravo« etc. die »Frösi« hochgejubelt, die FDJ-Bluse verniedlicht, die Jugend im Gleichschritt und Gleichklang beschönigt.

Zum alltäglichen Glück gehörten die Märchenstunde, die Familiendiashow oder der Diavortrag über den Heros aller wahrhaft guten Menschen: Albert Schweitzer – mit einem Diaprojektor, der im Zweifel heizte wie ein Kanonenofen. Der geradezu zuverlässig verzerrende Sternradiorecorder tut als Küchenradio bei mir bis heute seinen treuen Dienst.

Nicht zu verschweigen, welche Beinahe-Revolution der Kaffeemix ausgelöst hatte. Wohl jede Frau wird sich erinnern, »wie die Maschen liefen«, und fast jeder Jugendliche an das erste Liebesabenteuer mit dem Mysterium des Gummis »Mondos«. Viele Einkaufsnetze in der DDR hatten »Durchfall«. In meinem Zeitungsladen ist alles anders, alles neu, nur die F-6, die Schweine-Juwel, Cabinet und Club hatten sich jahrelang gehalten, auch das DDR-Inhalat schlechthin, unsere »Gauloises«, die Marke KARO. Nirgendwo so viel Treue zur 22 Jahre zurückliegenden Zeit. Sie wird verpustet, bleibt eine spezifische dumme Angewohnheit. Auch ich war pfeifensüchtig gewesen, bis mir meine Tochter 1983 den Schmaucher aus dem Munde gerissen hat: »Vati, ich will nicht, dass du früh stirbst!« Wie hieß nur dieser so süßliche Tabak? Glücklich vergessen … Es gibt noch »Schwarzen Krauser« aus der DDR, sagt mir die Verkäuferin.

Wer DDR-Geschichte erzählt, kommt nicht am Trabi vorbei. Denn nichts wird »alltagspraktisch« noch so lange und so sehr für das Leben in der DDR typisch bleiben wie diese Beziehungskiste, dieser Pappkamerad, der immer einer von uns war und blieb. Ja, denke ich, die DDR, das ist Trabi, Honi, Kathi. Trabi ist Schrott, Honi ist tot, Kathi ist oben. Immer noch und immer wieder. Sie verstand es, elegant auf dem Glatteis zu kurven, und sie versteht sich darauf, die je Mächtigen betörend anzulächeln. Mir sind die zahlreichen Bilder von den Begegnungen mit dem Staatsratsvorsitzenden E. H. nach ihren grandiosen Erfolgen auf dem Eis für die sozialistische DDR noch in guter Erinnerung. Auch die Eisfläche war letztlich ideologische Spielfläche in der geteilten Welt.

Der Trabant ist unsere Legende auf Rädern. Als ich 1973 das erste Auto, ein Dienstauto, bekam, musste ich mich hineinquälen mit der ganzen Familie. Wie haben wir nur alle reingepasst? Es war eine alte, bereits klapprige Seifenkiste – noch nicht der neue Trabant, sondern der ganz alte. Und ich war stolz! Es war schön, sich auf vier Rädern durch die kleine Welt zu bewegen. Ich kannte mich aus mit Zweitaktern. Wenn etwas kaputtging, ließ sich das öfter selbst von einem technikfremden Menschen beheben, deshalb hatte ich immer eine größere Reparaturkiste im Auto. Diese Knattertonne war ein gesellschaftliches Gleichheitszeichen, wiewohl die Gleicheren – ganz nach Orwells »Farm der Tiere« – hinter Tschaika- oder Volvostoßstangen saßen. Die Trabis sind inzwischen Fremdkörper mit Seltenheitswert in der Westwelt, eine unverwechselbare, einmalige Weltattraktion, ein Symbol für das, was bleibt. Dieser geliebte, gehätschelte Autoversuch aus dem Sachsenring-Werk in Zwickau wurde nicht weniger zärtlich behandelt als Struppi. Und wenn man nach langer Fahrt angekommen war, wurde auf ihn geklopft und ihm streichelnd versichert: »Gut gemacht, sehr gut.«

1976 organisierten wir eine zweiwöchige Begegnung zwischen Jugendlichen aus Köln und Merseburg. Nach den historisch-literarischen Seminaren in den Masuren ging es nach Warschau. Zurück fuhr ich zusammen mit Peter Kube im Trabi-Kombi von Warschau bis Merseburg. Bei der kurzen, peinlichen Durchsuchung an der Grenze wurden die durchgeschleusten Bücher nicht entdeckt. Ich war erstaunt, wie schnell und problemlos das vollgepackte Auto diese 800 km absolvierte.

Der Trabi hat verloren. Bemalt steht er hin und wieder (besonders in Sachsen, seinem Heimatlande) neben einer Mercedes-Tieflader-Batterie auf der Autobahn im Stau. In der Übergangszeit 1990/91 tobte sich am Trabi die ganze verschüttete Fantasie in diverser Aktionskunst aus: bis hin zum Güllefahrzeug, zum Wüstenrallye-Trabi, zum Vierrad-Traktor mit Trabanthaube. Aus Jux fahren noch heute junge Leute mit dem offenen Trabi-Jeep einstiger Grenzer durchs Land. Das entbehrt nicht des Makabren.

Zur DDR gehörten auch die Wartezeiten auf ein neues Auto – beim Wartburg etwa 18 Jahre. Tausch- und Schwarzhandel blühten wie überall in der Mangelgesellschaft. Nun

Schwerter zu Pflugscharen, Linoldruck

sind wir alle längst von der Mangelgesellschaft zur Markt-
gesellschaft gewechselt. Mit vielen Dokumenten, Eingaben,
Zeitungsartikeln, Aufrufen, Plakaten und Bildern habe ich
2009 die Ausstellung zu »Wittenberg – eine Stadt der friedlichen Revolution« bestücken können, die die Zeit vor dem
Umbruch, im Umbruch und nach dem Umbruch veranschaulicht hat. Auch die alte Wäschemangel, mit der wir seit 1981
als Friedensgruppe unsere Linoldrucke gefertigt hatten,
wurde aufgestellt.

Immer wieder hatten wir unsere Kurzbotschaften »durch
die Mangel gedreht«. So umgingen wir das Druckgenehmi-
gungsverfahren, denn wir erstellten eben keine Druck-
erzeugnisse, sondern Mangel-Produkte auf Vlies, auf Stoff,
auf Karton. Die Zensur ließ Lücken. Die Angst saß uns immer im Nacken – die Lust auf Freiheit noch mehr! Der Gedanke wurde verdichtet, in Linoleum geschnitten, mit Mühe
vervielfältigt – bis er geradezu erratisch vor uns lag: »Mut
macht Mut«, »Analphabeten müssen diktieren«.

Wer aus der Reihe tanzte, wurde in der DDR in die Man-

115

gel genommen, oft aus nichtigen Anlässen, auch die eigenen Leute, die sogenannten Abweichler. Es gab immer große und kleine »Staats- und Parteiorgane«, die kräftig mit Drohgebärden winkten, und es gab solche, die das unterließen, so gut es ging. In den 40 Jahren waren viele nicht bloß mit dem Daumen in die Mangel gekommen, sondern zu Unrecht angeklagt, zerschunden worden, zu Tode gekommen. Das Strafgesetzbuch und die Strafprozessordnung der DDR waren eine Order zur Unterdrückung jedes freien Gedankens und der »freien Assoziation freier Bürger« (Marx). 42 000 Akten in der zentralen Erfassungsstelle Salzgitter geben Auskunft über erlittenes Unrecht. Diese Behörde war der SED ein so großer Stein des Anstoßes, dass sie viele Normalisierungsschritte zur Bundesrepublik mit der Begründung »Salzgitter« ausschloss. Auch ich meinte früher, die Behörde passe als Relikt des Kalten Krieges nicht mehr in die Zeit. Das war falsch, vor allem mit Blick auf die Opfer der politischen Strafjustiz oder auf die Erschossenen an Mauer und Stacheldraht. Einige konnten auch dank der dort gesammelten Akten rehabilitiert werden.

Es hing vor 23 Jahren alles an einem seidenen Faden. Noch im September 89 sollten zwei Personen (von denen ich weiß und die widerstanden haben) in die Mangel genommen und auf mich »angesetzt« werden, der ich angeblich dazu aufgerufen hätte, die DDR wie eine hohle Nuss zu knacken und Kommunisten aufzuhängen. 2009 habe ich in Reinharz das Schloss mit den riesigen Kellern besucht, das als eines der Isolierungslager für Oppositionelle vorgesehen worden war – 16 Personen aus Wittenberg, 86 000 insgesamt in der DDR. Das ist uns erspart geblieben, weil überall, auch in Wittenberg, Tausende aufmuckten und keine Angst mehr *vor* der Mangel zeigten, aber *den* Mangel satthatten, den Mangel an Freiheit nicht weiter erdulden mochten.

Wir lebten in einer Mangelgesellschaft, in der wir uns sel-

Ziesar 1978

ber oft zu helfen wussten und einander halfen. Aber schließlich ging sie gründlich zu Bruch, fast alles wurde weggewor-
fen, selbst das Gutgemeinte mit all dem, worin man sich ganz
gut eingerichtet hatte. Kein Zweifel: Mangel macht auch
glücklich, wie Überfluss mäklig macht, ja das Glück der kleinen Dinge übersehen lässt.

Die offizielle Mangel hat vieles, was zerknittert, krumm,
verdorben war, »dialektisch« glattgestrichen (nur keine Feh-
lerdiskussion!). Und dann wurde eifrig getüncht. Hervorste-
chend blieb indes das Grau in Grau, garniert mit geistlosen,
mit roten Parolen. Farbe kam ins Land. Inzwischen ist fast alles bunt, ohne gleich farben-froh zu machen.

Man lese die Zeitung »Freiheit« oder das ND vom September 1989 sowie die schwülstigen Reden zum 40. Jahrestag, verbunden mit alten Drohungen. Wenn's »von oben« anders gekommen wäre, hätten die Genossen »hier unten« ausgeführt,
was von ihnen gefordert wurde. Es hätte alles ein böses Ende
nehmen können. Hat es aber nicht. Schon im Oktober trat der

117

Runde Tisch im Wittenberger Bürgermeisterzimmer zusammen, auch wenn noch nicht alle verstanden hatten, welche Stunde geschlagen hatte. Die staatliche Seite hatte noch darauf bestanden, dass ich nicht mit am Runden Tisch sitzen dürfe. Die kirchliche Seite unter Federführung von Propst Hans Treu hatte darauf bestanden – und hätte das Unternehmen sonst platzen lassen. Also »ließ man mich zu«.

Einige bisherige Machthaber zeigten sich verantwortlich für das Ganze und für das Funktionieren der Versorgung im chaotischen Übergang. Und sie wurden – sicherlich auch notgedrungen – kooperativ.

Irgendwie stehen wir immer noch an der Mangel – in der Überflussgesellschaft, aus der viele, viel zu viele rausfallen. Der Druck ist weniger offiziell, dafür sehr diffizil.

Eine Wäschemangel, in einem ZDF-Gottesdienst 2007 über die FREIHEIT aufgestellt, hat uns erinnert und gemahnt: Arbeitet unverdrossen für die Druck-Freiheit und für die Freiheit vom Druck – und lasst euch den Blick nicht dafür trüben, wie sehr der Überfluss vielen Mangel nur verdeckt.

Die Marx-Gesellschaft litt an Mangel bei fast allem, aber nicht für alle.

Die Markt-Gesellschaft bietet Überfluss an fast allem, doch längst nicht für alle.

Fiel früher zwar keiner durchs Netz, so wurden doch Netze über alle geworfen, die Freiheit wollten. Heute ist das Netz löchrig, und wer durchfällt, hat die »Freiheit« zu sehen, wo er bleibt. Wer allerdings rückblickend meint: »Es war doch alles ganz gut«, leidet an der gleichen Wahrnehmungstrübung wie derjenige, der sagt: »Heute ist doch alles ganz gut.« Wer die Verantwortung wieder an den vormundschaftlichen Staat abgeben will, gefährdet den demokratischen Staat wegen selbstverschuldeten Mangels an Durch- und Einsicht.

Ich war im Konsum. Ich war im deutschen Anglerverband

(DAV). Ich war nicht in der FDJ oder in der DSF wie 95 % der DDR-Bürger. Aber ich habe mich seit 1972 – vergeblich – für eine Deutsch-Polnische Freundschaftsgesellschaft eingesetzt. Ich bin Trabant gefahren. Später war ich privilegiert: über GENEX bekam ich 1979 als Dienstauto einen roten Wartburg-Kombi. Die Farbe hatte ich mir gewünscht.

DAS SYSTEM LIESS LÜCKEN, UND GEDANKEN REISEN ZOLLFREI

Nach dem Grundlagenvertrag von 1972 konnten wir endlich Westfreunde einladen, die mit dem Zwangsumtausch ihren Eintritt bezahlen mussten. Diese Begegnungen wurden eine heute kaum noch zu ermessende Bereicherung für uns Eingemauerte. Ich gehöre zu denen, die bis heute jenen Politikern danken, die im Rahmen der Entspannungspolitik die Mauer durchlässiger gemacht und beharrlich an weiteren Schritten gearbeitet haben, wiewohl wir uns doch alle große Schritte gewünscht hätten.

Der Erste, der zu uns kam (und gleich vier Wochen blieb), war Jürgen Haase aus Köln. Er hatte bei der BASF eine verantwortliche Position. Heute können wir darüber lachen, dass er bei seinen Besuchen – im Jahr ein- bis zweimal – natürlich in das Visier von Verfassungsschutz und Bundesnachrichtendienst geriet, weil man fürchtete, er würde etwas verraten. Und in Merseburg wurde die Stasi aktiv aus Angst, er könnte befreundete Chemiker aus Leuna und Buna abschöpfen.

Im November 2011 nahm ich in Merseburg an einer Diskussionsrunde über »Christen und Marxisten in der DDR« teil. Die Veranstalterin, eine ehemals überzeugte Genossin, die über »Arbeitsproduktivität in der DDR« promoviert hatte, sagte: Es war doch absurd; die Staatssicherheit versuchte meine Tante, die in der Kleiderkammer des BND gearbeitet hat, für die Stasi zu werben, und mein Vater, ein überzeugter Offizier der Volkspolizei, sollte alles über sie in Erfahrung bringen. Und sie wurde ihrerseits vom BND auf ihren Bruder angesetzt. Was hätte sie mehr vermelden können? Dass es bei ihnen nie Westfernsehen gegeben hat und die Kinder immer zu anderen Familien gehen mussten, um West zu sehen, heimlich, weil sie zu Hause davon nichts erzählen durften.

So einfach, wie sich heute manche die Welt zurechtlegen und allein die Stasi ins Visier nehmen, war die Welt nicht. Ich erinnere nur an die Dolmetscherin der KGB-Abteilung in Dresden, die nahen Kontakt zur Familie Ludmilla und Wladimir Putin hatte. Sie berichtete im Detail über die familiären Verhältnisse, die Gewaltakte Wladimirs an seiner Frau und seine Schürzenjägerei an den BND, ganz wie man es aus Stasiakten gewöhnt ist. Als sie ein Kind vom Chef der KGB-Abteilung erwartete und es zu Komplikationen kam, durfte sie zur ärztlichen Behandlung in den Westen. Sie blieb. Sie hatte den Zwiespalt nicht mehr ausgehalten. Der BND verschaffte ihr eine neue Identität.

Es war eine verkehrte Welt. Bei den Begegnungen während der Leipziger Messe hatten sich unter die westdeutschen Teilnehmer DKP-Sympathisanten gemischt. Wir gewannen bisweilen den Eindruck, dass sie uns als Westdeutsche im Osten ausspionierten und alles an die östlichen Behörden weitertrugen. Sie waren besonders an Teilnehmerlisten interessiert. Die Räume in der Erhard-Kästner-Straße waren verwanzt, und in der Straße parkte ein Lada mit zwei Herren. Aber das machte uns nicht mundtot. Wir redeten, als ob es sie nicht gäbe. Seither sind mir der damalige Stadtjugendpfarrer von Köln Manfred Kock und seine Frau Gisela nahe Freunde.

Wie dankbar war ich, dass einige Studenten, die ich in den 60er-Jahren aus den Partnergemeinden in Frankfurt und Göttingen kennengelernt hatte, uns in den 70er-Jahren besuchten und den Mut hatten, mir Solschenizyns »Krebsstation«, den »Archipel Gulag« und Blochs »Prinzip Hoffnung« rüberzuschmuggeln.

Unter den Besuchern war auch eine Frau, deren Angehörige ich aus Werben schon kannte und mit der ich mich angefreundet hatte. Liesel brachte mir 1965 Arthur Koestlers »Diesseits von Gut und Böse« mit, gewidmet mit dem Laotse-Satz: »Seiner Bestimmung folgen heißt: Dauern jenseits der Zeit«. So erfuhr ich, wie ehemalige Stalinisten sich lösten und manche von ihnen mit der gleichen Vehemenz, mit der sie Stalinisten gewesen waren, nun zu Anti-Stalinisten wurden. Ich schaute in Abgründe. Was hatten sie erlebt, diese Spanien-Kämpfer, die Kämpfer gegen den Faschismus, durch die Schergen des KGB und durch ihre Handlanger wie Erich Mielke. Aber ich konnte – wohl auch mit Hilfe meines Vaters – respektieren und achten, dass Menschen von ihren Verirrungen frei werden können. Ich lernte verstehen, wie sie in dieses ebenso faszinierende wie paranoide System geraten konnten. Zumal dann, wenn sie als Internationalisten Juden waren und als Juden Internationalisten, für die die Sowjetunion die große Hoffnung war. Auch Lion Feuchtwanger und viele andere waren lange Zeit wie verblendet. Ein innerer Widerstand hinderte sie, die Realität zu sehen.

Nur mit meinem Vater konnte ich seinerzeit über solche Fragen sprechen. Er vertraute mir das Buch »Ein Gott der keiner war« an, in dem Ignazio Silone, André Gide, Louis Fischer, Richard Wright, Stephen Spender und Arthur Koestler ihren Weg zum Kommunismus und ihre Abkehr schildern. Koestler schrieb über das *Paradox der schiefen Ebene*: »Entweder glaubt man, dass der Zweck die Mittel heiligt, oder man glaubt, dass die Mittel den Zweck heiligen.« Pascal habe dieses Paradox schon erkannt:

»Der Mensch ist weder ein Engel noch ein Tier,
Und sein Unglück ist, dass er umso mehr vertiert,
Je mehr er ein Engel sein will.
Die Geschichte der Inquisition, der Französischen Revolution und der russischen Säuberungen legt ein beredtes Zeugnis davon ab.«[13]

Vielleicht können Menschen wie Koestler, die an Welterlösungsprojekten gläubig mitgewirkt hatten, in denen die größten Verbrechen für die größte Sache begangen wurden, besonders gut analysieren, was da passierte. Einige merken nicht, wie fanatisch sie gegen das argumentieren, was sie vorher fanatisch propagiert hatten.

Wie Freiheit und Friede zusammenhängen und warum sie nicht gegeneinander ausgespielt werden dürfen, ebenso wenig wie Gleichheit und Freiheit – das sollte mich jahrzehntelang beschäftigen. Koestler hatte 1950 notiert: »Unsere Zivilisation darf nicht sterben. Freiheit und Friede sind die Voraussetzung für ihr Weiterleben. Wir nennen die Freiheit zuerst, weil der Friede eine Funktion der Freiheit ist. Ein versklavtes Volk kann von seinen Führern jederzeit in eine geistige Kriegshysterie und materielle Aggression hineingetrieben werden … Der Geist der Aggression wächst bei einem Volk in dem Maß, in dem es seiner Freiheiten beraubt wird.«[14]

Ich blieb einerseits allen Konvertiten gegenüber (kommunistisch »Renegaten« genannt) skeptisch, weil diese zu sehr auf ihr Vor-Leben fixiert waren. Andererseits legten sie etwas vom Innenleben und der Verführungskraft der marxistisch-leninistischen Ideologie offen. Diese frühen Einsichten haben mir 1989/90 geholfen, auf diejenigen zuzugehen, die bis zum Schluss das sozialistische System mit innerer Überzeugung vertraten und in ihrer Realitätsverweigerung verharrten. Jahrelang hatten sie Plakate aufhängen lassen, die vom Sieg und von der Überlegenheit des Sozialismus kündeten, auch auf

Gebäuden, die den Niedergang manifestierten und vom Zerfall gezeichnet waren.

Liesel Steinwender, jene Freundin aus Hamburg, besuchte uns als »Bekannte« (das Wort »Freunde« durfte man auf den Besuchsanträgen nicht verwenden!) Anfang 1973 auch in Merseburg. Sie wollte allein in die Stadt gehen. Nach etwa zwei Stunden kam sie zurück, völlig verstört. Mit verweinten Augen sagte sie zu uns, dass sie gleich morgen wieder abfahren müsse. Warum? Sie hielt den Anblick der verfallenen Häuserzeilen und die unerträgliche ökologische Belastung nicht aus. Sie war entsetzt, wie man alles so verkommen lassen kann. Über diese schnelle Abreise waren nun wir wiederum verstört. Als ich 1982 zur Hochzeit meiner jüngsten Schwester das erste Mal in die Bundesrepublik fahren durfte, verstand ich Liesel. Diesen Kontrast mussten Westbesucher aushalten. Sie konnten es nicht sagen, weil sie es uns nicht noch schwerer machen wollten.

Wolf-Dieter Zimmermann, verantwortlich für den Kirchenfunk im RIAS, besuchte alljährlich zur Weihnachtszeit Verwandte in Großkorbetha und kam zusammen mit seiner Frau Friedrike seit 1975 in meine Heiligabend-Nacht-Mette in die Stadtkirche zu Merseburg. Er hatte in den 30er-Jahren einen Briefwechsel mit Ernst Barlach geführt. Seit meinem 14. Lebensjahr begleitet, inspiriert und tröstet mich dieser Güstrower Künstler mit seinen Skulpturen, seiner Prosa, seinen Briefen – seiner Haltung! Mindestens einmal im Jahr »muss« ich dorthin. Barlach imponiert mir in seiner religiösen Tiefe und Weite. Es waren schöne Herausforderungen, zu Barlach-Jubiläen und -Ausstellungen zu sprechen in Ratzeburg und Güstrow, in Braunschweig und Hamburg.

Und für unsere Friedensbewegung war das Magdeburger Ehrenmal stets neu aufrüttelnder Fixpunkt. Einer der in den Feuersbrünsten des bombardierten Berlin erhalten gebliebenen Briefe Barlachs an den jungen Theologen Zimmermann wurde mir besonders wichtig.

Am 18. Oktober 1932 schrieb Barlach: »Die Umgrenztheit eines bestimmten, religiösen, philosophischen oder allgemein weltanschaulichen Daseins ist gewiss ein Glück, gewiss kein Verdienst. Ich will gestehen, sie scheint mir oft beneidenswert – aber es ist mir nicht gegeben. Das Werden in mir ist schrankenlos, solange ich Vertrauen habe, dass es mich hebt. Aber wenn es mich wer weiß wohin brächte, ich würde nicht ein Wort der Klage finden.« Weiter heißt es: »Sehen Sie, man will ›wissen‹ und verlangt nach dem Wort, aber das Wort ist untauglich, bestenfalls eine Krücke für die, denen das Humpeln genügt. Und dennoch ist im Wort etwas, was direkt ins Innerste dringt, wo es aus dem lautersten, der absoluten Wahrheit kommt. … man sagt ›Gott‹, und jedermanns Belieben macht sich daran. Ich bin des Wortes schon lange satt, und es kommt mir doch immer wieder auf die Lippen.«[15]

Am 31. Juli 1937 spricht er von »satanischer Orthodoxie, die sich einige zurechtmachen«, einer satanischen Rechtgläubigkeit, die »zum Fehlfühlen und Fehlempfinden hässlich beflissen zu Tage tritt«. Um Barlach wird es immer einsamer, immer abwehrender. Er fühlt sich am Rande seiner Kräfte. Er wehrt den Besuchswunsch von Wolf-Dieter Zimmermann ab und bemerkt mit bitteren Worten: »Sie hätten ›mein jetziges Schaffen‹ gern persönlich kennengelernt? Es ist dafür gesorgt, dass da nichts kennenzulernen ist, und wird weiter gesorgt werden.«[16] Zimmermann war zudem Dietrich Bonhoeffers erster Assistent gewesen und erzählte mir von ihm »aus erster Hand«. Wenn Zimmermanns bei uns waren, öffnete sich für uns eine andere Welt. Sie brachten uns mit, wonach wir richtig lechzten: einen schönen Druck von Emil Nolde, Klee oder Marc Chagall. Seit nunmehr 36 Jahren begleitet mich in meinem Arbeitszimmer jener mich stets aufs

Neue beruhigende Druck von Marc Chagalls Gemälde »Die roten Dächer«. Nichts daran ist seither verblasst!

Das System sperrte sich ab und uns Bürger ein. Meine Familie bekam seit unserem Umzug nach Wittenberg im Sommer 1978 keine Genehmigungen mehr für den Besuch von Freunden aus dem Westen. Nicht eine einzige. Wir baten unsere Freunde im Kreis Jessen oder in Leuna, Anträge für unsere Freunde aus Köln oder Nürnberg zu stellen. Dort bekamen sie problemlos ihre Zusagen, meldeten sich dort bei der Polizei an und gleich wieder ab, kamen dann sofort zu uns und blieben bei uns, völlig unbehelligt. Das System hatte – oder ließ? – immer wieder Lücken.

Als wir unseren Westberliner Partnerfriedenskreis zu Gast hatten, hatten sie vergessen, an ihrem alten Mercedes das Licht auszuschalten. Nun stand das Auto unbewegbar auf dem Parkplatz. Eine Werkstatt war nicht mehr aufzutreiben. Was für eine Aktion war es, zurückgebliebene minderjährige Kinder in Westberlin beruhigen und versorgen zu lassen. Wie am frühen Abend auf normalem Wege eine Telefonleitung nach Westberlin bekommen?

Das ging nicht einmal mit zehnfachem Preis eines »Blitztelefonats«. Zwei Frauen fuhren mit dem Zug nach Ostberlin und reisten noch vor 24.00 Uhr über den Tränenpalast nach Westberlin ein. Die andern Freunde nahmen Quartier im Hotel »Wittenberger Hof« und fuhren am nächsten Tag, nachdem die Batterie von einer Werkstatt aufgeladen worden war, nach Berlin zurück und bekamen an der Grenze keine Probleme. Dieser Vorfall blieb auch ohne Folgen für deren nächste Besuche. Unsere Hexe »Gitte« (Brigitte W.) hatte natürlich alles gemeldet. Sie wussten alles. Aber sie ließen uns gewähren.

Seit Oktober 1982 konnte ich mehrfach in den Westen reisen. Mein Koffer wurde bei der Ausreise mehrmals hochnotpeinlich kontrolliert, aber *nie* bei der Wiedereinreise. Die Organe interessierte: Was nimmt er mit? Man konfiszierte im März 1989 meinen Vortrag und die zwanzig Wittenberger Thesen, ließ mich aber nach einigen Stunden die Grenze überqueren. Aus diesem Grunde habe ich im Juni 1989 meine Papiere, die Predigt, die Vorträge und Thesen für den 23. Evangelischen Kirchentag durch den gut befreundeten und vertrauten FR-Korrespondenten Karl-Heinz Baum nach Westberlin schaffen lassen.

Besonders böse war ich darüber, dass die 1966 für meinen Freund Konrad Well aus Frankfurt genehmigten Einreisepapiere (als angeblicher »Cousin«) ihn nicht erreicht hatten. Ich war in Halle an den Zug gegangen, mit dem er ankommen sollte, auch auf meine briefliche Nachfrage reagierte er überhaupt nicht. Ich fand die Briefe in der Stasiakte. Vielleicht hatten die Organe doch mitbekommen, dass Konrad Well mir im Sommer in der Nähe einer Autobahnraststätte in der DDR verbotene Bücher übergeben hatte.

Das System ließ Lücken. Wer hinterher alles gänzlich verdüstert, weiß kaum, was wirkliche Finsternis ist – unter Stalin und Pol Pot, Franco und Mao, dem Schah und Chomeni. Wer zudem so sehr auf Vergangenheit fixiert bleibt, dass er das Erbe des totalitären SED-Staates noch und noch aufarbeitet, dürfte nicht die Klappe halten, wenn heutige Geheimdienste der Welt sich grobe Menschenrechtsverletzungen herausnehmen zu dürfen gestatten.

KONSUMSENDER UND LIPSISCHRITT

Im eingemauerten Land, das sich offiziell »unsere Deutsche Demokratische Republik« nannte, waren Brot, Mieten, Straßenbahnfahrscheine und Theaterkarten billig. Täglich konnte

126

die Zeitung über die Einheit von Volk und Partei berichten. Und alles, was wir taten, taten wir für den Frieden: ob das planmäßige, zahlenmäßig vorgegebene Abferkeln der Säue, ob die Fertigung von Dederonschürzen oder die Wachsamkeit an der Friedensgrenze. Überall gab es einen »Kampfplatz für den Frieden« – und das schloss tägliche Anstrengung mit Wachsamkeit aller gegen Feinde, Sabotage und Schlendrian ein. Der Theorie nach. Neben der löchrigen Straße die Stellwände mit der »Straße der Besten«. Alle Bürger waren »unsere Menschen«, aber es gab überall »sone und solche«, selbst in der Partei. Es waren zwar alle gesellschaftlich organisiert, und das Kollektiv war der offizielle Hort des Glücks und der Selbstverwirklichung, aber es gab *sone*, die zu Hause keinesfalls Konsumsender hörten (und die das unschwer an den Stimmen, erst recht an der Schlagermusik unterscheiden konnten), *und solche*, die keinesfalls den »Schmutz und Schund aus dem Westen« sahen, deren Kinder aber (und sei's im Blauhemd) zu ihren anderen Freunden gehen mussten, um einmal »West« (Rudi Carell und Wenke Myhre) sehen zu können – und das ihren Eltern keinesfalls verrieten. Die Kinder lernten frühzeitig, dass das wirkliche Leben nicht einfach und im Zwielicht der Einheitsgesellschaft klug zu schweigen ist. So perpetuierte sich eine doppelte Wirklichkeit in den Landschaften der Lüge. Das war mit dem geflügelten Wort »Das musst du dialektisch sehen« nicht aus der Welt zu bringen. Überall gab es ein Plansoll. Wenn der Plan nicht erfüllt werden konnte, wurde er präzisiert. Selbst die Stasi hatte ihr Plansoll für feindliche Elemente im Innern und außen. Dazu brauchte sie auch das Westgeld, das der Zoll aus den Briefen konfiszierte. Schalck-Golodkowski agierte bereits global, bevor amerikanische Ökonomen von der Globalisierung sprachen. Die durchregulierte Gesellschaft deregulierte und flexibilisierte, wo immer das im internationalen Klassenkampf im Interesse der Sache gut dünkte. Wer lernte von wem? Schalck verschob über alle ideologischen Grenzen hinweg und handelte zum Wohl des Volkes und der Partei alles mit allen. Auch Waffen. In den Rinderoffenställen atmeten die Kühe unbegrenzt freie Luft, während sie bis zu den Knien im gefrorenen Matsch standen. Zu den Feiertagen schwulstete aus den Kehlen »Spaniens Himmel breitet seine Sterne über unsere Schützengräben aus«. Ich lebte im »Junkerland«, das nun war »in Bauernhand«. Aber wie viele Zwiebeln anzubauen waren, bestimmte die Partei. Ich habe als einziger Schüler der ganzen Schule ohne FDJ-Hemd selten Phrasen dreschen müssen (bei der Prüfung in StaBü etwa – als Zitat), aber oft beim Dreschen des Korns geholfen. Die FDJ stieg 1961 »den Dächern aufs Dach« und drehte in die korrekte Richtung. Jedermann konnte an den Antennen sehen, wer West sah und wer sich mit Ost begnügte. Der DDR-Bürger konnte doch insgesamt ganz stolz sein. Über wen gab es herzhafter zum Lachen bringende Witze als über Ulbricht. (Mein Gott, Walter, du kabarettreif sächselnder Spitzbart, wie hast du gewettert gegen die »Bonner Ultras«, geworben für die »materiellen Stimuli« und uns eingeschärft, wie gut für »jedermann an jedem Ort zweimal in der Woche Sport« sei.)

Gegen Jazz, Rock and Roll und Twist entwickelte man geradezu staatsoffiziös den Lipsischritt. Auseinandertanzen war und blieb in unserer ESG, in der von der SED als »entwickelte sozialistische Gesellschaft« definierten Gesellschaftsstufe auf dem Wege zum Kommunismus, lange verpönt. Was zusammengehört, kann doch nicht auseinandertanzen! Das wäre Subjektivismus und gegen den Kollektivgedanken. Worüber ich heute lauthals lachen kann, war damals nicht zum Lachen. Jeans galten als ein pro-westliches und damit anti-sozialistisches Bekenntnis, bis man sie in den unverwechselbaren Ost-Marken »Goldfuchs« oder »Wisent« produzierte.

Westmusik war einfach besser. Immer war sie besser. Wirkliche Hits konnte die DDR-Schlagermusik nur wenige landen. Und so erfand man den Soldatensender 904, der nur Westmusik brachte, unterbrochen von Ost-Propaganda und lächerlich wirkenden verschlüsselten Funksprüchen. So durften selbst die Soldaten an der Grenze Westmusik hören, die angeblich aus dem Westen von einem illegalen kommunistischen Sender ausgestrahlt wurde. (Wer wusste eigentlich nicht, dass der Sendemast in Burg bei Magdeburg stand und nicht irgendwo in Niedersachsen?) Flugkorridore zwischen Westberlin und der Bundesrepublik waren klar festgelegt. Aber hin und wieder »verflogen« sich westliche Flugzeuge. Erst nach 1990 wurde bekannt, dass sie an ihrer Unterseite mit modernsten Kameras ausgerüstet waren. Auch ihre Bilder sollten den Frieden sichern.

In den 50er-Jahren warfen die Flugzeuge Mengen von Flugblättern ab. Behauptet wurde, dass sie auch Kartoffelkäfer abgestreut hätten. Erst in den späten 90er-Jahren wurde öffentlich, dass 1964 ein Spionageflugzeug der Amerikaner bei Gardelegen abgeschossen worden war. Es gab damals kein diplomatisch-dramatisches Nachspiel. Wie nahe waren wir oft dem Dritten Weltkrieg gewesen?!

Welchen Sinn die riesigen hölzernen »trigonometrischen Punkte« gehabt haben sollen, die Anfang der 60er-Jahre im ganzen Land aufgebaut worden waren, war mir damals nicht bekannt. Ich wusste allerdings, dass alle Landkarten, die man kaufen konnte, sehr verzerrt gedruckt worden waren. Nirgendwo war eingezeichnet, wohin man – wegen militärischer Sperrbezirke – nicht konnte. Wer versuchte, um die Müritz herum in die Wälder zu gehen oder bei Fürstenberg an einen See zu kommen, bekam zu spüren, dass das ganze Land mit Militär der Besatzungsmacht oder der NVA durchsetzt gewesen war.

Vieles ist auch mir schon völlig in Vergessenheit geraten. Ende 2011 dokumentierte »Radio Kultur« eine Sendung des früheren »Deutschlandsenders«, in der ich erfuhr, dass Bürgermeister zu Weihnachten 1961 Westbesucher einluden, um ihnen die angeblichen Vorzüge unserer Deutschen Demokratischen Republik zu präsentieren, sie zu bedauern, weil sie in einem kapitalistischen Land mit Arbeitslosigkeit, Kriminalität und Drogen leben müssten, und zu animieren, im Westen bitteschön etwas über die wunderbaren Lebensbedingungen im Arbeiter-und-Bauern-Staat zu erzählen. Die Westbürger, die ihre Verwandten in der DDR besuchen konnten, gingen brav zu solchen Veranstaltungen. Schließlich wollten sie nicht die nächste Einreisegenehmigung aufs Spiel setzen. Ob es dabei zu irgendwelchen offenen politischen Diskussionen gekommen ist, weiß die Stasi allein. Ich vermute: leere Seiten. Bis zum November 1989 hatten sich die Bundesbürger diversen Gehorsamtforderungen zu unterwerfen. Sie taten es ohne Murren, schütteten uns aber ausgiebig ihr Herz über die erlittenen Qualen aus. In regelmäßigen Intervallen hatten unsere Grenzsicherungsorgane die Anweisung, freundlich zu sein. Die Wirkung solchen Wechselspiels kannten sie aus der Hundeabrichtung. Nicht vergessen sei, dass nach einem Besuch Ulbrichts bei Bischof Mitzenheim in Eisenach die Ost-Rentner zu ihren Verwandten in den Westen reisen durften. Seit dem 2. November 1964 jährlich vier Wochen westwärts. Was eine Belohnung für die staatsgeschmeidige Haltung der Thüringischen Landeskirche war, sollte zugleich ein Signal an DDR-kritische Kirchen sein: Seht! Wohlverhalten wird belohnt! Mitzenheim durfte diese Lockerung sogar als Erster bekannt machen. Unsere Rentner verhielten sich nach meinen Erfahrungen besonders brav. Sie gingen selbstverständlich zu den sogenannten Volkswahlen, wollten sie doch gern wieder eine Westreise genehmigt bekommen. Der totale Staat diszipliniert seine Untertanen. Mit Zucker – und mit Peitsche. Ich gebe zu, ich war im Konsum. Ich habe nie Ostsender gehört. Aber es gab auch gute Musik. Beethoven und Bach stehen über jeder Ideologie. Auch die Oratorienkultur konnte sich sehen und hören lassen. Bildende Kunst entzog sich den optimistisch-realistischen Vorgaben. Das Theater auf den großen und kleinen Bühnen half, das zu relativieren, was an lächerlichen wie abwürgenden Stücken alltäglich aufgeführt wurde. Mitten im so fürsorglich und vorsorglich verordneten Leben gab es Freiräume für die, die sie sich nahmen. Auch zum Auseinandertanzen. Die Koppel war größer als das von den Eingepferchten genutzte Areal. Was aber als Schutzschild nach außen ausgegeben wurde, war lebensbedrohlicher Stacheldraht nach innen. Nicht zuletzt am Schutz ist dieses Konsumexperiment zugrunde gegangen. Jetzt haben wir grenzenlose Herrschaft des Konsums – und statt Klebemarken gierfixierte Börsenspekulation. Eine »Börsensteuer« lässt bis in Ewigkeit auf sich warten.

WIE ICH WURDE, WAS ICH BIN

»ICH SINGE MIT, WENN ALLES SINGT«.
PAUL GERHARDT

Wer in stillem Moment in sich hineinhorcht, weckt Geschichten, Lieder, Stimmungen, Gerüche. Schönheit oder Schrecken einer Empfindung erwachsen aus dem Vergleich mit Gelebtem. Der Vergleich schafft das Urteil: Ein Sonnenuntergang, irgendwo, rührt mich an, weil ich ihn von irgendwo anders her kenne. Gedächtnis ist unser Organ für das Unterscheidungsvermögen – wir sind festgelegt auf bestimmte Wirkungen und bewerten mit ihnen alles, was uns neu anstößt, zustößt, abstößt, vorwärts stößt. Und je mehr Jahreskreise sich um uns legen – wie ein Schutz, aber auch wie ein Ring, der unseren Atem flacher werden lässt –, desto stärker lichten sich jene Nebel, die sich mit den Zeiten zwischen uns und die Kindheit gesenkt und das längst Vergangene ins Unscharfe gedrängt hatten. Plötzlich, wenn wir nicht nur das Herz, sondern auch die Uhr schlagen hören, steht uns Kindheit wieder vor Augen, eine klare Kontur. Erinnern macht uns bewusst, was uns lenkte, formte, prägte. Die alten Bilder scheinen wieder auf, die verblichen geglaubten Farben leuchten, die verwehten Lieder klingen neu.

Mir steht das altmärkische Pfarrhaus in der Wischelandschaft vor Augen, ein abgelegenes Gehöft in Herzfelde, von einem kleinen wilden Park umstanden. Unvergessen die buchstäblich klirrende Kälte des Winters, im Frühjahr die langsam, aber unaufhaltsam üppig werdende Flora des Gartens, die saftig grünen Wiesen, die von Kornblumen, Margeriten und Disteln überwucherten Feldraine und Straßengräben, das Surren der Grillen und Bienen. Lerchengesänge, hoch oben am Sommerhimmel, das Dreschgeräusch hinter unserer Scheune, und im Herbst der Duft, der vom Kartoffelkraut-feuer auf den Feldern kam. Ich war beizeiten eingebunden in den Pflichtenkreislauf, das Leben war nicht einfach nur abzu-holen, sondern zu bestellen. Umliegende Natur, das war ein Arbeitsort. Und dennoch stieg aus dem Wilden, hemmungs-los Blühenden auch jenes Gleichnis, das nicht die Ordnung, sondern die Unordnung sang und das Unkraut gleichsam adelte, dem doch ständig zu Leibe gerückt werden musste. Denn das Unkraut gab der Existenz die Lehre: Keiner fragt nach ihm, aber es wächst; keiner gießt es, aber es grünt; und wer es fürchtet, der fürchtet doch nur seine Beständigkeit.

Voller Geheimnisse war das Leben und voller Genüsse. Es gab die Armseligkeit der stets nur mäßig gefüllten Taschen. Es gab die Ängste, die jeder kennt, der in einer ihm feindlich und böse gesinnten politischen Welt lebt. Aber es gab viele Beglückungen, und stets standen sie in Balance – auch mit den Härten der bäuerlichen Selbstversorgung: Ich fütterte unsere Schweine, war an sie gewöhnt, sah in ihnen zunei-gungswerte Lebewesen, war dann jedoch beim Schlachten dabei, rührte das Blut, verbrannte mir den Gaumen an der gierig erwarteten Wurstsuppe – im Ohr noch den dumpfen Schuss gegen das angstquiekende Tier, vor Augen noch das sprudelnde Blut, nachdem das Messer an die Kehle des Schweins gesetzt worden war. Ein Bild für jene Gleichzeitig-keit der Empfindungswelten, die uns oft genug das Schöne und das Schreckliche, das Lichte und das Dunkle, das An-sehnliche und das Hässliche, das Leichte und das Schwere als unzertrennliches Spannungspaar in die Seele senkt.

Jeden Abend stand mein Vater mit meiner Mutter, die Hände gefaltet, an den Betten von uns Geschwistern, und die Eltern sangen: »Breit aus, die Flügel beide, o Jesu, meine

Freude, und nimm dein Küchlein ein. Will Satan es verschlingen, so lass die Englein singen: Dies Kind soll unverletzet sein.« Hieß es nun »und nimm dies Küchlein ein« oder hieß es nur »nimm dein Küchlein ein«? Ich erinnere mich der Träne meines Vaters, die er bei diesem Lied vergoss, auch wenn er es schon oft gesungen hatte. Dieses Gerührtsein begleitete mich in den Schlaf, ließ mich sanft hinüberschlummern, aber ich ahnte sehr bald, dass dieses Liedes Bitte nach Flügelschutz durch höhere Gnadenmacht in der realen Welt begründet lag. Es war für uns ein harter, bisweilen bedrohlicher Alltag in der Nachkriegs-Ostzone zu bestehen. Der Glaube war nicht nur Welt, sondern wahrlich Gegenwelt, und das Singen der Eltern an den Betten der Kinder setzte gegen das Gefühl erfahrener Umklammerung durch Staat und Gesellschaft beizeiten die Umarmung. Ich wuchs auf mit dem wohligen, fröhlich stimmenden Gefühl, dass über mir die Arme ausgebreitet seien: segnend, schützend, mich einladend, ebenfalls zu umarmen, statt nur immer böse zu werden gegen die erlittene Umklammerung.

Freilich wächst beim Erinnern schnell die Gefahr, sich mählich entwickelnde Prozesse des Bewusstwerdens in eine kindliche Frühzeit zu datieren, in der man doch keineswegs so klug war, wie es sich in späterer Rekonstruktion der Dinge anhören mag. Immer wollen wir klüger gewesen sein, als wir es waren. Wir wollen beizeiten nach einer Logik des geradlinigen Weges gelebt haben. Wir erinnern uns, steigen in die Vergangenheit und eilen uns noch dort voraus, wo alles längst Geschichte ist. Darin besteht die Gefahr jeder Erinnerung. Dennoch kann ich nicht leugnen, sehr früh jene erwähnte Bedrückung des gesellschaftlichen Klimas gespürt zu haben, und ich danke meinen Eltern sehr dafür, dass sie in der Gegenwehr niemals kalt, hart, lederhäutig wurden und uns Kinder mit Liebe, statt mit Panzerungen ausgestat-

tet haben. Liebe als beste Panzerung und als bestes Kampf-
mittel gegen die Macht da draußen: Waffenlosigkeit.

Das sagt sich leicht hin, aber Liebe, sosehr sie das einzig
Rettende ist, bleibt stets das größte Risiko. Sie öffnet, sie
macht verwundbar, sie lässt Lindenblätter in Scharen regnen
auf Körper und Seele. Maxim Gorki sprach einmal von der
traurigen Wahrheit im Leben der russischen »Niederen«. Sie
»durften ihre Kinder um den Preis des Überlebens nicht zu
sehr lieben, sondern mussten sie früh hinausstoßen ins
Schmerzende, Frostige, Brutale« – nur so konnten sie bestehen im alltäglichen Verdrängungskampf. Aber auch wenn
man sich dauerhaft angegriffen wähnt, hat man über das Maß
von Härte und Sanftheit, von offenem Widerstand und fein-
sinnig bewahrtem Versteck zu entscheiden. Dass ein Wegren-
nen falsch ist, kann man mit allen diskutieren, nur nicht mit
den Rehen. Die Liebe, die ich zu Hause erfuhr, speiste sich aus
der Überzeugung meiner Eltern, dass es bei der Praxis eines
gern gelebten Lebens nie nur um Praktiken des Überlebens
gehen darf. Und so hörte ich Mutter und Vater an unseren
Betten singen, sah die innerste Erregtheit meines Vaters und
fühlte ein Aufgehobensein, von dem ich freilich noch nicht
ahnen konnte, wie sehr es mein Leben tragen würde. Der
Preis der Freiheit konnte mit viel Atemnot zu bezahlen sein.

Es kamen Zeiten, in denen ich mich rückwirkend schämte,
der väterlichen Rührung verfallen zu sein. Religiöser Kitsch,
schalt ich mich, aber es hat zum Glück wenig genutzt: Da war
etwas in mich hinabgesunken, und es hat mich staunen lassen, wie tief so manches in einen selbst hinabsinken kann. Ja,
wir dürfen staunen über diese Tiefen in uns, von denen wir
nur in ganz bestimmten Momenten des Innehaltens etwas er-
ahnen. Ich hatte mich dem Singen der Eltern, ihrem Betrof-
fensein hingegeben – Hingabe hat stets etwas zu tun mit bewussten Abschieden von einer allzu nüchternen, nach allen

Seiten absicherungsgewillten Vernunft. Hingabe bedeutet von sich selbst Absehen, um sich näher zu sein, glückhaftes Sich-Weggeben. In wahrer Poesie, die man erfährt, ist stets auch Geheimnis im Spiel. Jetzt muss der Name Paul Gerhardt genannt werden! Mein Weihnachts-Gefühl etwa wurde weit weniger vom Bescherungslied »Ihr Kinderlein kommet« als vielmehr von Gerhardts Hirtenlied »Ich steh an deiner Krippe hier« bestimmt.

»O dass mein Sinn ein Abgrund wär und meine Seel ein weites Meer, dass ich dich möchte fassen.« Da ist Unbegreifliches in Worte gefasst. Etwas Unsagbares wurde sagbar, um mit dem Defizit einer Unerfüllbarkeit leben zu können. Kunst ermöglicht, so leben zu können, als sei ein großer Mangel behebbar. Sehnsucht macht glücklich und unglücklich zugleich. Kunst auch. Das Unerfüllbare bleibt, aber es erscheint plötzlich als etwas, das trotzdem ein Sieg über die Wirklichkeit ist. Hier, in erwähnter Liedzeile, ist es die tiefe Sehnsucht nach der Unendlichkeit des Meeres. Sie zu singen heißt: Schon sind wir in See gestochen wider die Landgänge auf dem öden Boden des Gleichmaßes. Im erwähnten Krippenspiel-Lied werden Heu und Stroh körperlich spürbar, auch »Rosen, Nelken, Rosmarin«, mit dem der heilige Ankömmling »von oben her« bestreut werden möge. Das Stroh duftet – die Schlafstätte im elenden Realismus als Ort eines Traums von der ganz anderen Welt. Erst sehr spät entdeckte ich das Maria-Gedicht des 24-jährigen Bert Brecht, das für mich zu den schönsten Weihnachtsgedichten überhaupt gehört. »Wie soll ich dich empfangen und wie begegn ich dir?« Diese Frage – Brecht hat sie ähnlich wie Gerhardt gestellt – wird, seit ich mich an mich erinnern kann, für mich alljährlich zur entscheidenden Frage im Advent: Was tue ich dafür, dass ER in diese Welt einziehen kann, willkommen ist unter uns?

Durch Dichter treten wir über unsere Beschränkungen hinaus. Mehr als alle späteren gesellschaftspolitischen Appelle hat mich früh die Paul-Gerhardt-Zeile in ihre Utopie genommen: »Dass ich dich möge für und für, in, bei und an mir tragen.« In folgende einfachste Zeile ist die Summe der gesamten protestantischen Theologie, die Bilanz des Christusglaubens gefasst: »Ich komme, bring und schenke dir, was du mir selbst gegeben.« Beschenkt ist, wer schenkte; es empfängt, wer gab; es ist getröstet, wer tröstete; von Licht beschienen ist, wer anderen leuchtete. Wer auch den Armen Leuchter ist. Christusnähe als Nähe zu einem hilfsbedürftigen Kinde, das meine eigene existenzielle Bedürftigkeit geteilt hat und das so ganz um mich weiß – diese Nähe führt in den Imperativ: »Nehmt weg das Stroh«. Das ist eine Metapher für UNICEF, für die Sorge um Kinder in Not, hier bei uns, ganz nah – und dort, ganz fern. Das Stroh wegnehmen heißt, dass wir uns zu Aufhilfe und Abhilfe bereitfinden mit mehr als nur jenen Pflichtanteilen, die uns mühsam abgefordert werden müssen.

Diesen frommen Dichter Paul Gerhardt lesend, seine Lieder singend, frage ich mich, was ich täglich unterließ – zu anderer Trost und Freude. Aber Gerhardt macht mir kein schlechtes Gewissen, pflanzt mir kein defizitäres Selbstbewusstsein ein, sondern besingt das Loskommen von »schweren Banden«, das Herauskommen aus dem Tal der Leiden an Leib und Seele. Ich danke, staune über meine Möglichkeiten, die nicht versiegen, und mit einem »grünenden Herzen« lern ich zu handeln und darauf zu vertrauen, dass das Reich kommt, »da Fried und Freude lacht«. Diese Wortfigur vom »Reich, da Fried und Freude lacht« hat mir vor über vierzig Jahren mein verehrter Bischof Krusche auf der Ordinationsrüste erschlossen. Und bis in seine letzten Lebenswochen kam er immer wieder auf diese eine Zeile zurück.

Wer nicht bedenkt, dass Paul Gerhardt das Lied »Wie soll

ich dich empfangen« am Ende des verheerenden Dreißigjährigen Krieges geschrieben hat, der wird die grandiose, erschütternde Vertrauenskraft dieser Verse kaum erfassen können.

»Nichts, nichts hat dich getrieben zu mir vom Himmelszelt als das geliebte Lieben, damit du alle Welt in ihren tausend Plagen und großen Jammerlast, die kein Mund kann aussagen, so fest umfangen hast.

Das schreib dir in dein Herze, du hochbetrübtes Heer, bei denen Gram und Schmerze sich häuft, je mehr und mehr; seid unverzagt, ihr habet die Hilfe vor der Tür; der eure Herzen labet und tröstet, steht allhier.«

Man möge sich das vorstellen: Da stehen Menschen dreißig Jahre in Blut und Schmutz eines Krieges, vor Augen jene Wüstungen, die ihre Dörfer waren; diese Menschen haben in die Abgründe des Menschlichen hineinsehen müssen, sie werden in ihrer Not und in ihrem Schmerz nach Gott geschrien haben, sie werden schier besinnungslos vor Not und Aussichtslosigkeit gewesen sein, aber mit Paul Gerhardt sollten und konnten sie innig singen: »Befiehl du deine Wege und was dein Herze kränkt der allertreusten Pflege des, der den Himmel lenkt.« (Mein Vater hatte mich wieder und wieder auf »Wüstungen« in der Altmark aufmerksam gemacht, Relikte des Dreißigjährigen Krieges.)

Freilich bleibt mir Paul Gerhardts durchgängiges Himmelslob, seine Sehnsucht »nach oben« in ihrer unablässig beschworenen Dringlichkeit verschlossen. Dazu lebe ich doch zu gern und habe das unweigerliche Loslassen erst noch vor mir (hoffend, es sei zur gegebenen Stunde ein getrostes, auch wenn es denn, gemäß Fügung, ein kreatürlich schweres, schmerzvolles sein sollte). Aber: Loblieder sind Texte gegen die Verzweiflung, und beständig wächst Verzweiflung aus dem Geschehen der Welt; groß ist also die Anfechtung, wegen einer grausamen, unwirtlichen Realität im preisenden, lobenden

Lied zu verstummen. Ich las als Theologiestudent das Tagebuch des Auschwitz-Kommandanten Rudolf Höss, ich besuchte Buchenwald, Majdanek, verstört habe ich Paul Celans »Todesfuge« durchbuchstabiert – und selbstredend schrie die Frage: Wie angesichts dessen noch singen, womöglich unbeschwert: »Lobet den Herren, alle, die ihn ehren; lasst uns mit Freuden seinem Namen singen ...« Der Schrei dieser Frage ist nach Tschernobyl und Fukushima nicht leiser geworden.

Und dennoch: Singen! Singen ist eine Tat der Lebenden, jede Weise ist eine Weise des Gesprächs mit den Toten, die den größten Chor der Menschheit bilden. Das zitierte Lied Gerhardts ist ein einziges Bitt- und Danklied für diejenigen, die überlebt hatten.

»Dass unsre Sinnen wir noch brauchen können und Händ und Füße, Zung und Lippen regen, das haben wir zu danken seinem Segen. Lobet den Herren.

Dass Feuerflammen uns nicht allzusammen mit unsern Häusern unversehens gefressen, das macht's, dass wir in seinem Schoß gesessen. Lobet den Herren.«

Das Geheimnis dieser Lieder ist die direkte Anrede. Stets steckt darin ein Ich, ein Du oder ein Wir. Es sind Ermunterungen zu Bescheidung und Bescheidenheit, diese Ermunterungen richten auch auf: just im Wissen um die eigene Begrenztheit doch aktiv zu werden für eine friedliche Welt – und sich im kleinen Beitrag getragen zu wissen von größerer Kraft. So wurde mir »Ich weiß, mein Gott, dass all mein Tun und Werk in deinem Willen ruhn« zum wichtigsten Tat-Lied. Weil es Mut macht, ganz aus Vertrauen zu leben. So zu leben bedeutet für mich: fromm zu leben.

Etwas Unergründbares kommt in diesen Liedern auf mich zu, es kam schon früh, es blieb, es erneuerte sich, es knüpft sich in meiner Erinnerung an sehr verschiedene Situationen

und Orte. Erlebnisse, geteilt in Glück und Leid, aber alle verbunden durch die lebensbildende, lebensbewahrende Kraft
einer tiefgreifenden Poesie. Ich denke an das eiseskalte Kin-
derschlafzimmer 1949; an die gotische St. Johanniskirche in
Werben an der Elbe, tags und nachts; ich denke an das Grab
meines 1957 gestorbenen Bruders Hans-Christoph; ich denke
an den Merseburger Dom, an die Mahlfeiern vor Cranachs
Altar, an die Konfirmation meiner Tochter Uta in der Wittenberger Stadtkirche 1984; ich denke an die Elbwiesen sommers, und ich denke an Paul Gerhardt als den treuen Begleiter durchs jeweilige Kirchenjahr. Ein Dichter, der allem ein
Verbindungsmann ist, ein Verknüpfer, der das Schicksal des
Einzelnen in das Geschick des Ganzen stellt. So gut wie Lieder ins seelische Zentrum führen, darin wir uns gehalten wissen, so gut könnten wir keine Schienennetze legen oder an-
derswie Logistik betreiben. Protestantismus – in jener von
Luther geprägten Gestalt – bleibt für mich: individuelle An-
eignung der biblischen Zeugnisse, gemeinsames Nachdenken über deren Wahrheit und Tragfähigkeit, verbunden mit
der naiven und nichtsdestotrotz existenziell tiefen, lebenser-
probten Liederlyrik Paul Gerhardts. Samt seiner Jesus-Innig-
keit, seinem Weltbezug wie seiner Weltentsagung. Gerade die
Entsagung, die Scheu vor hemmungslosem Weltzugriff kann
davor bewahren, dass Glaube in Fanatismus und tötende Orthodoxie oder in sozialpolitische Ideologie umschlägt.

Ich bin froh, dass unsere Eltern so viel mit uns sieben Geschwistern gesungen haben. Wie vergnüglich, von Mai zu
Mai die Stimmen zu erheben: »Geh aus, mein Herz, und suche Freud in dieser schönen Sommerzeit …« Singend lässt
sich Leid bestehen und Freude ausdrücken. Wer das Leben
innig zu lieben gelernt hat, kann doch gar nicht anders, als
sich für dessen Bestand einzusetzen, dankbar für die rosige,
rauschende, raue Schönheit und Vielfalt der Schöpfung.

Keine Phase meines Lebens vermag ich zu benennen, die ohne existenziellen Bezug zur Kunst stand. Als sei Paul Gerhardt ein Saatboden gewesen, in dem von der Hauptwurzel viele Wurzeln sich ausgebreitet und neue Zweige sich ins Bild gebracht hätten. Das Thema, das ich mir 1969 für meine 2. Examensarbeit wählte, hieß: »Die moderne Poesie und die christliche Verkündigung«. Dabei entdeckte ich den Schweizer Poeten und Pfarrer Kurt Marti, ohne den ich mir meinen Weg als Theologe und als Prediger künftig kaum mehr denken konnte.

Theopoesie statt nur immer Theologie! Als Marti im Oktober 1997 den Kurt-Tucholsky-Preis bekam, hielt ich die Laudatio im Deutschen Theater Berlin. »Die Weltleidenschaft Gottes« – so einer seiner Buchtitel – ist die notwendige andere Seite zu den himmlischen Sehnsüchten eines Paul Gerhardt. »Wir leben zu wenig« hatte ich die Laudatio, einen Satz Martis aufnehmend, überschrieben und gesagt: »In unsere Verzweiflung, Naturzerstörung, Verelendung, globale Ausbeutung und globalisierte Geldmacht, in unsere Ohnmachtserfahrung hinein singt Marti seine ›Klagen, Wünsche, Lieder‹, überzeugt davon, dass es diesen ›Ungrund Liebe‹ gibt.«

MEIN LEBEN MIT TAUBEN – MIT DER TAUBE NOAHS UND PICASSOS

Unser Pfarrhaus war auch ein Haus der Tiere. Ich war bereits in früher Kindheit mit der Pflege und der – im wahren Sinn des Wortes – Abschlachtung, mit Fütterung und Aufzucht betraut. Viel Zeit habe ich von meinem zehnten bis sechzehnten Lebensjahr mit Tauben verbracht. Der Taubenschlag auf dem Dachboden unseres alten Hauses in Werben glich einem Abenteuerspielplatz, ich studierte das Verhalten der Tiere, machte sie mir vertraut, musste aber, wenn die familiäre Nahrungsnot es forderte, als ihr Hüter auch ihr Henker sein. Ich kann mir heute kaum noch den Gleichmut vorstellen, mit dem ich diese Tiere hegte – und tötete.

Wer gleichnisstarke Geschichten sucht, trifft unweigerlich und immer wieder auf die Taube. Da ist die faszinierende Erzählung von Noah, in der die Taube den Zweig der Hoffnung auf das Ende der Sintflut im Schnabel trägt – Emil Nolde porträtierte sie in einem faszinierenden Holzschnitt. Die Picasso-Taube auf dem großen Wandteppich im Berliner Ensemble war für mich ab Anfang der sechziger Jahre ein beeindruckendes Schau-Erlebnis, noch ehe der Hauptvorhang sich hob. Mich hat die friedenspolitische Vermarktung der Taube, quasi als Botschaftsvogel der SED und des roten Militarismus, geärgert, immer weniger passte diese pazifistische Symbolik zur militanten Struktur der Gesellschaft, aber: Die Taube besaß stets eine weiterwirkende integre Magie des Friedlichen, sosehr ihr historisch überlieferter Gleichnischarakter auch politisch instrumentalisiert werden mochte.

Die Aufforderung des Jesus aus Nazareth in seiner Aussendungsrede, die der Bergpredigt folgt, war mir Richtschnur in der »Diktatur des Proletariats«. Da heißt es lapidar: »Habt keine Angst! Seid klug wie die Schlangen und ohne Falsch wie die Tauben.« Ein Lebensskript: Einerseits vernunftgeleitet leben, alles genau abwägend, Realität nicht überspringend, diplomatisch sein, durchaus dem eigenen Vorteil nachstrebend – wie die Schlange. Das symbolisiert sie, klug ist sie *in* uns, das Kriechtier, das die Eva so sehr bezirzte, dass sie das Paradies riskierte. Aber auf der anderen Seite gibt es in uns die Sehnsucht nach dem Visionären, den Wunsch, das Reale zu überschreiten; wir können nicht leben ohne den Drang der Selbststeigerung durch ein wagemutiges Bewusstsein; wir möchten das Leben gestalten und seine Prozesse nach unserem Willen beherrschen und lenken, zugleich träumen wir von der Bewahrung des Naiven, des Arglosen, des Angstfreien, man könnte sagen: Wir wollen, dass der Boden der Tatsachen uns trägt – aber es bleibt die Fantasie vom unbeschwerten Flug durch die Lüfte in einen offenen blauen Himmel hinein. Wie ihn die Taube symbolisiert, die für Ferne und zugleich für eine gewissliche Rückkehr steht.

Die kluge Schlange, die friedfertige Taube. Aber die Klugheit kann in Schlauheit umschlagen, das Friedfertige in Ohnmacht. Die einen winden sich nach oben, die anderen werden zwischen allen Fronten zerrieben, als Gutmenschen verspottet von den Windigen. Zum Menschsein gehört die Spannung zwischen beiden Polen. Freilich ist es ein trauriges Abbild unserer fahrlässigen Weltbehandlung, dass die Taube inzwischen auch, besonders in den Städten, als »Ratte der Lüfte« bezeichnet und als Plagetier gesehen wird; als wolle der Lauf der Dinge in bösem Ingrimm darauf verweisen, dass jede Idealisierung (auch eines unschuldigen Tieres) eines Tages ihre Korrektur findet … Taubenkotplage.

Dennoch: Stundenlang saß ich als Junge auf meinem Taubenschlag, beschaute meine Tiere, hörte, während Mitschüler Klavierunterricht hatten oder anderen lehrreichen und sinnhaltigen Dingen nachgingen, dem Gurren und Turteln zu, beobachtete das eigentümliche Liebeswerben, den Streit, das Regeln der Hackordnungen. Es ist dem Alltag nie gelungen, mir die Heiligkeit dieser Vögel zu rauben. Die Taube ist für mich die Botschafterin des Guten schlechthin geworden. Sie bringt die erbauliche Nachricht, »von der Mutter einen Gruß«, wie es im Kinderlied heißt. Die Tradition hat aus dem *Raben* eine *Taube* des Noah gemacht. »Land in Sicht«, sagt sie, und die Katastrophe ist zu Ende, die Flut hat sich verlaufen,

Leben auf festem Grund ist wieder möglich. Sie trägt den grünen Zweig, anzeigend, dass irgendwo schon etwas wächst. Der Zweig als erster »Baustein« fürs Nest, bald werden wieder Eier ausgebrütet. Sie kommt zu Maria, da diese Frau auf wundersame Weise schwanger wird und den Menschensohn in ihrem Leibe wachsen sieht. Später eine Stimme aus den Wolken, bei Jesu Taufe. »Dies ist mein lieber Sohn.«

Die Taube wird in christlicher Tradition Symbol des Heiligen Geistes. Die sieben Gaben des Heiligen Geistes werden durch sieben Tauben verkörpert: Weisheit, Vernunft, guter Rat, Stärke, Wissen, Frömmigkeit und Gottesfurcht. Das ist Glaubenszuversicht: umflattert sein von diesen sieben. Und stets klug wie die Schlangen sein, ohne Falsch wie die Tauben. Leben vollzieht sich in versöhnbaren Gegensätzen!

Der US-Kriegstreiber Donald Rumsfeld hatte kriegsunwillige Europäer 2003 verspottet. »Wir alten Europäer haben einen Vogel. Gott sei Dank.« Diesen Satz fand ich auf Hiddensee im Kirchenschaukasten neben einer Abbildung der Picasso-Taube. Gerade wir Deutsche, die den Adler im Wappen tragen, ein Symbol des Zugriffs, der pfeilschnellen Beuteattacken, sollten doch der Taube den Vorzug geben.

Der Dichter Paul Eluard schrieb: »Unsere Lieder rufen den Frieden und / Unsere Antworten sind Werke für den Frieden. … Ich kenne alle Orte, wo die Taube wohnt / Und der natürlichste ist der Kopf des Menschen.«[17] Heute könnte ich keiner Taube mehr den Kopf abreißen, sie rupfen, sie ins Spiritusfeuer halten, sie ausnehmen, braten und essen – zu groß die Nachhaltigkeit ihrer sanften Symbolkraft. Im Gottesdienst zur Erinnerung an die Schmiedeaktion »Schwerter zu Pflugscharen« am 24. September 2003, genau zwanzig Jahre danach, hatten wir eine »dressierte« Friedenstaube über Brot, Wein und Oliven gesetzt. Sie blieb sitzen und faszinierte die Gemeinde – stärker als alle unsere Worte.

144

Auf die Taube des Frieden warten, in Hoffnung, trotz aller dagegensprechender Erfahrungen – das bleibt mir Lebenshaltung.

VON MEINEM VOLK ERSCHÜTTERT – MIT MEINEM VOLK ERGRIFFEN

Wenn ich mir vergegenwärtige, welche drei Ereignisse mich in meinem Volk erschüttert und welche drei mich ergriffen haben, dann nenne ich zuerst den 13. August 1961. Damals wurde die Unvereinbarkeit der beiden Systeme in Beton gegossen. Ich war der roten Erziehungsdiktatur ausgeliefert, die mit dieser Maßnahme im internationalen Klassenkampf den Frieden zu sichern behauptete. Sollte es jetzt in Deutschland wie in Korea zugehen?

In Prag habe ich mich 1968 verlobt. Am 19. August kehrten wir zurück. Meine Gefühle fand ich in Reiner Kunzes Gedicht »rückkehr aus prag. dresden frühjahr 1968« wunderbar eingefangen: »Eine lehre liegt mir auf der zunge, doch/ zwischen den zähnen sucht der zoll«.[18]

Am 21. August wurde der Traum von einer Gesellschaft, die Gerechtigkeit und Freiheit miteinander zu verknüpfen sich anschickte, mit Gewalt zerrissen. Wir DDR-Deutschen waren regierungsamtlich mit von der Partie, auch wenn, wie seit einigen Jahren bekannt ist, die NVA auf sowjetisches Geheiß nicht mit Kampftruppen im Nachbarland gewesen war. München 1938 hatten die Tschechen und Slowaken zu frisch in Erinnerung, hatten doch deutsche Invasoren ihnen genau dreißig Jahre zuvor die Freiheit genommen. Hinzu kam diese so verwechselbare graue Uniform. Die Gedanken daran waren bei ihnen noch nicht verblasst. Ulbrichts SED gehörte indes zu den Scharfmachern, und ich war Bürger dieses eingemauerten Landes. Was halfen da die Proteste und die kleinen Aktionen? Ich schämte mich für mein Land.

Mein erster Besuch in Polen führte mich 1972 mit einer Studentengruppe aus Merseburg nach Lublin. Wir wurden dort in der Katholischen Universität Lublin freundlich aufgenommen, weil man in uns auch Gegner des kommunistischen Regimes sah; da spielten die gravierenden konfessionellen Unterschiede plötzlich keine Rolle mehr. Unsere Gastgeber warteten ab, ob wir den Wunsch äußern würden, nach Majdanek zu fahren. An den erhaltenen Vergasungsbaracken las ich die Schilder in deutscher Sprache. Hier verstand ich erst Bechers Gedicht »Kinderschuhe aus Lublin«. Es beschämte mich, dass unsere Gastgeberin eine weiße Rose mitgebracht hatte und wir nichts. Ein wenig gemildert wurde meine Scham, ein Deutscher zu sein, dadurch, dass im Dezember 1970 Willy Brandt am Warschauer Ghetto auf die Knie gegangen war, um Verzeihung bittend. Nachdem ich Mitte der achtziger Jahre im Dritten Programm des Westfernsehens Claude Lanzmanns Film »Shoah« gesehen hatte, wurde mir bewusst: Selbst als nachgeborener Deutscher kann man sich nicht von dem ablösen, was wir als letztlich unbegreiflichen Kulturbruch in die europäische Geschichte eingebracht und zu verantworten haben; meine Generation und die nachfolgenden wohl nicht mehr persönlich, aber als eine »Verantwortungsgemeinschaft«, in der uns Willy Brandt im Zusammenhang mit seiner Ost-Politik sah.

Wenn ich sagen soll, wo oder wann ich mit dem Volk, dem ich zugehöre, eins war, ohne mich als Individuum aufgeben zu müssen, nenne ich drei Ereignisse, die tief in mir ruhen. An erster Stelle den 4. November 1989. Die wachen Gesichter, die aufrechte Haltung, der fröhliche politische Witz der Plakate, das aufmerksame Zuhören über mehr als drei Stunden auf dem Alexanderplatz, die Anmutung großer Zuver-

146

Lesung mit Reiner Kunze im katholischen Freizeithaus in Roßbach, April 1977

sicht in einem Moment der Volkssolidarität. Ich war gebeten worden, dort über Solidarität und Toleranz zu sprechen. Mir wurde schließlich geradezu eingegeben, was ich dazu zu sagen hatte, so wie in den Städten und Kleinstädten des ganzen Landes in jenem Herbst viele Hundert andere erlebten, dass sie plötzlich das richtige Wort zur richtigen Zeit im richtigen Ton zu sagen vermochten.

Im Sommer 1995 erlebte ich die gesammelte, so fröhliche wie stille Atmosphäre vor und um den von Christo verhüllten Reichstag. Das Volk, zu Millionen aus allen Bundesländern angereist, strömte zu diesem wie vom Himmel herabgefallenen Kristall, tagelang, nächtelang. Viele lagerten vor dem Reichstag. Dieser »Kristall« entwickelte eine magische Anziehungskraft: Sehen, berühren und es doch nicht fassen können! Das mächtige Gebäude mit seiner wechselvollen Geschichte erschien plötzlich in friedfertiger Schönheit. Der Koloss bekam etwas Sanftes, etwas Erhabenes und Erhebendes. Ein unwirklich wirkendes, ein Himmelsgeschenk!

In langen Reihen standen die Menschen geduldig, öffneten die Hand und bekamen ein kleines Viereck silberglänzenden Stoffs in die Hand – ausgeteilt von einem hübschen Mädchen. Die Überreste des Stoffs wurden wie Hostien verteilt und angenommen, sie sind Reliquien geworden wie Bruchstücke der Mauer. Alle Generationen und Lebensstile waren hier plötzlich friedlich vereint. Eine Kindergartengruppe saß in der Sonne und malte eifrig, ohne Hast, ohne Anweisung. Erwachsene zeichneten, lasen, fotografierten. Niemand wollte etwas von ihnen, niemand war gerufen worden, niemand rief etwas zu. Die Verhüllung machte das Verhüllte auf geheimnisvolle Weise »besonders wertvoll«. Sie forderte zu nichts auf und forderte nichts ein. Wunderbare Unabsichtlichkeit! Keine Botschaft außer der des schönen Daseins, der wundersamen Verwandlung. Wie die Stiftshütte des auserwählten Volkes, wie das Zelt, das das Allerheiligste verbirgt, die Phantasie anregt, Ehrfurcht gebietet, zum Sammelpunkt, zum Mittelpunkt auf der Pilgerreise wird, so wirkte in der Vergänglichkeit seiner einmaligen Gestaltung der genial umhüllte Deutsche Reichstag. Das Volk nahm den Ort seiner höchsten Gesetzgebung betrachtend an. Ost- und Westdeutsche kamen zusammen – und es war nicht mehr wichtig und nicht mehr erkennbar, wer wer war. Hat jemals ein höchster Ort der Demokratie so viel Annahme erfahren wie dieser während des künstlerischen Spektakels?

Ich konnte es kaum fassen: Eine Ruhe, eine Heiterkeit, eine so verhalten wie gelöste Stimmung führte zur Ausgelassenheit der Sinne. Keine, gar keine Aggressivität oder Destruktivität waltete. Kein Klamauk. Kein Sprüher, keine Parole. Kein Messer, keine Schere. Kein Kommerz. So hatte es Christo gewollt. Dafür überall kleine Musikgruppen. Sommernachtsspiele im Scheinwerferschatten … Diese Deutschen machten mir einfach Hoffnung. Ich hatte das Gefühl, dass mein Volk langsam lernt, sich anzunehmen, ohne laut zu werden. Wir täten gut daran, wenn der verhüllte Reichstag fortan zu dem gezählt würde, was den »Mythos« unseres Landes ausmacht. »Danke, Christo!«, möchte ich pathetisch ausrufen.

Das dritte Erlebnis, das mich mit meinem Volk irgendwie versöhnte, ohne das Dunkle wegzustreichen, war eine Aufführung der 9. Sinfonie von Ludwig van Beethoven im Schauspielhaus am Gendarmenmarkt. Der litauische Chor sang die »Ode an die Freude« mit einer tiefen Verehrung für diese Musik, in einer Innigkeit, wie ich sie noch nie wahrgenommen hatte. Oh Freunde, nicht diese Töne. Ja, sag ich mir, nicht immer diese dunklen Töne. Warum nenne ich nicht selbstbewusster Leistungen der deutschen Kultur, der Wissenschaft und der Philosophie. Sie lassen mich staunen über das, was aus meinem Volk in der Mitte Europas in die Weltgeschichte eingebracht werden konnte, ohne dass ich gleich wieder nationalistische Anklänge fürchten müsste. Freilich hätte Beethoven auch den letzten Teil von Schillers Gedicht vertonen können:

> Festen Mut in schweren Leiden,
> Hülfe, wo die Unschuld weint,
> Ewigkeit geschwornen Eiden,
> Wahrheit gegen Freund und Feind,
> Männerstolz vor Königsthronen, –
> Brüder, gält es Gut und Blut –
> dem Verdienste seine Kronen,
> Untergang der Lügenbrut.
>
> Rettung von Tyrannenketten
> Großmut auch dem Bösewicht,
> Hoffnung auf den Sterbebetten,
> Gnade auf dem Hochgericht!
> Auch die Toten sollen leben!
> Brüder trinkt und stimmet ein
> allen Sündern soll vergeben,
> und die Hölle nicht mehr sein.

Im August 2011 wurde offiziell an 50 Jahre Mauer erinnert. Ein halbes Jahrhundert Unfreiheit. Einbetonierte Träume. Verordnete Bewegungsenge. Verhindertes Weltbürgertum. Aufgezwungene Nähe, in der Norden und Süden, Westen und Osten nicht Angaben für das Ferne, das Weite waren, sondern Richtungsangaben, die nur immer ins hässlich Überschaubare, langweilend Übersichtliche wiesen. Und dies alles ideologisch kostümiert mit Schutzwallbehauptungen und Parolen der Friedensvorsorge. Die DDR war ein Staat wie jeder, ein System wie alle, und also führte die Widernatürlichkeit ihrer Gründung ins Natürliche jedweden Geschichtsganges: Kommt eine Ordnung an ihr eindeutiges Ende, wird sie sich dennoch nicht selber einfalten wie eine Landkarte, aus der Geografie und Geodäsie ausscheidet. Das wäre absurd. Die DDR war im Frühsommer 1953 an eine erste Ahnung ihrer Existenzunfähigkeit gekommen. Die in den folgenden Jahren anwachsenden Flüchtlingsströme gen Westen erzählten krass und unmissverständlich die Geschichte der unausweichlichen Ausblutung – die Mauer war demnach eine logische Folge, wahrlich: eine Schutzmaßnahme. Ein Staat wehrte sich, vielleicht sogar gegen eine Auslöschung mit verheerenden Folgen eines neuerlichen Krieges. Nur brach mit diesem Akt der Einzementierung ein für alle Mal das Gedankengebäude der historischen Alternativtheorien zusammen. Das vermeintlich bessere Land festigte nur weiter seine Schäbigkeit. Der siegessichere Sozialismus flickte nur immer seine Riss-Stellen. Der Lack, das billige Ostprodukt, blieb nirgends mehr kaschierend kleben. Auch die angeblich so große Idee vermickerte endgültig unter dem Verdikt, nicht über die Mauer schauen zu dürfen.

Hinter dieser unansehnlichen Wand, hinter diesem menschenverachtenden Stacheldraht habe ich 28 Jahre gelebt – auf jener Seite, wo der Beton nicht farbig bemalt und besprüht werden durfte, sondern gleichsam in der Pflicht stand, sein graues, abweisendes Schandgesicht tagtäglich zu offenbaren. So stur, so unberührbar, so direkt und geradezu schamlos, dass diese tödliche Grenzziehung es tatsächlich schaffte, in einem nicht unbeträchtlichen Teil der DDR-Bevölkerung so etwas wie Gewöhnung, Unaufgeregtheit, Beruhigung zu erzeugen. Immer dürfen die Diebe und Schänder der Freiheit damit rechnen, dass die Nöte und Reize des gewöhnlichen Alltags in Bevölkerungen andere Prioritäten setzen, als sie der Traum von Weltoffenheit und Freizügigkeit erzeugen möchte. So gelingen sozial entgegenkommenden Diktatoren stets aufs Neue unerwartete Teilsiege, früher wie heute – wie wohl immerdar.

Nun, die deutsch-deutsche Grenze mit Todesstreifen ist längst abgeräumt. Vorbei auch der kulturelle Kälteschock, der vor zwanzig Jahren einsetzte, wenn einer vom freien Wendland in die von vielem Verfall gezeichnete und doch so schöne Altmark, die alte Grenze zum Slawischen, fuhr. Mein Heimatgefilde Altmark stand so verschämt und zerschlissen in der neuen Freiheit – und blühte seither so sehenswert auf. Gierig sogen meine Blicke diese Veränderung auf, diese Verschönerung wie sie von Jahr zu Jahr sich vollzog. Aufatmen, Lächeln, Wohlgefühl; so ganz anders fuhr oder spazierte man plötzlich durchs Heimatliche.

Aber solche Euphorien legen sich, wenn man nicht gewillt ist, im äußerlichen Eindruck schon das Ganze zu sehen. Zur Wahrheit der neuen Anblicke gehört die innere Ausdünnung. Arbeit gibt es in der Altmark kaum, die jungen Leute verlassen das aufgeschönte Feld, wieder ist der Westen der lockende Reiz, und dies nicht wegen der Freiheit, die wurde ausgiebig ausgeteilt, sondern nur wegen des Brotes, das man doch früher auch im Osten zur Genüge und überbillig hatte. So kehrt man sehnsüchtig zu den Bedürfnissen zurück, die man zwischen den Stacheldrahtrollen und Betonwänden geringschätzte. Seltsames Sehnsuchtswesen Mensch.

Auch ich entdeckte an mir eine Wandlung der Wahrnehmungen meines Landes. Die Sauberkeit der Innenstädte, der Straßen, der Reihenhauskultur, der Fassaden und Kulissen, der Glas- und Glitzerarchitekturen, die lächelnden Moderatoren, die unausgesetzten Freundlichkeiten steigerten meine Aufmerksamkeit für das Unaufgeräumte, Unperfekte, Ungeputzte. Plötzlich schien Glanz auch Sterilität zu sein, das Individuelle wich neuer Uniformität, das Geschniegelte und Gebügelte schuf eine neuerliche Austauschbarkeit. Es ist doch der Makel, der die wahre Schönheit schafft – er ist getilgt im unablässigen Mühen um eine Perfektion, die den Wunsch nach Unangreifbarkeit ausdrückt; als wolle man Kenntlichkeit nicht herstellen, sondern verbergen. Der Dichter Heiner Müller hat das in seinem unnachahmlichen, oft augenzwinkernden Zynismus in den Satz gefasst: »Die vor Fülle und Farbenpracht überquellenden Geranienbalkons am Chiemsee bei München wirken auf mich so tot – da wird Umweltverschmutzung geradezu zur letzten Hoffnung, dass reales Leben stattfindet.«

So entsteht trotzige Selbstbehauptung. So gesteht Neuigkeitsdrang seine Ermüdbarkeit. Seit ich die gepflegte Zersiedlung der Dörfer im Westen erfahre, erscheinen mir unsere verfallenen und verlotterten Dorfstrukturen im Osten als – schön. Seit ich den Kölner Dom gesehen habe, weiß ich, wie großartig der Magdeburger Dom sich aufreckt. Seit ich mir den Kindertraum erfüllte, eine Nordseeinsel mit Gezeiten und Watt zu erleben, ist mir bewusst geworden, wie unvergleichbar doch Hiddensee im Meer liegt. Seit ich ratlos vor den Bildern von Georg Baselitz im Sprengel-Museum in

Hannover stehen darf, suche ich verstärkt nach Gemälden des Leipziger Malers Wolfgang Mattheuer. Seit ich so viel Botho Strauß lesen kann, wie ich möchte, verlangt es mich geradezu nach Volker Braun. Seit ich mich wöchentlich durch die »Zeit« wühle und Stapel des noch Ungelesenen häufe, kaufe ich regelmäßig das »Neue Deutschland« und freue mich besonders am Feuilleton. Seit das westdeutsche Feuilleton uns richterlich beschied, was von Christa Wolf literarisch wirklich zu halten sei, empfinde ich noch weit inniger, wie groß und wertvoll ihr Werk ist. Und bleibt! Seit auch unsere Kirche ungehindert von staatlicher Pression alles darf, leide ich an deren zunehmender Beliebigkeit, einschließlich Proporzturnerei und Eventhascherei. Seit ich ein Pfarrer mit »angemessenem« Gehalt wurde, spürte ich mit dem wachsenden sozialen Abstand zu anderen Ostbürgern das Gewicht meiner Worte abnehmen. Seit einer meiner Amtsbrüder den dürftigen Weihnachtsmarkt segnete, ein anderer die Zeremonien am Denkmal der Gefallenen »Für Gott und Vaterland« mitgestaltete, an dem auch das Eiserne Kreuz in Stein gehauen ist, frage ich mich, ob wir beide noch in der gleichen Kirche sind und ob noch das gilt, was wir bis 1989 gemeinsam anstrebten. Und seit die Mehrheitsdeutschen sich so selbstgewiss, so deutungssicher, so urteilsharsch über unsere DDR-Vergangenheit hermachen wie über eine Beute, wächst in mir eine Lust, das Leben in dieser Vergangenheit zu verteidigen. Eingedenk der Gefahr, dass diese Differenzierung von den notorisch Böswilligen als Verklärung denunziert wird. Seit für sämtliche negativen, zweifelhaften, problematischen Folgen des Vereinigungsprozesses noch immer und weiterhin die SED verantwortlich gemacht wird, zweifle ich an der Fähigkeit der demokratischen Parteien zu redlicher Selbstkritik. Das musste ich vierzig Jahre lang erdulden, daher sträube ich mich gegen eine Wiederkehr des

Fatalen just unter den demokratischen Verhältnissen, die doch herausführen sollten aus diesem geistigen Elend, das da lautet: Schuld ist immer der Feind, und immer, das heißt gestern, heute und selbstverständlich auch morgen. Wenn dieser Feind längst modert. Ein bitteres Fazit jahrhundertelanger Aufklärung: Es geht nicht ohne Gespenster.

Vor dem Kommunismus habe ich keine Angst mehr, eher vor den Folgen des Konsumismus, vor Nationalismus und Fundamentalismus, vor einem globalen Neoliberalismus, der sich als unbeherrschbar erweisen könnte. Jeder Ismus wirft uns zurück in graue, zerstörerische Vorzeiten, und jenes Schreckensbild, das eine fortwährende Parteienpolitik der Grobeinstellungen nach wie vor von Sozialismus und Kommunismus in gespielter Panik an die Wände malt – es soll doch meist nur ablenken von eigenen geistigen Verhärtungen, von Herrschsucht und bewegungsresistenter Machtsicherung. Selbstredend bin ich trotz aller hartnäckigen Verwerfungen jeden Tag glücklich, dass die großen und betrübenden Schwierigkeiten in diesem Deutschland Schwierigkeiten eines Einigungsprozesses sind, gesetzt gegen die furchtbare Erfahrung der künstlichen und doch so tödlich realen Trennung. Eine paradoxe Formulierung, dennoch wahr: Erst jetzt spüren wir, wie sehr diese Trennung uns verbunden hat. Fremdheit auf beiden Seiten und eine Spaltung, die sich tiefer als gedacht vollzog, weit ins Heute nachwirkend, da das Monstrum abgetragen wurde und vom Todesstreifen vielerorts nur das »Grüne Band« von unerwartet sich bildenden Biotopen blieb. Wir haben noch viel Arbeit vor uns.

Wir sprechen deutsch, aber doch verschiedene Sprachen. Verständigung miteinander erfordert viel Selbstverständigung. Wenn wir uns gegenseitig unsere Differenzen eingestehen, werden wir besser verstehen und weiterhin lernen,

mehr miteinander als übereinander zu sprechen, uns vor-
schneller Urteile zu enthalten, beidseitige Beschädigungen zu
erkennen und uns in Solidarität und Gemeinsinn den neuen
Bedingungen in einer mehr und mehr unteilbaren Welt tapfer zu stellen.

»Alle sollen was bauen / Da kann man allen trauen / ... / Die
Jungen sollen's erreichen. / Die Alten desgleichen.«[19] Brecht.
Verse, gerichtet an seine deutschen Landsleute. Gerichtet an
mich. Diesem Dichter verdanke ich viel bei der Suche nach
dem, ja: guten Menschen. Ein Dialektiker im fordernden
Sinne des Wortes, der mich mit vielen seiner Gedichte und
Gedanken erreicht, auch wenn er das »Lob des Kommunismus« schrieb, im Wissen um den Stalinismus, wissend also,
dass diese Verse nicht so ohne Weiteres genommen werden
konnten als Feier einer zeitlosen Utopie, sondern einbezogen
werden mussten in die Erfahrungen mit einer Diktatur, die
sich das Kommunistische auf die Fahnen geschrieben hatte.
Rote Fahnen? Blutige Fahnen.

Dennoch: Brecht, der gute Lehrer, der mehr auf das Lernen Wert legt als auf die Lehre. So blieb er lebendig. Ich denke
an die »Fragen eines lesenden Arbeiters« – etwa die Frage,
ob Caesar bei der Eroberung Galliens nicht wenigstens einen
Koch bei sich gehabt habe. Honecker hatte einen Maurer
bei sich, als er die Mauer als »antifaschistischen Schutzwall«
errichtete! Nicht ein Diktator allein errichtet die Diktatur, er
hat meistens ein Volk bei sich, das irgendwann nicht mehr
bei sich ist, das sich also vergisst, vor allem seine Schuld. Gewiss, dieser Mechanismus der Geschichte ist es, der den Hass
der Mutigen, der Tapferen, der Unbestechlichen hervorruft,
aber auch dieser gerechte und verständliche Hass macht die
Stimme heiser. So mögen unerbittliche Wahrheit und bittende Versöhnung zueinanderfinden; es möge beim Blick auf
überstandene elende Zeiten auch die Nachsicht ihr Recht

155

erhalten. Nachsicht, befördert von der Erfahrung, die Nelly Sachs in die Worte fasste: »Der Mensch will eben lieber glücklich sein als gut.«

WARUM ICH PFARRER GEBLIEBEN BIN

Sprache verführt. Auftritt erhebt. Wirkung beflügelt. Wer sich ins Öffentliche wagt und vor Publikum das Wort nimmt, der ist bisweilen einem Rausch der Genugtuung hingegeben, wie er in gleichem Maße einer dauernden Selbstprüfung – verbunden mit Selbstzweifeln – ausgesetzt bleibt: Es hat keinen Sinn, die Eitelkeit zu leugnen, die mit im Spiele ist, aber das Spiel darf den Sinn nicht besiegen. Ich bin nicht Schauspieler geworden, um nicht gesehen zu werden, sagte der Schauspieler Klaus Maria Brandauer. Abgewandelt könnte ich sagen: Ich bin nicht Pfarrer geworden, um nicht gehört zu werden. Wer kein elementares Mitteilungsbedürfnis in sich spürt, soll diesen Beruf genauso wenig ergreifen wie der, der nicht aufmerksam zuzuhören und gesammelt zu schweigen vermag.

Die Kanzel ist eine Erhöhung, Seelsorge ist immer auch Gesprächsführung. Das Wort ist sehr wohl eine Macht, es macht etwas aus uns. Und es ist immer wieder eine schwere Übung, Denken und Sprechen in eine kausale Beziehung zu bringen. Goethes Faust ringt um die Wahrheit, was wohl zuerst dagewesen sei, das Wort oder die Tat. Wer den Umgang mit dem Wort zu seinem Beruf erhebt, dem ist die Sprache Tatinstrument, Handwerksgerät, Mittel also – und zugleich ist sie aber auch Zweck, Ziel, sie ist das Resultat, an dem man gemessen und bewertet wird. Sprache, die mich laut werden lässt, während andere zuhörend schweigen – sie muss meine Gedanken ausdrücken, sie ist die Brücke, die ich zu anderen

Mit dem Exarchen für Berlin und Mitteleuropa, Erzbischof German, am 25. April 1990 in Torgau, 45 Jahre nach der ersten Begegnung von US-amerikanischen und sowjetischen Truppen an der Elbe

Menschen baue. Eine Sprache aus Hüllen und Hülsen würde gewiss nicht halten.

In den Umbruchszeiten der DDR gerieten zahlreiche Pfarrer in den Sog des politischen Geschäfts. Vielleicht, weil ihre Ausdruckskraft hoffnungsvolle Schlüsse auf ihre Handlungsstärke zuließ. Immer ist in der Politik die rhetorische Schwäche der Verantwortlichen ein besonders auffälliges Indiz für ihre allgemeine Unfähigkeit. Und immer sucht sich Masse, die keine Fürsprecher hat, die Stimmbegabten, Wortgewandten als Verstärker ihrer Ohnmacht, dann als Medium, dieser Ohnmacht kraftvoll abzuhelfen. Das Wort im Munde herumdrehen – das hieß in jenem Herbst 1989 und in den folgenden Monaten: das Schweigen umkehren in deutliche Ansagen gegen das herrschende Regime. Wie gesagt: die Stunde der Pfarrer. Auch meine Stunde. Den Kairos nennt man das. Er ist da, will ergriffen sein, geht vorüber.

Immer wieder werde ich seither gefragt, warum ich nicht auch hauptamtlich in die Politik ginge. Mag sein, dass dort, wo ich gewirkt hätte, eine andere Politik gemacht worden wäre als die geläufige, gewöhnliche, behäbige, die wir täglich erleben. Aber auch ich wäre dann anders geworden – weil jeden Menschen die eine, unaufhaltsame Gefahr einholt: Das politische Amt macht den Menschen eher, als dass der Mensch das Amt macht.

Ich will nicht behaupten, a priori und unberührt den Verlockungen mancher Anfrage widerstanden zu haben. Manche Bitte um Mitarbeit schmeichelt. Und sie ängstet. Wenn ich angesichts der Anfechtungen verstärkt über mich nachdachte und sehr früh die Grundsatzentscheidung traf, dem Weg vieler meiner Freunde und Mitstreiter aus der Kirche in die Politik nicht zu folgen, so waren es vier Gesichtspunkte, die mich leiteten. Auch wenn ich daran litt, wie der eine oder andere hilflos herumstolperte im neuen Metier, die ganze Zunft blamierte oder sich gar durch Gnadenlosigkeit hervortat. Auch wenn ich über offenkundige Unfähigkeiten den Kopf schüttelte und noch mehr darüber, wie wenig man daraus Konsequenzen zog.

Der erste, mir wichtigste Grund, Pfarrer geblieben zu sein: Ich bin zu gern Pfarrer. Für mich ist das kein Job, keine austauschbare Tätigkeit, die man für eine Weile auf Eis legen kann. Ich hatte zwar auch aus politischen beziehungsweise apologetischen Gründen Theologie studiert, ich wollte im kirchenfeindlichen System der DDR ein prononcierter Verteidiger des Christentums sein, ich sah mich zuvörderst politisch auf Politik reagieren – aber das hat sich im Laufe des Studiums geändert. Meine Leidenschaft wuchs vom Kopf ins Herz, wahrlich: Was ich fortan tat, ging mir zu Herzen. 1969 habe ich in der Ordination versprochen, Menschen das Evangelium nahezubringen. Daraus wollte und konnte ich mich nicht lösen. Die Kirche war meine Kirche, war mir in der DDR-Zeit geistiges, geistliches und mitmenschliches zu Hause geworden. Hinter den alten ehrwürdigen, ziemlich dicken Mauern des Gotteshauses erlebte ich Offenheit, gedanklichen Durchzug, Freiheit. Dies änderte sich nach 1990, der Wechsel des Empfindens hängt mit Personen und mit einem ganz anderen Selbstverständnis von Kirche heute zusammen. Eine reiche Kirche ist eine andere Institution als jene Kirche, deren Reichtum sich aus geistig-geistlicher Konzentration und unmittelbarer Bindung an die Ohnmächtigen speiste.

Ich habe als Studieninspektor, als Vikar, als Studenten- und Jugendpfarrer, als Synodaler, als Dozent am Evangelischen Predigerseminar, schließlich als Theologischer Studienleiter an der Evangelischen Akademie und nicht zuletzt in meinen Büchern stets versucht, das Spirituelle und das Intellektuelle so zusammenzu*bringen,* dass Gemüt und Verstand zusammen*bleiben,* dass verbindliche Gemeinschaft von freien Menschen gestiftet wird. Ein Christ braucht die Gemeinschaft und die Fürbitte der anderen Christen, um sein Christsein in privaten und gesellschaftlichen Bezügen gleichermaßen verantworten und gestalten zu können. Der Einzelne braucht die Bindungsgabe der Gemeinschaft, und die Gemeinschaft muss so viel Größe haben, dem Einzelnen Räume des Alleinseins und des Andersseins zu belassen. Gemeinschaft, so der Traum, möge die Sicherheit dafür bleiben, dass Alleinsein nicht in Einsamkeit umschlägt, und just die vielgestaltige Kraft des Individuellen möge der Gemeinschaft die Energie des Bestandes und der Beweglichkeit gewährleisten. Immer wieder leuchten mir in diesem Zusammenhang Gedanken Bonhoeffers ein: »Wer Gemeinschaft sucht ohne Alleinsein, der stürzt in die Leere der Worte und Gefühle, wer Alleinsein sucht ohne Gemeinschaft, der kommt in Abgründen der Eitelkeit, Selbstvernarrtheit und Verzweiflung um.«

Stets bin ich dankbar dafür gewesen, dass es eine Institution für mich gab, die mich »entlohnte«, indem sie mir – neben einigen drückenden Amtslasten – die Beschäftigung mit großen alten Texten ermöglichte. Mit größtmöglicher Kraft und wahrhafter Lust habe ich mich in biblische Texte versenkt – tiefer!, noch tiefer!, und es wurde mir nicht dunkel, sondern hell und heller. Die Lust bestand nicht in historisierender Festschreibung, nicht in philologischer Forschung – nein, mir ging es stets darum, die biblischen Erzählungen in die heutige Zeit zu übersetzen. Bibel lesen, von der Bibel sprechen: Das ist Vertrauen in die erschütternde Kraft des Erzählens. Etwas Vergangenes nicht nur als vergangen betrachten, sondern, davon erzählend, fragen: Wie ist es heute? Was geschieht mit mir, mit dir, mit uns? Erfahrungen der alten Zeugen verwachsen sich mit den Erfahrungen heute.

Nichts Menschliches ist der Bibel fremd. Nie ging ich leichtfertig das fragwürdige Wagnis ein, auf eine Kanzel zu steigen und dort – womöglich mit dem Gestus der Verbindlichkeit! – gottesgewiss und menschennah von Gott zu reden. Wer Gott ausmalt, schadet gleichsam dem Himmel. Wie sollte ich mir anmaßen, über Gott zu reden, wo doch jeder Kanzelgang die Bereitschaft für ein Gespräch signalisiert, das Gott gleich mit mir führen wird – während ich rede. Aus solcher Widerspruchslage kann nur »Furcht und Zittern« entstehen, wenn man die Stufen hinaufsteigt und von oben auf Menschen schaut, die ihre Blicke erhoben haben. Gewiss, auch hier wirken mitunter gegen den eigenen Willen die menschlichen Anfechtungen: Wie schnell hört man die eigene Stimme und nur sie und neigt dazu, sie gewissermaßen einflüsternd zu verstärken; wie rasch verfällt man da oben, wo niemand widerspricht, in Töne einer unanfechtbaren Wahrheit; wie leicht leitet man aus erwähnten erhobenen Köpfen im Kirchenschiff einen Anhauch der Selbstüberhebung ab. Die wahre Kraft des Predigens liegt im Gleichmaß der Demut, mit der man die Kanzel hinauf- wie hinabsteigt. Einem Wort »von weit her« das Wort reden. Ein Wort weitersagen, über das ich nicht verfügen kann, dem ich mich füge. Ohne mich zu verkleinern, ohne meinen Verstand beiseite zu lassen, ohne mein zweifelndes Fragen zu unterdrücken. Ein Wort rezitieren und öffentlich reflektieren, das mich erhebt, das andere aufrichtet und ausrichtet. Gewiss sein und demütig bleiben, denn unser Wissen ist Stückwerk. Wir sehen jetzt durch einen dunklen Spiegel. Einst werden wir erkennen, wie wir erkannt sind.

»Es bleiben aber Glaube, Hoffnung, Liebe. Diese drei. Die Liebe aber ist die größte unter ihnen.« (1. Kor. 13, 13) Was sollst, was willst du dazu noch sagen, ohne das Wort zu beschädigen? Gewagte und abwägende, ausgewogene und angemessene eigene Worte dazu finden, immer unter dem Wort, nicht über ihm.

Ausgewichen bin ich unmittelbarer politischer Verantwortung vorübergehend nicht. Aber ich blieb ein Mensch der überschaubaren Kreise, und alle Erfahrung bestätigte meine ursprüngliche Vorsicht, gewissermaßen gänzlich in Politik aufzugehen. Für die SPD war ich vier Jahre Fraktionsvorsitzender im Wittenberger Stadtrat. Es wurde immer schwieriger, Sonntagsrede und die Alltagswirklichkeit hilfreich, wahrhaftig und konkret zusammenzubringen. Von manchen Christen, die politisch anders dachten und agierten, wurde ich nur noch als Sachwalter der SPD bewertet, und Nichtchristen sahen in mir einen Prediger im Stadtrat. Ich musste mir gleichsam gespalten und also beschädigt vorkommen: der Christ als Parteigänger, der Sozialdemokrat als Seelsorger. Alles nur halb, einzig diese Gespaltenheit: ganz. Das wollte ich nicht, ich spürte, dass dieser Zustand mich von mir selber entfernte. Ich wollte Sachwalter der bedrängten Menschen im Licht des Evangeliums sein und bleiben. Ich hielt das Parteiamt nicht durch – und war es zufrieden. Denn ich wollte weiterhin intensiv die Bibel studieren und nicht Aktenberge durchwühlen. Ich wollte dem politischen Konkurrenten (nicht: Gegner!) gerecht werden und ihm nicht ständig aus Prinzip eins auswischen.

Schon in der DDR verstand ich mich nicht als ein zwangsläufig in der Kirche geparkter Politiker. Nachdem wir den kommunistischen Weltanschauungsstaat abgeworfen hatten, sah ich den Auftrag der Kirche nicht darin, Kräfte für den politischen Betrieb zu liefern – nein, Kirche bleibt für mich eine Institution mit einem sehr eigenen gesellschaftlichen Impuls. Zu ihrem Auftrag gehört, ein bestimmtes kritisches Amt in der politischen Öffentlichkeit wahrzunehmen, also Stimme derer zu bleiben, die in dieser Öffentlichkeit keine Stimme mehr haben oder bekommen. Eine Mission zu erfüllen, aber weder utopisch überspannt noch besserwisserisch eifernd.

Mein zweiter Grund, nicht hauptamtlich in die Politik zu gehen, ist schlichtweg Selbsterkenntnis: Ich verfüge nicht über das nötige Organisationstalent. Vielleicht resultiert daraus ein gewisser, im Getriebe der Praxis störender Stolz: Ich wollte mich nicht in die Rolle dessen begeben, der auf Ratgeber hören muss, weil er sich selber nicht genügend kundig machen kann.

Ein dritter Grund für die klare Abstandsentscheidung: Mir würde im Geschäft des Politischen, das sich mehr und mehr zur Politik des Geschäfts entwickelt hat, keine wirkliche Lobbyarbeit gelingen – die doch vornehmlich darin bestünde, sich dringlicher um Mehrheiten als um eigene Überzeugungen zu kümmern. Das taktische Vermögen als ständiger Korrektor des Charakters. Man ist ein durch Wahl in die Verantwortung Geschickter – und muss dann, um dieser Verantwortung gerecht zu werden, vor allem geschickt sein? Kann ich nicht!

Will ich nicht! Ich kann mir schlecht vorstellen, mir in der Partei tagtäglich – Strippen ziehend – eine Hausmacht organisieren zu müssen und andererseits auf den politischen Konkurrenten ständig einzuschlagen, in abgekartetem Vokabular und nach fortwährender Publizität haschend. Und täglich publizistisch verfolgt zu werden, die unvermeidlichen Fehler verbissen vermeiden wollen. Nie darf es aus besagtem taktischem Kalkül erlaubt sein, sich selber zweifelnd in den Gedanken, ins Wort zu fallen. Jeder Politiker, der als solcher gelten will, präsentiert sich als unangreifbare Spiegelfestung, selbstsicher, gepanzert gegen andere Argumente. Die Gelassenheit, das alles zu ertragen, fehlt mir. Ich bewundere Leute, die das können, ohne Schaden zu nehmen.

Und schließlich der vierte Grund meiner Absage an den Berufspolitiker: Ich könnte sehr schlecht schlafen. Mich würde der niemals kleiner werdende Berg ungelöster, unlösbarer Aufgaben quälend wachhalten. Ich wäre zu empfindlich, um stets unangefochten, hart, quasi aussitzend im Sperrfeuer derer stehen zu können, die selber nicht handeln, sondern nur kommentieren, personalisieren, zuspitzen und aufhetzen. Ich habe dafür wohl einfach eine zu dünne Haut.

Meine Absage an dieses andere Leben bedeutet nicht Minderung des Respekts und der Achtung gegenüber jenen, die politische Verantwortung übernehmen und denen es gelingt, kritische Distanz zu sich selbst zu behalten. Es gibt viele, die dazu befähigt sind – wozu gehört, dass sie als Personen *mehr* sind als das Amt, das ihnen auf Zeit übertragen ist. Eine schwierige Aufgabe. Dass es ein Leben außerhalb der Politik gibt, sagen die meisten Politiker – zu laut! – erst dann, wenn sie ihr Amt abgeben (müssen).

Mein Fühlen mit denen, die Politik betreiben, offenbart sich darin, dass ich immer für sie mit bete. Verantwortung *tragen* – unsere Sprache hat die Tiefe des Problems sehr plastisch erfasst und ins Wort genommen. Verantwortung ist eine Last, man muss sie auf sich nehmen, sie hat Konsequenzen für den freien, aufrechten Gang. Man ist eher Diener als Herr. Hohe Ebenen sind klein. Wie viele Aufgestiegene habe ich kennengelernt, die in der dünnen Luft »da oben« einsam geworden sind und auch das noch verstecken müssen. Die Welt der Politiker ist übersät von unglücklichen Betreibern eines Maskenspiels, eines ungesunden Rausches und eines seelischen Verschleißes, der in krassem Widerspruch steht zu Sinn und Zweck von Politik. Ein Sinn, den Hannah Arendt ins prägnante Wort vom »gemeinschaftlichen freien Miteinander« brachte.

Demokratie ist ein äußerst zerbrechliches zivilisatorisches Projekt. Demokratie ist auf so mündige wie mündig gemachte, einsatzbereite, auf mutig handelnde wie bedächtig reflektierende Bürger angewiesen; in der unmittelbaren Politik – aber eben auch außerhalb *direkter* politischer Verantwortung in der Zivilgesellschaft.

Ich nehme mein staatsbürgerliches Amt auf meine Weise wahr – steige auf die Kanzel und aufs Rednerpult, gehe ins seelsorgerische Gespräch und in Gesprächsrunden, schreibe Briefe und Texte. Lebe.

WIE ICH BEWAHRT WURDE

Bewahrung der Schöpfung. Sie ist eine Aufgabe, die aus unseren intelligenten Möglichkeiten ebenso erwächst wie aus der hybriden Art, uns die Welt raubkulturell anzueignen.

Hauchdünn ist die Atmosphäre, die dem Leben auf unserem Planeten den Existenzraum sichert. Hauchdünn ist jene Grenzlinie, die jedes Wesen vom Tode trennt. An dieser Linie haben sich Ärzte, Techniker, Dichter, Pfarrer, Clowns, Lebensertüchtiger und Nothelfer aller Art postiert. Wir beherrschen vielleicht Abläufe des Sterbens ein wenig kundiger als früher, den Zeit- und Zugriffsplan des Todes freilich enthüllt uns keine Seherkraft, kein Geheimdienst, keine Hard- und keine Software. Wir sind schöpferische Geschöpfe, aber unsere Kraft erschöpft sich, wo das Schicksal auf seiner Gnadenlosigkeit besteht und blind agiert. Lebenslang begleitet uns eine tiefe Unsicherheit. Utopien können uns geistig weit in die Zukunft werfen; die Endlichkeit des einzelnen Lebens ist unaufhebbar.

Mein Leben ist auf seltsame Weise (manchmal denke ich: auf verstörende Weise) mit sterbensnahen Situationen verbunden. Vor allem aber ist es mit Bewahrung verbunden, mit glücklicher Fügung. Als täten jene Flügel ihren Dienst, von denen meine Eltern abends an unseren Betten sangen: »Dies Kind soll unverletzet sein.«

Eine Bewahrungserfahrung liegt sehr weit zurück und blieb mir dennoch ein quälender Lebensstoff: Ich war zwei Jahre alt, lag im Bett, als meine Mutter und meine Tante von betrunkenen Besatzungssoldaten in dem abgelegenen Gehöft bedroht wurden, wo wir zu dritt lebten. Meine Mutter schrie, und mein sofort einsetzendes unbändiges Schreien soll die bewaffneten Männer dazu gebracht haben, von ihrem entsetzlichen Plan abzulassen. Ein Schreien wohl, dessen nervender Ingrimm auch genau das Gegenteil von Rettung hätte auslösen können.

Leben am seidenen Faden. Ich komme immer wieder darauf zurück, wie ich vorm Tode bewahrt wurde, als ich im Kirchturm durch ein zwischen den Balken liegendes Brett brach und zwanzig Meter tief stürzte. Im freien Fall. Folgen des Aufschlags waren einzig schreckliche Prellungen. Nur einen Meter neben den Holzbohlen, auf denen ich landete, lagen alte metallene Gewichte der Turmuhr.

Als Vierzehnjähriger hat mich auf dem Sozius eine Biene

in den Rachen gestochen. Mein Vater konnte damals mit dem Motorrad einem Bienenschwarm nicht ausweichen. Zum Glück konnte ich trotz der Riesenschwellung weiter atmen.

1967 lag ich drei Monate im Krankenhaus: Darmkrebsverdacht.

1975 rollte mein Sohn Martin mit dem Kinderwagen in die Saale.

Im November 2011 suche ich die Stelle auf, an der sich das Beinaheunglück ereignet hat. Ich sehe mit erneuter Bestürzung, wie steil und hoch dort der Hang ist, und frage mich, wie ich da hochgekommen bin. Was war geschehen? Aus Angst, die vierjährige Uta könnte beim Steinchenwerfen in die Saale zu nahe an den Abhang kommen, hatte ich die Bremse am Kinderwagen gedrückt und war aufgeregt zu ihr gegangen, etwa drei Meter weiter. In diesem Moment beugte sich der bis dahin apathisch mit Fieber daliegende Martin nach vorn, und der Wagen rollte die Böschung hinunter.

Geradezu fassungslos stehe ich auf dem Weg, erlebe die Angst wieder, dass Uta das Gleichgewicht verlieren könnte, während ich dem Wagen nachrannte. Es waren wohl Zehntelsekunden, die Martin davor bewahrt hatten, in den schwarzen Fluten der Saale zu ertrinken. Sein Kopfkissen schwamm auf dem Wasser, ich stand bis zu den Oberschenkeln im Morast, konnte aber den Wagen mit einer Kraft, über die ich sonst nicht verfüge, ans Ufer hieven, immer wieder zurückrutschend, während oben einige größere Kinder zuschauten. Ich schrie flehentlich, sie möchten mir helfen. Keiner kam auch nur einen einzigen Schritt herunter. Wie angewurzelt standen alle oben, aber auch Uta war glücklicherweise erstarrt. Ich konnte den Wagen schließlich allein hochziehen; unglaublich erleichtert, packte ich die Tochter, setze sie auf meine Schultern, rannte, rannte. Der Modder quaddterte aus meinen Schuhen. Uta fing an zu weinen, Martin lief Blut aus der Nase. Meine Lebensangst lief mit. Merkte irgendeiner der Passanten, dass etwas Dramatisches geschehen war?

Selten habe ich mich so einsam gefühlt wie auf jenem Weg, auf dem ich mit letzter Kraft so schnell lief, wie ich konnte. Das in unserem Hause wohnende ältere Arbeiter-Ehepaar half mir beim Baden des Jungen, der bald merkwürdig still wurde und fest einschlief. Nachts ging ich immer wieder an sein Bett. Die Angst verfolgte mich, er könnte vielleicht etwas zu viel von dieser giftigen Brühe aus der Saale geschluckt haben. Meiner Frau erzählte ich von alldem nichts. Am nächsten Abend war alles gut. Ich bin bis heute unendlich dankbar dafür.

Noch 2012 habe ich nachts mehrfach die Szene geträumt, *der steile Abhang, der untergetauchte Wagen, das wegschwimmende Kissen*. Es schreit aus mir heraus, bis ich davon aufwache. Der Junge ist nun 39 Jahre alt und weiß nichts mehr davon. Doppelte Gnade.

Im September 1989 wurde die Nachricht verbreitet, ich wolle Kommunisten aufhängen. Da wusste ich, dass ich geliefert sein würde. Aber der 9. Oktober verwandelte die Welt.

Mit der Tochter Uta geriet ich 1993 in einen schweren Nordseesturm, der erst sie und dann mich um ein Haar aus dem kleinen Segelboot hinauskatapultiert hätte.

Am 19. Oktober 1996 saß ich in der Präsidentenmaschine mit Roman Herzog, einer Gruppe von Bürgerrechtlern und Journalisten auf dem Rückflug von Bordeaux nach Berlin. Während wir mit ihm sprachen, riss eine Glasaußenscheibe im Cockpit. Die Maschine fiel augenblicklich so tief wie möglich. Sie bekam »aus Sicherheitsgründen« in Paris keine Landeerlaubnis und flog im Tiefflug bis nach Köln-Wahn. Über eine Stunde drückendes Schweigen und letzte Gedanken ... Wir landeten schließlich glücklich. Links und rechts der Landebahn hatten ganze Batterien von Feuerwehrautos uns erwartet. Der Bundespräsident wurde mit einer Maschine der

Luftwaffe nach Berlin geflogen, und wir setzten unsere Reise mit einem Passagierflugzeug fort. Bange Stunden ohne Informationen für die Tochter, die mich in Tegel abholen wollte. Erlöst nahmen wir uns in den Arm …

Ich frage mich natürlich, wie oft ich bewahrt werde – täglich –, ohne es zu wissen. Ich weiß, dass etwas Anmaßendes darin steckt, wenn ich Verse aus einem großen Vertrauenspsalm auf mich beziehe: »Denn ER hat seinen Engeln befohlen, dass sie dich behüten auf allen deinen Wegen, dass sie dich auf den Händen tragen und du deinen Fuß nicht an einen Stein stoßest.« (Psalm 91, 11 f.) In der Vertonung von Mendelssohn rührt mich dies tief an, sehr tief – wie alle mit mir in der Stadtkirche in Wittenberg, für die ein solches Konzert mehr ist als Musik. Aber was soll das sein – *mehr* als Musik?

Im Mai 2002 wurde mir die Ehrendoktorwürde der Concordia-University in Austin/Texas verliehen. Eigentlich sollte ich sie bereits am 12. September 2001 in Empfang nehmen und am 9. September frühmorgens von Berlin nach New York fliegen … Wegen anderer Verpflichtungen konnte ich den Termin nicht wahrnehmen und vereinbarte den Mai 2002. Vor allem eine Jazz-Nacht in Austin ist mir in Erinnerung geblieben und der Mut von Rektor Dave Zersen, mich dieser als sehr konservativ geltenden University vorzuschlagen. Ich hatte ihn gewarnt, 2002 hatte er denn auch seinen Posten bereits eingebüßt. Auf dem Rückflug über Chicago nach Washington besuchte ich das dortige Luther-Zentrum und war Gast bei dessen Direktor Edgar Schick. Während der nächtlichen Rückfahrt am 16. Mai von einem Empfang der Norwegischen Botschaft nach Baltimore erzählte Edgar mir, dies sei die letzte Fahrt mit diesem Auto, in dem er 10 Jahre lang ohne Unfall oder Panne zur Arbeit und wieder nach Hause gefahren sei. »Klopfen auf Holz«, rief er mir fröhlich zu und klopfte auf die Innenausstattung. Wir wollten zu Hause mit

In der Präsidentenmaschine auf dem Flug von Paris nach Bordeaux, von links: Bärbel Bohley, Bundespräsident Roman Herzog, Jürgen Fuchs, Marianne Birthler, stehend Friedrich Schorlemmer, Ulrike Poppe und Konrad Weiß

seiner Frau Margaret noch ein wenig meinen 58. Geburtstag feiern. Mitten auf der Strecke gab es einen Riesenknall. Unser Auto wurde auf dem dicht befahrenen Highway an die rechte Begrenzungsplanke geschleudert. Es fräste sich auf meiner Seite in die Planke und kam zum Stillstand. Wir waren in der Falle. Eine Massenkarambolage war zu erwarten. Bange Sekunden, Minuten – wie lang? Die Zeit stand still, während wir wie angewurzelt im Wrack verharrten. Aber kein Auto fuhr auf uns auf, mir immer noch unerklärlich. Bald schon waren Polizei und Feuerwehr da. Der Highway wurde geschlossen. Wir konnten herauskrabbeln, die Polizei fuhr uns bis zur nächsten Ausfahrt. Wir tranken einen Kaffee an der Tankstelle und baten die Ehefrau, uns abzuholen. Alles war gut. Jedes Jahr bekomme ich von ihm seither Post zum 16. Mai. Wegen des geschenkten Lebens für uns beide. Dankbar auszufüllende Frist.

MEIN WEG
IN DIE KONTRASTGESELLSCHAFT

SELBSTBEHAUPTUNG IN DER UMMAUERTEN PROVINZ

> Die auf den Herren harren,
> kriegen neue Kraft, dass sie auffahren
> mit Flügeln wie Adler,
> dass sie laufen und nicht matt werden.

Hoch oben am Hauptgebäude der Franckeschen Stiftungen in Halle fliegen zwei Adler auf die »güldene Sonne« zu. Darunter steht – seit 20 Jahren wieder gut lesbar – jener Leitspruch Franckes aus dem Propheten Jesaja (Kap. 40,31). Neue Kraft kriegen! Harren und hoffen, wie sehr war dies in der DDR zur Aufgabe aller geworden, denen der Staat durch seine ideologischen Vorgaben und Zwänge die Quellen zu alternativer Selbstachtung abzuschneiden versuchte. Auffahren mit Flügeln wie Adler? Das war eine Metapher für die Möglichkeit, Mauer und Stacheldraht ohne Schaden zu überwinden, und matt konnte man schon werden beim täglichen Anrennen gegen die unliebsame Wirklichkeit. Zugleich kein Kriechen in die Nische, sondern Kontrastgemeinschaften bilden.

Jahrelang bin ich unter diesem Vers, Tag für Tag, das Hauptgebäude am Morgen durchquerend, die prächtige Haupttreppe hinabgestiegen, nachmittags zurückkehrend wieder hinaufgestiegen, im Widerschein der nun tiefer stehenden Sonne. Franckesche Stiftungen – das hatte sich so großartig angehört. Aus diesem Begriff strahlten Sinn und Engagement, Geist und Würde. Mit gespannter Erwartung fuhr ich am 5. September 1962 mit der Deutschen Reichsbahn (!) mit Sack und Pack nach Halle, zur Immatrikulation. Was die Erwartung

170

geweckt, was sich die Fantasie ausgemalt hatte, wich schnell einer schockierenden Realität: Der bauliche Zustand dieser Franckeschen Stiftungen war erschreckend, ich zog in die pure Baufälligkeit ein; es schien, als lauere der »real existierende Sozialismus« hämisch hinter jeder Ecke, um den Einsturz dieser klerikal-feindlichen Einrichtung nicht zu verpassen. Dem äußeren Zustand des Hauses entsprachen die kärglichen Lebensbedingungen im Innern. Das war quasi Existenz auf einer Insel, umgeben von einer Welt, die uns verwittern sehen wollte. Und doch selber bis zum Zusammenbruch verwitterte.

Hier würde ich gemeinsam mit 36 Studenten wohnen, zunächst fünf Jahre im Studium und dann vier Jahre als Studieninspektor. War es Zufall oder Fügung, dass ich mit zwei Studenten in einem Zimmer war, die sehr ähnlich dachten wie ich und auch beide (wir waren die Einzigen) den Wehrdienst verweigert hatten? Das schien mir wie ein Akt der ausgleichenden Gerechtigkeit, nach jenem Schicksalsentscheid, der mir einst, in der Mittelschule, einen FDJ-Bewacher unmittelbar ins Nachbarbett beordert hatte. Bei der Immatrikulation, einem formalen Akt, meldeten sich alle, die vorher in der FDJ gewesen waren, problemlos ab, vollzogen ihren Austritt aus dem Staatsverband. Zunächst aber ging es für vier Wochen mit Studenten anderer Fakultäten in den Ernteeinsatz in die Uckermark. Wir Theologen wurden gleichsam neutralisiert, wurden dominiert von künftigen Juristen, die regelmäßig ihre Parteiversammlungen abhielten und die Art und Weise des Einsatzlebens festlegten. Neunzig Prozent dieser Studenten waren bereits SED-Mitglieder. Einige wenige zeigten sich uns »Fremdkörpern« gegenüber ehrlich aufgeschlossen, sprachen vorurteilsfrei mit uns. Es ergab sich sogar einmal eine Grenzüberschreitung, eine (Kartoffel-)»Lesegemeinschaft«. In diesen Wochen lernten wir Theologiestudenten einander näher kennen. Zugleich bildete dieser Einsatz in der LPG mit den

Staatstreuen als »Neutralisatoren« eine Art Modell für unseren Stand in der Gesellschaft: Wir waren Misstrauen, betonter Fremdheit, ja Feindseligkeit ausgesetzt. Wir lernten, uns zu wehren.

Der Beginn des Studiums war für mich – abgesehen vom wunderbaren Theologenball mit einer Uni-Jazz-Band, die im Wesentlichen aus Theologen bestand – eine einzige Katastrophe. Das kleine Latinum hatte ich schon, das große stand mir noch bevor. Und dann dieses Büffeln: Hebräisch und Griechisch. Die Vorlesungen kreisten ohne Unterlass und ohne jeden Einbruch von lebendigem Geist in den vorgegebenen Stoff um alte Kirchengeschichte. Was sollte mir Achtzehnjährigem der (bis heute unbegreifliche) Streit zwischen Arianern und Athanasianern; was sollte ich anfangen mit den Kirchenvätern Origines und Augustinus; was interessierte mich die merkwürdige Kehre Konstantins des Großen, der das Christentum nach dem Scheitern seiner Ausrottung einfach zur Staatsreligion erklärte und im Zeichen des Kreuzes fortan zu siegen sich anschickte; was gab mir das Konzil von Nicäa im Jahre 312 zu denken, zumal eine kritische Bewertung ausblieb. In der sogenannten Einführung in das Neue Testament hoffte ich auf Anleitung zum heutigen Verständnis, aber es blieb bei Übungen zur Methodik der Exegese. Mit einer mich nervenden, quälenden Konsequenz entfernte sich dieses Studium von jeder Brücke zur Gegenwart, es ging wahrlich um eine Buchstabengelehrtheit, die mich nicht nur langweilte, sondern mir das Gefühl gab, mir würde Lebenszeit gestohlen. Ich war unglücklich. Ich fühlte mich in dem, was mein Dasein bislang ausgemacht, geprägt und getrieben hatte, urplötzlich gebremst – und das dort, wo ich doch Erfüllung gesucht, Weite erhofft hatte. Seit dem ersten Tag dieses Studiums fehlte mir, was man Hermeneutik nennt, also das Verstehen schwieriger Texte über den garstigen Graben der

Geschichte hinweg. Ich war mit existenziellen Fragen dorthin gekommen, aber man traktierte mich mit alten Sprachen, mittwochs mit Marxismus und sogar mit Sport.

Ich rang, wahrlich, nach freiem Atem. Ich musste einen Ausgleich finden. Ich musste mich wehren gegen den Bücherstaub. Ich fand den Ausgleich in der Evangelischen Studentengemeinde (ESG). Dort hörte ich Bibelarbeiten des Studentenpfarrers Christoph Hinz, die meistens zwei bis zweieinhalb Stunden dauerten und so tiefgründig waren, dass wir in den Momenten der Wahrnehmung gar nicht alles erfassen konnten, was da an Bewegendem auf uns einstürmte. Hinz' Manuskripte, die er uns zur Verfügung stellte, wurden mit Schreibmaschine in mehreren Durchschlägen abgeschrieben und dann weiter diskutiert. Das war die geistige Welt, in der ich mich bereichert, herausgefordert fühlte. Die alten Texte kamen nah, das Gegenwärtige hob sich auf in zeitloser Konflikthaltigkeit. In der Studentengemeinde traf ich auch Studenten anderer Fachrichtungen, vor allem Naturwissenschaftler, die die Frage nach Wissen und Glauben umtrieb.

Ein Höhepunkt jedes Herbstsemesters war der Besuch Carl Friedrich von Weizsäckers in der Studentengemeinde. Hier sprach ein Christ, der Atomphysiker und Philosoph war, der in seiner Person Glauben und Erkenntnis zu verbinden wusste, ein Heisenberg-Schüler, der Physik, Philosophie und Theologie in spannende Zusammenhänge setzte. Auch war er ein Zeitzeuge, der uns deutlich machte, unter welchen Gewissensnöten deutsche Atomphysiker in diesem Jahrhundert des Totalitarismus gelebt hatten. Bei Weizsäcker beobachtete ich mit Staunen und Neugier, wie Gelehrte komplizierte Sachverhalte so einleuchtend darstellen können, dass man sie versteht, ohne sie sich selbst angeeignet zu haben.

Ein Problem, das mich in meinem öffentlichen Leben immer wieder beschäftigt hat.

Im Übrigen sei hier vermerkt, dass der Berliner Union-Verlag hin und wieder Bücher veröffentlichte, die ganz und gar der so geschlossenen Staatsideologie widersprachen. 1959 war die kleine Broschüre »Naturwissenschaft und christlicher Glaube« erschienen und 1964 auch Weizsäckers Friedenspreisrede. Da betonte einer, dass die Friedensfrage nicht zu klären ist ohne Antwort auf die Schande der Slums in der Dritten Welt, ohne Antwort auf Abholzung, Abwasser und Abgase. Und dieser Friedensforscher sprach auch über Rechtsstaatlichkeit als Grundlage bürgerlicher Freiheit. Was für ein Gedanke, in der DDR gelesen, wo bürgerliche Freiheit geradezu ein Schimpfwort war. Die Rede gipfelte in einem Satz, der mich als jungen Theologen beseelte, verblüffte: »Das revolutionärste Buch, das wir besitzen, das Neue Testament, ist nicht erschöpft.« Das Neue Testament das revolutionärste Buch? Ja, so wollte ich es verstehen im Lande des Marxismus-Leninismus. Und bei diesem Fanal lebendigen Geistes hätte ich gern studiert! Daher beschränkte ich mich bei den Vorlesungen auf das Allernötigste, hatte meistens etwas zum Lesen dabei, um die Zeit sinnvoll zu verbringen – freilich, vorm Pauken der Sprachen bewahrte mich niemand und nichts. Für eine Ausnahme unter den Lektionen sorgte ein Gastprofessor aus Berlin, Hans-Georg Fritzsche, der unter der Firmierung »Philosophische Propädeutik« eine Geschichte der Philosophie bot, zu der so viele Studenten anderer Fakultäten kamen, dass die Reihe abgebrochen werden musste. Fritzsche verdanke ich Einblicke in den Kosmos der Philosophie und das in einer Gesellschaft, in der eigentlich nur der Marxismus-Leninismus als Philosophie galt, höchstens noch eine kleine Vorläuferschaft von Marx, wobei die Einteilung dieser Denker in Idealisten und Materialisten das entscheidende, fatal banale und falsche Kriterium bildete für wahr und falsch. (Große Hochachtung gewann ich vor dem

Können und dem Mut des Professors für pädagogische Psychologie Friedrich Winnefeld, der nach Angriffen auf ihn öffentlich klargestellt hatte: »Ich bin kein Marxist. Das ist bekannt.« Ich besuchte seine Vorlesungen, und er lud mich später zu seinen Doktorandenseminaren ein.)

Da es an unserer Fakultät damals keine FDJ-Gruppe gab, hatten wir eine eigene Vertretung, den sogenannten Zehnerrat, in den jedes Studienjahr zwei gewählte Vertreter delegierte. In der Studentengemeinde erlebte ich eine Art von Leitung, die mir Vorbild werden würde für demokratische Strukturen überhaupt. Ein Kreis von acht Studentinnen und Studenten (bei etwa doppelter Anzahl aufgestellter Kandidaten) wurde in geheimer Wahl gewählt: Vertrauensstudenten. Vertrauen, das man gleichsam geschenkt bekam, empfand ich stets als Verpflichtung zur Arbeit. Vertrauen war Energie, die es umzuwandeln galt in eine Kraft, die zurückgab, weitergab. Die Enttäuschung vom Theologiestudium setzte in mir Drang nach Veränderung frei. Ich wollte nicht zu denen gehören, die zwar maulten, aber nicht den Mund auftaten, und über mich ergehen lassen konnte ich das Ganze nicht. Passivität würde alles nur noch unerträglicher machen. Mich bestärkte, dass einige Kommilitonen dieses Studium ebenfalls für dringend reformbedürftig hielten. Wir führten Umfragen unter den Studenten durch, entwickelten daraus Konzepte und konnten Professoren zum Gespräch darüber überzeugen. »Reform-Wochenende« nannten wir diese Diskussion – von den staatlichen Organen beargwöhnt, aber nicht untersagt.

Viel Zeit verwendete ich auf die Unterwanderung der geradezu staubsprühenden Gelehrsamkeit. Im Studium entwickelte ich ein Gespür für das unbedingt zu Absolvierende. Ansonsten las ich lieber das, was mir Studenten aus unseren westdeutschen Partnergemeinden herübergeschmuggelt hatten: Paul Tillich, Karl Jaspers oder Jürgen Moltmann. Albert

Camus, Ernst Bloch, Hans Magnus Enzensberger, Günter Grass, Marie-Luise Kaschnitz, Günter Eich ... Jedes Buch eine Trophäe wider die geistige Windstille, jedes Gedicht ein Schutzschild gegen den ständig herandrängenden Dogmatismus, jeder Essay ein Quäntchen Kraft fürs Widerstehen. Arthur Koestlers außergewöhnlich scharfe Abrechnung mit dem Kommunismus mochte ich freilich nicht teilen.

Häufig ging ich ins Hallesche Antiquariat. Dessen Leiter traf ich auch auf Tagungen der Evangelischen Akademie, zu denen ich als Student so oft wie möglich fuhr, um mich anderen, weiteren Horizonten der Erkenntnis auszusetzen. Der Antiquar gab mir, nachdem er Vertrauen zu mir geschöpft hatte, sogar Bücher, die mit drei Kreuzen versehen waren, also nur mit Sondergenehmigung verkauft werden durften. So kam ich zu »meinen« ersten Texten von Nietzsche. 1965!

Beim Stöbern in der Universitätsbibliothek fühlte ich mich zurückversetzt in jene Stunden, da ich als Schüler unter dem Blätterdach der Bäume lag und las und las. Bücher als Gefährten, aber auch als Gefährt, das mich hinaustrug aus öden Realismen des Tages. Zufällig fand ich in der Bibliothek ein Buch mit lauter Lobreden auf Stalin, herausgegeben nach dessen Tod. Darunter eine Stalinode des ersten DDR-Kulturministers Johannes R. Becher. Unerträgliche, verlogene Reimerei über den »allerbesten ... Freund der Völker«. Auch jene Schmährede Ulbrichts fand ich, in der er 1958, also nur vier Jahre vor meinem Studienbeginn, eine Reihe von Professoren angegriffen hatte. Sie wurden von ihren Posten gejagt, geradezu zu Aussätzigen gemacht und ein Teil in den Westen getrieben. Ermutigend für uns, dass einige aus dem kritischen »Spirituskreis« in der DDR geblieben waren, darunter fähige Mediziner.

Immer wieder besuchte ich mit Gleichgesinnten die großartige Dauerausstellung der Expressionisten in der Moritzburg und Expositionen mit zeitgenössischer Kunst. Bereits als ich es während einer sonntäglichen Führung durch den Direktor Heinz Schönemann zum ersten Mal sah, hat mich ein Bild besonders in den Bann gezogen: Wolfgang Mattheuers »Kain«. Sofort entspann sich ein intensives Gespräch zwischen Schönemann und mir; wir redeten und redeten, die anderen Besucher hatten sich schon zerstreut. Ich spürte in diesem Moment etwas von dem Zauber, den Kunst auslösen kann, als sei das Leben von einer Sekunde zur anderen ein anderes, als seist du wissender, fühlender, auch ein Ertappter. Der Maler, dessen Name mir bis dahin unbekannt war, hatte ins Bild gesetzt, was in Genesis, Kapitel 4 über die Selbstgefährdung des Menschen steht – jedes Menschen, der ein Messer, ein Gewehr in die Hand nimmt und dessen Blick sich damit automatisch verfinstert. Der in sich selbst verkrümmte Mensch flieht feige nach seiner Tat. Er lässt nicht nur einen Toten, seinen eigenen Bruder, sondern auch Frau und Kind zurück. Im Hintergrund ist auf Mattheuers Gemälde eine Stadt zu sehen – die Stadt als Synonym für Macht, ein Nest der Gewalt, zutiefst und drohend: Undurchdringlichkeit. Wolfgang Mattheuer wurde für mich zum großen, eindringlich parabolischen Chronisten aller (gescheiterten) Utopien des Landes, in dem ich lebte.

In den Räumen der Studentengemeinde traf sich der »Babykonvent«. Das war ein freier Zusammenschluss von Pfarrern, die sich in der Tradition der Bekennenden Kirche sahen, einer Kirche des Widerstandes in finsterer Zeit, in der ihre älteren Brüder und Väter aktiv gewesen waren. Sie, die »Babys«, setzten diese Haltung nun fort, bekräftigten einander, unter gänzlich anderen Bedingungen, im nicht minder befehdeten aufrechten Gang gegen die Unfreiheit. Einer der Protagonisten war der frühere Studentenpfarrer Johannes

Hamel, der 1953 »wegen antidemokratischer Tätigkeit« mehrere Monate in Stasiuntersuchungshaft gesessen hatte. In den »Zehn Sätzen zu Freiheit und Dienst der Kirche« von 1963 wies Hamel den Totalitätsanspruch der SED zurück. Das führte seinerzeit zu heftigen Kontroversen, vor allem zum Vorwurf des offenen Antikommunismus. 1957 war der Leipziger Studentenpfarrer Siegfried Schmutzler zu fünf Jahren Zuchthaus verurteilt worden wegen »Boykotthetze im Dienste der Nato«. Er sei ein Staatsfeind, der die Evangelische Studentengemeinde als illegale Organisation aufgebaut und in seinen Dienst gestellt habe. In den westlichen Evangelischen Akademien säßen seine Auftraggeber. Wer sich als Nichttheologe zur ESG hielt, musste also wissen, in welche Verdächte er geriet.

In diesem Kreise wurde auch der Verfassungsentwurf von 1968 diskutiert und dazu ermuntert, sich an der propagierten öffentlichen Diskussion zu beteiligen, die in Wahrheit natürlich nur eine Aufforderung zum Lippenbekenntnis war. Auch ich beteiligte mich, schrieb an die SED-Zeitung »Freiheit« und an den Volkskammerausschuss. Wenn ich meinen Text heute lese, berührt mich der devote Ton peinlich; er wird unverständlich, sofern man nicht die Atmosphäre jener Zeit mit berücksichtigt. Ich wollte meine Kritik ausdrücken, aber gleichzeitig vermeiden, als Staatsfeind gebrandmarkt zu werden. Wer etwas bewegen will, so mein Grundimpuls, muss eine Gratwanderung versuchen, die immer ein Risiko des Missverständnisses birgt. Was nur höflich klingen soll, kann als Unterwürfigkeit interpretiert werden. Ich habe mich diesem Missverständnis im Sinne meiner Bemühungen um Gespräch und Dialog stets ausgesetzt – und die Anwürfe aus dem Freundeskreis, der dadurch an manchen Stellen Risse bekam, ertragen.

Zur Zeit jener öffentlichen »Debatte« über den Entwurf einer neuen Verfassung lud ich den Vorsitzenden der Hallenser CDU-Ortsgruppe ins Sprachenkonvikt ein. Unvergesslich ist mir, wie uns dieser »SED-Christ« klarzulegen versuchte, Gewissen sei ein idealistischer Begriff und habe daher in einer sozialistischen Verfassung nichts zu suchen. Die vielen Interventionen – vor allem von Christen – konnten immerhin erreichen, dass in Artikel 20 »Gewissens- und Glaubensfreiheit« als gewährleistet angegeben wurden. Die Verfassung von 1968 war noch vom Fortbestehen der deutschen Nation ausgegangen: »Die Deutsche Demokratische Republik ist ein sozialistischer Staat deutscher Nation.« Unter Honecker wurde die Verfassung 1974 erneut revidiert. Für deren Annahme wurde nicht einmal mehr die Pseudopraxis einer Volksabstimmung bemüht. In der neuen Verfassung hieß es schlicht und bestimmend: »Die Deutsche Demokratische Republik ist ein sozialistischer Staat der Arbeiter und Bauern.« Zugleich schrieb man 1974 fest: »Die Deutsche Demokratische Republik ist für immer und unwiderruflich mit der Union der Sozialistischen Sowjetrepubliken verbündet. Das enge und brüderliche Bündnis mit ihr garantiert dem Volk der Deutschen Demokratischen Republik das weitere Voranschreiten auf dem Wege des Sozialismus und des Friedens.« Also waren wir plötzlich Staats-Volks-Eigentum. Die Verpflichtung, für ein vereintes Deutschland zu wirken, wie es die Verfassung von 1968 – freilich unter sozialistischem Vorzeichen! – noch vorgesehen hatte, wurde gestrichen. Daher blieb es für mich und meine Freunde sehr wichtig, dass die Bundesrepublik an der Einheit der Nation in zwei Staaten, festhielt und zu einer Entspannungspolitik fand, die uns im Osten das Leben erträglicher machen sollte.

Hundertvierzig Mark habe ich in jedem Monat als Stipendium bekommen. Von meinen Eltern konnte ich keine finanzielle Zuwendung erwarten. Sie hatten Mühe, fünf schulpflichtige Kinder zu ernähren und zu kleiden. Also arbeitete ich, um meine Lage etwas aufzubessern. Zunächst fand ich für nächtliche Verladetätigkeiten Anstellung auf dem Güterbahnhof Halle. Besonders begehrt war der Dienst an staatlichen Feiertagen, dem 1. und 8. Mai sowie dem 7. Oktober, denn dann gab es für Nachtarbeit 100 Prozent Zuschlag. In der Kaffeefabrik schleppte ich Säcke im Akkord; nebenbei stopfte ich mir die Hosentaschen mit grünen Kaffeebohnen voll, die ich zu Hause in der Pfanne röstete. Auch kellnerte ich, freilich mit wenig Glück und Schüben der Verzweiflung: Weil öfters Gäste die Zeche prellten, musste ich, was ich zu verdienen trachtete, bei der Abrechnung draufzahlen. Einmal, in den Ferien 1965, fuhr ich für insgesamt 165 Ostmark Telegramme aus, zwei Wochen lang, täglich acht Stunden, auf einer AWO, einem sehr schweren Motorrad, durch ganz Halle.

Als ich 1962 in die Arbeiterstadt Halle gekommen war, befand sich die DDR gerade in einer dramatischen Versorgungskrise. Erst 1958 hatte der Staat die Lebensmittelkarten abgeschafft, aber in Folge der Kollektivierung sank die Produktivität der Landwirtschaft, es fehlte in erheblichem Ausmaß an Lebensmitteln des täglichen Bedarfs, an Butter, Fleisch, Wurst, Eiern, Käse. So bekamen wir erneut (umfirmierte Kohlen-)Marken, die beim Einkauf nach einem bestimmten System im Laden abgeschnitten wurden. Aber gehungert haben wir keinen einzigen Tag, denn das billige Brot ging nie aus, man konnte sich zur Not Schmalz auslassen. Auch Hering gab es immer – beim Braten der Fische verpestete allerdings der Zwiebelgeruch das gesamte Haus. Für gemeinsame Sonntagsmahlzeiten in der Evangelischen Studentengemeinde, »frommer Löffel« genannt, legten wir unsere Marken zusammen. Es ging nicht nur um Verköstigung, es ging um die stärkende Gemeinschaft, die sich oft genug zu wehren hatte gegen staatliche Bedrängungen und deren

Kraft im gegenseitigen Vertrauen lag, mit dem wir uns gegen besagte Pression wappneten. Zweimal zum Beispiel erlebte ich es in meiner Studienzeit, dass »Wahlschlepper« in unser Haus 8 in den Franckeschen Stiftungen kamen. Diese staatsbeauftragten Propagandisten verbanden Intelligenz mit geschickt dosierter Drohgebärde. Wir sollten »unserem Staat« doch nur »dankbar« sein und zur »Volkswahl« gehen. Wir kochten ihnen freundlich Tee, diskutierten ungelenk, ironisch und polemisch mit ihnen – aber natürlich würden wir nie zu einer Wahl gehen, die diesem Begriff spottete.

Während meiner Studienzeit ging ich fast jede Woche in ein Konzert, auch ins Theater. Das war erschwinglich und entlastend – die Mühsal, sich durch die Realität zu leben, wich von Schultern und Seele. Der Balsam der Kunst wirkte heilend und tröstend und kräftigend. Freilich galt es zugleich, hinter die pädagogischen Vereinfachungen sozialistischer Propaganda zu blicken, die auch den Kunstbetrieb dominierten. Zwischen den Zeilen lebte in jedem Klassiker das kritische, über das leidig Gegenwärtige hinausschießende Wort; wir saßen nicht zurückgelehnt im Theatersessel, sondern nach vorn gereckt, begierig nach scharf-sinnigen Gedanken. Am Handlungsort Arbeiter-und-Bauern-Fakultät Halle wurde 1967 die »Die Aula« nach Kants gleichnamigem Roman erstmals inszeniert, ich war begeistert über Kurt Böwe als »Trullesand«. Endlich bot Theater Diskussionsstoff außerhalb der gestanzten Ideologie.

Wenn ich heute die Franckeschen Stiftungen besuche, wo ich entscheidende, bewegte Jahre meines Lebens verbrachte, schlägt mein Herz höher. Erinnerung stimmt wehmütig. Sie ist mit Gedanken an jene Unwiederbringlichkeiten verbunden, welche die Strecke unseres Lebens säumen. Was wurde hier in zwanzig Jahren Großartiges beim Wiederaufbau und bei der Wiederbelebung der so frommen wie sozial-pädagogischen Ideen August Hermann Franckes geleistet! Aber Halle blieb für mich stets ein besonderes Sinnbild für die Betonkultur des SED-Regimes. Die Stadt war vom Krieg weitgehend verschont geblieben, man hatte jedoch zu DDR-Zeiten alles getan, um das Stadtbild auf andere Art zu zerstören: durch Monumentalisierung. Da war die Wucht eines Denkmals, das aus etwa acht Meter hohen Arbeiterfäusten bestand, da waren die Wohnsilos von Halle-Neustadt, und da ist bis heute jene Betonhochstraße, die wie ein harter Schnitt durch die Stadt geht. Sie führt unmittelbar an den Franckeschen Stiftungen vorbei, und mehr denn je wirken sie wie eine Insel der alternativen Sicht – in unmittelbarer Konfrontation mit einem kalten Geist rationaler Zugriffe auf die Welt. Was die Altstadtverfallspolitik (»Ruinen schaffen ohne Waffen«) der SED übriggelassen hat, wurde inzwischen weitgehend saniert.

Ich fahre gern nach Halle, diese zu Unrecht noch immer verpönte »Kulturhauptstadt« unseres Bundeslandes.

ARBEITEN UND SKAT SPIELEN

Vier Jahre leitete ich ein Studentenwohnheim, das sogenannte Sprachenkonvikt in Halle/Saale. Der für uns drei Studieninspektoren zuständige Propst war Walter Münker. Wir mussten ihm regelmäßig Bericht geben über unsere Häuser, über die innere und äußere Situation. Dort bin ich nie mit Magendrücken hingegangen. Dort konnten die schönen, aber auch die schwierigen Dinge, das Gelingende und das Misslingende angstfrei benannt und gemeinsam nach Lösungen gesucht werden. Nachdem wir Kaffee getrunken und den von seiner Frau gebackenen Kuchen gegessen hatten, unsere Berichte eher erzählend übermittelt hatten, zog der Propst behände die Tischdecke vom Tisch, warf die Skatkarten drauf.

Und dann begann das Leben. Walter Münker war (wie mein Vater) ein leidenschaftlicher Skatspieler. Und er konnte sehr gut spielen, konnte das Gewinnen genießen. Das für mich langfristig Prägende an dieser Begegnung war: Es gibt Zeit zu reden, zu arbeiten, ernst zu sein, zu diskutieren, zu klagen, Rechenschaft zu geben. Und es gibt Zeit, mit Lust zu spielen und alles andere hinter sich zu lassen. Einen richtigen Skat dreschen! Das tut der Seele einfach gut. Und es muss nicht einmal Bier dabei sein.

Bei einer solchen Begegnung hatte ich ausnahmsweise einmal die Nase weit vorn. Ich gewann und gewann. Walter Münker sagte: »Spielen kann er nicht, aber Dusel hat er.« Ich konnte lachen, und er hatte Recht. Oft hatte ich später in meinem Leben Dusel und war besser, als andere das von mir gedacht hatten, und viel besser, als ich selber von mir gedacht hatte: Einfach nur Glück, natürlich auch Einsatz.

DEN AUFRECHTEN GANG ÜBEN

Für mein Vikariat hatte ich mich in Halle-Neustadt beworben. In dieser aus dem Boden gestampften pseudo-»sozialistischen Musterstadt«, einer rauen, unwirtlichen Plattenbaugegend, traf man auf jede nur denkbare Kirchendistanz bis -feindschaft. Umso erstaunlicher die gut strukturierte Hauskreisarbeit und die tapferen missionarischen Versuche. Kirchliche Mitarbeiter und Gemeindeglieder zogen, um das Gespräch auch mit kirchenfernen Bürgern zu suchen und sie ohne Vorbedingung einzuladen, von Wohnung zu Wohnung, von Treppenhaus zu Treppenhaus. Das waren schon seelische Härtetests, wenn ich an 19 von 20 Türen mehr oder weniger kalt abgewiesen wurde, nachdem ich zu erkennen gegeben hatte, dass ich von der evangelischen Kirche kam. Jeder Druck auf einen Klingelknopf eröffnete quasi, ohne dass viele Worte fielen, einen Gerichtsprozess; ich sah in manchen Blicken, dass mit mir, der doch nur einige freundliche Sätze sagen wollte, plötzlich und ohne Gnade alles unter strengster Anklage stand, was der Klerus je in der Geschichte verbrochen hatte. Wenn die DDR eines mit Gewissheit hinterlassen hat, dann diesen mehr oder weniger festgezurrten Atheismus, resultierend aus antireligiöser Dauerpropaganda, die durchaus auf historisch Unabweisbares verwies. Was war nicht alles »im Namen Gottes« angerichtet worden?

Als Gebäudereparateur getarnt, schachtete ich gemeinsam mit Gemeindegliedern und Studenten jenes Konvikts, das ich leitete, die Fundamente für ein nicht genehmigtes Gemeindehaus aus. Jeden Tag rechneten wir damit, dass die Bauaufsicht uns die Weiterarbeit untersagen würde. Sie kam nicht. Von heute aus betrachtet, errichteten wir damals ein ziemlich kleines, niedriges, geradezu schäbiges Gebäude. Es stand verloren, abseits von den Hochhäusern. Die Optik spiegelte damalige Kräfteverhältnisse. Ob man aus solchem Anblick Ermutigung und Trotz schöpfen oder resignativ und kraftlos werden sollte, blieb ambivalent.

Mit den Kirchenmitarbeitern dort hatte ich einige Konflikte (oder sie mit mir) – ich wollte partout nicht akzeptieren, dass einer von ihnen Halle-Neustadt als einen verwirklichten sozialen Traum der Arbeiterklasse bezeichnete. Und das ohne jede Ironie! Zudem fürchtete ich, der Gottesdienst könnte gar zu dürftig werden, wenn wir ihn mit Rücksicht auf die Leute allzu sehr erden, alles banalisieren und auf Ritus, etwa auf Elemente traditioneller Liturgie, völlig verzichten. Tradition *und* Erneuerung waren für mich schon damals die beiden unverzichtbaren Eckpunkte *unseres* kirchlichen Auftrags, heutig zu sein. Aber Erneuerung und Tradition sollen in kluger Korrespondenz stehen.

Merseburger Pfarrkonvent 1973 mit Superintendent Martin Ziegler

Damals lernte ich den in Merseburg überraschenderweise zum Superintendenten berufenen Martin Ziegler kennen und fasste den Entschluss, in seinem Kirchenkreis als Pfarrer zu arbeiten. Was mich bei ihm anzog, war das Bemühen, religiöse und politische Fragen zusammenzudenken, gegenüber dem DDR-System kritisch, aber nicht generell feindlich gesonnen zu sein. Es ging uns um das beharrliche Gespräch mit dem Staat, ohne sich dabei auf eine Art ein- und anzupassen, wie sie die Ost-CDU praktizierte.

Ich wollte mich bei Martin Ziegler während einer soziologischen Fachtagung nach einer Stelle erkundigen. Zu den glücklichen Fügungen meines Lebens zählt, dass an jenem Tag er *mich* fragte, ob ich nicht in Merseburg ein (von der Synode noch zu bestätigendes) Jugend- und Studentenpfarramt und zwei kleine Gemeinden, nämlich Meuschau und Trebnitz, übernehmen wolle. Ziegler wollte, dass ich in der Kirchenkreisarbeit eingebunden blieb. Ich sollte nicht in Gefahr geraten, in einem überregionalen Amt über allem zu schweben. Freudig willigte ich ein, selbstverständlich hatte diese Freude ihren Preis – bald schon spürte ich am eigenen Leib, wie quälend und frustrierend es sein kann, Pfarrer in einem so säkularisierten Kirchenkreis zu sein. Mit besonderem Grausen erinnere ich mich an die Qual mit den beiden Straßensammlungen jährlich und an Gottesdienste mit zwei bis fünf Besuchern. Studenten unterstützten mich gelegentlich mit Orgeldiensten. Dann war es wenigstens nicht so trist. Manche Bauern waren nur noch in der Kirche, weil wir »gegen den Staat« waren. Sie saßen teilnahmslos in der Bank, das in der Predigt ausgelegte Bibelwort blieb ihnen fremd. Womöglich kamen sie sich couragiert vor, obwohl sie angepasst lebten, regelmäßig schon vormittags zu den Volkswahlen gingen, um nicht aufzufallen. Und selbstverständlich gingen die Kinder zur Jugendweihe.

Im Sommer 1971 zogen wir von der Chemiestadt Halle in die ökologische Hölle Merseburg, zwischen den beiden Giganten »Leuna-Werke Walter Ulbricht« und den »Buna-Werken« in Schkopau gelegen. Ich wohnte mit meiner Familie in einem Pfarrhaus am Rande der Stadt. Nicht weit entfernt befand sich zu allem Übel ein hochmoderner sowjetischer Militärflugplatz. Beim Landeanflug zogen die MIG-Jäger mit ohrenbetäubendem Lärm dicht über die Häuser hinweg. Meine Frau fand keine Ausbildungsstelle. Der Kreisarzt behauptete, es gebe in Merseburg keine neuen Planstellen für Allgemeinmediziner. Als eine ausgeschrieben wurde, hieß es, dafür könnten sich nur Ärzte bewerben, die aus der Volksarmee wieder ins zivile Leben zurückkehren wollten. Nach vielen Mühen konnte meine Frau schließlich ihre Ausbildung an einem Bezirkskrankenhaus in Halle-Süd fortsetzen, später wurde sie vom Chef der Poliklinik in Leuna eingestellt unter der Bedingung, keine Werbung für die Kirche zu betreiben. Der international anerkannte Arbeitsmediziner Professor Dr. Bittersol sagte ihr in einem vertraulichen Gespräch,

186

warum ihr die Stelle in Merseburg versagt worden war: »Das hängt mit den Aktivitäten Ihres Mannes 1968 zusammen.« Warnend hatte er noch geraten, vorsichtig zu sein: Der Staat sei »überall präsent«. Auch solche menschliche und riskante Offenheit gehört zur Wahrheit über die DDR.

Unsere Kinder erkrankten sehr, sehr oft an den Atemwegen. Bei seinem Besuch in der Studentengemeinde 1973 fragte mich Reiner Kunze auf dem Weg zu unserer Wohnung, warum ich das meinen kleinen Kindern zumutete. Die Frage saß! Ich fühlte mich beschämt und antwortete ihm ehrlich, dass ich für die Menschen, die hier leben, da sein wolle als ein Mit-Fühlender, ein Mit-Lebender. Schon während ich diese Worte aussprach, fand ich sie viel zu pathetisch. Kunze hatte Recht: Die Existenz in dieser Gegend war hart, im Grunde unzumutbar. Was mich jedoch nicht zur Flucht veranlassen konnte, sondern höchstens traurig stimmte, und die Trauer ging über in ein neuerliches Kräftesammeln, zum Beispiel für den Einsatz gegen die gravierende Luft- und Wasserverschmutzung. Außerdem bedrückte mich der zunehmende Verfall jenes Altstadtteils, den der Krieg verschont hatte. Ein großer Teil der Altstadt wurde buchstäblich vor meinen Augen abgerissen, und über dem Ganzen stand der Rote Stern.

Alles in allem: Diese sieben Jahre in Merseburg von 1971 bis 1978 gehören für mich zu den schönsten und schwierigsten, den menschlich berührenden und – ex negativo! – erfahrungsgesättigten Jahren meines Lebens. Eine christliche Gemeinde in bedrängter Zeit. Bis zu 50 Studentinnen und Studenten kamen Woche für Woche in die Evangelische Studentengemeinde, fuhren zu den Wochenendfreizeiten mit oder trafen sich bei mir zu Hause zu Bibelgesprächen, zu Literaturlesungen, Vertrauenskreis-Sitzungen, Gottesdienst- oder Festvorbereitungen sowie zu Erwachsenen-Taufseminaren. Auch versuchte ich, die Arbeit der Studentengemeinde mit der Arbeit der Dom- und Stadtgemeinde zu verknüpfen. Wir waren im Staat nur eine Minderheit – die aber etwas bedeutete! Wie schrieb schon Marx? Das Christentum sei seines Sieges gewiss, aber eben nicht so gewiss, dass es auf die Polizei verzichten könne. Die sozialistische Macht, der wir gegenüberstanden, prahlte so sehr mit ihrer Volksverbundenheit und Siegessicherheit und brauchte doch eine perfide Staatssicherheit, konnte nicht verzichten auf Repression und Zensur. Diese Macht hielt ihre Machtsprüche für Vernunftsprüche, ihre hässlichen Tintenflecke der Agitation für Sonnenflecke und Schläge für schlagende Argumente.

Zu den Mitgliedern unserer Gemeinde zählte der spätere Theatermann Michael Schindhelm. Er gehörte zu jenen Abiturienten, die ihr zwölftes Schuljahr schon an der Hochschule absolvierten – eine spezifische Form der Begabtenförderung in der DDR. Eine wissenschaftliche Kaderschmiede. Schindhelm schrieb in seinem Roman »Roberts Reise« über unsere Zusammenkünfte: »An Schollenmachers Tisch fielen Sätze, die sich schwer mit dem Leben und den Dingen draußen vereinbaren ließen, zumindest mit deren öffentlicher Seite. Wir streiften durch Dorothee Sölles Glaubenswelt, ihre Gedichte in Ormig-Kopien auf den Knien, erfuhren von einer alternativen ökonomischen Konzeption des Sozialismus, an der ein Mitarbeiter im Bereich Wirtschaftswissenschaften der Hochschule arbeitete … Johannes gewann so etwas wie den Rang eines Meisters, er versammelte nicht so sehr Gläubige als flirrende Geister. Zum ersten Mal erlebte ich die energischen Bedrängungen, es einem anderen nachtun zu wollen. Dieser Pfarrer entwickelte Faszination, und ich sah mich schon selbst in einem solchen Haus, umduftet von alten Möbeln, Büchern und Waschmitteln aus dem Westen.«

Zufälligerweise nennt mich Schindhelm im Roman »Johannes« – das war der OV-Name, den mir die Stasi wegen mei-

Plakat zum Jugendtag am 26. Oktober 1976 in Merseburg

ner besonderen Wertschätzung des vierten Evangelisten seit 1977 zugedacht hatte. Schon damals hatte ich mich gefragt, was dieser aufgeweckte, so vielseitig interessierte junge Mann eigentlich in der Chemie wolle. Michael studierte Quantenphysik im russischen Woronesch und arbeitete nach der Promotion in der Akademie der Wissenschaften in einer Gruppe mit Dr. Angela Merkel zusammen. 1987 gab er die Stelle auf, weil er als Schriftsteller und Übersetzer tätig sein wollte. Nach

189

der Wende wurde er Theaterintendant in Nordhausen, in Gera-Altenburg und dann in Basel. Er muss überall eine vorzügliche Arbeit geleistet haben. Im Jahr 2000 ereilten ihn Vorwürfe, auch er sei IM gewesen. Wer diesen Makel angehängt bekommt, ist erst einmal völlig erledigt. Michael überstand die daraufhin ausgelöste Kampagne relativ unbeschadet, auf Grund des positiven Votums einer »Ehrenkommission« wurde er 2004 zum Generaldirektor der Berliner Opernstiftung berufen. Bis heute ist er ein gefragter Kulturmanager und erfolgreicher Buchautor.

In Merseburg und in den umliegenden Dörfern litt ich mit den Gemeinden, die nur noch wenige Mitglieder hatten. Es kostete viel Kraft, dem Schrumpfen entgegenzuwirken, zugleich musste die Arbeit irgendwie rationalisiert werden. Superintendent Ziegler entwarf einen Plan zur Einteilung in A-, B- und C-Kirchen – das war Ausdruck des Mutes, Kirchen ganz aufzugeben, einige nur notdürftig zu erhalten und in anderen Gottesdienste für eine ganze Region zu halten. Aus bitterer Einsicht in die (auch finanzielle) Not stimmte ich dem zu, obwohl ich wusste, dass manche schwer zum Bleiben in der Kirche zu bewegen sind, wenn ihr eigenes Kirchgebäude nicht mehr gepflegt und erhalten werden kann. Die Kirche im Dorf, dem Dorf lassen – ist mehr als eine Sprichwörtlichkeit.

Drei Jahre lang lebten wir Schorlemmers in dem arg verfallenen Pfarrhaus, das an einer Straße stand, auf der man den gesamten Sandbedarf für den Weiterbau von Halle-Neustadt transportierte. Tag und Nacht. Jedes Mal, wenn ein Lkw vorbeidröhnte, erzitterte das Haus. Es war im unmittelbaren Sinn des Wortes zum Verrücktwerden. Über viele bürokratische Umwege erreichten wir, dass Schall- und Vibrationsmessungen vorgenommen und ein Gutachten gefertigt wurde, das die Unbewohnbarkeit unserer Behausung bestätigte.

Dann wies man uns endlich eine andere Wohnung zu. In unserem neuen Quartier in einem sogenannten Treuhandhaus in der Straße der DSF, benannt nach einem der propagandistischen Aushängeschilder der SED, der »Deutsch-Sowjetischen Freundschaft«, waren täglich vier Öfen zu heizen, zum Teil mit Braunkohlendreck.

Im Haus am Neumarkt hatte auch ein älteres Ehepaar gewohnt, das unsere Kinder betreute, wenn meine Frau und ich abends unterwegs waren. Tante Anna wurde zu einer Art Großmutter für unsere Kinder; ihr Mann, Onkel Paul Lange, war ein Altkommunist, der sein KPD-Parteibuch über die Dauer der Nazizeit versteckt gehalten hatte. Für mich war er ein ehrlicher kommunistischer Arbeiter mit einer bleibenden Illusion von einer menschlichen Zukunft, die seine Klasse der Geschichte abringen würde. Bis zu seinem Tode blieb er Mitglied der SED. Hat man ihn »abgeschöpft«? Diese Frage habe ich mir nie gestellt.

DAS WAGNIS EINES DOPPELSPIELS

Natürlich wurde unsere kirchliche Arbeit prinzipiell und regelmäßig beargwöhnt. Die »Staatsorgane« behaupteten allen Ernstes, es sei eine perfide Raffinesse der Kirche gewesen, zur »Verwirrung der Studenten« ausgerechnet an der »Roten Hochschule«, die den Namen des Karl-Marx-Freundes Carl Schorlemmer führte, einen Mann mit dem seltenen Namen Schorlemmer einzustellen. Im Übrigen hieß der GEWI-Professor Heiland und mein katholischer Studentenpfarrkollege Engels.

Bei einem jungen Mann aus der Studentengemeinde hatte ich ein komisches Gefühl; einige Wochen später suchte er mich auf und offenbarte mir seine regelmäßigen Kontakt zur Staatssicherheit. Er erzählte, welche Aufgaben er im Blick auf mich und die anderen wahrnehmen sollte, welche Fragen er in den Diskussionen stellen sollte, um Meinungen auszukundschaften. Ich hatte Vertrauen zu ihm, und wir diskutierten, wie er davon loskommen könnte. Er schlug vor, statt dort auszusteigen, zu den konspirativen Treffs zu gehen und mir gleich hinterher zu sagen, worauf es die Stasi abgesehen habe und welche Studenten sie im Visier habe. Außerdem könnten wir auf diese Weise die anderen Zuträger der Staatssicherheit ausfindig machen. Ich ließ mich auf dieses riskante Spiel ein. Dadurch konnten wir im Zusammenhang mit einem Seminar zu den »Frühschriften« von Karl Marx einen Studenten enttarnen, der ausgerechnet aus meiner Heimatgemeinde in der Altmark stammte. Wir bekamen auch schnell heraus, wer von den Nachbarn unser Haus beobachtete und über alle Bewegungen im Haus und um das Haus herum berichtete: Es war die ältere, freundlich distanzierte Dame, die genau gegenüber wohnte. Diese Erkenntnis schockte mich. Wir entdeckten zwei weitere Mitarbeiter in dieser Gruppe von etwa 30 Studentinnen und Studenten. Ich gab jeweils zu Beginn eines Semesters öffentlich die Parole aus: »Wer von den Sicherheitsorganen angesprochen wird, sagt denen sofort, er oder sie müsse sich mit dem Seelsorger beraten.« In jedem Studienjahr kamen deshalb Studenten und Studentinnen nach Gesprächen in den Räumen des »Sekretariats für Studienangelegenheiten« zu mir, und die Offenlegung der Kontaktsuche sorgte dafür, dass die fremden Herren von weiterer Anwerbung absahen. Die Perfidie der Stasi zeigte sich darin, Studenten zu mir zu schicken, die scheinbar vom MfS bedrängt wurden. Freudestrahlend erzählten sie später, der offene Weg zu mir habe sie aus den Zwängen der »Organe« befreit. So schlichen sie sich ins Vertrauen. Es wurde ihnen leicht gemacht durch mein Prinzip, unsererseits nicht anzufangen, nach Spitzeln zu schnüffeln.

Collage auf dem Deckblatt des Programmheftes für die Evangelische und Katholische Studentengemeinde Merseburg, Frühjahrssemester 1978

Wer zur Studentengemeinde in Merseburg kam, riskierte etwas. Mir ist unvergesslich, wie mir einer unserer intelligentesten Studenten, der Assistent werden und promovieren wollte, gestand: Mit seinem Professor habe er verabredet, während der Promotion nicht in der Studentengemeinde mitzuarbeiten. Das sei den Mühen zur Erringung des Doktortitels äußerst dienlich. Sobald er die Promotion abgeschlossen habe, würde er wiederkommen. An der Verteidigung nahm eine große Gruppe der Studentengemeinde teil. Und er kam danach in unsere Gemeinde zurück. Die Summa-cum-laude-Promotion hat ihm für die wissenschaftliche Laufbahn nichts genützt, seine Intelligenz und sein Können blieben in der DDR brachliegen. Nun ist er Professor in Bochum.

Diverse Zersetzungsmaßnahmen gegen die Studentengemeinde konnten uns nicht brechen und lahmlegen. Einer der Stadtpfarrer wurde von der Staatssicherheit aufgesucht, man bemühte sich um seine Mitarbeit. Er hat sich sofort bei mir gemeldet, mir reinen Wein eingeschenkt. Die Gespräche mit dem Kreisdienststellenleiter Stemmler hat er weitergeführt, mich aber immer darüber informiert. (So einfach ist das mit dem IM-Etikett eben nicht, wie es nachträglich erscheint.) Daher wusste ich, wer jeweils gefährdet war – zum Beispiel der Sohn eines VVB-Generaldirektors, der sich taufen lassen wollte.

Wir haben in diesen sieben Jahren sehr intensive Bibellektüre betrieben, aber uns zugleich mit aktuellen und prinzipiellen gesellschaftspolitischen Fragen beschäftigt. Ein Höhepunkt wurde der 1. August 1975 mit einem Fest im Kreuzgang des Domes, wir feierten die Unterzeichnung der Schlussakte von Helsinki. Ich gab damals die Parole aus: »Jetzt können Menschen, die hier nicht mehr leben wollen, das Land geregelt verlassen. Aber seinen Ausreiseantrag muss man sich verdienen, er ist kein Lohn für Anpassung und Karriere, um sich nun still und heimlich davonzumachen. Man sollte also nur dann weggehen, wenn man wirklich nicht mehr kann, vorher aber alles versucht hat, sich für die Verbesserung der Verhältnisse einzusetzen.«

Wir sind in unserer Arbeit weder von kirchlichen Amtsträgern noch von der Staatssicherheit offen erkennbar behindert worden. Dass die fleißige Stasiinformantin Marion einen mehrseitigen Bericht über ein Seminar zum Thema »Forderungen der Freiheit« in Bad Lauchstädt verfasste, ahnten wir nicht.[20] Problematisch wurde es für mich und die Studentengemeinde, nachdem 1976 im RIAS-Frühprogramm ein Bericht des Kirchenredakteurs Wolf-Dieter Zimmermann gesendet worden war. Vorsichtshalber hatte Zimmermann die darin Vorkommenden anonymisiert, also auch mich, aber natürlich wurde Eingeweihten sofort klar, um wen es in der Reportage ging. Ein Student in Karl-Marx-Stadt nahm den Bericht auf und verbreitete ihn. Bei einer Hausdurchsuchung wurde das Tonband gefunden. »RIAS« hieß das verhängnisvolle Reizwort. Der Tatbestand: Verbreitung konterrevolutionärer Tonträger. Der Generalsekretär der Evangelischen Studentengemeinde Jens Langer wurde von »staatlichen Organen« auf den Rundfunk-Beitrag angesprochen, ich selbst nicht. Der Student in Karl-Marx-Stadt wurde exmatrikuliert.

Intensiv beteiligten wir uns an der Vorbereitung des regionalen Kirchentages im September 1976 in Halle, auf dem die Staatssicherheit mit übermäßig vielen Leuten im Einsatz war. Ich hatte damals den »Abend der Begegnung« in der zentral gelegenen Marktkirche zu organisieren. Dort haben wir in einem Abendgebet Gedichte gelesen, auch Heinz Czechowskis Gedicht »D«, also ein Gedicht über Deutschland. Ich hatte aus Obstkisten, die mit Tapete umwickelt waren, eine große Mauer aufgebaut und diese Mauer unter großem Beifall symbolisch durchbrochen. Symbolische Akte können Akte der Freiheit sein, gerade dann, wenn die Wirklichkeit dem noch nicht nachkommt, so nehmen sie doch Zukunft voraus, nähren Sehnsucht und stärken Hoffnung.

Während der Schlussveranstaltung auf dem Sportplatz der Deutschen Reichsbahn stand (rein zufällig?) auf dem Bahndamm daneben, für uns alle sichtbar, ein Zug, vollgestopft mit Militär. Nach der Selbstverbrennung des Pfarrers Brüsewitz im August und dem Auftritt von Wolf Biermann am 11. September in der Nikolaikirche in Prenzlau und nach Erscheinen des Buches »Die wunderbaren Jahre« von Reiner Kunze war die Anspannung besonders groß.

Im Rahmen des Semesterthemas »Sprache als umfassender Lebensausdruck« hatten wir für den 26. Oktober 1976 einen Abend mit Reiner Kunze geplant. Er sagte telegrafisch ab, weil er eine Verhaftungswelle fürchtete. Eine Vertrauensstudentin und ich haben Reiner Kunze daraufhin in Greiz besucht. Wir vermochten ihn zwar nicht umzustimmen, verabredeten aber ein Seminar mit ihm, das im April 1977, kurz vor seiner Ausreise in die Bundesrepublik, stattfand.

Auf einer Ersatzveranstaltung für die ausgefallene Kunze-Lesung im Merseburger Dom trugen wir Texte von ihm, Camus und Kafka zur Freiheit der Kunst vor. Etwa 150 Zuhörer waren gekommen. Sie wurden beim Hinausgehen von Herren gemustert, die sich in unverhohlener Drohgebärde rauchend vor den Türen postiert hatten. Als ich mit einer kleinen Gruppe zu den 400 Meter entfernten Räumen der Studentengemeinde ging, sahen wir etwa zehn Männer gegenüber dem Eingang stehen. In akuter Sorge um die Studenten ging ich auf sie zu und fragte, ob sie auf jemand warteten. Der Leiter sagte nur nein. Ich fragte weiter, warum sie denn nachts im Nebel vor unserer Tür stünden. Darauf der Herr mit scharfer Stimme: »Beunruhigt Sie das?« Diese Antwort wurde bei uns zum geflügelten Wort.

Welch abstrusem Denken und welch einer verachtenden Sprache die Staatspartei verfallen war, lässt sich an einem Protokoll der SED-Kreisleitung Böhlen ablesen, das mir vom Sohn eines höheren Partei- und Wirtschaftsfunktionärs zugespielt wurde. »Dann ließen sie [die Pfarrer] den Idioten Brüsewitz in Flammen aufgehen, was für die Konterrevolution das Flammenzeichen sein sollte. Danach gab es dann von

Symbolischer Mauerdurchbruch am »Abend der Begegnung« zum Kirchentag in der Marktkirche Halle, September 1976

der reaktionären Kirchenführung eine ganze Reihe Dokumente, die über die Pfaffen in der Kirche verlesen werden sollten und verlesen wurden, um die christlichen Bürger zur Konterrevolution aufzurufen.« Wir waren also die Gegner, die Konterrevolutionäre. Wir waren verdammt, mit unseren Wahrheiten listig vorzugehen, unsere ehrlichen Gefühle quasi unter Verschluss zu halten. Der Apostel Paulus schärft im ersten Korintherbrief ein: »Ihr seid teuer erkauft; werdet nicht der Menschen Knechte« (1. Kor. 7,23). Es geht ihm um einen inneren Abstand, der löst, befreit: Also weinen, als weinten wir nicht; uns freuen, als freuten wir uns nicht; kaufen, als behielten wir es nicht, und diese Welt zu gebrauchen, als brauchten wir sie nicht. (Vgl. 1. Kor. 7,29 ff.) Wir konnten den Apostel gut verstehen und fühlten uns ermutigt zur Nachfolge: »Man schmäht uns, so segnen wir; man verfolgt uns, so dulden wir's; man verlästert uns, so reden wir freundlich. Wir sind geworden wie der Abschaum der Menschheit, jedermanns Kehricht, bis heute.« (1. Kor. 4,12–14) Und wir lebten »als die Traurigen, aber allezeit fröhlich; als die Armen, aber die doch viele reich machen; als die nichts haben und doch alles haben« (2. Kor. 6,10). Die Bibelsprache ist unmittelbar und elementar, so tröstlich wie sperrig, so wahr wie hoffnungsvoll. Die Liebe »sucht nicht das Ihre, sie lässt sich nicht erbittern, sie rechnet das Böse nicht zu, sie freut sich nicht über die Ungerechtigkeit, sie freut sich aber an der Wahrheit« (1. Kor. 13,5 f.). Für mich gelten diese Worte auch beim Abrechnen mit der vergangenen Zeit, die keine verlorene war. Unter uns war und ist »aufgerichtet das Wort von der Versöhnung« (2. Kor. 5,19).

Mich bewegt noch heute der Freimut der Studentinnen und Studenten, die damals in der ESG mitarbeiteten. Jeder thematische Abend begann mit einem gemeinsam vorbereiteten Abendessen und einer Andacht im Dom. Wir versuchten in einer geschlossenen Gesellschaft eine offene Gemeinschaft zu sein, die sich freilich um eine verlässliche, nicht angreifbare Verbindlichkeit ihrer Haltung und Überzeugungen mühte. In meiner Wohnung fanden mehrere Taufseminare statt. Wir feierten im Dom gemeinsam Erwachsenen-Taufgottesdienste. Es gab Lesungen (Stefan Heym, Bettina Wegener, Ulrich Plenzdorf), zweimal habe ich sommerliche Radtouren organisiert. Eine Fahrt mit 25 Teilnehmern führte uns durch die Altmark, eine durchs Saaletal.

Freundschaft und Erlebnis waren die Schlüssel zur währenden Freude. Mit dem damaligen Jugendpfarrer aus Köln, dem späteren Ratsvorsitzenden der EKD Präses Manfred Kock traf ich mich, sooft es möglich war, während der Frühjahrsmesse in Leipzig. Jedes Mal ein Geschenke-Glück: Bücher, Kaffee, Tee, Kassetten. Die Kölner versorgten uns mit Technik, Abzugspapier, Bastelmaterial. Manfred Kock wurde mein Partner, der bald zum Freund wurde und es bis heute mit seiner Frau Gisela ist.

Als ich nach Merseburg ging, versuchte ich, die Gemeindearbeit und die Arbeit mit Studenten an der dortigen Hochschule »Carl Schorlemmer« sowie Lehrlingen in Leuna und
Buna miteinander zu verknüpfen. Samstagsnachmittags lud
ich zu Jugendseminaren ein. Auch die Eltern konnten hinzu-
kommen. Was man offiziell produktive Verbindung zwischen »Arbeitern« und »Intelligenzlern« nannte, gelang hier
praktisch. Hin und wieder sind wir in umliegende Gemeinden gegangen, um auch auf dem Dorf junge Leute anzusprechen. Das war meist vergeblich.

Bei seinem Machtantritt hatte Honecker versprochen, nun
werde alles noch besser. In der DDR wurde immer nur ver-
vollkommnet, selbst alle Übel. Auf riesigen Transparenten
war auf rotem Untergrund in großen weißen Lettern zu lesen:
»Was der VIII. Parteitag beschloss, wird sein.« Mich elektrisierte Dürrenmatts Hörspiel »Herkules und der Stall des Augias«, 1968 im Verlag »Volk und Welt« erschienen. Darin wird
eine Situation beschrieben, in der nichts mehr geht, wo der
Mist immer höher steht und keiner eine Lösung weiß, wie
man ihn loswird. Stagnation im Mist. Viele Kommissionen
werden gegründet, die wiederum nichts weiter tun als pala-
vern, die Vermistung des ganzen Landes kleinreden. Am
Schluss muss König Augias seinem resignierenden Sohn Phy-
leus gegenübertreten. Er zeigt ihm einen kleinen Garten, den
er im Verborgenen angelegt hatte und in dem aus dem Mist
Humus wurde. Dies war für mich ein sehr frühes Bild gelin-
gender Konversion. Und ein Bild dafür, dass man sich nicht
immer gleich *alles* vornehmen, sondern aus dem unmöglich
Erscheinenden das Mögliche herausfiltern muss. Im Einzelnen und im Kleinen wirken, ohne das Große aus dem Blick zu
verlieren. Nicht auf die kleine Tat verzichten, weil der große

Wurf nicht – sofort – gelingt. Dass sich die ganze Welt erhelle, das kann man nicht erzwingen. Was man tun kann, ist immer das Eigene. Und Gelingen bleibt eine Gnade.

Im Frühjahr 1972 übte ich mit Studenten eine Dramatisierung von Dürrenmatts Hörspiel ein. Den Mistkönig Augias habe ich gespielt. Wir wurden mit der Aufführung zu einem Gemeindefest in das Dorf Spergau eingeladen. Die Bauern waren entsetzt, sie fühlten sich beleidigt. Sie konnten uns nicht verstehen, zumal ich zuvor einen Gottesdienst gestaltet hatte zum Thema »Was ist der Mensch?«. In einem Anspiel wurden auch Marx und Nietzsche zitiert. Nach Nietzsche ist der Mensch eine Mischung aus Wurm, Affe und Übermensch. Und was sollte so ein atheistischer Satz von Marx in einer Kirche: »Der Mensch ist für den Menschen das höchste Wesen.«

Daneben setzte ich natürlich biblische Aussagen über den Menschen. Schließlich ist er ein von Gott geliebtes Geschöpf, gewürdigt in seiner Einmaligkeit. Und zugleich ist er ein Wesen im Widerspruch. »Wollen habe ich wohl, aber das Gute vollbringen kann ich nicht. Denn das Gute, das ich will, das tue ich nicht; sondern das Böse, das ich nicht will, das tue ich … Ich elender Mensch! Wer wird mich erlösen von diesem todverfallenen Leibe?« (Vgl. Paulus im Römerbrief Kapitel 7, Verse 18–25)

Die Bauern schauten finster und bezogen alles auf sich. Der Gemeindekirchenrat beschloss in der Woche darauf, dass ich die Kanzel jenes Ortes nie wieder betreten dürfe. Warum? Weil ich ein Marx-Zitat verwendet hatte.

Immer wieder kam ich in den Verdacht, ein verkappter Marxist zu sein, statt die traditionelle christliche Lehre zu verbreiten. Diese Auffassung vertraten meist jene, die sich ihres eigenen Verstandes nicht öffentlich bedienten und ihren Widerstand vor ihren Fernsehern artikulierten. Und die Hü-

Als König Augias in Dürrenmatts »Herkules im Stall des Augias«. Ich hatte für die Evangelische Studentengemeinde Merseburg 1972 eine Spielfassung hergestellt. Die Szene zeigt die Sitzung der Ausmistungskommission.

ter der einzigen Wahrheit des ML vermuteten in mir einen gerissenen Antikommunisten.

Noch nach 40 Jahren habe ich bleibenden Respekt vor den Jugendlichen, die mir damals anvertraut waren und die mir trauten. Manche wurden nicht nur fortwährender Vormundschaftlichkeit überdrüssig, sondern aufmüpfig. Ich habe mich je und dann selbstquälerisch gefragt, was ich ihnen für ihre berufliche Zukunft zumutete. Aber ich war froh, dass sie den Mut fanden, sich ihres eigenen Verstandes zu bedienen und sich gegen ihre Vormünder aufzuwerfen. Glücklich war ich, wenn sie im Lande blieben und aktiv blieben. Viele konnten sich nach 1989 richtig entfalten.

Mut, so heißt es mitunter, sei fehlgeleitete Angst oder Ahnungslosigkeit, also mangelndes Wissen. Daher würden Menschen, wenn sie ihren Mut in bestimmten Situationen rekapitulierten, im Nachhinein von jenem Schrecken eingeholt, der ihnen zum Zeitpunkt ihres mutigen Eingreifens nicht in den Sinn kam, sie nicht schützte vor der Gefahr. Mag sein. Psychologie rechnet uns stets auch ein wenig herunter auf physiologische Vorgänge jenseits unseres Willens und dessen Freiheit. Gleiche Angst, gleiche Ahnungslosigkeit, gleiches Unwissen? Nach aller Erfahrung schlägt die Unwissenheit der Masse, ihre Angst und ihre Ahnungslosigkeit durch. Der Mut der Masse dagegen ist weniger geläufig; eher wird die Masse rasend (gemacht) und übertönt alle Einsprüche der Vernunft. Konsequente Treue zum eigenen Gewissen erfordert Mut. Wenn ich an Mut denke, denke ich an bewussten Mut zur Einsamkeit, wie sie jeden Menschen betrifft und trifft, der sich außerhalb einer Norm stellt, die er nicht mit sich vereinbaren kann. Und ich denke an eine Abiturientin, an Bärbel.

Anfang 1978 war durchgesickert, dass das Volksbildungsministerium in Absprache mit dem Verteidigungsministerium in den Schulen das Fach Wehrkunde-Unterricht einführen wolle, verbindlich für alle. Auf einer Pfarrerkonferenz Anfang März in Gnadau versuchte ich, alle Teilnehmer zu einem gemeinsamen Protestschreiben zu bewegen. Für mich war es kein Zufall, sondern zynisches Kalkül, dass die Partei im unmittelbaren Vorfeld des ersten, auf höchster Ebene angesiedelten Staat-Kirche-Gesprächs vom 6. März 1978 solche Planungen lancierte. In den folgenden Jahren wurde dieses Treffen stets als Synonym für das sachbezogene, dialogische Verhältnis zwischen Staat und Kirche gewertet. Damit war die CDU in ihrer Scharnierfunktion faktisch ausgehebelt, weil es direkte Kontakte zwischen den Repräsentanten der Evangelischen Kirche und Mitgliedern der Parteiführung mit Erich Honecker an der Spitze gab. »Den 6. 3. nicht gefährden!« – das wurde zu einer refrainartigen Disziplinierungsformel uns gegenüber und in Kirchenkreisen; bei Wahrnehmung oppositioneller Aktivitäten meldeten sich die Staatsvertreter sofort mit der entsprechenden Warnung. Auf der Konferenz in Gnadau herrschte eine gespannte Atmosphäre. Einige Pfarrer meinten, man könne doch »nicht schon wieder protestieren«, nachdem endlich sachliche Gespräche begonnen hätten. Eine gemeinsame Erklärung zum geplanten Wehrkunde-Unterricht kam nicht zustande. Nur zwei Pfarrer und ich haben mit persönlichen Protestbriefen auf den ministeriellen Plan zur weiteren Militarisierung der Gesellschaft reagiert.

Eine Schülerin der 12. Klasse aus Merseburg, die selber Lehrerin werden wollte, schrieb nach einem Jugendseminar, bei dem wir uns mit Friedens- und Wehrerziehung beschäftigt hatten, an die Ministerin für Volksbildung Margot Honecker. Sie wolle, so betonte sie in ihrem Brief, dass in den Schulen zum Frieden erzogen und nicht auf den Krieg vorbereitet werde.

Der Friede war für diese junge Frau der Ernstfall. Zum Ernstfall für die Obrigkeit wurde sie selbst, und zwar äußerst schnell. Die Abiturientin bekam nämlich als Antwort auf ihren Brief eine Vorladung zum Rat des Kreises. Im Verhör saß sie fünf Männern gegenüber: dem Schulrat, dem Schuldirektor, dem Parteisekretär und zwei anonym bleibenden Herren, bei denen klar war, welche Institution sie vertraten. Bärbel wurde in aggressivem Ton gefragt, wie sie denn auf ihren Protestbrief gekommen sei, wer die Hintermänner der Aktion seien, woher sie als Schülerin die Informationen erhalten habe. Die üblichen Tonlagen zwischen Höflichkeit und Schärfe.

Einige Tage später wurde in Bärbels Schule eine Schüler-vollversammlung einberufen. Alle Schüler trafen sich bereits eine Stunde vor dem festgesetzten Beginn – außer Bärbel natürlich. Sie war nur zugelassen zur »Vergatterung«. Als sie den ohnehin abweisenden Raum betrat, so erzählte sie später, sei eine eisige Atmosphäre, eine unerträgliche Spannung spürbar gewesen. Auch gut befreundete Mitschülerinnen verfielen plötzlich in eine förmliche Distanz, als stünde ihnen eine Fremde gegenüber. Dann wurde Bärbel mit Fragen bestürmt, ja geradezu umzingelt, Fragen wie Pfeile. Alle Fragen waren vorher an die Mitschüler verteilt worden, die sie nun vom Papier ablasen. Am Ende der inquisitorischen Versammlung wurde einstimmig beschlossen, Bärbel die Eignung für das Pädagogikstudium abzusprechen.

Damals hatte mich der Stuttgarter RADIUS-Verlag gebeten, für die Textreihe »Assoziationen zu den Psalmen« etwas zum Psalm 43 zu notieren, was Bezug zur gesellschaftlichen Wirklichkeit haben sollte. Mein Ausgangspunkt war Psalm 43, Vers 1: »Gott, schaffe mir Recht und führe meine Sache wider das unheilige Volk und errette mich von den falschen und bösen Leuten.« Ins Zentrum stellte ich Bärbel, hatte ich doch erfahren, was sie erlebt hatte, wie sie in ihrer Bedrängnis bestanden hatte, wie ihre Sache geführt worden war. Damals hatte ich die Namen anonymisiert.

»Da wirst du vorgeladen. Wie zum Verhör. Aus Vertrauen hattest du geschrieben, offen. Du wolltest ein Gespräch, ein öffentliches. Aber du wirst vereinzelt. Misstrauen und Feindseligkeit begegnen dir. Mit dir wird nicht geredet – du wirst in die Enge getrieben: Fünf Männer, ein Mädchen, drei Stunden. Zwischendurch lassen sie sich fünf Tassen Kaffee bringen. Dann zwanzig Schüler, eine Schülerin, zwei Stunden. Vorher hielten sie Rat. Du hast auf vorbereitete Fragen zu antworten. Kein Wenn und Aber. Bist du für den Frieden? Na

204

also! Deine Stimme bebt, während du deine Wahrheit sagst, aber die Tränen verbirgst du. Diesen Triumph möchtest du den zitternden Eiferern nicht lassen. Sie stimmen ab. Wer steht zu dir? Das Ergebnis: Du hast einstimmig unrecht. Erst als du zu Hause bist, weinst du. Nun lachst du wieder. Du fühlst, dass du stärker geworden bist.«

Natürlich wurde mein mit Schreibmaschine geschriebener Text von der Stasi abgefangen und einkassiert. Ich habe ihn schließlich einem Freund aus Köln mitgegeben, der ihn »drüben« in den Briefkasten steckte. Bärbel wurde die Eignung für ihren so geliebten Beruf abgesprochen, und mehrere Eltern machten mir Vorhaltungen wegen des negativen Einflusses, den ich mit meiner »Friedensarbeit« auf ihre Kinder ausübe: Ich würde deren Zukunft gefährden. Ein Vorwurf, der mich schmerzte. Ich habe in unserer Gemeinde nie jemanden aufgestachelt oder angestiftet oder unmittelbar aufgefordert, an einer gefährlichen Aktion teilzunehmen. Allerdings fand unsere Friedensarbeit nicht im luftleeren Raum statt und war durchaus einer kritischen Haltung zu einer immer stärker und offener militarisierten DDR verpflichtet.

Bärbels schulische Leistungen sorgten schließlich dafür, dass sie doch studieren konnte, Russisch und Deutsch, ein Semester sogar in Moskau. Heute ist sie froh, in einer demokratischen Gesellschaft weiter und ganz anders Lehrerin zu sein.

EIN ORGELKONZERT MIT FOLGEN

Michael Vogler, Student der Landwirtschaft mit künstlerischen Begabungen, ehemals Offiziersanwärter, nahm an einem Erwachsenen-Taufseminar teil. Er hatte sich als Achtzehnjähriger bei der Volksarmee für 25 Jahre verpflichtet, wurde an einem Jagdflugzeug ausgebildet, konnte jedoch aus eigener Kraft und ohne Schaden zu nehmen aus der Militärlaufbahn ausscheren. Das war zu jener Zeit ein mutiger, ja geradezu unwahrscheinlicher Kraftakt.

Begegnet bin ich ihm, nachdem er in den Merseburger Dom gekommen war, um ein Konzert mit Hans-Günther Wauer an der Ladegast-Orgel zu hören. Die Kirchenbänke waren bis auf den letzten Platz gefüllt. Er suchte sich einen zum Sehen und Hören günstigen Platz an einem der großen Pfeiler.

Er sah auf die Orgel, er sah auf das Gewölbe, und er sah eine junge Frau. Er sprach sie beim Hinausgehen an, ob sie mit ihm ein Glas Wein trinken würde. Sie fanden sich, als ob sie sich gesucht hätten. Besagte Dame war zu jener Zeit meine Kollegin für Jugendarbeit im Kirchenkreis. Wir haben uns gut verstanden und gegenseitig angeregt.

Nun kam er in mein Taufseminar. Ich erinnere mich an tiefgründige Gespräche, wie ich sie in Glaubenssachen bis dahin noch nicht erlebt hatte. Er besuchte auch Jugendabende und Veranstaltungen der Studentengemeinde, dafür nahm er die lange Anfahrt mit der Straßenbahn aus Halle in Kauf. Er war – anders als ich – angetan von dem Musical »Jesus Christ Superstar« und malte dazu eine Serie expressiver Bilder, die wir in einer kleinen Ausstellung in der Studentengemeinde zeigten. Seine erschütternde Zeichnung vom sich verbrennenden Oskar Brüsewitz hat uns sehr bewegt.

Bald sollte ich beide im Dom trauen. An den Stufen des Chorraums saß das Brautpaar vor mir. Der Organist Hans-Günther Wauer, ich als Pfarrer und sie. Sonst niemand. Eine merk-würdige Gottesnähe ergriff uns. Die Nähe zueinander, der vom Höchsten sprechende gotische Raum, eine sphärische Musik hatten uns erhoben und miteinander verbunden. Wer so etwas einmal erlebt hat, weiß, was Glaube ist, der in Tiefen reichen und in Höhen tragen kann. Das Paar zog nach

206

Mühlen Eichsen. Dieser ehemalige Offiziersanwärter, der einst eine Jagdflugzeugausbildung begonnen hatte, wohnte in einem mecklenburgischen Dorf. Sie retteten einfallende Kirchen und eine Orgel in Groß Eichsen. Michael wurde kurzzeitig Bürgermeister in Mühlen Eichsen und sorgte dafür, dass nicht gleich wieder die »alten Kämpfer« ans Ruder kommen konnten. Später wurde er Maltherapeut im Förderungszentrum in Herrnhut für geistig Behinderte.

Immer wieder qualifizierte er sich selbst, wurde ein ungewöhnlicher – an Emil Nolde geschulter – Landschaftsmaler, dann Kunstfotograf. Die Bilder konnten in vielen Ausstellungen – auch in der Wittenberger Akademie – bestaunt werden. Er hat einfach einen ungewöhnlichen Blick.

Seine Frau Anne war und blieb eine engagierte Pastorin.

Die beiden nun schon 37 Jahre zu Freunden zu haben, zähle ich zum Glück meines Lebens. Er schenkte mir 1988 eines seiner kleinen Aquarelle und stellte dazu diese Ermutigungssätze: »Wenn der Himmel einen Menschen mit einer großen Aufgabe betrauen will, so wird er bestimmt seinen Geist Bitternisse erleiden lassen, seinen Sehnen und Knochen aufreibende Arbeit aufbürden, seinen Leib mit Hunger und Armut plagen, und Widerwärtigkeiten werden ihm zustoßen in allem, was er unternimmt. So spornt der Himmel seinen Geist an, festigt seinen Charakter, und seine Fähigkeiten wachsen wohl über das hinaus, was er ursprünglich zu leisten vermocht hätte.«

WENN EINER AUS DER REIHE TANZT

Im Juli 1978 besucht eine ungarische Touristengruppe den Dom in Merseburg und wird von einer staatlichen Führerin durch den Dom geführt (der Dom gehört dem Staat). Eine Frau fragt nach dem Sinn einer am Eingang hängenden Karikatur.

Die Führerin ist verwirrt; sie weiß das Bild nicht zu deuten. Sie ruft die Küsterin herbei, die gerade saubermacht. Und diese sagt einfach: »Viele gehen in diese Richtung, und einer geht in die andere.« Als sie ihre Führung beendet hat, geht sie noch einmal zur Küsterin und sagt ihr, die Karikatur würde doch noch mehr bedeuten. Sie meldet das beim Rat des Kreises. (Jeder staatliche Touristenführer musste bis 1989 genaueste schriftliche Berichte über ausländische Gruppen in doppelter Ausführung abliefern, alle Fragen, die sie gestellt hatten, alle besonderen Vorkommnisse erwähnen.) Am nächsten Tag kommt der Kirchenbeauftragte des Rates des Kreises zum Pfarrer und sagt ihm, dass er den Dom sehen möchte. Der Pfarrer geht mit ihm in die Kirche. Als sie in die Eingangshalle kommen, bittet der Kirchenbeauftragte den Pfarrer, die Karikatur einmal zur Information in den Rat des Kreises mitnehmen zu dürfen. Der Pfarrer verweigert das nicht. Die »Führung« wird fortgesetzt. Die zufällig vorüberkommende Küsterin sieht, dass der Beauftragte eine Papierrolle in der Hand hat, und bemerkt, dass die Karikatur entfernt worden ist. Sie geht beherzt auf ihn zu. Was er dort in der Hand habe? Er sagt darauf wieder seinen Spruch – wie ein Ertappter. Ihr Mann ruft mich an, ich fahre sofort mit dem Fahrrad zum Dom und beanspruche mein Eigentum. Ich sage ihm, er könne ein Beschlagnahmeprotokoll ausfüllen, wenn er das Blatt mitnehmen müsse, ansonsten müsse ich dies als Diebstahl werten. Ich würde ihn anzeigen, falls … Er beteuert nochmals, dass er es nur bis zum nächsten Tag in den Rat des Kreises mitnehmen wolle – »zur Information«. Ich bestehe auf Rückgabe, und er gibt es zurück. Dann kommt es zu einem Grundsatzgespräch darüber, was die Kirche in der Kirche aushängen darf …

Als ich die Karikatur vier Jahre später in den Schaukasten in Wittenberg hänge, kommt der Kirchenbeauftragte nach

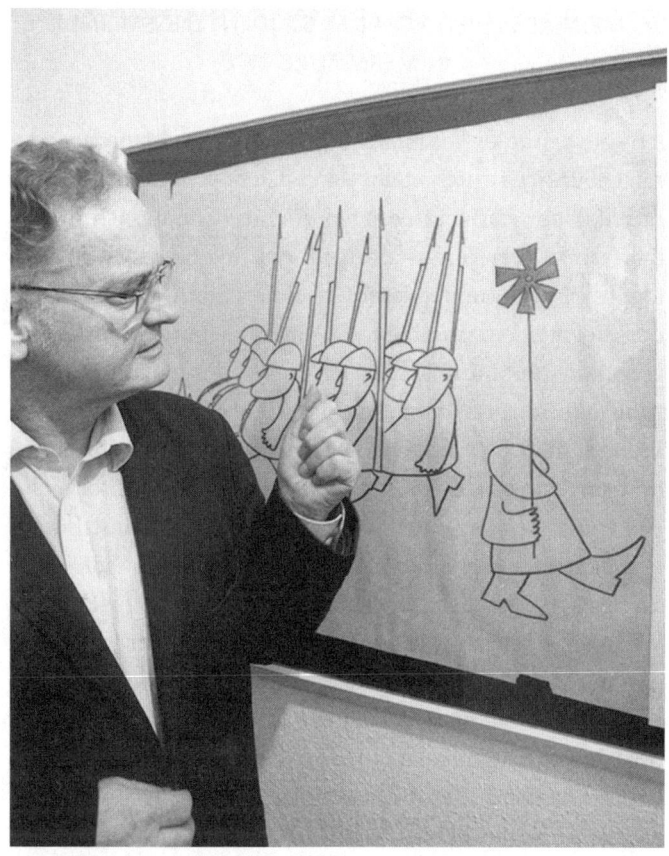

Wiederbegegnung mit der Karikatur »Wenn einer aus der Reihe tanzt« in der Ausstellung »20 Jahre Wendezeiten«, 2009

zwei Stunden und fordert mich auf, sie sofort herauszunehmen, weil dies eine Aufforderung zur Wehrdienstverweigerung und eine Verunglimpfung der Verteidigung des Friedens sei. Wenn ich das nicht täte, sei er für die weiteren Schritte nicht verantwortlich. So konnte eine einzige Zeile von Kunze oder eine einzige Karikatur das System erschüttern.

MEIN ABSCHIED VON DER STUDENTENGEMEINDE
IN MERSEBURG 1978

Ich spürte immer Verantwortung für jüngere Menschen, deren Lebensweg durch meine Aktivitäten unverhältnismäßige Brüche oder Einschränkungen erleiden konnte. Ich wollte, dass sie zu den Veranstaltungen der Jugend- oder Studentengemeinde kommen konnten, ohne kriminalisiert zu werden. Bei meinem Abschied von der Merseburger Studentengemeinde im Mai 1978 habe ich dies so ausgedrückt:

»Jedem von euch danke ich tiefmenschliche Erfahrung und Freundschaft. Wir haben mehr empfangen, als wir danken können. Und es hat von Anfang an und bis heute Störversuche von außen gegeben: schmutzige, nichtswürdige Praktiken eines selbstunsicheren Apparats, der versucht hat, *gerade* Menschen zu brechen oder *un*gerade hierherzuschicken. Wenn die einen sagen ›Denken ist heute zu gefährlich‹, so sagen wir ›Nichtdenken ist gefährlicher‹. Wenn wir das Denken den Leuten mit den eckigen Gehirnwindungen, das Sehen den Einäugigen, das Hören den Wanzen überlassen, haben wir keine Zukunft. Da ist ein Satz des Jesus von Nazareth geradezu befreiend: ›Wer Ohren hat zu hören, der höre! Habt keine Furcht.‹«

Am Abend dieses Abschiedsfestes sang Bettina Wegener auch das Lied von der Trauer über die Weggegangenen. Bald hielt sie selbst es nicht mehr aus und ging.

VERSUCHE, IN DER WAHRHEIT ZU LEBEN

EINE OPPOSITIONELLE GRUPPE

Wenn ich bei öffentlichen Veranstaltungen vorgestellt werde, so heißt es immer wieder: »Um ihn bildete sich seit Anfang der 80er-Jahre eine oppositionelle Gruppe.« Das »Oppositionelle« also macht unsere Gruppe nach 1990 erwähnenswert. Wir waren aber ein Gesprächskreis junger Erwachsener, der sich als ein »Sammelplatz der Beunruhigten« im Geiste Jesu Christi empfand. Eine Gruppe von 20 bis 30 Leuten mit einem engeren oder loseren Verhältnis zu Glauben und Kirche, regelmäßig zusammenkommend, um über relevante Lebensfragen miteinander zu reden. Von 1979 bis 1989, genau zehn Jahre. Es gehörte Mut dazu, in diesen Kreis zu kommen und sich von dort aus gesellschaftskritisch einzumischen.

Wir beschäftigten uns mit Bibeltexten und feierten Gottesdienste, die wir gemeinsam vorbereiteten, Geburtstage, Fasching und 1983 zum ersten Mal im Lutherhof Luthers Hochzeit. Am 5. Juni, dem »Tag der Umwelt«, nahmen wir Urlaub und fuhren mit den Rädern in die Umgebung, um die Aktion »Mobil ohne Auto« zu unterstützen. An die Synode richteten wir Eingaben, insbesondere Friedens-, Erziehungs-, Umwelt- und Demokratiefragen betreffend. An Erich Honecker schrieben wir Eingaben zur Abrüstung und Bildungsreform. In einem längeren Schreiben an den SED-Parteitag sprachen wir 1986 lokale und DDR-weite Probleme vom Städteverfall bis zur verpesteten Luft an. Wir empfingen eine Delegation des Repräsentantenhauses der USA, die Mitarbeiter des Hauses der Sowjetischen Kultur und Wissenschaften in Berlin. Ein nächtliches intensives Gespräch mit etwa zehn sowjetischen »Inspektions- und Konversionsoffizieren« kam spontan zustande, eine Adventsfeier mit unter uns lebenden Sowjetbürgern wurde von Stasi und KGB gemeinsam unterbunden.

Bei uns lasen – ohne die erforderliche Genehmigung einzuholen – u. a. Ingeborg Drewitz, Stefan Heym, Helga Schütz, Volker Braun, Lutz Rathenow, Monika Helmecke, Jürgen Rennert und Uwe Grüning. Wir wirkten mit in der überregionalen Friedensgruppe »Frieden 83«, die sich zweimal jährlich traf, und pflegten intensive Kontakte zu Friedensgruppen in Westberlin, in Brandenburg, in Nürnberg sowie den Niederlanden. Wir beschäftigten uns mit der Kommunistin Rosa Luxemburg, dem Philosophen Immanuel Kant und dem Theologen Friedrich Schleiermacher. Unsere Gruppe verfasste die »20 Wittenberger Thesen« für den Kirchentag 1988 in Halle. Am 1. Oktober 1989 richteten wir einen Brief an Michail Gorbatschow, um ihn in der DDR zu begrüßen (weitergereicht von einer Westjournalistin).

Wir haben 1986 und 1989 überlegt, wie wir bei den »Wahlen« durch Wortmeldungen bei der Vorstellung der Kandidaten der Nationalen Front, durch Beobachtung in Wahllokalen und bei der Auszählung wirksam werden könnten.

Die Stasi hatte mich als »geistigen Lenker und Urheber von ›Frieden 83‹« ausgemacht und setzte zwei besonders eifrige IMs auf unsere Gruppe an. Einer berichtete 1986, »Johannes«, so mein OV-Name, identifiziere sich eindeutig mit den Zielen und Vorgehensweisen der Reagan-Administration. »Er … bekennt sich offen zum Antisowjetismus und Antikommunismus …« Man hielt mich gar für einen CIA-Agenten.

Wegen »planmäßig staatsfeindlicher Hetze gemäß § 106 (1), Ziff. 2 und 3« wurde 1977 ein »Operativer Vorgang« (OV) eröffnet. »Aufgrund der kirchenpolitischen Situation wurde die OV-Person bisher nicht strafrechtlich zur Verantwortung gezogen. ... Aufbauend auf der politisch-operativen und strafrechtlichen Bewertung des aktuellen Sachstandes des OV erfolgt die politisch operative Bearbeitung derzeit gemäß §§ 97, 98, 106 StGB.« Alle operativen Maßnahmen sollten in enger Zusammenarbeit mit der Abteilung XX und Abteilung II der Bezirksverwaltung Halle durchgeführt werden.

Ich wusste damals, dass ich gemäß dieser Artikel des StGB zu zwölf Jahren Zuchthaus verurteilt werden könnte. Man hielt das jedoch nicht für opportun, meinte, der Wirbel würde größer, wenn man mich einsperrte. Daher orientierte man auf »Zersetzung, Disziplinierung und Zurückdrängung«. Um die Gruppe zu destabilisieren, wurden kollegiale Meinungsverschiedenheiten ausgenutzt und Rivalitäten forciert. Unser Kreis beschäftigte sich z. B. seit 1986 mit der friedlichen Nutzung sowie den langfristigen Risiken der Kernenergie. Wir haben Experten eingeladen und prononciert Stellung genommen, während das kirchliche Forschungsheim in Wittenberg mit dessen Leiter Dr. Gensichen sehr viel zurückhaltender agierte und an einem guten Verhältnis zu den staatlichen Organen interessiert blieb. Ich hielt die öffentlichen Einlassungen des Forschungsheims in der Tat für zu lasch, aber die Stasi schürte die Differenzen mittels ihrer Spitzel, wie aus den Akten hervorgeht.

Die moderne Friedensforschung verhalf uns zu Erkenntnissen über strukturelle und individuelle Gewalt, psychologische wie ökonomische Ursachen für die Eskalation von Konflikten und über Strategien zur Behebung von Konflikten. Unsere Kirchenleitung in Magdeburg hatte mehrere Gruppen um Stellungnahme zum KAIROS-Papier gebeten, in dem die Christen der Vereinigten Südafrikanischen Kirche Gewalt als ein Gegenmittel gegen die unüberwindbar scheinende, rassistische Gewalt des Apartheidregimes befürworteten. Der mehrseitige Text, den wir sowohl nach Südafrika als auch an

213

unsere Kirchenleitung schickten, hat keinen der Adressaten erreicht. Wir gaben in unserem Schreiben vom 8. Juli 1986 zu bedenken, dass »jede Gewalt, auch die ›gerechte‹«, in der Gefahr stehe, »nicht mehr von sich selbst lassen zu können und zum Wert für sich zu werden. Wenn man seine eigene Sache als eine gerechte empfindet, so sehen auch wir die Gefahr, dass Gewalt auf Dauer gerechtfertigt wird: eben als Erhaltung des ›Guten‹ und ›Gerechten‹.« Da das Töten von Kollaborateuren u. E. *nicht* zur gerechten Gewalt gehörte, appellierten wir an die südafrikanischen Christen, ihre Aktionen zu begrenzen. »Gerade weil Ihr dieses Charisma habt, bitten wir Euch, bei Eurem gerechten Kampf gegen die herrschende Unterdrückung darauf bedacht zu b l e i b e n, dass Unterdrückung in jedem Fall falsch ist und dies auch dann gilt, wenn das Apartheidsystem abgelöst sein wird.«[21]

Wir haben 1990 gefeiert, was den Südafrikanern unter Nelson Mandela und Bischof Tutu gelang. Wittenberg war ab Sommer 1989 eine der Städte der friedlichen Oktoberrevolution. Die Mitglieder unserer Gruppe standen bei den Aktionen in der vordersten Reihe. Dabei waren gruppendynamische Erfahrungen und Gesprächsleitungsübungen für den Kirchentag in Halle 1988 hilfreich. In die Debatten, wie mit dem Erbe der diktatorischen Vergangenheit in der DDR und im ganzen Ostblock umgegangen werden sollte, haben wir uns selbstverständlich eingemischt. Uns schwebte so etwas wie die Kommissionen für »Wahrheit und Versöhnung« in Südafrika vor. Aber dazu hätte es wohl einer Autorität bedurft, wie Nelson Mandela sie besaß.

Die Intensität unseres Gesprächskreises ließ sich nicht auf Dauer halten. Seit dem Herbst 1990 sind wir nicht mehr regelmäßig zusammengekommen. Aber das Miteinander hat uns so geprägt, dass es noch zwanzig Jahre später spürbar ist. Fast alle aus unserer Gruppe haben andere berufliche Aufgaben übernommen, ein haupt- oder nebenamtliches politisches Amt oder ein Ehrenamt. All unser Tun war eingebunden in unsere evangelische Kirche. Ich habe manches weiterführen können in meiner Arbeit in der Evangelischen Akademie in Wittenberg (1996–2007).

DAS RECHT ZU REDEN UND DIE DROHUNGEN
DER MACHT

Im Januar 1988 lag ich wegen Krebsverdacht im Universitätskrankenhaus in Halle und verfolgte die beängstigenden Nachrichten von der Verhaftungswelle während und nach der Luxemburg-Demonstration in Berlin in einem Sechsmannzimmer mit Schwerkranken. Etwa 100 Ausreisewillige wurden schnell rausgelassen aus der »Republik der Arbeiter und Bauern«, Oppositionelle, die sich für die Festgenommenen eingesetzt und Informationen über die Aktionen verbreitet hatten, mit hohen Haftstrafen bedroht wegen »Zusammenrottung« bzw. »Beeinträchtigung staatlicher und gesellschaftlicher Tätigkeit«. Ein Irrsinn! Was sich hinter den Kulissen abgespielt hat, konnte bis heute nicht in allen Einzelheiten aufgeklärt werden. Damals fanden an vielen Orten sofort Mahnwachen und Gebete statt. Die angedrohten Urteile wurden umgewandelt in befristete Ausreisemöglichkeiten.

Also statt Knast Westen – oder der Westen als Strafe?

In Wittenberg organisierte ich eine Gemeindeversammlung mit erstaunlich großer Resonanz. Wir waren geradezu enttäuscht, dass die Inhaftierten sich in den Westen entlassen ließen, wo wir doch die Machtfrage stellen wollten – aus dem Perestroika-Geist Gorbatschows. Aber konnten wir den Menschen, die in den Fängen der Stasi in Untersuchungshaft steckten, irgendeinen Vorwurf machen – zumal ich wusste, wie die Stasi die Leute kaputtspielen konnte?!

1988 sollte der Sack offenbar noch einmal zugeknotet werden. Die SED-Führung propagierte den »Sozialismus in den Farben der DDR«. Was bloße Stagnation war, das pries sie als Stabilität. Die Arroganz gegenüber der Sowjetunion war unverhohlen. Gegenüber der Bundesrepublik zeigte die DDR erpresserische Stärke. Die Lösung der Umweltprobleme an der Elbe und Werra machte sie abhängig von der anachronistischen Frage, ob die Staatsgrenze in der Elbmitte oder am Elbufer verlaufe. Wenn die Bundesrepublik den Forderungen der DDR hier nicht nachkäme, würde es keine Verhandlungen über Umweltfragen geben, sagte Hans Reichelt, als Minister für Umweltschutz und Wasserwirtschaft einer der Hauptverantwortlichen für die Umweltschäden, an denen künftige Generationen noch schwer tragen werden. Die kirchliche Presse wurde wieder in die Zange genommen und massiv behindert. Werner Jarowinsky, eines der starrsinnigsten Politbüromitglieder, hielt den einbestellten Kirchenvertretern die seit einem Jahrzehnt schärfste Standpauke. Oberkirchenrat Martin Ziegler besaß den ungewöhnlichen Freimut, sein Stenogramm davon kommentarlos auf Wachsmatrizen in die Landeskirchen zu schicken, so dass wir kirchlichen Mitarbeiter genau wussten, woran wir waren mit der unverfrorenen Macht. Landauf, landab spürten wir, dass die Provinzvasallen der SED nur nachplapperten, was ihnen die Zentrale vorgegeben hatte. Sogar die gerade beginnende Zusammenarbeit von kirchlichen Aktionsgruppen (INKOTA) und staatlichen Initiativen für die Dritte Welt wurde jäh unterbrochen, junge Leute, die sich jahrelang auf Aufbauhilfe in Nicaragua vorbereitet hatten, wurden noch am Flughafen zurückgeschickt. Keine Zusammenarbeit zwischen Kirche und FDJ!

Aber wie stand es um die Zusammenarbeit zwischen Staat und Kirche? Überall, wo die Kirche aus den geschlossenen Räumen heraustrat und größere Öffentlichkeit bekommen konnte, war »Gefahr im Verzuge«. Bei fast jedem Konflikt wiesen die Vertreter des Staates darauf hin, dass »die Grundlagen des Gesprächs vom 6. 3. 78« gefährdet würden, dies sei »in bestimmten kirchlichen Kreisen« offensichtlich gewollt. So gebärdete sich der Drohende stets als der Schützende; der »Wohlmeinende« führte »Übelmeinende« aus seinem eigenen Apparat ins Feld. So sollte Macht stabilisiert werden. So wurden alle Aktivitäten vor- und nachzensiert. Bisweilen wurden kirchliche Amtsträger auch zu Übermittlern staatlicher Drohungen, etwa bei Kirchentagen, Synoden, Treffen kritischer Basisgruppen.

Meist aber haben wir uns partnerschaftlich beraten wie in folgendem Fall. Propst Dr. Walter Münker aus Halle wurde am 14. März 1978 in den Rat des Kreises Merseburg zitiert, um sich Beschwerden zweier Studenten beim Prorektor der Hochschule »Carl Schorlemmer« über meine Arbeit als Studentenpfarrer abzuholen. Ich verhindere durch ständige provokatorische und staatsfeindliche Äußerungen, dass junge Menschen »konstruktiv als Christen in unserer sozialistischen Gesellschaft« leben, würde mit Äußerungen »über gesellschaftliche Ordnung und Freiheit des Einzelnen bis hart an die Grenze des noch Verantwortbaren« gehen usw. Danach kam der Propst sofort zu mir. Wir schlugen dem Rat des Kreises, Abteilung Inneres, vor, gemeinsam mit dem Prorektor und den beiden (anonym gebliebenen) Studenten ein Gespräch zu führen. Eine Antwort blieb aus. Eine Platzpatrone. So wurden selbst »Staatsorgane« zu »Blaue-Briefe-Trägern« der Stasi.

Das Staatssekretariat für Kirchenfragen verstand sich als Prellbock zwischen Staatssicherheit und Kirche. Sowohl auf unterer als auch auf oberer Ebene mahnten die dortigen Mitarbeiter: »Wenn Sie so weitermachen, können wir auch nichts mehr tun. *Wir* verstehen ja, was Sie wollen, aber ob andere das auch so verstehen können?!« »Andere«, die Stasi und

Hardliner wie Jarowinsky, warteten nur darauf, der Kirche endlich eine Lektion zu erteilen.

Nach der ersten »Ökumenischen Versammlung für Gerechtigkeit, Frieden und Bewahrung der Schöpfung« in Dresden am 13. Februar 1988 hatte ich in einer Meditation u. a. gesagt: »Die Schöpfung ist vermessen, das Maß verloren, das Tempo überschritten. Nun drängt die Zeit. Sie wird zur Frist. Der Überfluss produziert den Mangel. Das Wachstum wuchert, und die Wüsten wachsen. Der Lebenshunger ist geworden zur Verbrauchergier. Das Sicherheitsbedürfnis schafft sich das Zerstörungspotential. Aus Angst wird Angst gemacht. Unruhe macht sich breit. Sie ist zur Bewegung geworden.« Politiker seien zwar »zu überraschenden Hoffnungsträgern« geworden, doch die Überlebensvernunft gerate wieder unter die Räder der Systemzwänge, das »Neue Denken« werde in der Eigengesetzlichkeit der Apparate verstrickt. »Ausgrenzen. Abschrecken. Ausweisen. – ›Organe‹ befassen sich wieder mit ›Elementen‹. Und das Volk greift ein in die rhetorische Schlacht. – ›Härte‹ heißt das alte Wort. Personen abschieben, Probleme aufschieben. Wie lange noch? Und wir graben uns wieder die alten Gräben.«

Ich wurde telefonisch zum Rat des Kreises Wittenberg zitiert. Der Stellvertreter für Inneres fragte mit drohender Gebärde, was ich gemeint hätte, als ich in Dresden gesagt hätte: »Das Maß ist verlogen.« Meine Antwort: »Wer den inneren Zusammenhang der Passage verstanden hat, wird erkennen, dass es keinen Sinn machen würde, an dieser Stelle vom ›verlogenen‹ Maß zu sprechen.« Sigmund Freud lässt die Stasi-abhörer grüßen.

Die Beschreibung von Wirklichkeit galt als Provokation. Was war nach den Rosa-Luxemburg-Demonstrationen im Januar 1988 geschehen? Wurden nicht Probleme aufgeschoben, Personen abgeschoben? Wurde nicht ausgegrenzt, abgeschreckt, ausgewiesen? Ich stellte die Hörfehler richtig. Dass dies als Information »nach oben« weitergegeben werden konnte, ist unwahrscheinlich. »Durchgestellt« wurde immer nur von oben nach unten. Mein Gesprächspartner beim Rat des Kreises gab sich am Schluss etwas milder als zu Beginn. Ich war für solche Gesten durchaus empfänglich, deutete ich sie doch als kleines Zeichen von Verständnisbereitschaft und Menschlichkeit der Mächtigen. Wie oft ich in solchen Fällen naiv gewesen bin, will ich nachträglich nicht wissen. Die Desillusionierung könnte niederschmetternd sein.

Das Maß war doch »verlogen« bis zum menschenverachtenden Zynismus, wie ich erfahren habe, als ich den Wortlaut der vertraulichen Verschlusssache (VVS) über geheim zu haltende Umweltdaten in die Hände bekam. In der Weisung des DDR-Umweltministers vom 16. November 1982 steht: »Zur Durchsetzung einer einheitlichen Handhabung zu gewinnender oder zu bearbeitender Informationen über den Zustand der natürlichen Umwelt in der DDR als Staats- bzw. Dienstgeheimnis sowie zur Vermeidung von Parallel- und Doppelarbeiten sowie zur Erhöhung der Aussagefähigkeit dieser Informationen wird im Einvernehmen mit den Leitern der zuständigen zentralen Staatsorgane folgendes angeordnet ... § 2, Abschn. 1: Informationen über den Zustand der natürlichen Umwelt im Sinne dieser Anordnungen sind Messwerte über die Konzentration von Giften und Schadstoffen in der Luft, im Wasser und im Boden, in wildlebenden Tieren und in Pflanzen, sowie Messwerte von elektromagnetischen Feldern, einschließlich deren Zusammenstellung und Darstellung. § 3, Abs. 2: Die Zustimmung zur Gewinnung oder Bearbeitung von Informationen über den Zustand der natürlichen Umwelt ist schriftlich beim zuständigen Rat des Bezirkes zu beantragen. ... Die Zustimmung kann mit Auflagen verbunden werden.«

Unter der Überschrift »Grundsätze« heißt es in der zentralen Nomenklatur zu dieser Anordnung vom 27. Februar 1984:

»Als Staats- bzw. Dienstgeheimnisse entsprechend Abschn. 11 sind einzustufen:

1. Gemessene oder berechnete Werte der Immissionskonzentration von Luftschadstoffen, wenn sie in den Rechtsvorschriften festgelegte MIK-Werte überschreiten.

2. Gemessene oder berechnete Werte der Konzentration von Inhaltsstoffen (Schadstoffe, Gifte) in anthropogen beeinflussten Gewässern, in Niederschlag sowie im Trinkwasser, wenn die in der Anlage festgelegten Grenzwerte überschritten werden.

3. Gemessene oder berechnete Werte der Konzentration von Giften und Schadstoffen im Boden, unabhängig von ihrer Konzentration.

4. Gemessene oder berechnete Werte der Konzentration von Inhaltsstoffen im Abwasser, bei der Einleitung in die Gewässer bzw. Kanalisation, wenn sie die von der Staatlichen Gewässeraufsicht festgelegten Grenzwerte überschreiten. Anderenfalls sind sie grundsätzlich NfD einzustufen.

5. Qualitative Einschätzungen über den Zustand der natürlichen Umwelt, die mittels Bioindikation gewonnen wurden und auf eine Überschreitung der in Ziffern 1 und 2 genannten Grenzwerte hindeuten.«

Was für ein Zynismus: Es sollten ausdrücklich die Werte *nicht* genannt werden dürfen, die die Grenzwerte weit überschreiten. Das Volk konnte vergiftet werden – es durfte es nur nicht wissen. Die Vergiftung reicht bis in das Grundwasser unserer Seelen. Das Leitungswasser ist 2012 in Wittenberg von hervorragender Qualität. Die Stadt verfügt über eine moderne Kläranlage. Aber wir verbrauchen viel zu viel von den Grundwasserreservoirs des Fläming. Das Wasser macht sich – weltweit – »rar«. Das kann heute jeder in der Zeitung oder im Internet lesen. Aber ändern?

Auch heute will ich von der Zielstellung, gesellschaftsverändernd zu wirken, nicht abgehen. Ja, die Herrschaften des Horch-und-Guck-Trusts haben mich verstanden, aber sie haben doch nichts verstanden!

DAS SPIEL MIT DEM FEUER

Unsere überregionale Friedensgruppe »Frieden 83« hatte sich am 26. April 1986 in Weißenfels versammelt und einen offenen Brief zur Unterstützung der Gorbatschow'schen Reformpolitik auch in der DDR verfasst. In diese Aktion platzte die Horrormeldung von der atomaren Havarie im AKW Tschernobyl. Die Berichterstattung in der DDR spielte die Gefahr herunter und bewertete westliche Besorgnis als politisch motivierte Propaganda. Nach langen Debatten und Expertenanhörungen in den folgenden Wochen und Monaten formulierte unser Wittenberger »Gesprächskreis junger Erwachsener« eine Eingabe an den Staatsrat der DDR. Darin verwiesen wir auf weitere Meldungen über Störungen und Havariefälle in Kraftwerken und brachten unsere Zweifel zum Ausdruck, ob es sich – wie immer wieder behauptet – »bei der Energiegewinnung auf Basis von Kernbrennstoff um eine gefahrlose und auch in Krisensituationen durch den Menschen jederzeit beherrschbare Technologie handelt«. Aufgrund der Gefährdung von Tausenden jetzt lebenden Menschen sowie nachfolgenden Generationen bewerteten wir »ein Festhalten bzw. den Ausbau der Nuklearbasis genauso wie die Lagerung atomarer Massenvernichtungswaffen als tiefe Bedrohung des Lebens auf der Erde«. Mit jedem Atomkraftwerk auf der Erde »wächst das Risiko für das Leben weiter an«.

Die Notwendigkeit von Kernkraftwerken in der DDR stellten wir auch deshalb in Frage, weil wir nicht der Illusion Vorschub leisten wollten, »über immer mehr Energie verfügen zu können«. Unsere Eingabe kritisierte daher die ständige »Erhöhung der materiellen Ansprüche auch unserer Gesellschaft« und fragte: »Muss es erst zu einer Atomkatastrophe in Mitteleuropa kommen, um den Traum von einer materiellen Überflussgesellschaft zu beenden? Sollten wir nicht aus dem Leid der Menschen in der Ukraine für uns Lehren ziehen?« Wir waren davon überzeugt, dass »über unseren zukünftigen Weg eine politische Entscheidung möglich« sei. An dem notwendigen Wandel wollten wir mitwirken und für einen nachhaltigen Lebensstil werben. »Wir sollten der Welt ein Beispiel dafür geben, dass eine Gesellschaft, die nicht an Profit und Konsum, sondern am Leben orientiert ist, ohne lebenszerstörende Technologien auskommen kann.« Wir schlugen ein Moratorium zum Ausbau der Kernenergie sowie Diskussionen innerhalb der DDR und mit anderen Ländern »über eine nichtatomare Zukunft durch Einbeziehung vielfältiger, örtlich verteilter regenerativer Energiequellen« vor und regten Initiativen zur allgemeinen Sensibilisierung an »für Energieeinsparung, alternative Energieerzeugung, Einsparung von vergegenständlichter Energie durch Produktion langlebiger Konsumgüter und Stoffkreisläufe«. Schließlich forderten wir die »Bereitstellung der notwendigen Investitionsmittel für Maßnahmen zur drastischen Senkung des spezifischen Energieverbrauchs (Wärmedämmung usw.), den Einsatz von Schlüssel- und Hochtechnologien statt Atomenergie« und die »Festsetzung eines realen Preises für Energie auch für den Bevölkerungsbedarf, um gedankenloser Verschwendung entgegenzuwirken«.

Ich würde meinen kirchlichen Auftrag u. a. dazu missbrauchen, ein Konfliktpotential gegen den Staat zu schaffen, da ich kompetente Kader aus der Industrie »nach objektiven und wahrheitsgemäßen Informationen abschöpfe«, stellte das MfS fest. Man registrierte auch mein »solidarisches Verhalten« zur Umweltbibliothek in der Berliner Zionskirche.

Zum zweiten Jahrestag des Unglücks von Tschernobyl sandte unser Gesprächskreis eine weitere Eingabe, diesmal an Willi Stoph, den Vorsitzenden des Ministerrates der DDR.

Auch auf der Synode der Evangelischen Kirche der Union wirkte ich am 25. Mai 1986 an einer Entschließung mit, darin hieß es: »Kernkraftwerke wurden von ihren Befürwortern bisher als sicher bezeichnet. Trotzdem ist das als unwahrscheinlich Geltende eingetreten.

Wir stehen ratlos vor den bis heute schwer greifbaren Kurz- und Langzeitwirkungen der Strahlungen. Angst und große Unsicherheit greifen um sich. … Wir sind an Grenzen gestoßen. Wir dürfen nicht mehr alles tun, was wir können, wenn wir dem Auftrag, die uns anvertraute Erde zu bebauen und zu bewahren, gerecht werden wollen.

Wir dürfen … irreparable Schäden nicht auf künftige Generationen abwälzen.«

Der Synodalausschuss meiner Landeskirche wurde nach unseren Protesten gegen den KKW-Bau in Arneburg zu einem Sachgespräch ins Gästehaus des Rates des Bezirkes Magdeburg eingeladen – je zehn Vertreter, sachlich und »auf Augenhöhe«. Morsleben, wo seit 1971 in einer stillgelegten Schachtanlage zur Kali- und Salzgewinnung Abfälle aus Kernkraftwerken deponiert wurden, sei als Endlager sicher, die Kontrollmaßnahmen für das im Bau befindliche KKW Stendal hinreichend, beteuerten die Experten. Der Weiterbau des KKW Stendal wurde nach 1990 gestoppt. Die 1986 erteilte unbefristete Dauerbetriebsgenehmigung für die Erfassung und Endlagerung schwach- bis mittelradioaktiver Abfälle in Morsleben wurde jedoch erst 1991 nach Einwänden eines Umweltverbandes per Gerichtsbeschluss aufgehoben. Von

1994 bis 1998 hat man dort wieder radioaktive Abfälle einge-
lagert. Inzwischen beantragte das Bundesamt für Strahlen-
schutz die Genehmigung zur Stilllegung beim zuständigen
Ministerium für Landwirtschaft und Umwelt des Landes
Sachsen-Anhalt. Damit Mensch und Biosphäre in Zukunft
nicht gefährdet werden, müssen umfangreiche Baumaßnah-
men in der Anlage durchgeführt werden.

Meine Zweifel an »Experten«, die von Lobbyisten gesteuert und bezahlt werden, sind seither noch gestiegen. Interes-
sengeleitete Urteile sind stets fragwürdig. Bereits vor 26 Jahren war erkennbar, dass es eines grundlegenden Umsteuerns
in Energiefragen bedarf. Ich kann jede unserer früheren Forderungen wieder unterschreiben.

Unsere damaligen Eingaben zeigen, was unter den Augen
der Stasi möglich war, was wir trotz Stasi gesagt und wie wir
uns gegen die totalitären Machtansprüche der SED auf verschiedenen Ebenen gewehrt haben. Es ist heute ein sehr verbreiteter Irrglaube, dass nur das *wirklich* und nur das *wichtig*
war, was die Stasi registriert hat. Was wir – auch als evangelische Kirche – trotz Repressionsapparat freimütig gesagt und
gewagt haben, geleitet von wachem Gewissen, sollte weder
vergessen noch idealisiert werden, denn Angst, Versagen, ge-
flissentliches Schweigen, Kalkül oder diplomatische Rücksicht
waren immer mit im Spiel. Nachholende Wut auf das über-
wundene System ist oft schlicht Ausdruck der Feigheit, sich
damals fehlenden Mut zuzugestehen. Die Wahrheit zu sagen
bedarf nicht nur in einer Diktatur einer tänzelnden List, will
man nicht an halsbrecherischer Konsequenz zugrunde gehen.

Angela Merkel hat zuvor die vereinbarte Laufzeit aufgehoben, sich dem Druck der Energielobby gebeugt. Dann ist
sie unter dem Schock der Katastrophe von Fukushima und
der öffentlichen Proteste umgeschwenkt. Dennoch sag ich:
Das war mutig. Das braucht Umdenken und Umsteuern.

Im Juni 1987 habe ich in Mölbis den dritten Umweltgottesdienst gehalten, der von dem seit 1983 aktiven Christlichen Umweltseminar Rötha (CUR) organisiert wurde. In diesem Ort in unmittelbarer Nachbarschaft des riesigen Braunkohlekraftwerks Espenhain war die Schadstoffbelastung extrem hoch. Ich war entsetzt. Die Gruppe um Pfarrer Steinbach versuchte die gesammelten Umweltdaten durch Dokumentationen und Schautafeln öffentlich zu machen, obwohl das in der DDR verboten war. Neben den Umweltgottesdiensten fanden Diskussionsforen und öffentliche Podiumsgespräche statt, zu denen auch Vertreter des Rates des Kreises und der Kirchenleitung eingeladen waren.

Der Vorbereitungskreis fragte 1988 wieder bei mir an. Ich sagte trotz flehentlicher Bitten ab. Nicht schon wieder ich! Als ich aber Ende März eine Dokumentation vom CUR bekam, bot ich doch meine Mitwirkung an, da ich es als meine Pflicht ansah, diese Protest- und Aufklärungsarbeit zu unterstützen. In meiner Predigt zu Jesaja 45, 18–22 auf dem Umweltseminar in Deutzen sagte ich, Gott lade alle Völker ein, sich von ihren Ideologien zu lösen und sich *ihm* zuzuwenden. »Nicht an ein totes Prinzip ›Gott‹ sollen sie sich wenden, sondern an den, der die Erde bewohnbar gemacht hat. Das hieße, sich abzuwenden von einer Ideologie und von einer Praxis, die die Schöpfung zerstört. *Zerstörte Schöpfung ist praktischer Atheismus*, ist die Idee, die zur materiellen Gewalt geworden ist, indem sie die Massen im Herrschafts- und Konsumrausch ergriff. Die Massen? *Uns.* ... Hier in dieser Gegend droht der Schöpfungssinn umgekehrt zu werden. Kaum einer von uns kann sagen, dass er schuldlos daran sei. ... *Ihr zahlt die Zeche, aber wir alle trinken.* Was hier geschieht, geschieht dem ganzen Land. So werden wir schuldig an unseren Vor- und an unseren Nachfahren. Unser Energiehunger hat die Bewohnbarkeit aufgefressen. Wir haben uns in die Erde hineingewühlt, sie ausgekohlt und ausgesaugt, die Natur gebeutelt – indem wir uns Konsumsubventionen gefallen lassen und für Ökologieinvestitionen kein Geld haben. Das ist eine der Klotz-am-Bein-Ideologien, an denen wir leiden, *eine* nur. ... Wir überweiden, überfischen, überdüngen, überrüsten.« Verleugnen und Verschweigen seien »*untaugliche Lösungsstrategien,* auch wenn sie aus der Absicht erfolgen, uns als Schutz- und Schonungsbedürftige zu behandeln, die man nicht entmutigen darf. Oder haben die staatlichen Verantwortungsträger Angst, für alles verantwortlich gemacht zu werden, und trösten sich mit dem Glauben, sie hätten uns alles gegeben und sie hätten ›immer Recht‹? ... Die Wahrheit über das Ausmaß der Gefährdung wäre bestürzend und befreiend zugleich. Und wir alle müssten den Preis bezahlen, und ich bin nicht sicher, ob wir schon wissen, wie hoch er ist, und ob wir bereit wären, ihn zu zahlen. Ich bin, für mich gesagt, da unsicher.« Um das Bewusstsein aller auch auf politisch schwierige Schritte vorzubereiten, genüge Informieren nicht, im Westen könne »man alles wissen, aber geschehen tut auch recht wenig«.

Ich mahnte: »Wir brauchen einen *Dialog der universalen Überlebensvernunft,* um uns und unseren Nachfahren die Bewohnbarkeit zu erhalten.« Deshalb müssten wir andere Prioritäten setzen und nicht einem bloßen Betroffenheitskult frönen. »Vielleicht muss die Prioritätenänderung im *Bewusstsein* jetzt in die gesellschaftliche *Wirklichkeit* hinein. Das Risiko trifft doch alle. ... Wir brauchen Beratung, gemeinsame Beratung, über das Götzenbild, unser Götzenbild eines Wohlstandes, der die Bewohnbarkeit des Planeten territorial und großräumig, ja global gefährdet. *Wir selber haben mit uns Gericht zu halten.* Das wird hart *und* befreiend. ... Wir Menschen sind

Umweltgottesdienst in Deutzen Juni 1988

mit unserem Werk allein, ganz allein. Das, was wir an zerstörter Schöpfung erleben, ist nicht das Strafgericht Gottes an uns, sondern unser Selbstgericht. ... Tun wir etwas mit den Möglichkeiten, die uns gegeben sind, bevor es zu spät ist. Gott stellt sich hier vor als das universalistische Lebensangebot und nicht als eine partikulare Ideologie. Gottesglaube wird zum Aufstand gegen jeglichen Nihilismus, den philosophischen und den ökologischen. Es soll nicht nur

nicht Nichts sein – auch dieser Fleck der Erde zwischen Deutzen und Espenhain soll bewohnbar bleiben. Amen.«

Diese Predigt löste bei einem beträchtlichen Teil der etwa
250 Besucher spontane Zustimmung aus, was sich im ungewöhnlichen Klatschen äußerte; andere waren entsetzt, auch
Kirchenobere. Die Beschwichtigungsideologie in der Kirche
war – in gutem Glauben – intakt. Im Gemeindeblatt der Evangelisch-Lutherischen Landeskirche Sachsens hieß es: »Ich
hatte große Mühe, den Gottesdienst am Nachmittag als Gottesdienst zu erkennen. Sicher muss in einer Predigt – zumal
an diesem Ort! – deutlich gesagt werden: Wer die Erde un-
bewohnbar macht, vergeht sich am Sinn der Schöpfung, ja
an Gott selbst! … Doch wenn die sprachlich geschliffene Predigt eine Rede wird, die in der Schuldzuweisung an staatlichen Verantwortungsträgern hängenbleibt, dann fürchte ich,
dass der Prediger sich selbst ad absurdum führt und die Tür
für den so dringend notwendigen Dialog nicht eben weit auf-
reißt. Dass ich es nicht allein so empfunden habe, erfuhr ich
später: Ein Gottesdienstbesucher hatte sich bei dem ge-
sprächsoffenen Marxisten für die Predigt entschuldigt. (Helmut Jäckel).« Der zuständige Oberkirchenrat Dr. Auerbach
aus Dresden wies mich in einem Brief auf die notwendige
Trennung von geistlichem und weltlichem Mandat hin und
meinte, die Predigt habe ihr Mandat überschritten, ja gar verletzt; »diese Jesaja-Texte sind zu wertvoll, um auf diese Weise
zerschlissen zu werden«. In der Tat war es schwierig, die Zusammenhänge von sauberer Luft, sauberem Wasser und zu-
mutbarem Lebensraum mit den Versprechungen der Bibel
so zu verknüpfen, dass die Synthese von »Wahrheit sagen«
und »Mut machen« gelang. Dieser Konflikt besteht weiter bei
der Grenzwanderung zwischen Theologie und Politik, zwischen Predigt und politischer Rede.

Das geistliche Drüber-weg-Reden oder Verniedlichen von

Problemen in guter seelsorgerischer Absicht gehört nicht zu meinen Begabungen. Das Überschreiten des politisch und öffentlich Vertretbaren war und ist für mich nicht vermeidbar. Wo es ums Ganze geht, muss man aufs Ganze gehen. Nach 1990 erfuhr ich, dass der schärfste DDR-Kritiker auf dem Podium in Deutzen ein Stasimitarbeiter gewesen ist. Es genügt nie die einfache Wahrheit. Hatte er dort seine wirkliche Meinung vertreten, und konnte er sie sagen, weil er als Spitzel geschützt war?

Inzwischen ist die Landschaft südlich von Leipzig zum Erholungsgebiet geworden. Und doch sind Verwundungen geblieben. Der Wandel von einem Industrieraum des 20. Jahrhunderts zu einem Lebens-, Wirtschafts- und Kulturraum des 21. Jahrhunderts geht weiter. Mehrere Mitglieder aus dem Christlichen Umweltseminar Rötha übernahmen nach 1990 Verantwortung, ob als Stadträte, Bürgermeister, Regierungspräsidenten oder Staatsminister. Sie haben versucht, klassische Wirtschaftsförderung mit der Suche nach neuen Ideen zu verbinden, um noch vorhandene Arbeitsplätze zu sichern, aber auch Arbeitsplätze im Bereich neuer Technologien zu schaffen und hierfür die mentalen Grundlagen zu legen.

Im Übrigen gehöre ich zu denen, die verhindern wollen, dass Röcken, der Geburts- und Bestattungsort Friedrich Nietzsches, wegen des schier unstillbaren Energiehungers von der Landkarte verschwindet.

MEIN BILD – MATTHEUERS »JAHRHUNDERTSCHRITT«

1991 wurde im ZDF eine Reihe mit dem Titel »Mein Bild« aufgelegt, zu der Ost- und Westdeutsche eingeladen waren. Als ich gefragt wurde, ob ich mitmachen wolle und welches Bild ich dafür vorsähe, nannte ich spontan Mattheuers »Jahrhundertschritt«. Bis dahin kannte ich diese Skulptur nur von Fotos, verbunden mit verschiedenen Entwürfen, die Mattheuer dazu gemacht hatte. Ich wurde eingeladen, mir die vor dem schicken Gebäude der Kronen-Kredit-Bank in der Budapester Straße in Berlin aufgestellte Plastik anzuschauen.

Selten hat mich ein Kunstwerk so erschüttert wie dieses. Das Fernsehen wollte die spontane Reaktion einfangen. Ich lief um die Skulptur herum, linksrum, rechtsrum, und weiß noch, dass ich viel stotterte aus Erschütterung und Begeisterung über die Wahrheit jener Figur, die deutlich macht, dass man so keinen Schritt weiterkommen kann. Zudem war ich begeistert darüber, dass ein Künstler aus der DDR es gewagt hatte, eine Figur zu gestalten mit dem römischen Gruß und der Arbeiterfaust, mit einem in den aufgerissenen Brustkorb gesteckten, nach innen gewendeten Kopf und den Blutstreifen eines Generals an einem Bein. Also, diese beiden Totalitarismen aus einer Wurzel kommen zu lassen und zu zeigen, dass beides nicht in die Zukunft führt.

Der Regisseur des Fernsehbeitrages war's zufrieden, bis sich herausstellte, dass der Ton nicht funktioniert hatte. Er sagte, es tue ihm leid, das sei gut gewesen, aber jetzt müsse ich das Ganze wiederholen. Ich war fix und fertig. Ich hatte alles von mir gegeben und konnte nun nicht etwas spielen, was kurz vorher ganz echt gewesen war. Dann habe ich mehr aus der Distanz gesprochen.

»Ich bin erschüttert, erschüttert über die Verschärfung des Widerspruchs, der ohnehin in der Skulptur steckt, dadurch, dass sie nun vor einem Tempel des Geldes steht. Und in der Perspektive sehe ich die Ruine der Kaiser-Wilhelm-Gedächtniskirche und ansonsten ringsum das prosperierende Leben Berlins. Das ist ein Platz, der herausfordert. Ich find's gut, dass gerade dieses politische Mahn-Mal nicht in einer Galerie ganz vom Geschehen isoliert steht, sondern hier, mitten

230

in der Stadt im Wege steht. Die Gliedmaßen der Figur streben auseinander. Der rote Streif an der Generalsuniform am linken Bein geht über in die Blutspur im Sockel, in die Erde. Rechts der hochgereckte Arm, wie ein Stuka in den Himmel gerissen, und links die dem Arm aufgepfropfte Faust. So wird bedrückend klar, dass in diesem Jahrhundert beides geschehen ist. Beide Ungeheuer haben in einem Lebensalter Platz haben müssen, manchmal sogar in einem Menschen. Erst die drohend in den Himmel gereckte ›römische‹ Hand und dann die drohende Arbeiterfaust.«

Als der Reporter fragte: »Beides Ungeheuer?«, antwortete ich: »Beides Ungeheuer. Und zwar in derselben Zeit und in denselben Menschen: zwei ideologisch divergierende Ungeheuer. Das ist kaum auszuhalten. Das nennt sich ›Jahrhundertschritt‹, und der, der das sieht, sagt sich: So kommt man natürlich keinen Schritt weiter. In dieser Skulptur steckt eine ungeheure Anstrengung, die auch etwas völlig Absurdes hat. Warum kommt die Gestalt keinen Schritt weiter? ... Vielleicht weil das einzig Menschliche, Natürliche, Verletzbare, das noch sichtbar ist, der nackte gestreckte Fuß ist, der sich den beiden Gewalten entgegenstemmt. Und vielleicht ist dieser Fuß ein Ersatz für das eingemauerte Rückgrat. Wenigstens etwas, was sich diesem Schritt, dieser Richtung entgegenstemmt. Der Körper ist völlig verunstaltet, der Kopf wächst hinein in den umpanzerten Körper, versinkt darin. Ich deute das so: Das Nachdenken mit dem Kopf und das Vorausdenken, das, was noch Empfinden und das Herz sein mag, wachsen zu einem Wust zusammen. Äußeres und inneres Chaos. Ich glaube, dass gerade die nazistische Ideologie so ein Wust war, voll dumpfem Gefühl und kalter Rationalität, die unser Volk massenhaft in einen Rausch sog und Gefühle zynisch missbrauchte. Und so ähnlich ist das auch im bolschewistisch oder maoistisch dominierten Kommunismus gewesen. Viel-

231

leicht deshalb noch schlimmer, weil hier ein großes Ideal kaputtgemacht wurde. Der Nazismus war an sich böse, der Kommunismus hat ein großes Menschheitsideal durch seine Praxis auf dem Gewissen. Und insofern finde ich das, was in den Lagern Stalins angerichtet worden ist, eigentlich schlimmer noch, aber auch das, was alltäglich im rotmilitaristischen, das Individuum auslöschenden System zugunsten eines großen Kollektivs unter Führung einer Allmachtspartei geschah.«

Im Begleitfilm sind Ausrufe der Demonstranten zu hören: Wir sind das Volk. Wir sind das Volk. Wir sind das Volk. Wir sind das Volk. Wir sind das Volk. Wir sind das Volk. Der Reporter fragte mich, wie die Skulptur vom DDR-Regime gedeutet wurde. Ich antwortete: »Man hat das einfach für sich vereinnahmt, Mattheuer konnte man nicht mehr verbieten. Der hat sich auch nichts verbieten lassen. Und da hat man es für sich interpretiert und gesagt, es ist eben ganz schrecklich, was die Nazis hier angerichtet haben, und die Faust wurde als die Hoffnungsfaust und historische Alternative dargestellt. Man machte sich überhaupt nicht klar, dass beides miteinander eng verbunden ist, was da im 20. Jahrhundert als ›Jahrhundertschritt‹ ironisch benannt ist. Und zwar auch in unserem Volk, in einer Generation, in einem Menschen. Dass das Nationalistische eine Gefahr bleibt und möglicherweise die Faust nur aufgepfropft ist, die die Befreiung der Menschheit erkämpfen will. Kommunisten ging es genauso wie den Nationalsozialisten schließlich um Macht, um nichts als die Macht. Ich sehe in dieser Skulptur einen verborgenen Imperativ. Sie hat mich immer sehr, sehr angesprochen. Ich lese daraus den Imperativ, dass aus dieser Faust eine geöffnete Hand wird und aus dem hochgereckten Arm der einladende, der ausgestreckte Arm, eine Geste der Einladung, nicht der Drohung.«

2012 frage ich mich erneut: Sind die beiden Systeme wirklich vergleichbar? Beides waren furchtbare, verbrecherische,

menschenverachtende Totalitarismen mit einem quasigött-
lichen Anspruch der Diktatoren. Beide nutzen für ihre Verbrechen eine Mischung aus Angst und Begeisterung der Völker. Dann aber hört die Gleichsetzung auf. Denn der eine,
Hitler, exekutierte eine jedem Humanismus und jeder Errungenschaft der Zivilisation widersprechende Ideologie, und
der andere benutzte eine Menschheitsidee zur Rechtfertigung von Gewalt, zur Sicherung seiner Macht, wobei er die
Ideale zertrampelte. Insofern ist Stalin und mit ihm das ganze
bolschewistische System, das Lenin aufgebaut hatte (unter
sehr früher Mitwirkung von Dscherschinsky), schuld daran,
dass eine emanzipatorische Idee auf lange Zeit hin so in Miss-
kredit gekommen ist, dass die kapitalistische (Welt-)Wirt-
schaft fast ungehemmt die Welt höchst effizient zerrütten
kann. Ein kommunistisch-totalitäres System wie das im gegenwärtigen China ist dabei, die westlichen kapitalistischen,
relativ demokratischen Länder das Fürchten zu lehren, weil
es allerhöchste Effizienz mit den Methoden des Manchester-
kapitalismus erreicht. China fügt sich ein in die globalisierte,
totale Konsum- und Wegwerfgesellschaft, die die Ressourcen der Erde gnadenlos ausplündert. Es wird Zeit, eine Ökonomie zu finden, die effizient und nachhaltig zugleich ist, die
den Menschen zu Leistungen, auch zu Höchstleistungen, sti-
muliert, aber auch alle die Bürger auffängt, die nicht mitkom-
men (können). Die Wurzel einer humanen Gesellschaft ist
nicht die Freiheit der Menschen, sondern die Gleichheit, die
dadurch human bleibt, dass die Entfaltungsfreiheit der einen
nicht zur Entfaltungsunfähigkeit und -unmöglichkeit der anderen wird. Also keine Gleichmacherei oder Gleichschaltung
aller, sondern das Gleichgewürdigtsein eines jeden.

Um jedwede Totalitarismen vermeiden zu helfen, bin und
bleibe ich Sozialdemokrat. Deshalb bin ich im BUND, bei
ATTAC und in der UNESCO-Kommission. Seit zehn Jahren

Veranstaltung des Willy-Brandt-Kreises zur Erinnerung an den Abschluss des War-
schauer Vertrages mit Egon Bahr und Günther Grass, Oktober 2010 in Kiel

bin ich Vorsitzender des Willy-Brandt-Kreises, der das Erbe
dieses großen linken Sozialdemokraten nicht bloß ehrt, sondern für die Zukunft zu bewahren versucht. Egon Bahr besticht uns darin jedes Mal mit seiner analytischen Kraft, seinem Mut und seiner Klarheit. Nach wie vor richtet dieser
90-Jährige seinen Blick auf die Zukunft, fußend auf Erfahrung und Erfolg. Ohne Entspannungspolitik kein Mauerdurchbruch und keine friedliche Neu-Vereinigung.

Wird unser Jahrhundert von Katastrophen verschont bleiben – durch rechtzeitige Einsicht in drohende Gefahren? Ich
jedenfalls will, solange ich lebe, das nicht ausschließen. Unverdrossen.

DER UNTEILBARE FRIEDEN

SAG NEIN, SCHWÖR KEINEN EID

Mein Großvater, ein Landlehrer aus der Börde, gehörte zu den Millionen Begeisterten, die in den Krieg für Gott und Vaterland auszogen. Im Fahneneid Artikel 1 hieß es zu seiner Zeit: »Ich schwöre vor Gott, dem Allwissenden und Allmächtigen, einen leiblichen Eid: Daß ich seiner Majestät Wilhelm II., unserem allergnädigsten Landesherrn und dem gesamten königlichen Hause treu und redlich dienen und in allen und jeden Vorfällen zu Wasser und zu Lande, in Krieg und Friedenszeiten, an welchen Orten es auch immer sei, Schaden und Gefahren von ihnen abwenden und mich so betragen will, wie es sich für einen pflicht- und ehrliebenden Soldaten eignet und gebühret, so wahr mir Gott helfe durch Jesum Christum und seinem Heiligen Evangelium.«

Mein Großvater galt seit den ersten Wochen des Ersten Weltkrieges als verschollen. Auch in den ersten, noch so siegreichen heroischen Kriegstagen fallen Menschen.

Fallen? Sie werden erschossen oder sie erschießen.

Mein Vater hatte 1939 schon eine Pfarrstelle in Herzfelde/Altmark und wurde als Sanitäter zur Wehrmacht eingezogen. Er wurde auf Hitler eingeschworen. Er schwor sich auf Hitler ein und kam an die Ostfront. Bis kurz vor Moskau. Wurde schwer verwundet, kam hernach glücklicherweise nach Frankreich und 1944 in amerikanische Kriegsgefangenschaft.

Das zerstörte Warschau, die Massenmorde in Babi Jar oder Auschwitz, die zerstörten Städte Coventry, Rotterdam und

Dresden im Blick, erschrecke ich. Warum so viele, nein, warum 99 Prozent sich den Militärbefehlen unterworfen haben. Und ich stelle mir vor, dass auch ich unter ihnen gewesen wäre. Ein NEIN hätte Militärgericht, KZ oder/und Erschießung bedeutet.

Der Eid auf den Führer lautete: »Ich schwöre bei Gott den Heiligen Eid, daß ich dem Führer des Deutschen Reiches und Volkes, Adolf Hitler, dem Oberbefehlshaber der Wehrmacht unbedingten Gehorsam leisten und als tapferer Soldat bereit sein will, jederzeit für diesen Eid mein Leben einzusetzen.«

Ich hatte 1958 im NWDR mit den Eltern gemeinsam das Hörspiel »Draußen vor der Tür« gehört und Wolfgang Borcherts aufrüttelnden Text »Dann gibt es nur eins« gelesen:

Du. Pfarrer auf der Kanzel. Wenn sie dir morgen befehlen, du sollst den Mord segnen und den Krieg heilig sprechen, dann gibt es nur eins:
Sag NEIN!
…
Du. Mann auf dem Bahnhof. Wenn sie dir morgen befehlen, du sollst das Signal zur Abfahrt geben für den Munitionszug und für den Truppentransport, dann gibt es nur eins:
Sag NEIN!
…
Denn, wenn ihr nicht NEIN sagt, wenn IHR nicht nein sagt, Mütter, dann: …
dann wird der letzte Mensch, mit zerfetzten Gedärmen und verpesteter Lunge, antwortlos und einsam unter der giftig glühenden Sonne und unter wankenden Gestirnen umherirren …[22]

Diese Schreckensvision sollte im Kampf gegen die Mittelstreckenraketen von 1979 bis 1989 wieder eine besondere Rolle spielen. Es gibt Situationen, in denen es keine Kompromisse gibt, sondern nur noch ein Ja. Ja. Nein. Nein.

Zu meiner Zeit ging es nicht mehr um das deutsche Volk, um Gott und Vaterland, nicht um einen Kaiser oder Führer, sondern propagandistisch um die Zukunftshoffnung der Menschheit schlechthin, den Sozialismus, der nur den Frieden wollte.

Ich las den Schwur und sagte NEIN zum Ehrendienst bei der NVA und war bereit, alle Konsequenzen auf mich zu nehmen, denn die Bausoldatenverordnung gab es erst seit 1964. Im Vereidigungstext hatte es geheißen: »Ich schwöre, ein ehrlicher, tapferer, disziplinierter und wachsamer Soldat zu sein, den militärischen Vorgesetzten unbedingten Gehorsam zu leisten, die Befehle mit aller Entschlossenheit zu erfüllen und die militärischen und staatlichen Geheimnisse immer streng zu wahren ... Sollte ich jemals diesen meinen feierlichen Fahneneid verletzen, so möge mich die harte Strafe der Gesetze unserer Republik und die Verachtung des werktätigen Volkes treffen.«

Unbedingter Gehorsam und Selbstverfluchungsschwur ... in mir sagte alles NEIN, NEIN, NEIN.

Am 13. Oktober 1963 – ich war 19 – hörte ich die Friedenspreisrede Carl Friedrich von Weizsäckers aus der Frankfurter Paulskirche. Ich war gerade zu Besuch bei meinem Studienfreund Peter Marr in Dessau. Das Zentrum war noch immer schwer von den Luftangriffen im Zweiten Weltkrieg gezeichnet. In der Nähe hatten die Junkers-Werke gelegen, die die gefährlichen Stukas produzierten, daher wurde die Stadt besonders häufig bombardiert.

Der Physiker und Philosoph sprach davon, dass der Friede die Lebensbedingung des technischen Zeitalters sei. Wir würden in einem Zustand leben, der den Namen Weltfrieden verdient, oder wir würden nicht leben.

Die bisherige Außenpolitik müsse Weltinnenpolitik werden, und es bedürfe einer Institution, die die Bedingungen des Friedens untersucht und Politik berät. Angesichts der mehrfach garantierten gegenseitigen Vernichtungskapazität müsse man quer durch die Ideologien langsam, behutsam und mit unbeirrbarer Zähigkeit einen Krieg unmöglich machen und dabei die Souveränität einzelner Staaten abbauen, einen solchen Krieg zu beginnen.

Dann sagte er Sätze, die für mich etwas Elektrisierendes in der Zeit des Kalten Krieges hatten: »Wenn es in unserer Welt noch eigentliche menschliche Freiheit geben soll, so bleibt uns nicht erspart, auch den Raum dieser Freiheit zu planen. Ein Plan ohne Freiheit wird sich in einer fortschreitenden technischen Welt am Ende als unterlegen, ja als funktionsunfähig erweisen ...«[23]

Seine Gedanken über die Ethik verstand ich als Imperativ: »Ihre Grundlage ist nicht neu. Die alte Ethik der Nächstenliebe reicht aus, wenn wir sie auf die Realitäten der neuen technischen Welt anwenden; und wenn wir sie hier nicht anwenden, so ist es uns mit ihr nicht ernst. Das revolutionärste Buch, das wir besitzen, das Neue Testament, ist nicht erschöpft.«[24]

Nächstenliebe in Strukturen, auch in politischen, Bändigung der zerstörerischen Technik, das Umstürzende (hier ist insbesondere die Berg-Predigt gemeint) veranlassten von Weizsäcker, das Neue Testament als das revolutionärste Buch, das wir besitzen, zu qualifizieren.

In diesem Sinne wollte ich Theologie betreiben, in diesem Sinne wollte ich leben, in diesem Sinne habe ich mich seitdem – glücklicherweise immer in Gemeinschaft mit anderen – für einen Frieden eingesetzt, der sich ebenso der Abrüstung wie der Überwindung der Armut in den Slums und der Abholzung der Wälder, der Folgen der Abgase und der verschmutzten Abwässer widmet.[25]

»Frieden schaffen aus der Kraft der Schwachen«, Linoldruck 1984

Dass ich dreißig Jahre nach von Weizsäcker den Friedenspreis des Deutschen Buchhandels bekam, hat mich so beschämt wie gefreut. Ich fühlte damit alle die geehrt, die es nicht
aufgegeben hatten, für den ungeteilten Frieden mit Mitteln des
Friedens zu wirken, dafür viel zu riskieren, wenn auch nicht
gleich das Leben, wie es mein Vater hätte erleben müssen.

Eine Vikarin im Predigerseminar hatte 1983 Ideen zur Konversion in Grafiken übersetzt. Da wuchs aus einem Helm eine
Blume, da wurde ein Raketenmantel zu einem Wasserbehäl-
ter, da wurde eine umgestülpte Rakete zu einem Starennest
und ein NVA-Helm zum Nachttopf für einen kleinen Jungen.

Ich habe damals fünfzehn Sätze für meine Enkelkinder formuliert und natürlich auch für meine Kinder! Täglich über
ein Wort Jesu nachzudenken ist mir Übung geblieben und

wird mir immer noch das, was die Psalmen für Nelly Sachs geworden waren, nämlich »Nachtherbergen für die Wegwunden«.

Ich möchte ein Mensch des Friedens werden
Einfache Sätze zur Praxis im Alltag

Ich möchte so leben, dass auch andere Menschen leben können – neben mir – fern von mir – nach mir.

Ich suche eine Gemeinschaft, in der ich verstanden bin, das offene Gespräch lerne, Informationen bekomme und Stützung erfahre.

Ich suche das Gespräch mit Andersdenkenden. Ich bedenke die Fragen, die sie mir stellen.

Ich möchte so leben, dass ich niemandem Angst mache.

Ich bitte darum, dass ich selber der Angst nicht unterliege.

Ich will mich von dem Frieden, der höher ist als alle Vernunft, zur Vernunft des Friedens bringen lassen.

Ich suche Frieden inmitten des Friedens. Deshalb wende ich nicht als Erster Gewalt an und versuche, den Gegenschlag zu vermeiden.

Ich vertraue unser Leben nicht weiter dem Schutz durch Waffen an. Darum werde ich mich nicht an Waffen ausbilden lassen.

Ich bin bereit, um des Friedens willen lieber Unrecht zu leiden, als Unrecht zu tun. Vorwürfe, Verdächtigungen und Nachteile nehme ich auf mich. Mein Weg wird nicht leicht sein. Ich gehe ihn aber gewiss.

Ich entdecke an mir selbst Spannungen, Konflikte, Widersprüche. Ich bemühe mich, diese nicht auf andere zu übertragen.

Ich setze meine Fähigkeiten und Kräfte für eine Gesellschaft ein, in der der Mensch dem Menschen ein Helfer ist.

Ich lerne das Loslassen und werde gelassen.
Frieden stiften – friedfertig sein, das möchte ich lernen.[26]

Die Kunst hatte einen entscheidenden Anteil daran, dass ich Pazifist geworden bin. Marlene Dietrich mit dem Dylan-Song »Sag mir, wo die Blumen sind« – die Single erschien 1964 bei Amiga –, der Bernhard-Wicki-Film »Die Brücke« oder Sergej Bondartschuks »Ein Menschenschicksal«.

Mit 16 hatte mir mein Vater den Kalender »Deutsche Malerei der Gegenwart« mit Otto Dix' Triptychon »Der Krieg« geschenkt. Das Bild hatte ich einen Monat lang vor Augen, es sollte Langzeitwirkung haben. Why? Warum? Wofür?

Erst 2008 erfuhr ich davon, dass sich Soldaten Weihnachten 1914 an der Westfront über die Schützengräben hinweg verbrüdert hatten, nach den Feiertagen aber wieder anfingen, einander zu töten. Obwohl auf der anderen Seite keine »Feinde«, sondern Altersgenossen, Söhne, Väter, Geliebte, Brüder gewesen waren.

Mit der Klasse meiner Volkshochschule aus Wittenberge war ich im Frühjahr 1961 nach Berlin gefahren, um im BE Brechts »Mutter Courage und ihre Kinder« mit Helene Weigel zu sehen. Von der dubiosen Rolle des Geistlichen war ich peinlich berührt. Niemals wollte ich mit solch einem Pfarrer verwechselbar werden. Später hörte ich Hilmar Thate »Das Lied von der Tünche« und den »Kälbermarsch« singen. Da wurde mir unabsehbar für alles Weitere klar, wie sehr Lüge und Krieg, Frieden und Wahrheit zusammengehören.

1959 sah ich zum ersten Mal das immer noch weithin zerstörte und rußgeschwärzte Dresden. Zum 13. Februar 1988 sangen wir »Dona nobis pacem« – ganz leise – in die Nacht vor der Ruine der Frauenkirche und stellten Kerzen auf die Trümmer.

Zum 13. Februar 2012 hielt ich abends die Predigt in der

Kreuzkirche. Ich mutete es den Dresdnern zu, Thomas Manns Gedanken von 1942 unmittelbar nach der Bombardierung Lübecks anzuhören: »Die Zeit kommt und ist schon da, wo Deutschland zu schluchzen hat auch über das, was es zu erleiden hat. … ich habe nichts einzuwenden gegen die Lehre, dass alles bezahlt werden muß.«[27] Nach dem Gottesdienst läuteten zur Erinnerung an die erste Angriffswelle alle Glocken der Stadt. 6500 Polizisten kreisten die Neonazis ein, hielten sie von den Gegendemonstranten fern, und oben am Himmel stand stundenlang dröhnend ein Polizeihubschrauber.

Zuvor hatte ich mich in die Menschenkette derer gestellt, die den Rechtsradikalen ihre Stadt nicht überlassen wollten. Diesmal ging es ohne Gewalt ab – nicht zuletzt, weil sich die Nazigegner zu gemeinsamen und friedfertigen Aktionen zusammengefunden hatten.

Nachdem ich Ende der 80er-Jahre Andrej Tarkowskis Film »Stalker« gesehen hatte, der apokalyptisch eine atomar verseuchte Zone vorzeichnete, sowie einen Doku-Film über Nagasaki nach der Zerstörung, hat mich der Fluch der Radioaktivität entsetzt, gelähmt und dann auch motiviert, das wenige mir Mögliche unverdrossen zu tun, z. B. an der »Sprachfront«. Wie bezeichnen wir angemessen, was uns droht? Günther Anders sprach angesichts von Hiroshima nicht mehr vom »Krieg«, sondern vom »Untergang« – also auch von Untergangsdienst und Untergangsdienstverweigerung.[28] Was geschehen wäre, wenn die Interkontinentalraketen wirklich eingesetzt worden wären oder ein U-Boot versehentlich einen atombestückten Torpedo abgeschossen hätte, überstieg unser aller Vorstellungsvermögen.

Trotz der vielen Kriege seither sind wir vorm Schrecklichsten bewahrt worden. Wir sind antiquierte Menschen, meinte Günther Anders, die den Mitteln, die sie selber geschaffen haben, nicht gewachsen sind. Das Überlegenheitsgehabe sowie individueller oder kollektiver Hass sind jeden Tag reaktivierbar. Man male sich nur aus, Terroristen würden in den Besitz von Plutonium kommen.

Die Frage, ob auch ich in einen barbarischen Sog geraten könnte, wenn ich in einen Kampf um Leben und Tod verwickelt würde, ob ich dann Befehle ausführen würde, die ich als zivilisierter Mensch kaum für möglich halte, ist mir zu einem Gewissensstachel geworden. Die Frage an Kain »Wo ist dein Bruder Abel?«, dessen verfinsterter Blick, das In-sich-Gekrümmtsein vor dem Brudermord, seine zynische Abweisung jeglicher Verantwortung mit der Gegenfrage »Soll ich meines Bruders Hüter sein?« geht mir nicht aus dem Sinn. (Genesis 4,1–16) Die der lebensbedrohlichen Verfolgung 1932 gerade noch entronnene jüdische Deutsche Hilde Domin hat in ihrem Gedicht »Abel, steh auf« einen für das Mitmensch-Bleiben wichtigen Imperativ formuliert. »Ja, ich soll meines Bruders Hüter sein.«

DIE ABITURIENTIN, DER SPIELPANZER
UND DIE HUMORLOSIGKEIT DES SYSTEMS

Meine Tochter Uta erinnert sich an ihre Schule 1989:

Es war einmal ein Land, in dem es neben der weitverbreiteten Begabung des Zwischen-den-Zeilen-Gelächters viel Humorlosigkeit gab. Totalitäres Denken paarte sich mit Verbissenheit. Die Wahrheit mit Parteibuch und Stielkamm in der Wisentjeans stecken zu haben, verlieh einem Teil der Bewohner des Landes die Sicherheit, ungefragt Recht zu haben. Humorlosigkeit gebiert Absurdität, die im Theater amüsant erfrischend und zum Denken anregend sein kann. Im Leben türmt sie sich auf zu einer unüberwindbaren Mauer aus Sinnlosigkeit, banalem Mief und schizophrenen, immer phantasieloseren Ausreden.

In diesem Land begab sich aber folgende Geschichte: In einer Klasse der Erweiterten Oberschule einer mittelmäßigen Kleinstadt sollte eine Weihnachtsfeier stattfinden. Dabei sollten wie üblich Wichtelgeschenke ausgetauscht werden. Jeder zog ein Los mit dem Namen der zu beschenkenden Person. Es war das Land, in dem Erich Honecker Landpfleger war.

Eine Schulklasse in jenem Land war ein Versuchslabor für die Gesellschaft. Sozialistische Persönlichkeiten wurden aufgezogen. Oberste Instanz war der Sekretär der Freien Deutschen Jugend, kurz FDJ, der zugleich Klassensprecher war, beide Funktionen waren deckungsgleich. Neben dem FDJ-Sekretär gab es einen Stellvertreter des FDJ-Sekretärs, einen Agitator für kollektive Meinungsbildung, einen Kultur- und einen Wandzeitungsverantwortlichen sowie einen Kassierer der FDJ-Mitgliedsbeiträge, à 0,25 Mark der DDR im Monat. Alljährlich wurden für diese FDJ-Leitungsposten Vertreter, nach geheimem Wahlvorschlag, aber in öffentlicher Abstimmung, durch Fingerheben gewählt. Nur die Dissidenten, die man in den Akten dieses Landes Staatsfeinde nannte, wurden nicht gewählt und konnten nicht wählen. Es gab sie auch nicht überall. Dafür waren in jeder Klasse mindestens zwei Offiziersbewerber, verächtlich »Offis« genannt. Traten sie doch recht selten mit sprühender Intelligenz hervor und bestätigten allzu oft das Vorurteil, nur wegen ihrer Bewerbung zu fünfundzwanzig Jahren NVA zum Abitur zugelassen worden zu sein. Einen solchen »Offi« gab es auch in jener Klasse, in der sich unsere Geschichte zugetragen hat.

Man kann nicht behaupten, dass er im Klassenverband zu den beliebten Mitschülern gehörte. Er wurde eher gemieden, vor allem wegen seiner Steifheit, seines parteiischen Auftretens und der Unverrückbarkeit seiner ideologischen Merksätze, die er am laufenden Band unter die Leute streute.

Recht gab ihm die Mehrheit der Schulklasse hingegen in offiziellen Veranstaltungen, unter Anwesenheit des Klassenleiters, des Schuldirektors, des Staatsbürgerkundelehrers. Man muss sagen, zu diesen Gelegenheiten hatte er Recht, denn das Recht war ja in diesem Lande gepachtet von Funktionären, Direktoren, Agitatoren. Ihre Logik lautete: »Wir siegen, weil wir Recht haben. Und wir haben Recht, weil wir siegen.«

Wer steht schon gern auf der Seite des Unrechts?

Heute, nach dem Sieg der anderen, haben die von einst demnach Unrecht. Die Logik ist so eindimensional wie damals. Wer steht schon gern auf der Seite der Verlierer der Geschichte?

Beim vorletzten Weihnachtsfest, das noch in dem gewesenen Land begangen wurde, zog der FDJ-Sekretär das Los mit dem Namen des unbeliebten Offiziersbewerbers. Er wollte es gleich wieder loswerden, doch in der Klasse wollte niemand Wichtel des »Offi« sein – bis die Frage an mich kam. Ich war der Staatsfeind und hatte eine Idee.

Wie ein Lauffeuer ging die Idee durch die Klasse und löste allseits Lachen aus. Nur der »Offi« wurde ausgespart. Ich machte mir viel Mühe mit dem Geschenk. Im Spielzeugladen kaufte ich einen kleinen Plastepanzer. Ich wickelte und wickelte und wickelte ihn in einen langen Bindfaden, so dass das Geschenk am Ende ganz rund war. Meine Mutter ließ ich auf rotes Papier schreiben: »Nun hast du 25 Jahre Zeit zu überlegen, wie man Luftballons aus dem Panzer steigen lassen kann. Dein Heinzelmännchen«

Am letzten Tag vor den Weihnachtsferien traf man sich zur Feier. Das Auspacken meines Geschenks musste sich der »Offi« schwer verdienen, denn es dauerte lange, den Bindfaden abzuwickeln. Die Klasse guckte scheel zu. Alle wussten, dass eine Provokation dahintersteckte. Alle wussten, von wem das Geschenk stammte und dass es demnach nur eine Herausforderung sein konnte. Sein kann.

Am Ende war der ganze Raum voller Bindfäden und voller Schweigen. Keiner sprach mehr mit mir. Keiner sprach mehr mit ihm.

Nach zwei Wochen Ferien fing die Schule wieder an. Gleich am ersten Tag wurde ich zum Direktor bestellt. Zwei oder drei Tage später fand eine klasseninterne Gerichtsverhandlung statt. Auf dem Richterpodium saßen der Direktor, der Klassenleiter und der FDJ-Sekretär. Schöffe war der Agitator. Ich saß auf der Anklagebank, an deren entgegengesetztem Ende der Offiziersbewerber die Anklägerposition einnahm. Der FDJ-Sekretär wollte von nichts gewusst haben. Der Agitator beteuerte, die Sache von Anfang an geschmacklos gefunden zu haben. Der Offiziersbewerber war persönlich zutiefst beleidigt und mit ihm die ganze GST und NVA und GOL und FDJ und DDR.

Er warf mir Verunglimpfung der Roten Fahne der Arbeiterklasse wegen des roten Papiers vor. Er hatte den Bindfaden, den er Strick nannte, ausgemessen und war auf 25 Meter gekommen, die als Symbol für die 25 Jahre Dienens in der Nationalen Volksarmee gemeint gewesen sein sollen. Ich hätte gemeint, der »Offi« solle sich an diesem Strick aufhängen. Auf so viele Deutungsvarianten war ich beileibe nicht gekommen.

Inhalt und Verpackung waren lediglich ein kleiner, vielleicht etwas unüberlegter Spaß, den ich mir im Sinne der Friedensbewegung erlaubt hatte, der aber als übler Scherz verstanden wurde. Für die empfundene Beleidigung entschuldigte ich mich, denn ich wollte ja niemanden beleidigen, sondern zum Lachen oder wenigstens zu einem Lächeln herausfordern. (Denn das gab es in diesem Land, wie vieles andere, nur selten und deswegen »unter dem Ladentisch«.)

246

Der »Offi« nahm die Entschuldigung nicht an. Die Affäre hing drei Wochen in der Luft. Fliege ich von der Schule, fliege ich nicht von der Schule, fliege ich, fliege ich nicht …

Der Sektorenleiter für Kirchenfragen mischte sich im Hintergrund ein. Der Staatsratsvorsitzende der DDR hatte doch Vorschläge zur Konversion militärischen Geräts gemacht. In der zentralen Satirezeitschrift EULENSPIEGEL war eine Karikatur mit einem Panzer, der Seifenblasen spuckt, und einem Militär, der sich darüber entrüstet, erschienen.

Nach alldem flog ich nicht von der Schule, sondern kam mit einem Verweis glimpflich davon. So war das in diesem Land.

Alles hatte ich letztlich der STASI zu verdanken.

Der zweite Teil der Geschichte spielt ein halbes Jahr später. Diesmal hatte die Kulturverantwortliche der Klasse eine Geschenkidee für den »Offi«.

Er sollte zum Abiturball eine goldene Kralle bekommen, denn es war seine Art, sich bei jedem Lehrer einzukratzen. Damals hielt ich mich zurück, da ich vorausahnte, dass dieses Geschenk den »Offi« nun wahrlich persönlich treffen würde.

Auf dem Ball wurde feierlich mit Sekt angestoßen, die Kralle überreicht, Fotos geschossen. Ich tanzte unterdessen und stieß nicht an, überreichte nicht, sah nicht das Gesicht des »Offi«, amüsierte mich nicht, war nicht auf den Fotos.

Am nächsten Morgen stand die Kriminalpolizei bei dem Stellvertreter des FDJ-Sekretärs, bei der Kulturverantwortlichen, beim Agitator und bei der Zeitungsverantwortlichen vor der Tür. Der schon ins Ferienlager gereiste FDJ-Sekretär wurde zurückbeordert. So wurden alle als Zeugen verhört, die Fotos beschlagnahmt. Anzeige gegen Unbekannt. Gesucht wurde der Staatsfeind. Mein Name wurde suggeriert. Als die Kripo nicht herausbekam, dass der Staatsfeind für die

Kralle verantwortlich war, hatte sich das Verfahren erübrigt und wurde eingestellt.

Drei Monate später begann sich das Land aufzulösen. Die Staatsfeinde von einst machten die Funktionäre, Direktoren, Agitatoren zu heutigen Staatsfeinden. Die Karriere des Offiziersbewerbers in der Nationalen Volksarmee des ehemaligen Landes endete auf einem Fußballfeld, nahe der entschärften Grenze, wo seine Einheit sich gegen eine der Bundeswehr im Spiel versuchte, und er wurde Offizier der neuen Armee.

SCHWERTER ZU PFLUGSCHAREN!
FEINDE ZU PARTNERN!

Für Symbole habe ich viel übrig – für Symbolisches und für Symbolhandlungen. Auf dem Schreibtisch meines Vaters lag als Bleistiftanspitzer ein Skalpell, mit dem er als Sanitäter (!) im Krieg auch selber operiert hatte. Ein Messingbecher mit eingeritztem Kreuz diente ihm als Füller- und Bleistiftbehälter. Er erzählte mir die Geschichte des Seziermessers und von dem allen, was er im sogenannten Russlandfeldzug an Schrecklichem erlebt und durchlitten hatte. Und er erzählte mir von dem Becher, der aus dem Messing einer Granatenhülse von Mitgefangenen gefertigt worden war.

Ich bat ihn, mir beides zu überlassen. Da war ich 16. Warum? Weil seine Kameraden in amerikanischer Kriegsgefangenschaft ihm diesen Abendmahlsbecher hergestellt hatten, dazu aus Abfallholz ein Kreuz und zwei Kerzenleuchter für seine Abendmahlsfeiern im Camp. Das waren die einzigen Dinge, die er mitgebracht hatte aus jener Zeit und eben jenes Skalpell.

So habe ich das Abendmahl immer verstanden: als ein Friedensfest, als ein Versöhnungsmahl, als einen sinnlich erfahrbaren Vorgeschmack von Gerechtigkeit und innerster Verständigung aller Einzelnen, die doch so fern voneinander wohnen.

Die Studenten in Halle schenkten mir zum Abschied eine zu diesem Becher gefertigte Karaffe. Ein bei uns im Konvikt wohnender Student hatte die Innenwand des Bechers mit einer dünnen Zinnschicht belegt, damit der Wein darin nicht mehr oxidiert.

Seit den 80er-Jahren nannte man das »Konversion«, jene Umwandlung und Umwidmung des Kriegerischen ins Friedliche, des Zerstörerischen ins Aufbauende. Ich habe den Becher in meiner Studentengemeinde in Merseburg bei Agapefeiern benutzt, später auch in unserer Friedensgruppe, besonders bei Begegnungen mit der Friedensgruppe aus Westberlin.

1993 schickte mir der ehemalige Soldat Arno Widmann aus der Nähe von Nürnberg einen Spaten, der aus dem Mantel einer verschrotteten Mittelstreckenatomrakete – aus Titan! – hergestellt worden war …

Arno Widmann hatte seit Gorbatschows Machtantritt seine Versöhnungsarbeit mit der Sowjetunion aufgebaut, direkt zu den Menschen auf dem flachen Lande, in den Weiten Russlands – nicht zuletzt aus Dankbarkeit für die russischen Mütter, die ihn und andere deutsche Kriegsgefangene vor dem Verhungern bewahrt hatten. Er hatte diese beeindruckende Menschlichkeit nach allem, was Deutsche dort angerichtet und hinterlassen hatten, nie vergessen.

Eine Erkenntnis war in mir in mehreren Jahrzehnten zu einer Überzeugung gereift: Frieden gibt es nur dauerhaft als Frieden mit dem Gegner. Der Sieg-Frieden birgt das Potential für den nächsten Krieg. Aber mit einem Gegner, der dem Humanen unzugänglich ist, der despotisch-verbrecherisch wirkt wie Adolf Hitler, gibt es keinen Frieden, sondern nur gemeinsamen Einsatz aller Kräfte, auch militärischer. Dass aber Rüstung nicht zum Frieden führt, sondern Krieg immer wahrscheinlicher macht, war mir angesichts der Hochrüstung in Ost und West seit meiner Wehrdienstverweigerung von 1962 klargeworden.

Die Sowjetunion hatte bereits 1959 ein pazifistisches Symbol vor der UNO in New York errichten lassen: einen von Jewgeni Wutschetitsch geradezu monströs gestalteten Schmied, auf dem Sockel in Englisch das Micha-Zitat »Schwerter zu Pflugscharen«. Eine gefährliche Parole gegen alle Vor- und Nachrüstung. So schlug es wie ein Meteorit im Herbst 1980 ein, als das Prophetenwort, das lang übergangen worden war, zum Motto der unabhängigen Friedensbewegung wurde. Uns ging es darum, die Konversion des Denkens, der Politik und der Waffen einzuleiten. Gesinnungsethisch *und* verantwortungsethisch! Dann wurde ein mit diesem Wort bedrucktes Flanell verboten, die Träger drangsaliert. Das Symbol wurde zugleich ein Hoffnungs- und Erkennungszeichen. Wir wollten Frieden mit Mitteln des Friedens.

Wir machten in Wittenberg ernst damit. Ein Schmied machte sich am 24. September 1983 im Lutherhof an die Arbeit. Das sollten Schläge mit einem positiven Nachhall im Gedächtnis für alle werden, die es miterlebt hatten – über nunmehr fast 30 Jahre hinweg.

Diese Hammerschläge haben sich mir – wie einigen Hundert anderen – eingeprägt, bleiben mir unvergesslich. In jener lauen Septembernacht setzten wir neben Luthers Wohnhaus ein Signal in einer bedrückenden Schweigezeit, wo man das uralte Prophetenwort Jesajas und Michas für staatsgefährdend hielt und viele junge Leute ihren Kopf dafür hinhielten. Kaum einer der Besucher des »Abends der Begegnung« hatte gewusst, *was* da losgehen würde. Nur ein Amboss hatte bis 21.30 Neugier weckend dagestanden. Es wurden Texte vorgetragen und gesungen. Die große Völkerversöhnungs-Vision des Jesaja wurde gelesen, wonach die Völker nicht mehr lernen sollten, Krieg zu führen, und ihre knappen Ressourcen nur noch für den Brotacker und die Weinreben nutzen, also für das Lebensnotwendige und für die Lebensfreude zur Verfügung stellen. Aus einer Zukunfts-*vision*: »Sie werden ihre Schwerter zu Pflugscharen um-schmieden«, machten wir einen *Imperativ*: »Schmiedet das Schwert zu Pflugscharen!«, und wir erlebten in jener Nacht den *Indikativ* des Gelingens in einem Augen-Blick der Zeit. Das machte Mut, viel Mut, dem roten Friedensmilitarismus zu widerstehen und auf die Abschaffung aller Massenver-nichtungswaffen hinzuwirken, der SS-20 wie der Pershing II.

Das kecke Lied »Vom Stehlen« konnte aufmüpfiger nicht sein. »Stiehl dem Soldaten den Tod, schenk ihn dem Herrn General!« Von der Band »Baltruweit« aus Hannover unter-stützt, sangen wir aus voller Kehle, mit vollem Herzen: »Ein jeder braucht sein' Brot, sein' Wein, und Frieden ohne Furcht soll sein. Pflugscharen schmelzt aus Gewehren und Kanonen, dass wir in Frieden beisammen wohnen.« Das populäre Frie-denslied der »Bots« vom weichen Wasser hatte bei uns eine ganz andere Bedeutung als im Westen: »Es reißt die stärks-ten Mauern ein, und sind wir schwach, und sind wir klein, das weiche Wasser bricht den Stein.« Das war – aus heutiger Sicht – schon so etwas wie die Vorwegnahme dessen, was im September 1989 aufbrechen sollte. Die unabhängige Friedens-bewegung war immer auch Freiheitsbewegung, stärkte das mündige und widerständige Individuum, suchte nach Ver-wirklichung von sozialen und bürgerlichen Menschenrech-ten und hatte die Propaganda des geistlosen Politgeronto-kraten-Kartells der SED einfach satt.

Alle hatten das Gefühl, sie würden mitschmieden – mit Lust und Schweiß, mit Beharrlichkeit und Zuversicht, mit Sachverstand und Begeisterung. Vor allem jüngere Menschen, dichtgedrängt, emotional berührt, riefen dem Schmied ein vielhundertfaches »Hoi! Hoi! Hoi!« anfeuernd zu. Dann wieder stilles, staunendes Zuhören. Was man später Konversion nennen sollte, beschrieb ich, während das Eisen wieder im Feuer lag, so:

»Wenn wir umbauen / die Raketenmäntel zu Wasserbehältern / die Zerstörer zu Passagierdampfern / Wenn wir umdenken / die Feinde in Partner / die Macht in Verantwortung / Wenn wir umsetzen die Worte in Taten / die Träume in Wirklichkeit / Dann können wir auch auf das geschundene Wort / Frieden / verzichten.

Paulus hat sein Schwert verloren/und kanns nicht wiederfinden.

Es sollte eigentlich nach New York, aber dort sieht es gerade nicht gut aus – aber bei uns hier in Wittenberg, hier auf dem Kirchentag, hier auf dem Lutherhof, sieht es gut aus. Wir haben das verlorene Schwert gefunden. Hier ist es … (Nun wurde das Schwert, das wir zuvor im Kleiderschrank unseres Hausmeisters versteckt gehalten hatten, durch die Massen getragen.)

Leider gibt es noch Schwerter. Wir hoffen inständig, dass man eines Tages sagen kann: Wir haben den Krieg verloren und können ihn nicht wiederfinden. Wir haben den Frieden gewonnen und wollen ihn nicht wieder verlieren. Wenn das Zeichen *Schwerter zu Pflugscharen* nicht mehr öffentlich gezeigt wird, wollen wir öffentlich zeigen, wie man es macht!«

Noch nie hatte ich eine so anfeuernde Kurzpredigt gehalten. Dann hatte der Schmied losgelegt … Ich spürte geradezu beglückt, wie gut alle das zwischen den Zeilen Gesagte verstanden und wie gut allen diese Übereinstimmung tat, die im Beifall lag, eine Kraft der Gemeinsamkeit. (Das Attribut des Paulus, das Schwert des Geistes, war gerade bei Säuberungsarbeiten am Sandsteinaltar zu Luthers 500. in der Schlosskirche zerbrochen.)

Die Sicherheitsorgane tobten, Erich Mielke tobte, wieso man das nicht unterbunden hatte. Wir hatten in unserer Gruppe keinen Spitzel, es gab keine undichte Stelle, wir hatten niemanden gefragt. In jugendlicher Arglosigkeit schrieb meine Tochter Uta am 17. November 1983 (sie war gerade 13 geworden) einen Klassenaufsatz. Die Aufgabe hieß: »Darstellung von Eindrücken, Gedanken und Gefühlen«. Sie gab sich das Thema »Schwerter zu Pflugscharen«: »Am Kirchentag war hier in Wittenberg viel los. Am Samstagabend des Kirchentages war ich auf dem Lutherhof. Dort waren noch viele andere. Wir saßen auf Pappstühlen, Decken oder auf dem bloßen Gras. Auf der Bühne vor dem Lutherbrunnen spielte die Band BALT-RUWEIT. Die Stimmung war hinreißend. Es war schon dunkel. Nur in der Nähe der Bühne brannte Licht. Dort waren ein Grill und ein großer Eisenblock aufgestellt. Ich wusste erst nicht warum. Dann hörte ich ein Geräusch, das ich nicht deuten konnte. Ich stellte mich auf meinen Stuhl und sah in die Richtung, woher dieses mir fremde Klirren kam. Ein Schmied klopfte mit einem großen Hammer auf ein längeres Stück Eisen. Kurz danach hielt er es ins Feuer auf dem Grill. Nun erkannte ich, was dieser Schmied tat. Er schmiedete ein Schwert in eine Pflugschar um! Diese Augenblicke kann ich kaum beschreiben! Es war einfach toll! Obwohl der Schmied schwitzte, dass ihm Schweißperlen über den ganzen Körper liefen, hörte er nicht auf zu arbeiten. Er gab nicht auf! Dass man so etwas wirklich machen kann! Es sieht ja so einfach aus! Wenn das in der Welt auch so ginge! So einfach alle Waffen umschmieden, so einfach den Frieden erhalten können! Ich bin sehr dankbar, dass ich so etwas miterleben konnte.«

Die Lehrerin gab Uta für Inhalt und Ausdruck eine Eins und schrieb nur einen Satz an die Seite, möglicherweise zu ihrem eigenen Schutz. »Damit ist es aus bekannten Ursachen leider nicht so einfach.« Sie meinte das Umschmieden der Waffen in der Welt.

Während der Aktion war meine Frau in unserer Wohnung geblieben und hatte dem Treiben aus dem Küchenfenster zugeschaut. Sie hatte zu jener Zeit erhebliche psychosomatische Herzprobleme. Sie hielt die Dauerspannung, die sich um unser Haus und unsere Familie auftat, kaum mehr aus.

Ein kleines Lied hatte ich im Anschluss an jenen unvergesslichen, inspirierenden und ermutigenden Abend geschrieben. Es hing wenige Stunden im Schaukasten des Lutherhauses, dann forderte der für die Kirchen zuständige Vertreter des Rates des Kreises im Auftrag der Staatssicherheit, es sofort herauszunehmen, sonst würde der ganze Schaukasten sofort beschlagnahmt und abgebaut.

»Lieb dein Land, brich die Wand. Such, was eint, vergib dem Feind. Und sag es weiter.« Gleich drei ideologische Sakrilege wurden herausgelesen: Forderung nach Mauerabbruch, deutscher Einheit, Verbrüderung mit den Feinden. Und dann noch: »Schwör keinen Eid, verbind das Leid.« – also Aufforderung zur Wehrdienstverweigerung …

Es waren wahrlich nicht nur Bibel-Worte, es waren auch Texte von Dichtern, Philosophen und Friedensforschern, die den Gedanken vom »Frieden schaffen ohne Waffen« in Herzen und Hirne brachten. Die Debatten auf der von Stephan Hermlin initiierten blockübergreifenden »Begegnung von Schriftstellern zur Beförderung des Friedens« (1981 und 1983) hatten uns besonders inspiriert.

Als ein Glück für unsere Umschmiedeaktion sollte sich die konspirativ abgesprochene Anwesenheit eines kleinen Fernsehteams mit Peter Wensierski und Wolfgang Büscher erweisen. Einige Wochen später lief ein Ausschnitt im ZDF. Der ging bald um die Welt, immer wieder Mut machend, inspi-

Stefan Nau beim Umschmieden des Schwertes im Lutherhof, 24. September 1983

rierend. Eine Idee hatte ihre Parole und ihr wirkmächtiges Symbol gefunden! Freilich kann ich nicht verschweigen, dass ich über dieses Schmieden während des Kirchentages, der unter dem Motto stand »Vertrauen wagen«, niemanden informiert oder gar gefragt hatte. Nur mein Propst Treu wusste Bescheid. Der konnte schweigen. Man wandte 1983 keine

255

offenen Repressionen gegen uns an, auch nicht gegen den Schmied. Und es war unser Glück, dass in unserer kleinen Vorbereitungsgruppe gerade kein Spitzel »aktiviert« war. Das sollte sich sofort ändern. Zersetzungsprogramme, die im Mielke-Imperium erdacht worden waren, begannen zu greifen. IM »Gitte« etwa kannte fortan jahrelang keine Schamgrenzen, und IM »Robert« erstellte perfekte Wohnungsgrundrisse, in denen sogar die Steckdosen verzeichnet waren. Der Abteilungsleiter beim Rat des Bezirkes Halle Voigt (ein OibE des MfS) hatte den Auftrag, mir in aller Deutlichkeit zu erklären, dass »man mir dies nie vergessen werde«. Ich antwortete: »Herr Voigt, ich werde den Abend auch nie vergessen.« Wie dem Orkus der Mielkeakten zu entnehmen ist, schien es kirchenpolitisch nicht opportun, einen Bundessynodalen strafrechtlich zu belangen. Es blieb wohl bei allgemeinen Drohungen, weil der designierte Bundespräsident Richard von Weizsäcker ganz in der Nähe gewesen war.

Eines jedenfalls hatte ich erreicht: eine enorme nachhaltige Ermutigung zahlreicher junger Leute, die mit Recht darüber enttäuscht gewesen waren, dass die Kirche sich auf einen faulen Kompromiss eingelassen hatte: Das Zeichen kann Signum der Friedensdekaden (ziemlich klein gedruckt!) bleiben, wird aber »aus der Öffentlichkeit herausgenommen, nicht weiter auf Vlies gedruckt und verbreitet«. Aber SCHWERTER ZU PFLUGSCHAREN – das war doch für die Welt, nicht »für innerkirchlichen Gebrauch« bestimmt!

Unsere spektakulär gewordene Symbolhandlung hatte eine längere *Vorgeschichte* und eine dramatische, gut auslaufende *Nachgeschichte*. Zur Vorgeschichte gehört die seit 1962 in den Evangelischen Kirchen der DDR intensiv geführte Debatte über die Rolle des Militärischen bei der Sicherung des Friedens, insbesondere über die ethische Bewertung des Wehrdienstes. Das führte 1965 zu einer Handreichung, die Wehrdienstverweigerung als »das deutlichere Zeichen« für den Frieden bewertete. Bei fortschreitender Militarisierung – auch im Denken – seit dem Mauerbau hatten Wehrpflichtige nur noch die Wahl, sich zu fügen oder nach Bautzen zu kommen. Die menschlichen Erfahrungen »bei der Asche« waren weithin verheerend. Dieser »Friedensdienst« – oft für drei Jahre – war Dankbarkeits- und Unterwerfungsakt in einem.

Der Staat statuierte Exempel. Einer meiner Studienfreunde wurde verurteilt und im Knast schwer gedemütigt. Andere – wie ich – wurden verschont, obwohl sie verweigert hatten. Das bedeutete allerdings Leben in permanenter Angst. Konfliktentschärfend, aber keineswegs befriedigend wirkte die Bausoldatenverordnung (1964). Man kann wohl davon ausgehen, dass die DDR-Führung wirklich keinen Krieg wollte. Aber warum solche Rüstung, solch Säbelrasseln, solche Militarisierung? Eine regelrechte Phobie vor einer »imperialistischen Aggression« sowie vor innerer Aufweichung durch »5. Kolonnen« trieb sie an.

Seit 1979 bekam die Diskussion eine neue Qualität, Intensität und Öffentlichkeit – durch Mittelstreckenraketen auf deutschem Boden hüben und drüben. Nach dem öffentlichen Aufruf zu einer »Schweigeminute für den Frieden« mit anschließendem Glockengeläut überall am Bußtag 1980, um 12 Uhr, luden wir seit November 1981 DDR-weit *jährlich* zu einer besonderen Friedensdekade ein. Es gehört zum Witz (oder zur List), dass der sächsische Jugendpfarrer Harald Brettschneider die Druckgenehmigungspflicht umging, indem er Vlies bedrucken ließ: um einen roten runden Rand das Micha-Zitat und das stilisierte UNO-Denkmal mit Schmied, als Einlegeblatt und als Aufnäher nutzbar. Ein Widerstands-, ein Widerspruchs-, ein Hoffnungszeichen.

Petra Kelly sollte später dem verdutzten Honecker dieses

Zeichen auf einem von ihr blitzartig entrollten Transparent unter die Nase halten – als Ausdruck dafür, dass die Friedensbewegung durch kommunistische Propaganda nicht vereinnahmbar war, auch als Protest gegen die Repressalien in der DDR.

Zuführungen zur Polizei, erzwungenes Abtrennen waren 1981/82 die Folge, bis es zum Verbot öffentlichen Zeigens jenes prophetischen Bildwortes mit seiner universalen Friedensvision kam. Wir wollten viel, wenn nicht alles: entschlossen aus der Logik von Rüstung und Gegenrüstung ausbrechen, gegenseitige Feindbilder zertrümmern, den Irrsinn der Massenvernichtungsmittel bloßlegen, ein offenes Wort gegen den »roten Militarismus« sagen, der flugs die eigenen Waffen als gute Waffen, die des Gegners als böse Waffen deklarierte. Das kommunistische Feindbild musste ja stimmen und sollte zusammenschweißen. Man sang voller Inbrunst: »Nur der Tod der Feinde ist gerecht …« Immer brauchen die Krieger verfeindeter Lager Feindbilder, Schreckensbilder vom Feind, um ihre eigenen Truppen zu motivieren, gar zu einem Mut anzustacheln, der tagtäglich tödlich sein kann. Frühes, jammervolles Sterben mit überhöhter Sinn-Suggestion: »Fürs Vaterland, für die Freiheit, für Gott, für uns …« Im marxistisch-leninistischen Lehrbuch zur Ästhetik des Soldatseins hatte es geheißen: »Die Taktik ist für den Kommandeur nicht weniger begeisternd als die Kunst für den Künstler. … es entfaltet sich jene kraftvolle emotionale Erregung und Anspannung, die man gewöhnlich als Gefechtsrausch bezeichnet. … Um eines hohen Zieles willen ist auch der Heldentod schön.« (Werden nicht heute Soldaten sogar demokratischer Staaten ähnlich getrimmt, um Sinnlosem einen Sinn zu verleihen?)

Statt aufzurüsten, wollten wir umrüsten und gegen die damals herrschende Atomkriegsangst Hoffnung aufpflanzen. Frieden braucht eine Vision und viele kleinere oder größere

Schritte, um ihn zu erhalten. Für uns gehörten Kriegsdienst-Verweigerungen mit Forderungen nach einem sozialen Friedensdienst zusammen. Dafür waren seit 1981 immer mehr Jugendliche öffentlich – über die Verbreitungsmöglichkeiten der Kirchen – eingetreten, Repressionen hinnehmend.

Die DDR verstand sich prinzipiell als Friedensstaat. Auch der Mauerbau galt als »Sicherung des Friedens«. Dreist und bedrohlich hieß es seit 1960: »Bist du für den Frieden, dann bist du auch für die LPG. Bist du gegen die LPG, dann bist du auch gegen den Frieden.« Frieden wurde vielfach zur Droh- und Disziplinierungs-Formel. Auf den Feldern wurden Ernteschlachten geschlagen. Der Arbeitsplatz wurde zum »Kampfplatz für den Frieden« deklariert. Die Durchmilitarisierung der ganzen Gesellschaft schritt fort – bis zu den Atom-Luftschutz-Übungen, dem Fach Wehrkunde, bis in die Mitte der 80er-Jahre mit praktischen Übungen, selbst in Kindergärten. Frieden war offizielle Staatspolitik. Und wer in dieser Logik gegen diesen Staat war, der war auch gegen den Frieden. Den Friedens-Staat mussten alle schützen, auch gegen jene vielen kleinen aufbegehrenden Friedensgruppen. Die Machthaber waren sich ihrer Macht nicht sicher, und wir vergewisserten uns, dass die »Kraft Gottes in den Schwachen mächtig ist«. Mit Machtdemonstrationen kannten sich die roten Fürsten aus; Verteidigungsminister Armeegeneral Heinz Hoffmann erklärte am 25. März 1982 zur Neufassung des Wehrgesetzes der DDR vor der sogenannten Volkskammer: »Unsere Soldaten tragen ihre Waffen für den Frieden, und je besser sie ihre Waffen beherrschen, umso zuverlässiger ist der Frieden gesichert! So gerne wir unsere Waffen dereinst verschrotten werden – noch braucht der Sozialismus, braucht der Frieden unsere Pflugschare **und** unsere Schwerter!« Das war die Keule des kraftstrotzenden Goliath Staat gegen den kleinen David Friedensbewegung. Jenes »und« wurde ausdrücklich fett gedruckt. Es folgte der Hinweis, dass »von jedem männlichen Bürger der DDR zu erwarten (ist), dass er **jederzeit** zur Ableistung seines aktiven oder Reservistenwehrdienstes bereit ist«. Eine kritische Reaktion der Blockparteien dazu ist nicht bekannt. Die Ost-CDU ließ auf ihren Parteitagen Soldaten der NVA einmarschieren. Es gehörte für jeden wahrlich Mut dazu, den Fahneneid nicht zu leisten und persönlich zu widerstehen, je vereinzelter, desto mühseliger.

In der DDR gab es eben nicht nur Nischen und stillschweigendes Bürgertum auf dem Weißen Hirsch, sondern auch mutige Kontrastgemeinschaften – etwa in der Initiative »Sozialer Friedensdienst«, die am 9. Mai 1981 erklärte: »Wir suchen weiter nach Wegen zum Frieden. Die ›Ehrfurcht vor dem Leben‹ gebietet uns, Frieden zu schaffen ohne Waffen und uns für das bedrohte Leben einzusetzen. Uns bedrängt die immer weiter wachsende Rüstung, im Westen wie im Osten. Uns bedrängt das immer mehr zunehmende Gewicht des Militärischen unserer Gesellschaft.« 24 Monate wollten sie dienen, als »zeichenhafte Vorgabe um des Friedens willen und als Schwelle für Drückeberger«. Sie wollten arbeiten in sozialen Einrichtungen, ohne jegliches militärische Gebaren. »Schwerter zu Pflugscharen«, das galt diesseits und jenseits des Eisernen Vorhangs, wenn es wirklich um Frieden ging. Deshalb wurden von Mitgliedern der Initiative »persönliche Friedensverträge« abgeschlossen über die Blockgrenzen hinweg.

Diese jungen Leute brauchten Unterstützung, zumal von unserer Kirche. Deshalb hatte ich vor der Synode der Magdeburger Kirche am 5. November 1981 einen Beschlussantrag eingebracht: »Unter Drohungen, Verdächtigung und Pressionen verschafft sich die Internationale Friedensbewegung Gehör, mit friedlichen Mitteln. Sie begegnet aber wechselseitigen Vorwürfen, Handlanger im Dienste des je anderen militärischen Blocks zu sein ... Wir befürworten und unterstützen, gerade angesichts der sich zuspitzenden Weltlage jede eindeutig friedensstärkende Initiative, die nicht auf weiterer Stärkung der Waffen beruht – und sind deshalb für einen sozialen Friedensdienst.«

Der Antrag wurde angenommen. Zugleich haben die Synodalen kritisiert, »dass das Militärische in wachsendem Maße unser ganzes gesellschaftliches Leben durchdringt: von Militärparaden bis zum Kindergarten, von gesperrten Wäldern bis zu den Kriterien bei der Zulassung zu Ausbildungsbetrieben, von Kriegsspielzeug der Kinder bis zu den Übungen der Zivilverteidigung. Das alles dient nicht der wirklichen Sicherheit und Zukunft unseres Lebens; dadurch wird einerseits Angst erzeugt, andererseits aber an den möglichen Krieg gewöhnt; dadurch wird vielleicht Disziplinierung erreicht, nicht aber zu einer kreativen Gestaltung des Friedens befähigt. Jesus sagt denen Zukunft an, die Frieden stiften, die sanftmütig sind, statt auf Gewalt zu bauen, und die Barmherzigkeit erweisen.« (Matthäus 5,1 ff.) Mehr Aufsehen erregte, dass wir uns gegen die SS-20-Raketen aussprachen. Das kam sofort in die Tagesschau, denn bis dahin war in der DDR nie öffentlich erwähnt worden, dass es diese sowjetischen Raketen gab. Solche Publizität war Schutz und Gefahr! Aber nur so kamen wir in die Öffentlichkeit des eigenen Landes. Ich konnte als Pfarrer solche Vorlagen unbelasteter mitverfassen als Angestellte staatlicher Betriebe. Diese mussten gewärtig sein, dass sie dies am Tag darauf zu verantworten hatten. Vor wem wohl? Ich habe bleibenden Respekt vor ihnen.

Während der Bundessynode im September 1982 hatte ich bei meinem ersten längeren Diskussionsbeitrag, der sich u. a. gegen Kompromisse in der Aufnäherfrage richtete, einen sehr trockenen Mund:

Auf dem Marktplatz in Wittenberg versuchen Stasitrupps während des Olof-Palme-Friedensmarschs mit ihrem Transparent unsere mobile Litfaßsäule zu verdecken. Wir hatten sie u.a. mit den Losungen »Aus Schwertern Pflugscharen – Aus Gegnern Partner« und »Die Grenzen überschreiten – in friedlicher Absicht« bemalt. 5. September 1987

»Wenn sich Widerstand der Menschen von unten nicht regt, wenn der sprichwörtliche Mann auf der Straße sich nicht mit anderen zusammenfindet und laut sagt ›Wir wollen leben!‹, dann wird die Stagnation auf den oberen Ebenen anhalten. Der Druck von unten muss so stark werden, dass er auch oben ankommt. ... Der *unbewaffnete Friede* bedarf heute der Demonstration und Präsentation, bedarf der öffentlich gemachten Überzeugungen. Dies gilt besonders in einer Welt, in der der *bewaffnete Friede* für jedermann hörbare und sichtbare Demonstrationen zu Wasser, zu Lande und in der Luft findet.«

Nach dieser Rede fühlte ich mich ziemlich allein, hatte ich doch auf die dort übliche diplomatische Geschmeidigkeit verzichtet und erneut Konflikte »mit dem Staat« heraufbe-

Kampf der Transparente

schworen. (Heute habe ich einige Mühe, mich in die Atmosphäre dieser Zeit zurückzuversetzen.) Die evangelischen Kirchen rangen damals um eine offizielle theologische Erklärung, um eine klare »Absage an Geist, Logik und Praxis der Massenvernichtungsmittel«, wie sie 1987 in der Bundessynode in Görlitz ausgesprochen wurde. Vor allem der Erfurter Propst Dr. Heino Falcke sowie der Friedensforscher Jochen Garstecki wirkten federführend und unermüdlich mit. Damals konnte ich zu wenig deutlich machen, dass ich strikt gegen die Abgrenzungsideologie der DDR war. Ich war so konzentriert auf die Absage an Geist, Logik und Praxis der Abschreckung und wollte Fragen nach dem Überleben der Menschheit angesichts 50-fachen Overkills nicht auf die gleiche Stufe stellen wie die ideologische Abgrenzung und die Mauer. Dadurch haben Heino Falcke und ich sich auseinanderdividieren lassen, obwohl ich jedes Wort seiner Einbrin-

263

gungsrede zu jenem Antrag teilte, auch seine Diagnose, dass unsere Gesellschaft geradezu krank war, an einer Krankheit zum Tode litt. Das hat mich lange sehr belastet.

Die Initiative »Frieden 83« hatte unter der Überschrift *Die Gefahr erkennen, den Glauben bekennen, den Frieden leben* zehn Grundsätze formuliert. Da heißt es u. a.: »Ich lehne es ab, mich an Waffen ausbilden zu lassen, weil mein Gewissen mich bindet, alles für den Erhalt der Welt zu tun. Das kann ich in der gegenwärtigen Situation mit Waffen nicht mehr erreichen. Im Ost-West-Konflikt hat uns das System der Abschreckung an den Rand des Untergangs geführt. Diesen Weg will ich nicht weiter mitgehen. Wie weit meine Kraft dazu reicht, weiß ich noch nicht ... Ich will diejenigen stärken und stützen, die wegen ihres Eintretens für den Frieden in Schwierigkeiten kommen.«

Just im Jahre 1983 hatte Erich Honecker die aufzustellenden Mittelstreckenraketen – ohne Unterscheidung in Ost und West – »Teufelszeug« genannt. Endlich ein Eingeständnis, dass es in einem atomaren Krieg keine Gewinner, sondern nur Verlierer gäbe, zumal in Deutschland. Der Erzfeind F. J. Strauß flog zwar selber ein und brachte Überlebenskredite für das System, dennoch wollte man weiter Frieden schaffen »Gegen Nato-Waffen« – mit weißer Taube auf blauem Grund, nicht mit Flanellaufnähern und Prophetenwort.

Jenes kleine Vlies, das tausendfach verbreitet wurde, wirkte als Provokation, als antisozialistische Propaganda. Uns aber ging es um Frieden als eine universale Herausforderung, die einschloss, sich mit dem Gegner möglichst friedlich zu einigen, den Rüstungswettlauf entschlossen zu stoppen. (Freilich hatten wir in Ronald Reagan und Caspar Weinberger darin nicht gerade Verbündete!) Uns ging es darum, die Konversion des Denkens, der Politik und der Waffen einzuleiten.

Gesinnungsethisch *und* verantwortungsethisch! Uns ging es um Tapferkeit vor dem Freund, Tapferkeit im eigenen Land, um tagtägliche Zivilcourage, nicht um jene pervers-todessüchtige männliche Tapferkeits-Selbstbestätigung im Kriege.

Als die Band BAP 1984 zu einer Konzertreise in die DDR kommen wollte, entdeckten die Funktionäre plötzlich die Sprengkraft eines Liedes für uns in der DDR, in kölschem Dialekt, hierorts fast unverständlich, zumal für sächsische Genossen. In hochdeutscher Version:

> Und noch was, falls es nicht schon ohnehin bekannt,
> Das an die Clique, die sich »Volksvertreter« nennt:
> Uns bekommt ihr vor keinen offiziellen Karren gespannt,
> Hier, wo was anderes unter unsern Nägeln brennt.
> Denn wir haben Freunde hier, die haben keine weiße Taube
> auf blauem Grund,
> Die haben 'nen Schmied, der macht ein Schwert zu 'nem
> Pflug,
> 'Ne SS-20 zu 'nem Traktor und 'ne Pershing zu 'ner Lok,
> Die haben vom Rüstungsschwachsinn so wie wir genug,
> Das sind Pazifisten ohne Wenn und Aber,
> Ohne Hintertür, die sagen: »Nein!«,
> Die haben wie wir die Nase voll von dem Gelaber –
> Ganz besonders für unsere Freunde spielen wir hier.

Wie sehr freuten wir uns, dass BAP nicht auf dieses Lied verzichten wollte – und dafür die Absage kassierte!

Um die Parole »Schwerter zu Pflugscharen« sammelten sich überall Gruppen, die nach friedlicher Konfliktlösung strebten, die ganz lokal dachten, aber die globale Perspektive nie außer Acht ließen – in Friedensseminaren, -kreisen, -werkstätten, -wanderungen, -workshops, -gebeten, -gottesdiensten, in Synoden und Bluesmessen. Ob in Meißen, Königswalde, Berlin, Erfurt, Magdeburg, Leipzig, Halle oder

Wittenberg. Meine Mitwirkung in diesen vielen Gruppen gehört zu den bereicherndsten Erfahrungen meines Pfarrerdaseins in einer Kirche, die in der deutschen Vergangenheit zu oft vergessen hatte, in wessen Namen sie redet und handelt, und wie sehr sie das Zeugnis des Bergpredigers verleugnet und stattdessen Staatsgehorsam gepredigt hatte.

Selig sind die Friedensstifter. Ja glücklich, wenn's gar mal gelingt.

Was eher gedanklich, liturgisch oder gruppendynamisch-spielerisch eingeübt worden war, sollte sich im Jahre 1989 bei der spontanen Gestaltung einer friedlichen Revolution als unabdingbar erweisen. Keiner konnte das ahnen. Waren es zunächst wenige, die den Mund aufmachten, so kamen seit Ende September bislang geduckte Bürger überraschenderweise in Mengen dazu. Überall traten in jenen dramatischen Wochen von Ende September bis Anfang November Mitglieder von Friedensgruppen an die Spitze der Demokratie-Bewegung. Frieden und Menschenrechte gehörten für uns eng zusammen. Wir wollten keinen »Friedhofs-Frieden«, sondern die freie Assoziation freier Individuen, die mit anderen (europäischen) Völkern Frieden mit Mitteln des Friedens gestalten. Die Akteure aus den Friedensgruppen sowie viele der kirchlichen Mitarbeiter waren es, die den Puffer bildeten, wenn der Konflikt zwischen Staatsmacht und Volksmassen in der friedlichen Oktoberrevolution zu eskalieren drohte.

Nach dem China-Massaker und der Depression des Sommers wurde im Herbst 89 aus Wut unglaublicher Mut. »Wir sind das Volk« und »Keine Gewalt« wurden die entscheidenden, überall nicht nur gerufenen, sondern auch praktizierten Parolen. Das System setzte seine Machtmittel nicht mehr ein. Niemand verlor die Nerven. Der Übergang von der Diktatur in die Demokratie erfolgte weitgehend sehr zivilisiert. Der

8. Oktober in Dresden und der 9. Oktober in Leipzig sind die Fanale einer friedlichen Oktoberrevolution geworden, die mittelbar und unmittelbar mit der Bewegung »Schwerter zu Pflugscharen« zu tun hat.

Welch heiter-geistreiche Delegitimation der Mächtigen am 4. November 1989. Der vor mehr als 500 000 Menschen am Alex aus- und heruntergepfiffene Schabowski ermunterte fünf Tage später ungewollt die DDR-Bürger, nächtens spontan an die unüberwindliche Grenze zu strömen. An der Bornholmer Straße in Berlin kam Grenz- und Stasioffizier Harald Jäger – resignierend oder einsichtig? – nicht seiner Pflicht nach, »die Grenze mit allen Mitteln zu sichern« und das Volk mit Waffengewalt auseinanderzutreiben. Schließlich hatte die friedliche Revolution wohl auch Machthaber und Sicherheitskräfte erreicht. Jäger prägte den denkwürdigen Satz: »Jetzt fluten wir.« Was wäre geworden, wenn er stattdessen befohlen hätte: »Jetzt schießen wir«?

Am 12. September 89 hatte ich in Magdeburg an einer Sitzung zu Fragen »kirchlicher Verantwortung für Demonstrationen«, mit allem, was nach China im Juni 89 zur Debatte stand, teilgenommen. Als ich mit meinem roten Wartburg wieder nach Hause fuhr, glich die Stadt unterhalb des Domes Wallensteins Lager, eine unübersehbare Zahl von Mannschaftswagen der Bereitschaftspolizei und Panzerspähwagen standen bereit. Im Dom zu Magdeburg hat man vor dem 7. Oktober, dem von Honecker so sehnlich erwarteten Ereignis »40 Jahre DDR«, ein 40 cm langes grünes Band der Hoffnung an alle Besucher ausgegeben. 40 Jahre sind genug!

Die großen Kirchenräume, insbesondere der Evangelischen Kirche, wurden zu Räumen der Volksversammlungen, in denen die Menschen das offene Wort übten. Und es war nach 40 Jahren Schweigezeit erstaunlich, dass sie es konnten, mit so viel Besonnenheit, so viel Entschiedenheit, mit so viel

Zivilcourage. Das hing sicher mit dem Konziliaren Prozess für Gerechtigkeit, Frieden und Bewahrung der Schöpfung zusammen, an dem sich Tausende in der DDR beteiligt hatten. Dialog und Toleranz sollten unverzichtbare Grundsätze werden. In den Schlussdokumenten zur Versammlung der konziliaren Gruppen am 30. April 89 in Dresden wurde feierlich erklärt, dazu gehöre der »Abbau von Feindbildern in der Erziehung und Ausbildung, insbesondere von Kindern und Jugendlichen, die Befähigung zu friedlicher Konfliktlösung, umfassende Friedenserziehung im Sinne des Neuen Denkens in den Erziehungseinrichtungen und die Abschaffung des Wehrunterrichtes an den Schulen, die Entfernung militärverherrlichender Inhalte und der Tendenzen zur Feindschafts- und Hasserziehung«.

Unsere Welt hatte bis 1989 in akuter Atomkriegsangst gelebt. Ich erinnere mich genau daran, dass im März 89 im Atombunker bei Bad Kreuznach ein Ersatzkabinett unter Staatssekretär Schreckenberger die Atomkriegssituation simuliert hatte, die gigantische Abhöranlage auf dem Brocken bis nach England reichte, die Vorwarnzeiten von Mittelstreckenraketen sich auf wenige Minuten reduziert hatten.

Es kam nicht zur Katastrophe, sondern zu einem gewaltig-gewaltlosen Aufbruch und Ausbruch aus den Fesseln der Ideologie, aus unserem mehrfach ummauerten System in die Demokratie.

Es ist nicht übertrieben, von einem Wunder der Geschichte zu sprechen, dass schließlich deutsche Einheit nicht »mit Blut und Eisen«, sondern auf einem friedlichen Wege zustande kam, dass erst Freiheit und dann Einheit erreicht wurde. Dieser Prozess ist nicht denkbar ohne die beharrliche Entspannungspolitik, die Willy Brandt, Walter Scheel und Egon Bahr angestoßen hatten, die von den Regierungen Schmidt und Kohl/Genscher fortgesetzt wurde. Alles nicht denkbar ohne die Schlussakte von Helsinki, ohne die Bewegungen Solidarność und Charta 77, nicht ohne Gorbatschow.

Ich wünschte mir, dass wir 40 Jahre getrennten und nun mehr als zwei Jahrzehnte glücklich (mit allen Schwierigkeiten) neu vereinten Deutschen diejenigen sind und bleiben, die zivile Konfliktlösungen vornean stellen, die nie wieder Sicherheit gegeneinander errüsten, sondern miteinander vereinbaren. Dazu gehört Mut, auf die Feinde zuzugehen und militärische Lösungen von Konflikten wirklich nur als Ultima Ratio zu begreifen und politischen Konfliktlösungen stets den Vorzug zu geben. Im Juni 1997 wurde ich vom Chefredakteur des »Tagesspiegel« Walther Stützle zu einer Diskussion über den Umgang mit Verwundungen in Diktaturen eingeladen. Neben mir nahmen daran der südafrikanische Jurist und Verfassungsrichter Richard Goldstone, der Völkerrechtler Christian Tomuschat, der im Auftrag der UN die Kommission zur Aufklärung der Vergangenheit in Guatemala koordinierte, und Joachim Gauck teil. Dieser teilte unsere Versöhnungsperspektive nicht.

Ich erinnere mich mit ein wenig Wehmut an den Verfassungsentwurf des Runden Tisches vom März 1990, der allzu schnell weggewischt wurde, der in Art. 43 als Wappen des vereinigten deutschen Staates »die Darstellung des Mottos ›Schwerter zu Pflugscharen‹« vorgesehen hatte. Mein Resümee: Ohne Friedensbewegung keine friedliche Revolution in der DDR – aber auch ohne beharrliche Entspannungspolitik und Gorbatschow nicht. Das wirtschaftliche Desaster tat ein Übriges.

Das umgeschmiedete Schwert von 1983 ist am prominenten Tatort der friedlichen Oktoberrevolution in Leipzig im Zeitgeschichtlichen Museum zu besichtigen. Der Vorgang selbst gehört nicht ins Museum, sondern weltweit auf die Tagesordnung, zumal bei den größten Waffenproduzenten und -exporteuren. Deutschland ist immer noch Nummer drei!

Unsere entgrenzte Welt, keineswegs sicherer geworden, harrt einer globalisierten Friedensbewegung, wie sie vor dem Irakkrieg 2003 kurz aufschien. Oder sollten die Militärs nicht nur den längeren Arm, sondern auch den längeren Atem haben?

Wollen wir etwa warten, bis das Desaster in Afghanistan perfekt, also endgültig ist? Welcher Beitrag ist uns Deutschen jetzt abverlangt, entschieden andere als militärische Lösungen zu suchen, gar mit Gegnern zusammen? Das Prophetenwort von den Schwertern, die end-gültig zu Pflugscharen werden, ist für mich keine unrealistische Utopie, sondern eine bleibende Ermutigung und Verpflichtung.

Frieden ist nicht alles, aber ohne Frieden ist alles nichts. Das trifft auch auf unseren Verbrauchervernichtungsfeldzug gegen die Natur zu. Mir geht noch immer nach, was Michail Gorbatschow am 4. Oktober 1985 vor der französischen Nationalversammlung geradezu prophetisch eingeschärft hatte: »Bei allen Unterschieden in den politischen und philosophischen Anschauungen, in den Idealen und Werten müssen wir uns jedoch des einen bewusst sein: WIR ALLE SIND HÜTER DES UNS VON DEN VORANGEGANGENEN GENERATIONEN ÜBERLIEFERTEN FEUERS DES LEBENS.«

Wo Gefahr ist, wächst das Rettende nicht automatisch. Dass »das Rettende« eine Chance hat, haben wir erleben dürfen, schließlich friedlich in die Einheit kommend. Besatzungstruppen zogen ab, und die Mittelstreckenraketen wurden zurückgezogen oder verschrottet.

Ich sehe dankbar zurück. Warum nicht auch hoffnungsvoll nach vorne?

Sperare contra spem! Oder: Klar sehen. Und doch hoffen.

Die Prager Rede Obamas zur Abrüstung aller Atomwaffen und seine Kairo-Rede zu einem neuen Verhältnis zur muslimischen Welt sind seit 2009 in der Welt – auch wenn (meine) Irritationen über den staatlich sanktionierten, das Völkerrecht brechenden Mord an einem (mutmaßlichen Massen-) Mörder im Mai 2011 erheblich sind. Die langfristigen Folgen sind noch unabsehbar.

SPIESSE ZU WINZERMESSERN. KONVERSION
STATT NEUER KRIEGE

Als am 21. November 1990 in Paris die Charta »Für ein neues Europa« verabschiedet wurde, war ich beglückt, dass es in so kurzer Zeit – seit Gorbatschows Machtantritt im Februar 1985 – zu einer gesamteuropäischen Deklaration über Demokratie, Frieden und Zusammenarbeit gekommen war. Die 40-jährige Teilung Europas mit Kaltem Krieg und weltbedrohender gegenseitiger Hochrüstung mit ABC-Waffen war zu Ende. Ein Zeitfenster für die Friedensdividende in Europa und für die Welt schien offen.

Russland war Teil der europäischen Friedensordnung und sollte auch Teil der freiheitlichen, sozialstaatlichen, auf Rechtsprinzipien beruhenden Verfassung Europas werden. Alles ging mit atemberaubendem Tempo vor sich. Auch die Bürgerkriege in Angola, in Mozambique und in Simbabwe gingen zu Ende, und die Welt schien einen friedlicheren Weg zu finden.

Wie hatte ich mich getäuscht. Die Hochrüstung der Vereinigten Staaten war unvermindert weitergegangen. Der Transformationsprozess in der Sowjetunion gelang nicht. Die Wirtschaft zerfiel. Renten und Löhne wurden nicht fristgerecht gezahlt. Es kam zu Engpässen in der Versorgung der Bevölkerung. Ich erlebte es im Mai 1990 in Leningrad, als ich im Auftrag der Zeitschrift »Sinn und Form« den Schriftsteller und Deputierten Daniil Granin besuchte.[29] Ein Blick in einen Gemüseladen genügte. Die Menschen stilisierten Jelzin geradezu zu einem Heilsbringer, Gorbatschow warf man Verrat an der Sowjetunion vor. Jelzin baute sich als der Protegé des Westens auf. Er wurde als großer Gegenspieler Gorbatschows zum Präsidenten Russlands gewählt.

Die hoffnungsvollen Vorzeichen verkehrten sich auch anderswo ins Gegenteil: der Zerfall Jugoslawiens 1990, beschleunigt durch die Anerkennung Kroatiens durch die Bundesrepublik im Dezember 1991; der sogenannte zweite Golfkrieg an der Jahreswende 1990/91, ein erstes Indiz dafür, dass wir zwar die Ost-West-Konfrontation mit gegenseitig gesicherter Vernichtungsmöglichkeit überwunden hatten, aber nun neue Kriege kamen. Die unverhohlenen, unilateralen Hegemonialinteressen der einzig verbliebenen Supermacht, ihre Gier nach Ölquellen und anderen Ressourcen machten mir Angst.

Zwischen 1980 und 88 hatte der Westen Saddam Hussein aufgerüstet und gegen den Iran in Stellung gebracht. Der erste Golfkrieg endete mit furchtbaren Verlusten ohne Sieger. Der zweite begann mit dem Überfall der Truppen des irakischen Diktators in Kuwait. Die Amerikaner intervenierten. Vor der Weltöffentlichkeit legitimierten sie ihren Angriff auf den Irak durch Lügen über Verbrechen der irakischen Soldateska und andere Desinformationen. Diese Strategie setzten sie im dritten Golfkrieg fort. Das Zeitalter der sogenannten neuen Kriege (Herfried Münkler) hatte begonnen.

Ich habe den ohnmächtigen Widerstand in dieser Zeit erlebt, mich aber nicht resigniert zurückgezogen. Frieden mit dem Feind zu machen bleibt immer ein Risiko, meine Friedenspreisrede vom 10. Oktober 1993 trug die Überschrift: »Den Frieden riskieren«[30]. Und zur Berliner Messe von Arvo Pärt habe ich 1995 im Straßburger Münster meine Vision von Europa, das aus der Geschichte gelernt und sich dem Frieden und den Menschenrechten verschrieben hat, vorgetragen.

Propagandalügen und nationalistisch motivierte Verbrechen waren auch im Kosovokrieg schwer voneinander zu trennen. In der »Leipziger Volkszeitung« schrieb ich am 23. März 1999: »Wen rühren die schrecklichen Bilder verzweifelter alter Frauen und weinender Kinder in den Flüchtlingstrecks aus dem Kosovo nicht an? Wen erschrickt nicht der Terror der serbischen ›Polizei‹ gegen alles, was albanisch ist, und auch der Terror der UÇK-Kämpfer gegen alles, was serbisch ist? Haben nicht auch albanische Nationalisten die NATO für ihre Unabhängigkeitsbestrebungen instrumentalisiert und keine Gelegenheit ausgelassen, dafür die bekannte serbische Brutalität bewusst in Kauf zu nehmen? Wem geht es eigentlich dort noch um die Zivilbevölkerung? Leid wurde längst zum zynischen Propagandazweck. Wer mit Gewalt eine Waffenruhe herbeiführen will, braucht Partner, die nicht weiter auf Gewalt setzen.«

Der ehemalige OSZE-General Heinz Loquai machte uns in Wittenberg deutlich, wie es schließlich zum Bombardement Belgrads und anderer Städte gekommen war und welche offensichtlichen Lügen zur Rechtfertigung benutzt wurden. Ich hatte immer gedacht, so primitiv würden nur die Kommunisten lügen.

Die Mehrheit der Ostdeutschen war 1999 gegen den Krieg gewesen. Aus westlichen Zeitungen vernahm ich, sie sollten sich schämen, sie seien noch nicht demokratiefähig. Aber aus meiner Sicht war der tiefere Grund für die Ablehnung von Krieg darin zu sehen, dass Ostdeutsche die Teilungsstrafe 40 Jahre lang in besonderer Weise abzutragen hatten, die Kriegsfolgen länger und intensiver gespürt hatten – einschließlich der jahrelangen außerordentlich belastenden Besatzung durch die Sowjetarmee. Und die Ostdeutschen hatten gelernt, in den 40 Jahren, in denen sie mit Propaganda gefüttert worden waren, doch über Radio und Fernsehen in die Lage versetzt worden waren, jeweils beide Seiten wahrzunehmen. Das schulte ein kritisches Unterscheidungsvermögen. Unabhängig von der instrumentalisierten Friedenspropaganda war vielen Ostbürgern Brechts Gedicht »Bitten der Kinder« nahegegangen:

> Die Häuser sollen nicht brennen.
> Bomber sollt man nicht kennen.
> Die Nacht soll für den Schlaf sein.
> Leben soll keine Straf sein.[31]

Persönlich hatte ich nicht nur die Bergpredigt und die großen Friedensvisionen der Propheten gewissermaßen internalisiert, sondern auch Brechts »An Meine Landsleute«, wo es hieß:

> Zieht nun in neue Kriege nicht, ihr Armen.
> Als ob die Alten nicht gelanget hätten.[32]

So konnte ich auch den Weg, den die Amerikaner im »New War« gegen den Terrorismus gingen, nicht teilen, was auch zu Differenzen mit meinem langjährigen Freund und damaligen Ministerpräsidenten meines Landes führte, dem ich einen offenen Brief schrieb.

Als die Amerikaner anfingen, die Welt auf einen Krieg gegen den Irak einzustimmen, habe ich zusammen mit Christian Führer aus Leipzig zu Weihnachten 2002 einen Aufruf veröffentlicht unter der Überschrift: »Nicht in unserem Namen! Kein Krieg gegen den Irak«. Darin hieß es: »Sagen und singen wir laut ›Friede auf Erden – Ehre sei Gott in der Höhe!‹, damit der Friede auf Erden an Boden gewinnt und wir alle am Leben bleiben!

Keinen Krieg vom Zaun brechen, Präsident George W. Bush!

Kein Waffenversteckspiel, Saddam Hussein!

Weiter alles für friedliche Lösungen einsetzen, Kofi Annan!

Dieser Krieg – nicht in unserem Namen, nicht mit unserer Hilfe, Kanzler Gerhard Schröder!

Gegen Gewalt und Angst, gegen Propaganda und Lügen, gegen die Militarisierung des Denkens und Handelns aufstehen. Im Lichtschein einer Kerze, im Lichtermeer vieler Kerzen riefen wir ›Keine Gewalt!‹. Und so rufen wir heute zu Weihnachten 2002: ›Keinen Krieg!‹ Die Weihnachtsbotschaft muss heraus – vor die Kirchen, auf die Straßen und Plätze, in die Entscheidungszentralen der Politik.«

Ich habe als Vertreter der ost-west-christlichen Friedensbewegung am 15. Februar 2003 vor 500 000 Menschen an der Straße des 17. Juni gegen diesen Krieg gesprochen, kurz vor diesem Krieg. Den öffentlich-rechtlichen Medien war es nur eine kurze Meldung wert, obwohl sich in diesen Tagen eine internationale Antikriegsbewegung von New York über Paris, Berlin, Neu-Delhi und Sidney herausgebildet hatte. Der Krieg George Bushs endete, wie wir wissen, in einem Desaster. Anfang 2012 hat fast der Letzte eingesehen, dass nichts gut ist in Afghanistan und der Aussöhnungsprozess gescheitert ist. Eine Mehrheit der Afghanen sieht die westlichen Soldaten nicht als Helfer. Sie werden als Besatzer empfunden. Es wird überdeutlich: Der Krieg entlarvt sich selber. Er verliert immer mehr seine zivilisatorische Hülle. Er tötet Soldaten wie Zivilisten. Wo jegliche Empfindungsfähigkeit verloren geht oder systematisch abtrainiert wird, zeigt er seine menschenverachtende Fratze. So ist Krieg, mag man sagen, wenn man sich an die Quälorgien in Gefängnissen oder das lustvolle Aballern von Leuten im Irak erinnert oder an den Amoklauf eines amerikanischen Soldaten, der sechzehn Zivilisten völlig grundlos erschossen hat. Welche Langzeitfolgen werden jene Kollateralschäden, wo man »irrtümlich« ganze Hochzeitsgesellschaften auslöschte, haben? Der Krieg wird 2014 mit dem Abzug der westlichen Truppen nicht zu Ende sein. Er wird in eine neue Phase treten, die noch unübersehbar ist.

Wohin werden die neuen Kriege führen? Die Kriege um Ressourcen, um das Öl, aber auch um seltene Erden und um Wasser und Lebenschancen? Und in welcher internationalen Rechtsordnung sollen sich militärische Einsätze bewegen? Muss nicht alle Kraft darauf verwandt werden, die UN zu stärken und damit auch das Völkerrecht? Wie kann man den Dunkelmännern und den Konzernen, den Kumpanen der Warlords, die kalt berechnend im Hintergrund agieren, ihr schmutziges Handwerk legen, ob im Kongo, im Sudan oder anderen Regionen der Welt?

Eine der bleibenden Herausforderungen für die westliche Welt wird sein, dass sie auf der Grundlage der Menschenrechte und der Charta der Vereinten Nationen handelt und die Konfrontation mit Russland nicht neu entfacht. Auch deshalb habe ich mich (zusammen mit den Freunden im Willy-Brandt-Kreis) gegen den sogenannten Raketenschirm in Tschechien und Polen ausgesprochen. So unmittelbar vor der Haustür der Russen wird er eine neue Rüstungsspirale auslösen.

»Krieg«, hatte Johannes Paul II. im Januar 2003 vor dem diplomatischen Korps undiplomatisch gesagt, »ist immer eine Niederlage der Menschheit.« Die Niederlage wenigstens kleiner zu halten bleibt eine Menschheitsaufgabe.

UMKEHR FÜHRT WEITER

DIE ZEIT ZU REDEN IST GEKOMMEN

In unseren 20 Wittenberger Thesen zum Kirchentag in Halle im Juni 1988 diagnostizierten wir »eine viele Lebensbereiche betreffende Krise« der DDR »mitten in einer Welt, die in eine Krise geraten ist«. Wir verwiesen auf globale wie auf lokale Herausforderungen. Überschwemmungs-, Gift- und Dürre-katastrophen, Hungersnöte, Atomunfälle und Artensterben, Wasserverseuchung oder Luftverschmutzung deuteten wir als »warnende Vorboten einer Lebensbedrohung globalen Ausmaßes«, die uns nötigten, endlich unser »Schweigen aufzugeben und Verschweigen nicht weiter zuzulassen«. Zahlreiche nachdenkliche Menschen in aller Welt suchten, erhofften und forderten eine »grundlegende Wende, ein neues Denken, eine Umkehr zu allem Lebenserhaltenden«. Wir verwiesen auf die »gemeinsame Verantwortung aller Menschen für die Zukunft des Lebens auf diesem Planeten«. Weiter hieß es: »Wo lebensbedrohende, irreversible Prozesse in Gang gesetzt werden, ist ein rechtzeitiges und entschlossenes Umsteuern nötig.« Einige ermutigende Schritte sahen wir in der Friedenpolitik. Wir hofften »auf weitere breite Ent-Rüstung«.

In unseren Thesen forderten wir die grundsätzliche Bereitschaft zur demokratischen Partizipation und zum produktiven Streit ein, ohne die sich keines der schwerwiegenden Probleme lösen ließe. Wir mahnten die Überwindung von Angst und Verzagtheit, Misstrauen und Erwartungslosigkeit an, um endlich den »Freimut [zu] gewinnen, aus dem wir in kritischer Solidarität auf die Erneuerung unserer Gesellschaft« drängen wollten. Wir klagten über den alles erstickenden Dogmatismus und Bürokratismus und die Behördenwillkür, um gleichzeitig auf die vorhandene Obrigkeitsfurcht, die verbreitete Gleichgültigkeit und Resignation zu verweisen, Faktoren, die unserer Auffassung nach allesamt »dem Sozialismus in seinem Wesen« schadeten. Zugleich forderten wir den Verzicht der »Kommunisten auf das mit Macht ausgeübte *Wahrheitsmonopol* und auf den prinzipiellen gesellschaftlichen Überlegenheitsanspruch«, die uns vorenthaltene Freiheit der Information, mehr Wahrhaftigkeit, Transparenz und neben einer fehlenden Verwaltungsgerichtsbarkeit auch ein demokratischeres Wahlsystem ein. Weil »das *Strafgesetzbuch* und der Strafvollzug in vielem dem humanistischen Menschenbild und den Idealen einer neuen Gesellschaft nicht« entsprachen, mahnten wir »eine *Revision* in Sprache, Inhalt und Praxis« an. Im gesamten »Erziehungskonzept vom Kindergarten bis zur Berufsausbildung und darüber hinaus« sollte »das jetzige System der Wehrerziehung in ein neues System der *friedlichen Konfliktbewältigung*« transformiert werden. Gleichzeitig verlangten wir gegen »*Überlegenheitsgefühle* gegenüber Menschen aus Osteuropa und aus der 2/3-Welt« vorzugehen. Es gelte, Vorurteile »auf allen Ebenen zu *bearbeiten* und mehr Möglichkeiten für gegenseitiges Verstehen und Verständigung zu schaffen«. Generell sollten »der Erziehungs- und Bildungsprozess kreativer, naturnäher und ganzheitlicher« werden.

Aus unserer Sicht war der Olof-Palme-Friedensmarsch »ein erster öffentlich wirksamer Schritt zur Überwindung der inneren *Abgrenzungspraxis* von Staat und Kirche« gewesen, deshalb forderten wir, »diesen offenen und öffentlichen Dialog zur *Vertrauensbildung* zwischen den Völkern und in unserem Land weiterzuführen«. Die undurchlässigen Grenzen zwischen den sozialistischen Staaten bezeichneten wir als »unbegreifliche[n] Anachronismus«. Wir verlangten die Schaf-

Die Gruppe, die die Wittenberger Thesen formuliert hat.

fung der »politischen, sozialökonomischen, juristischen und geistigen Bedingungen für die Freizügigkeit der Begegnungen«. Es war uns wichtig, die »Orientierung auf die materiell armgemachten Völker statt auf den reichen Westen zu richten, eine Kultur des Teilens einzuüben, das Konzept ›Abrüstung für Entwicklung‹ konkret zu unterstützen und auf eine gerechte Weltwirtschaftsordnung hinzuwirken«. Wir forderten, einen »grundlegenden Bewusstseinswandel durch eine offenlegende gesamtgesellschaftliche Diskussion über die vitalen Herausforderungen der Zukunft zu beginnen«. Unsere gesellschaftlichen Zielsetzungen wollten wir überprüfen und ein »neues Denken« entwickeln, das die Suche nach lebensverträglichen Werten und Verhaltensweisen erleichterte. Programme gegen die Energieverschwendung in der DDR-Wirtschaft hielten wir ebenso für notwendig wie solche zur Unterstützung der alternativen Energiegewinnung. Wir forderten Preisanpassungen für Energie, Wohnungen und Grundnahrungsmittel, weil mit ihnen achtlos und verschwenderisch umgegangen wurde. In der vorletzten These hieß es schließlich: »Weil wir die Erde unseren Kindern und Enkeln lebenswert zu hinterlassen haben, halten wir es für dringlich, dass gerade in einem sozialistischen Land der Konflikt zwischen Ökologie und Ökonomie keinen Verlierer mehr hat.« Der Schlusssatz: »Wir wollen Gewohnheiten und Strukturen in Frage stellen und zur Umkehr ermutigen«, mündete in die Frage, ob auch wir, die Verfasser, bereit seien, die Schwierigkeiten auf dem vorgeschlagenen Weg der Umkehr zu tragen.

Die Thesen lösten erst größeren Wirbel aus, nachdem die »Frankfurter Rundschau« sie gedruckt hatte, fast vier Wochen nach dem Kirchentag. Weil ich sie zuerst in der DDR veröffentlicht sehen wollte – wenigstens in der Kirchenzeitung –, hatte ich Karl-Heinz Baum um diese Wartezeit gebeten. Zunächst geschah nichts. Nachdem im ND eine polemische Reaktion des SED-Chefs von Halle Hans-Joachim Böhme erschienen war, wurden wir Wittenberger Kirchenleute Mitte Dezember 1988 ins Rathaus der Stadt einbestellt. Die Atmosphäre war frostig. Eine Diskussion fand nicht statt. Ich saß mit am Tisch, und man sprach über mich in der 3. Person.

Böhme hatte die üblichen Anwürfe gegen uns »verantwortungslose ›Erneuerungsapostel‹« im gewohnten Jargon vorgetragen: »Die DDR-Bürger lassen sich durch nichts und niemanden zum Kapitalismus ›zurückreformieren‹. Wer uns vorschlägt, an Stelle sozialer Leistungen sozialen Druck zu setzen und die Preise für Grundnahrungsmittel, Tarife und Mieten zu erhöhen, dem kann es doch nicht um mehr Sozialismus, sondern nur um seine Destabilisierung gehen … wir werden auch künftig denen keine Zugeständnisse machen, die uns dazu drängen möchten, hauptsächlich über Fehler, Mängel und Rückschläge zu sprechen.« Am 2. Januar 1989 formulierte ich einen offenen Brief, den ich auf zwei Seiten reduzierte und an Böhme schickte. Ich hatte immer noch die Vorstellung, irgendwie Gehör zu finden. Es war der letzte Versuch, einen Dialog zu beginnen. Vier Herren beschieden mir ein Vierteljahr später im Rat des Kreises, die von mir angesprochenen Fragen könne der Genosse Böhme mit dem Bischof oder mit dem Kirchenpräsidenten besprechen. Nicht mit mir.

2012 stelle ich fest, dass die Grundanliegen unserer Thesen nicht erledigt sind. Die grundlegende Umkehr hat nicht stattgefunden, wir fahren den Globus »auf Verschleiß«.

Ich bin Teil und Akteur, Gegner und Nutznießer einer Welt der Bequemlichkeiten des Wohlstandes. Ich möchte »nicht zurück« – und sehe doch, dass unser Zivilisationsweg in eine globale Sackgasse führt.

EINE HOFFNUNG LERNT GEHEN – DIE ÖKUMENISCHE VERSAMMLUNG FÜR GERECHTIGKEIT, FRIEDEN UND BEWAHRUNG DER SCHÖPFUNG

Was 2012 wie ein Damoklesschwert über der Menschheit hängt:

Gravierender Hunger von zwei Dritteln der Weltbevölkerung, dramatisches Erdbevölkerungswachstum, vorenthaltene Menschenrechte, Terror, Kriege und Bürgerkriege bei florierender Aufrüstung, Gefährdung unserer Lebensgrundlagen durch Ressourcenverschleiß, Klimawandel, Artensterben, Überdüngung und Überfischung, Abholzung von Urwäldern und Verkarstung von Ackerland.

Am 30. April 1989 schrieben wir, die Akteure der Ökumenischen Versammlung in Dresden, einen »Brief an die Kinder«.

Formuliert hatte ihn die Delegierte Margot Friedrich aus Eisenach. Er fand große Zustimmung; was darin stand, ist nicht verjährt:

»Wir haben nachgedacht und gebetet und wieder nachgedacht, was zu tun ist mit einer Welt, die wir euch ziemlich kaputt übergeben müssen. Dann haben wir die Ergebnisse aufgeschrieben. Hier sind die wichtigsten:

Wir alle müssen aufpassen, dass es noch lange Zeit Bäume gibt, die in einen blauen Himmel wachsen können. Wir alle müssen uns dafür einsetzen, dass niemand mehr einen anderen Menschen in einem Krieg erschießt. Wir müssen teilen lernen, damit niemand mehr verhungert. Wir alle müssen uns darum bemühen, dass jeder kleine und jeder große Mensch sicher und geschützt in einer heilen Natur leben kann. Wenn wir müde geworden sind, sollt ihr an unsere Stelle treten ... Glaubt nicht, dass wir alles wissen, aber glaubt, dass wir alles tun wollen.«

Das war Resümee eines langen Nachdenk- und Erkenntnisprozesses gewesen. Wie war es dazu gekommen?

Die Schlussakte der Helsinki-Konferenz vom August 1975 hatte große Hoffnungen auf Entspannung und Abrüstung, auf Freiheit und Menschenrechte geweckt. Doch die Hochrüstung hatte mit der Installation der Mittelstreckenraketen in Ost und West wieder begonnen. Dagegen regte sich westöstlicher Widerstand. Uns war klar geworden, dass das atomare Schlachtfeld Deutschland sein würde. Nichts mehr wäre von uns übrig geblieben. Zu geringe Vorwarnzeiten hätten ein irrtümliches Inferno auslösen können. Aus elementarer Sorge heraus hatte sich eine Friedensbewegung gebildet, jeweils als Handlanger der Gegenseite beschimpft, bedroht, lächerlich gemacht, unterwandert und »zersetzt«. Zugleich und nicht zuletzt *wegen* forcierter Rüstung, die ungeheure Ressourcen verschlang, wurde der Welthunger immer dramatischer. Die Verschmutzung der Luft, der Flüsse, der Meere, mit einer immer länger werdenden »roten Liste« der von der Erde verschwindenden Pflanzen und Tiere, führte weltweit zu Basisbewegungen für Frieden, für Weltgerechtigkeit und für Schöpfungsbewahrung.

Der Vollversammlung des Ökumenischen Rates der Kirchen in Vancouver lag 1983 ein Antrag vor, ein ökumenisches Konzil des Friedens einzuberufen, angeregt von Delegierten aus der DDR, vorgetragen vom Propst Heino Falcke, aufgegriffen und mit der Autorität des Philosophen und Atomphysikers Carl Friedrich von Weizsäcker versehen.

Der Druck dafür kam aus diversen sogenannten Basisgruppen, die sich in kirchlichen Räumen versammelten, aber nicht nur Christen anzogen. Die Kirche wurde ein Ort für die Offenlegung tabuisierter gesellschaftlicher Probleme. In den Synoden der Evangelischen Kirchen, in Studentengemeinden und Jugendkreisen wurde intensiv darüber gesprochen, dass SS-20 und Pershing II gleich gefährlich waren, wie gegenseitige Feindbilder destruktiv wirkten und auf beiden Seiten hehre Werte den Rüstungs-Wahn-Sinn verdecken sollten. Die sich bildenden freien Gruppen versuchten, ihre lähmenden Ohnmachtsgefühle zu überwinden. Die evangelischen Kirchen wurden als »Briefträger« zwischen Volk und Regierung in Anspruch genommen. Wir richteten Eingaben an zentrale staatliche Stellen, wir stellten Anträge an die Synoden, die wiederum die Kirchenleitungen baten oder aufforderten, in Gesprächen mit staatlichen Stellen auf die Anliegen der Bürger hinzuweisen. Die DDR war ein Bittstellerstaat, wo jeglicher Bürger-Protest und jede organisierte Opposition kriminalisiert wurden.

Da es vor allem durch die Ablehnung der Römischen Kirche nicht möglich geworden war, ein allgemeines Konzil der Kirchen auszurufen, wie dies schon 1934 Dietrich Bonhoeffer im Blick hatte, kam es zu jenem Konziliaren Prozess. Insgesamt drei Sessionen fanden in der DDR statt: im Februar 1988 in Dresden, im Oktober 1988 in Magdeburg und im April 1989 wieder in Dresden.

Die Delegierten waren in einem demokratischen Auswahl-Verfahren bestimmt worden. Die Landeskirchen und Synoden hatten ihre Delegierten benannt, ebenso Friedens-, Umwelt- und Dritte-Welt-Gruppen. Zudem wurde ein Beraterkreis aus Experten berufen, der aber nicht abstimmungsberechtigt war.

Dies sollte die erste (und die letzte!) basisdemokratische Groß-Aktion werden, in der wir uns allen Herausforderungen zu stellen versuchten, in einem lokalen, nationalen und globalen Kontext.

Ich war als Fachberater hinzugezogen worden und arbeitete in der Arbeitsgruppe mit, die die sogenannte Grundsatzerklärung erarbeitete. Die erste Versammlung in Dresden begann mit einem Paukenschlag. Acht »Zeugnisse der Betroffenheit« wurden vorgetragen, in denen Dinge ausgesprochen wurden, die bis dahin öffentlich für unaussprechbar gehalten worden waren, ob nun zur Fremdenfeindlichkeit in der DDR, zur Militarisierung in der Gesellschaft oder zum kranken Zustand unserer ganzen Gesellschaft.

Der Psychiater Ludwig Drees aus Stendal sagte u. a.: »Wir sprechen über Veränderung, aber ändern nichts. Wir handeln ständig wider besseres Wissen. Wir werden abgebrüht. Das Grauen schleift sich ab. Sind wir noch wirklich betroffen? Die Versammlung soll nicht verleugnen, dass dieses Land … an schweren Störungen des gesellschaftlichen Zusammenlebens leidet … Die Symptome sind Einengung, politische Unmündigkeit der Bürger, Verschweigen der wirklichen Probleme und Unterdrückung wesentlicher Menschenrechte.«

Wir zogen am Abend des 13. Februar 1988 mit Kerzen von der Versöhnungskirche zur Ruine der Frauenkirche. Dort zog eine Gruppe von »Ausreisern« mit ihren Plakaten alle Aufmerksamkeit für das Menschenrecht auf ihre Ausreise auf sich. Unser stilles Friedensgebet zum Tage des Bombardements auf Dresden wurde übertönt. Unsere vermittelnden Gespräche mit staatlichen Vertretern hatten nach den Festnahmen im Januar 1988 noch zur Deeskalation beitragen können. Nichtsdestotrotz beschimpften viele die Kirchen, dass sie sich nicht konsequent genug für die Bürgerrechte eingesetzt hätten.

Die zweite Session fand im Oktober 1988 im Remter des Magdeburger Doms statt. Dort lagen einige Textentwürfe vor, in die wiederum sehr viele Eingaben, Vorschläge und Anregungen aus der ganzen DDR eingearbeitet wurden. Dabei stellte sich heraus, dass von besonderer Brisanz die Frage nach der »Gerechtigkeit in der DDR« war.

In meinem Diskussionsbeitrag in Magdeburg hatte ich darauf verwiesen, dass Soldatsein im Ernstfall heißt, dass ein junger Mann permanent vor die Alternative gestellt würde, entweder zu schießen oder erschossen zu werden oder so gut zu schießen, dass er selber nicht erschossen wird. Und dann hatte ich das berühmte Gedicht von Biermann zitiert, ohne zu sagen, dass es ein Zitat von Wolf Biermann ist:

> Soldat Soldat in grauer Norm
> Soldat Soldat in Uniform
> …
> Soldaten sind sich alle gleich
> Lebendig und als Leich.

Der sich für Wehrdienstverweigerer in der DDR besonders engagierende Bischof Gottfried Forck meldete sich sofort (mit dem Vorrecht der Intervention der Leitungsmitglieder der Ökumenischen Versammlung) und brach eine Lanze für diejenigen Christen, die den Wehrdienst ableisteten. Er meinte tadelnd, ja empört, ich hätte die Soldaten, die zur Volksarmee gingen, diffamiert; so dürfe man die Diskussion nicht führen, gerade dann, wenn man selber für die Wehrdienstverweigerung sei. Ich konnte mich dazu nicht mehr öffentlich äußern und habe dieses schwerwiegende Missverständnis sehr bedauert.

Als wir im April 1989 wieder in Dresden zur 3. Session zusammenkamen (weil sich keine andere Stadt gefunden hatte, in der die Kirche es sich zutraute, den staatlichen Einwänden zu trotzen), erlebte ich eine sehr konzentrierte und auf Ergebnisse hin orientierte Debatte. Solch eine verantwortungsvolle Diskussionskultur über kontroverse Positionen wünsche ich mir heute in der Demokratie wieder.

Unter der Überschrift »Umkehr in den Schalom« erklärten wir: »Der Friede kann in unserer wechselseitig verflochtenen Welt nicht gegeneinander errüstet, sondern nur miteinander vereinbart werden, er muss also kommunikativ und kooperativ verstanden werden. Gerechtigkeit schließlich ist das gemeinschaftsgerechte Verhalten in der Überlebensgemeinschaft der Menschheit, in der auch die Rechte des Einzelnen zur Geltung kommen müssen.«[33]

Wir sprachen uns für drei vorrangige Optionen aus: für die Armen, für die Gewaltfreiheit, für den Schutz und die Förderung des Lebens. Gerechtigkeit müsse »innerhalb der ökologischen Rahmenbedingungen und der Grenzen wirtschaftlichen Wachstums hergestellt werden. Die Kosten sozialer Gerechtigkeit dürfen wir nicht den Mitgeschöpfen aufladen, um uns selbst Lebensstiländerungen zu ersparen. Der neuzeitliche Weg, den Mangel durch immer extensivere und intensivere Ausbeutung der Natur und ihre totale Beherrschung zu überwinden, muss korrigiert werden. Soziale Gerechtigkeit muss durch umweltverträgliche Wirtschaft erreicht werden.«[34]

Es war uns um Leben in Solidarität gegangen, um die Solidarität mit Ausländerinnen und Ausländern, um mehr Gerechtigkeit in der DDR, um ein System der gemeinsamen Sicherheit, um Alternativen zum Wehrdienst, um Friedenserziehung, um die neue Lebensweise angesichts der Ausplünderung der Ressourcen, um den Schutz ungeborenen Lebens, um ein Lebensgleichgewicht zwischen Ökologie und Ökonomie, um die Energie der Zukunft und um die Notwendigkeiten sachgerechter Informationen.

Kurz vor der Schlussabstimmung war Bischof Hempel noch zu den Funktionären zitiert worden. Von den dort ausgesprochenen Drohungen berichtete er ganz offen im Plenum. Genau das führte zu noch größerer Einmütigkeit. Aber über einige Fragen konnten wir uns nicht einigen. Eine Delegierte kam auf die grandiose Idee, einfach offene Fragen zu benennen, die in den Gemeinden und in der Gesellschaft weiterer Diskussion, Erörterung und Meinungsbildung bedürften. Dies erwies sich als ein genialer Vorschlag. Es waren Fragen, die im Herbst 1989 in den Dialogforen und an Runden Tischen diskutiert wurden. Da hieß es z. B.:

– Welchen Beitrag kann ein sozialistisches Gesellschafts- und Wirtschaftssystem zu Überlebensfragen der Menschheit leisten?
– Wie können wir zu einer Neubestimmung des Verhältnisses von Staat und Gesellschaft kommen?
– Wie stehen wir zum geschichtlichen Weg unseres Landes?
– Womit können wir uns identifizieren?
– Wo müssen Fragen gestellt werden?

Ich meldete mich und bat, Fragen einzufügen, die bisher nicht öffentlich diskutiert worden waren. Ich war perplex, als dies ohne jede Diskussion zur Abstimmung vorgelegt und mit großer Mehrheit beschlossen wurde. Meine drei Fragen lauteten:

- Was heißt es, Deutscher in der DDR zu sein?
- Wie arbeiten wir unsere Identitätsprobleme auf?
- Wie kann auch die nationale Frage im europäischen Friedensprozess geklärt werden?

Mir war es darum gegangen, mich als ein Deutscher in der DDR zu verstehen und die Fragen nach nationaler Identität endlich aufzugreifen. War ich denn kein Deutscher, sondern ein eingemauerter »DDR-Bürger«? Wir hatten plötzlich alle miteinander ein Tabu gebrochen, das wir in den Diskussionen zuvor bewusst oder unbewusst kaum berührt hatten. Einzig Richard Schröder hatte das zuvor angesprochen.

In meiner Gottesdienstmeditation zum Abschluss in der Kreuzkirche zu Psalm 33 sprach ich die Hoffnung aus, dass sich mehr Menschen unseren Erkenntnissen anschließen und Mut gewinnen aufzustehen: »Seht, wie viele mitgegangen sind! Lasst uns miteinander weitergehen, entschieden und bescheiden hoffend, dass die Hoffnung überspringt, dass sie viele Menschen beflügelt zu gemeinsamem Tun ... Was wir fertiggebracht haben, ist gewiss nicht fertig. Es bleibt Stückwerk – auf der Suche nach dem Ganzen. Leben wurde in Worte gefasst, Erkenntnisse wurden in viel Papier verwandelt – nun hoffen wir, dass Papiere wieder in Leben verwandelt werden ... Gott sammelt in Kammern die Fluten der Angst. Er hat in seiner Schöpfung Dämme gegen das Verderben gebaut.«

Ich konnte es damals kaum fassen, was uns in Dresden ökumenisch gelungen war. Ich habe bewundert, wie Renate und Reinhard Höppner in Magdeburg, Annemarie Müller in Dresden und andere in den Wochen zuvor die vielen Hundert Eingaben bearbeitet und eingearbeitet hatten. Der Dresdner Superintendent Christof Ziemer erwies sich als außerordentlich begabter Leiter der Ökumenischen Versammlung, die kein Vorbild gehabt hatte, an dem man sich hätte irgendwie orientieren können. Ihm wuchs eine einfach großartige, so ruhige wie engagierte Gesamtleitung zu. Nicht zuletzt seiner aus jahrelanger Tätigkeit als Pfarrer an der Kreuzkirche erwachsenen Autorität war es in den dramatischen Tagen vom 1. bis 8. Oktober 1989 zu verdanken, dass es nach bürgerkriegsähnlichen Auseinandersetzungen in Dresden zur gewaltlosen Verständigung gekommen war. Das nannten wir später friedliche Revolution.

Der Initiative und dem beharrlichen Drängen von Basisgruppen, die mit den kirchlichen Gremien zusammenfanden, ist es schließlich zu verdanken, dass Christen das wurden, was Jesus ihnen zugesprochen hatte: Salz, Licht und Sauerteig zu sein. Fast überall waren es kirchennahe oder kirchliche Vertreter, die das Wort in jenen dramatischen sechs Wochen von Ende September bis zum 9. November ergriffen. Christen und Kirchen wurden Geburtshelfer. Eine entschlossene und zugleich besonnene Minderheit entwickelte eine erstaunliche Kraft. Eine Hoffnung lernte gehen. Unsere damaligen Erwartungen für Freiheit, bürgerliche Menschenrechte und demokratische Mitwirkung hatten sich 1989/90 erfüllt. Sehr viele bis dahin apathische Menschen wurden bereit, sich für das Gemeinwohl zu engagieren.

Gegenwärtig ist unsere Demokratie in einem gefährlichen Lähmungszustand. Umso erfreulicher ist es, wenn Menschen sich gegen problematische Großprojekte engagieren, entschlossen und gewaltlos, ob gegen die Waldschlösschen-Brücke in Dresden, gegen Stuttgart 21, Flughafen-Mega-Projekte oder die Übermacht der Banken. Erst wenn das Mehrheitsbewusstsein dem menschlichen Handeln zukunftsverträgliche Grenzen setzt, wird dies auch zum Umsteuern führen. Umkehr braucht Umdenken.

Für die erste Ökumenische Versammlung in Dresden habe ich am 13. Februar 1988 ein Gebet formuliert und gesprochen:

Herr, erbarme Dich.
Wir wissen, was wir tun.
Aber wir wissen nicht,
was wir tun können.
Herr, erbarme Dich.
Gib uns Mut zur schmerzlichen Wahrheit
und gib uns die Erkenntnis der
lösenden und erlösenden Wahrheit.
Hilf uns,
Verborgenes ans Licht zu bringen
Verschwiegenes auszusprechen,
Vergessenes wiederzuentdecken
Verlorenes wiederzufinden,
Bewährtes zu bewahren und
Neues zu probieren.
Herr, erbarme Dich.
Lass uns sanftmütiger sein,
gegenüber aller Natur und Kreatur.
Lass uns barmherziger sein
gegenüber allem Leid und allen Leidenden.
Lass uns friedfertiger sein
gegenüber Nahen und Fernen,
gegenüber Freunden und Feinden.
Herr, erbarme Dich.
Ermutige uns zu schöpferischem Zweifel
und bewahre uns vor lähmender Verzweiflung.
Gib uns Zuversicht und lass uns
nicht verzweifeln an dem,
was wir noch nicht sehen.

Grau, nichts als grau war die dominierende Farbe in der DDR. Bevorzugter Baustoff allüberall: grauer Beton, ob Halle-Silberhöhe, Leipzig-Grünau oder Berlin-Marzahn. Plattenbauten der Arbeiterklasse, während die alten Städte gnadenlos verfielen. Die tot-graue Mauer avancierte zum Kennzeichnen der DDR schlechthin. Von 1961 bis 1989 musste sie dreimal neu hochgezogen werden. 1989 war sie wieder von innen her am Zerplatzen. Es war eine Mischung aus Zorn und Übermut, als ich der »Westpresse« in Gestalt der »Frankfurter Rundschau« ein Interview gegeben hatte und prophezeite, dass Beton von innen platzt. Das war im Juni 1989, einige Tage nach der blutigen Niederschlagung der chinesischen Demokratie-Bewegung mit Panzern. Ich wollte endlich ohne Umschweife sagen, was ich sah, und mich nicht mehr innerer Zensur unterwerfen, der Angst ihre Aura nehmen, damit sie nicht weiter den Atem nimmt. Atemfreiheit gegen Atemnot. Redefreiheit gegen Schweigegebot. Denken, das zum Sagen wird. Auf die Stimme der Einsicht, nicht auf die der Vorsicht hören. Ich meinte das Platzen von innen bildlich-politisch, aber auch ganz buchstäblich-gegenständlich. Schließlich hatte die inzwischen dritte Mauerstaffel tatsächlich schon wieder zu bröckeln begonnen, die Stahlstreben rosteten, das Wasser drang durch die Ritzen, und Frost ließ den Beton abplatzen. Das konnten die Mauerspechte nach dem 9. November 1989 ganz gut nutzen. Durch Gitterstäbe sahen sich die Befreiten aus Ost und West an. Mauersplitter als Reliquien des grauen Grauens …

Die Berliner Mauer war durch Entspannungspolitik zwar niedriger und durchlässiger geworden, aber noch im Februar wurde Chris Gueffroy rücklings erschossen. Und auch ich hatte nicht aufgeschrien.

Ziemliche Wut bekam ich, als der Außenminister der DDR Oskar Fischer auch noch erklärt hatte, die Mauer sei eine »tragende Wand des europäischen Hauses«. Ich wollte vielmehr einen Staat mit aufbauen, der keiner Mauer mehr bedarf. Also musste er grundlegend umgestaltet werden. Von uns. Von innen.

Im Juni 1989 konnte ich erstmalig an einem (West-)Kirchentag teilnehmen. Zum Abschluss eines großen deutsch-deutschen Forums erwähnte Heinrich Albertz den ihn beeindruckenden Mut der Redner aus der DDR. Ja, wir hatten uns buchstäblich von unserer Angst freigeredet. Konrad Weiß sprach ein absolutes Tabu an: rechtsradikale Tendenzen und ihre Ursachen in der DDR. Almuth Berger beklagte einerseits die Ausreisewelle und andererseits die Ohnmachtserfahrungen und das Unmündiggehaltenwerden. Vera Wollenberger – in England lebend – hielt damals noch einen erneuerten Sozialismus für möglich und erstrebenswert. Ich sprach über die Mauer als Wunde und die politische Veränderung in der DDR durch uns selbst.[35] Wir wollten alle zurück in die DDR – wegen der Aufgaben, die wir noch zu erledigen hatten, mit offenem Ausgang, wenige Tage nach den Panzern auf dem Platz des Himmlischen Friedens. Mir war es damals wichtig, die westdeutschen Zuhörer darauf hinzuweisen, dass es neben dem ökonomischen Gefälle zwischen Ost und West auch ein Selbstwertgefälle gebe, an dem zu arbeiten sei. Ich wünschte mir zunächst »eine Wohnung im europäischen Haus mit Schiebetüren«. Die Mentalitäten, die Lebensbedingungen, die Rechtssysteme, die Gewohnheiten, die Einstellungen, ja die Wortbedeutungen zwischen Ost- und Westgesellschaft lägen doch so weit auseinander, dass ein allmähliches Zusammenkommen für beide beteiligten Seiten sinnvoll sei. Sorge trieb mich um, dass bei einem Ringen um die Freiheit die Einheit plötzlich in den Vordergrund träte und sofort den

Neben Rita Süssmuth auf dem Hearing »Zweimal vierzig Jahre« mit Teilnehmern aus beiden deutschen Staaten auf dem 23. Evangelischen Kirchentag in Westberlin, 8. Juni 1989

sowjetischen Sicherheits- und Machtapparat auf den Plan rufen würde. Die DDR war in der Tat Klammer und Faustpfand des Ostblocks. Die Mauer ansehend, entfuhr es mir: »Beton platzt von innen!« Aber zunächst ist er hart, undurchdringlich, tot, abweisend. Und es kann schon für den einzelnen Menschen eine Unendlichkeit dauern, ehe er bröckelt.

Noch nahm ich keine Anzeichen eines demokratischen Aufbruchs wahr, aber vertraute darauf, dass das System von innen überwunden, von uns Bürgern selbst demokratisiert werden könne und wir die Freiheit in Frieden erreichen würden, um dann im Zusammenklang zwischen deutscher Einheit und europäischer Einigung eine eher mittelfristige Perspektive zu gewinnen.

Für den 21./22. August 1989 hatten die Initiatoren des Demokratischen Aufbruchs eine Klausur verabredet, die in der
Wohnung eines Dresdner Pfarrers stattfinden sollte, weil wir
vermuteten, dass die Räume in unseren Heimatorten abgehört würden. Dass der Abhörer unter uns saß und jeden
Abend ausführlich Auskunft gegeben hatte unter einem seiner Decknamen – als Dr. Schirmer – ahnten wir nicht. Es war
Wolfgang Schnur.

Wenige Tage zuvor hatte ich Siggi Schefke und Aram Ra-
domski ein Interview im Luthergarten gegeben. Die beiden
waren mit einer Videokamera gekommen, die ihnen Roland
Jahn besorgt hatte. Diesem hatte ich auf dem Kirchentag im
Juni gesagt, das Fernsehen möge mehr Leute aus dem Osten
selber zu Wort kommen lassen, weil westliche Stimmen über
den Osten immer ganz knapp daneben lägen. Also musste
ich Ja sagen, unsicher, ob die beiden wirklich unbehelligt mit
ihrer Kamera den Garten wieder verlassen könnten.

Als ich in Dresden erzählte, dass ich konspirativ ein Interview gegeben hätte, waren meine Mitstreiter entsetzt: Das
dürfe ich doch jetzt nicht machen, hier würde eine Spur zu
uns gelegt, das würde kontraproduktiv wirken, weil der von
der SED-Propaganda her bekannte Reflex zu befürchten sei,
alles wäre durch den Westen gesteuert und würde über den
Westen propagandistisch in den Osten gesendet. Ich wandte
ein, dass ich doch endlich selber sagen wolle, was ist.

Neben der Weiterarbeit an unserem Programm verabredeten wir, alle uns bekannten kleinen Oppositionsgruppen und
Einzelpersonen zusammenzurufen – und zwar keinesfalls
über Post oder Telefon. Wir wollten zum Erntedanksonntag,
dem 1. Oktober, Vertreter aller oppositionellen Strömungen
zu einem Treffen nach Berlin einladen, um eine DDR-weite

Opposition zu formieren. Wir ahnten nicht, dass zu jener Zeit bereits an mehreren Orten Gruppen zusammensaßen, die jeweils ein Programm ausarbeiteten. Alphafiguren gab es überall. Ich wusste nicht, dass in Berlin erhebliche Rivalitäten herrschten, etwa zwischen Bärbel Bohley und Rainer Eppelmann. Ich hatte sie noch einträchtig bei einem Podiumsgespräch über das SED-SPD-Papier in der Samaritergemeinde im April 1989 erlebt. Da die SED dazu keinen Vertreter geschickt hatte, verabredeten Eppelmann und ich in der Samariter-Gemeinde-Küche, dass wir nun in die organisierte Opposition gehen würden. Dialog schien uns fortan ausgeschlossen. Eine äußerst angespannte Atmosphäre lag über dem Land.

Am 30. August 1989 wurden Auszüge aus jenem Garteninterview in einer Kennzeichen D-Sendung gesendet. Danach begann für mich die psychisch belastendste Zeit. Ich bekam ständig drohende und schmähende Anrufe, bis hin zur Warnung, nicht nach Berlin zu fahren: Es sei gefährlich im Straßenverkehr. Ich war in jenen Tagen auf Gefängnisgitter eingestellt, ganz und gar nicht auf das Erlebnis von Befreiung. Nicht nur ich, viele andere waren bereit gewesen, jetzt aufs Ganze zu gehen. Wir hatten von Lagern gehört, ohne Näheres zu wissen. Es gibt einen Punkt, an dem es die menschliche Würde verlangt, aufzustehen und alles zu riskieren. Meiner Tochter hinterließ ich die Adressen und Telefonnummern der Anwälte, die sie bitte informieren sollte, wenn ich nicht zurückkäme. Es waren die Namen von Lothar de Maizière und Gregor Gysi.

Am 4. September fuhr ich mit vier Freunden nach Leipzig, um auf Bitte der Arbeitsgruppe Umweltschutz den ursprünglich für den 17. Juni anberaumten Vortrag zu halten, der sich im Wesentlichen auf unsere 20 Wittenberger Thesen stützte und die aktuelle Diskussion einbeziehen sollte. Es hat mich damals sehr berührt, dass Freunde aus dem Gesprächskreis mitkamen, denn niemand wusste, ob wir zurückkommen würden. Deren Ehefrauen wären bereit gewesen, die Kinder auch eine Weile lang allein zu erziehen.

Was in der DDR-Zeitung zu jener Zeit stand, deutete auf Konfrontation und Gewalt hin. Mitte September kam ein Anwalt aus Westberlin, zusammen mit Freunden aus Westend, mit denen wir seit 1983 Wochenendbegegnungen durchgeführt hatten. Er teilte mir mit, ich sei für die Verleihung der »Carl-von-Ossietzky-Medaille der Internationalen Liga für Menschenrechte« nominiert. Vorbereitet darauf, dass ich ins Gefängnis käme, war diese Nachricht eine enorme emotionale Stärkung. Ich beschäftigte mich nun in besonderer Weise mit Ossietzky. Den Juroren teilte ich mit, es sei undenkbar, dass ich nach Westberlin kommen könnte, um die Dankesrede zu halten. Ich würde ihnen meinen Text zukommen lassen, falls ich dann noch auf freiem Fuß wäre.

Mir wurde das Protokoll einer Sitzung der SED-Kreisleitung mit Funktionären aus dem Staatsapparat und der Wirtschaft zugespielt. Da wurde mir heiß und kalt. Das waren die üblichen Töne, wenn die kommunistische Staatsmacht zuschlug. Ob in Ungarn, in Polen, in der ČSSR oder in der DDR. Der Erste Sekretär der SED-Bezirksleitung in Halle, Böhme, hatte kolportiert, ich hätte gesagt, »die DDR ist eine hohle Nuss, die man knacken muss«. Propst Treu berichtete mir von aufgeregten Schülern, deren Lehrer erzählt hätten, ich hätte dazu aufgefordert, »Kommunisten aufzuhängen«. Er ging sofort zum Rat des Kreises und beschwerte sich. Ich wusste, was geschehen würde, wenn man solche Verleumdungen in Umlauf bringt. Dem Ersten Sekretär der SED-Kreisleitung, Horst Dübner, schrieb ich am 2. Oktober einen Brief, in dem ich klarstellte, was ich gesagt hatte und was nicht. Wieder forderte ich ein »neues Nachdenken über Reformen unter den Bedingungen der DDR« und einen gesamt-gesellschaftlichen Dialog aller, »die sich diesem Land und seinen Menschen verpflichtet fühlen. ... Allerdings meine ich auch, dass ›die Partei‹ nicht immer Recht haben kann. Ich ge-höre in die Tradition einer Institution, die auch einmal sol-che Absolutheitsansprüche gestellt hat ...«

Ich erhielt keine Antwort. Horst Dübner erklärte noch am 10. Oktober 89, »dem Freunde die Hand, dem Feinde die Faust«. Dass der SED-Funktionär aber danach zu den Genos-sen gehörte, die im gesellschaftlichen Umbruch akzeptieren lernten, und der wollte, dass es zu keinem Chaos, zu keiner die tägliche Versorgung der Menschen bedrohenden Lage käme, ob nun im Milchladen oder im Krankenhaus, soll nicht unerwähnt bleiben.

Der ARD-Korrespondent Claus Richter hatte mich im Sep-tember während der Synode u. a. gefragt, wie die Implosion der DDR aussehen könnte. Ich antwortete: »Das wage ich mir noch nicht vorzustellen. Es könnte sein, dass Menschen sa-gen: ›Wir gehen jetzt auf die Straße.‹ Darauf ist unsere Regie-rung überhaupt nicht vorbereitet, weil der Schock vom 17. Juni 1953 offensichtlich immer noch tief sitzt, und es der Regierung nicht so richtig gelingt, das kritische Potenzial produktiv aufzunehmen. Die SED versteht alle Kritik als et-was Destabilisierendes. Ich kann nur sagen: Ich bin gegen die Destabilisierung. Aber wenn wir nicht reformieren, destabi-lisieren wir. Eine Reform darf nicht Chaos heißen, aber Rigi-dität und Starrheit führen nicht weiter. Ich würde Chaos ver-meiden wollen *und* Starrheit! Das würde für mich Reform heißen.« Auf die abschließende Frage von Claus Richter: »Braucht das Land eine Opposition?«, antwortete ich: »Ich denke, es hat schon eine Opposition. Aber diese muss sich formieren können. Sie muss darstellen können, dass sie an der Entfaltung dieses Staates interessiert ist und den Kommunisten nicht die Macht *wegnehmen* will, sondern die Macht geregelt *teilen* will.«

Die Wut der Menschen wuchs mehr an als die Angst. Und das wurde zur großen Chance des Herbstes. Es gibt wohl keinen Satz, der die Wut der Menschen mehr angestachelt hat als jene Bemerkung im ND, die Erich Honecker persönlich eingefügt hatte: Man solle denen, die weggehen, »keine Träne nachweinen«. Wenn ich Honecker für irgendetwas danken sollte, dann für diesen Satz.

Christa Wolf richtete von Westberlin aus über mehrere Radiostationen einen dringenden Appell an die Menschen, hierzubleiben und für Veränderung zu wirken. Die Liedermacher, die Schriftsteller, die Theaterleute muckten auf und traten aus ihren Rollen. Reihenweise traten Genossen aus der SED aus. Ohne diesen Verlust ihrer innerern Legitimation wäre der Aufbruch kaum gelungen. Es waren vor allem die Sachsen, die vorangingen und dem demokratischen Aufbruch die erste Massenbasis gaben. In Plauen, Dresden oder Leipzig.

LASST UNS DIE WAHL! ZUM AUFTAKT DER FRIEDLICHEN REVOLUTION AM 4. SEPT. 1989 IN LEIPZIG

Viele meiner öffentlichen Reden, Vorträge, Diskussionsbeiträge, Predigten hat »die Firma« entweder nach Band abgeschrieben oder ausführlich von Spitzeln aufschreiben lassen, z. B. die Ausführungen vor amerikanischen Kongressabgeordneten im Lutherzimmer des Wittenberger Hotels »Goldener Adler« 1988 oder einen Vortrag in der Studentengemeinde 1982 in Merseburg über Feindbilder.

Besonders pikant wirkt es – und auch ein wenig beglückend für mich! –, dass man meine Rede vom 4.9.1989 in Leipzig (nach einer Sendung des SFB) vom Band abgeschrieben hat. Das waren recht eigentümliche Einwirkungsmöglichkeiten auf die Partei- und Staatsführung – auf solch krudem Wege! Mit dreien meiner engsten Freunde war ich dorthin gefahren, nicht ohne Bangen, ob wir wieder nach Wittenberg zurückkommen würden. Die Lage in Leipzig war unmittelbar vor der Messe äußerst angespannt. Einige Hundert Leute waren gekommen (nach Stasiangaben 400). Nach Vortrag und Diskussion blieben 50 Jüngere zum Nacht-Gespräch. Junge Leute, die nicht weggehen wollten, das hat mich damals in einer Atmosphäre lähmender Resignation ermutigt.

In der Nachschrift heißt es:

»Liebe Freunde, in einer aufgeregten und emotionalisierten Situation sich nicht anstecken zu lassen, sondern Ruhe zu bewahren, ist schwer. Ruhe in dem Sinn, dass wir bedächtig bleiben und den Blick nicht trüben noch vom Wesentlichen abwenden lassen … Ich spreche aus, was jetzt angesprochen werden muss, in der Hoffnung immer noch, dass die Zeit für den großen gesellschaftlichen Dialog noch nicht verspielt ist. Für alle, die hier weiter mitbauen wollen und nicht sagen: ›Umsonst‹. So verzeihen Sie mir, wenn ich heute Abend alle recht herzlich begrüße, die mit einem Sachinteresse und nicht mit einem Sicherheitsinteresse hergekommen sind. (Beifall) Verzeihen Sie mir bitte. Ich bitte darum, dass sich alle an der Diskussion beteiligen, die es weiter mit diesem Lande, den Menschen hier wagen wollen. Für die anderen habe ich zwar Verständnis, auch Traurigkeit, aber wir haben uns jetzt leider nichts Hilfreiches mehr zu sagen. Ich meine: Dennoch sind die, die gehen, Indikatoren unserer Gesamtsituation. Hier nehmen sie ihre Verantwortung nicht mehr wahr. Warum nicht? Ich glaube, weil sie das Gefühl haben, eher zerrieben als gebraucht zu werden. Und ich sehe, wie die Generation meiner Tochter, die 18- bis 20-Jährigen, fragen: ›Sollen wir das genauso machen wie du? Auch 20 Jahre warten oder gleich gehen?‹ Das sitzt tief.

Die Mündel schrien [fliehen – Hörfehler der Stasiabschreiber] aus dem Haus des Vormunds … Wir sind krank, wohl jedenfalls alle infizierbar. So rächt sich an uns die politische Doppelexistenz. Wenn sie nun tausendfach fehlen, die jungen Leute, die Fachleute, die Krankenschwestern – dazu das dunkle Gefühl der Ratlosigkeit in allen … Solange regierungszeitungsamtlich die Flüchtlinge in Anführungszeichen gesetzt werden, als verführbare Objekte dargestellt, als Verräter klassifiziert, deren Wert an ihren vom Staat in sie investierten Geldern gemessen wird, die sie jetzt nicht mehr dem Staat zurückgeben, und nicht als Personen, die wir verloren haben …

Die Reform- oder Erneuerungsbedürftigkeit unseres Landes geht weit über die Reform- und Erneuerungsbedürftigkeit des politischen und wirtschaftlichen Systems in der DDR hinaus … Wir alle leiden noch an Ideologien, die nach Marx falsches Bewusstsein sind. Ideologien, die uns einflüstern, mit unserer Ressourcenverschleißzivilisation sei so weiterzumachen, sei so weiterzuschreiten …

Wer keine gelingende Identität findet, auch in seiner Geschichte, kann kein stabiles, nach außen und innen friedensförderndes Staatsgebilde aufbauen. Stabil ist ein Staat u. a. dadurch, dass die Bürger sich aus Freiheit darin integrieren, und dass die Bürger ein Selbstbewusstsein entwickeln, das nicht auf der Abgrenzung gegen andere begründet ist … Die Gesellschaft muss von der Allgegenwart der Partei befreit werden … Angstfreie Diskussionen über alle anstehenden Fragen, ohne das vorherige Rückversichern nach oben, echte Konkurrenz und Kompetenz können erst entstehen, wenn die Doppelstruktur von Partei- und Staatsapparat aufgehoben wird. Eine lebendige Gesellschaft im Gegensatz zu einem

Kasernenhofsystem braucht vielfältige, staatsunabhängige, organisierte Ausdrucksformen für die Wahrnehmung ihrer unterschiedlichen Interessen oder Ziele … Die bisherigen Blockparteien sind faktisch im Block der Partei. (Beifall) … Soviel scheint mir heute schon sicher: Der ökonomische Nach-»Mittag«-Weg* wird kein Spaziergang sein … Mein Resümee: Entweder der Sozialismus von Peking bis Berlin ist zu einer grundlegenden Reform fähig, oder er verschwindet erst mal, auch wenn er als Diktatur weiter bestehen mag, als missglücktes, gut gemeintes, aber mit untauglichen Mitteln ausgeführtes Menschheitsexperiment … Wir haben die Wahl, noch, hoffentlich. Aus diesem Raum heraus kann ich nur sagen: Lasst uns die Wahl. (starker Beifall)«

Ich hatte bewusst öffentlich zuerst »auf eigene Kappe« in Leipzig reden wollen, bevor ich im relativen Schutzraum der Synode des Kirchenbundes in Eisenach 10 Tage später ans Mikrofon gehen wollte, um die Krise unseres Landes anzusprechen.

Wir waren ohne Probleme nachts wieder zu Hause angekommen. Irgendwie glücklich. Es bewegte sich was – aber dass die Bewegung bald massenhaft werden würde, ahnten wir nicht. Ich war auf Lager gefasst. Gefasst.

---

* Anspielung auf Günter Mittag, 1976–1989 im Politbüro des ZK der SED für Wirtschaft zuständig.

VOM AUGUSTINERKLOSTER ÜBER DIE
SCHLOSSKIRCHE ZUM MARKTPLATZ

LUTHER: WEDER HEILIGER
NOCH STINKENDER MADENSACK

Predigen will ichs, sagen will ichs, schreiben will ichs.
Aber zwingen, mit Gewalt dringen, will ich niemanden.

Martin Luther

Im Sommer 1978 aus der verfallenden Stadt Merseburg, aus der »Straße der DSF« mit furchtbar quietschenden Straßenbahnen, im Volksmund »Dubčeks letzte Rache« genannt, nach Wittenberg, gekommen, genoss ich täglich den Blick aus unserem Küchenfenster auf den Lutherhof mit Eiche, Linde, Buche und Tulpenbaum, mit Quellbrunnen und Katharinenportal. Um Dr. Luthers Konterfei steht – in Latein natürlich – sein Lebensleitmotiv: »Im Stillesein und Hoffen wird eure Stärke sein.« Stille steht für Konzentration und Kontemplation. Und Hoffen für das innere Gespanntsein auf Größeres, etwas, das wir Menschen nicht machen, wohin wir uns aber aufmachen können.

Hier also hat er gelebt und gelehrt, gegessen, getrunken, gesungen und gelitten. Ich wollte mich vertieft mit ihm beschäftigen, diesem vom mansfeldischen Namen Luder zum Eleutherius, zum Befreiten, eingedeutscht Luther, mutierten Christenmenschen und genialen Bibelübersetzer und Bibelausleger Dr. Martinus.

Mein Interesse war nie ein bloß historisches, sondern ein wirkungsorientiertes. Bald führte ich in- und ausländische Gäste, vor allem amerikanische Gruppen durch die Schlosskirche. In den Sommermonaten übernahm ich das zeitweise vom kundigen Küster Bernhard Gruhl. Ich konnte verstehen, warum Nietzsche Kirchen als Grabstätten des toten Gottes erlebt hatte: finster, leblos, kalt. Der sperrige wilhelminische Raum trieb mich immer zur Auseinandersetzung an und ließ mich fragen: Was galt damals und was gilt vom Damaligen noch heute? Allmählich wuchs ich in diesen Raum hinein, in dem neben dem Altar ein kerneichener riesiger Kaiserstuhl prangt.

Die Wirkungsorte, die Wirkungsart und die Gedankenwelt Luthers berührten mich existenziell. Den Glauben als ein »Stehfest des Herzens« zu begreifen und einen jeden sein zu lassen, der er ist, um selber zu bleiben – und zu werden! –, der man ist. »Strick ist entzwei und wir sind frei«, so hatte er gereimt, und Fontane hat's gut verstanden:

> Tritt ein für deines Herzens Meinung
> Und fürchte nicht der Feinde Spott,
> Bekämpfe mutig die Verneinung,
> So du den Glauben hast an Gott.

Es stand für 1983 Luthers 500. Geburtstag an. Also wollte ich mich kundig machen. Umfassend. Ein Glücksfall für mich: Richard Friedenthal »Luther – sein Leben und seine Zeit«. Endlich begriff ich die Weltperspektive der Reformation, warum dieses Nest mit »dem Wort allein« so wirkmächtig werden konnte und was ein Kairos ist. »Kein Zweifel aber kann darüber herrschen, daß Luther da gestanden und sein ›Nein‹ gesagt hat zu dem Befehl, zu widerrufen. Die weltgeschichtliche Bedeutung des Augenblickes war damals kaum jemand klar, am wenigsten dem jungen Kaiser Karl V., der diesen Fall eines rebellischen Dozenten an einer kleinen, ihm unbekannten Universität im Kurfürstentum Sachsen entscheiden sollte.«[36]

Mich interessierte der Gesellschaftsreformer, der eben nicht nur eine Kirche, sondern eine ganze Welt reformieren

Während der Ansprache Richard von Weizsäckers auf dem Marktplatz zum Kirchentag in Wittenberg, 1983, unter den Gästen Hildegard Hamm-Brücher

wollte. Also las ich seine Schrift »An den christlichen Adel deutscher Nation von des christlichen Standes Besserung« wieder. Kirchlich wie politisch brisante Textpassagen verband ich mit aktuellen gesellschaftspolitisch relevanten Fragen in einem Beitrag für das Buch »Mit Luther im Gespräch. Studientexte für die Gemeindearbeit«, das mein Kollege Hansjürgen Schulz herausgegeben hat. Keine künstliche Aktualisierung war nötig. Das Buch kam durch die Zensur. Mein Name durfte damals nirgendwo vorkommen. Wie ich 2011 lese, hatte die Stasi meine möglichen staatsfeindlichen Pläne für Luthers 500. bereits 1981 im Visier und wirkte auf den als »Bernstein« geführten IM Dr. Schulz ein. Dieser hat mich aber nie verraten. So war das. Ich hab akzeptiert, wenn auch nicht verstanden, dass er »mit denen« redete.

Friedensdekade mit Stationsgebeten am 9. November 1983 in Wittenberg

Zum Kirchentag im September 1983 hatte ich für den Abschlussgottesdienst auf dem Markt nicht nur die Predigt konzipiert, sondern auch einen fiktiven Dialog mit Martin Luther vorbereitet, von niemandem »abgenommen« als von unserem Vorbereitungskreis. Die junge Krankenschwester Karin Schumann aus unserem Gesprächskreis saß auf einer Leiter, die die Köpfe der Menschen überragte, und fragte über Lautsprecher Luther und Melanchthon. Beide antworteten mit tiefer Bassstimme aus dem Nirgendwo. Wer kann heute noch verstehen, wie brisant diese Aktion war?

»Herr Dr. Luther, wir leben in einer sehr gefährlichen Zeit. Alle Häuser, alles, was wir hier sehen, alles, was uns umgibt, kann in wenigen Minuten zerstört sein. Sie haben sich seinerzeit auch über die moderne Rüstung, insbesondere über die neuen schrecklichen Waffen geäußert.«

305

Luther: »Büchsen und das Geschütz ist ein grausam, schädlich Instrument, zersprengt Mauern und Felsen und führt die Leute in die Luft. Ich gläube, daß es des Teufels in der Hölle eigen Werk sei, der es erfunden hat, als der nicht streiten kann sonst mit leiblichen Waffen und Fäusten. Gegen Büchsen hilft keine Stärke noch Mannheit, er ist todt, ehe man ihn siehet. Wenn Adam das Instrument gesehen hätte, das seine Kinder hätten gemacht, er wäre vor Leid gestorben.«

1983 ahnten wir natürlich nicht, wie relevant alle jene Sätze, die zunächst den liturgischen Teil eines Gottesdienstes darstellten, für die politische Wirklichkeit werden sollten. Wir haben die Fragen just am 31. Oktober 1989 des Nachts vor dem Lutherdenkmal wiederholt. Diesmal stellte ich die Fragen, und der Superintendent Albrecht Steinwachs schlüpfte in die Rolle Luthers, er sagte u. a.: »Wir, die wir das Wort führen, dürfen nicht mit der Faust kämpfen.«

Bereits für 1983 war das Luthermuseum in der »Lutherhalle« grundlegend umgestaltet worden. Die Auseinandersetzung mit Müntzer und dem Bauernkrieg spielte plötzlich eine, wie ich fand, ungerechtfertigt geringe Rolle. Luther sollte wieder einmal vereinnahmt werden.

Die neben dem Portal angebrachte Sandsteinplatte mit der Inschrift »Lutherhalle Wittenberg« musste der Steinmetz noch in der Nacht wieder rausschlagen und eine neue einfügen, auf der stand »*Staatliche* Lutherhalle Wittenberg«. Der zuständige Minister Kurt Löffler kam mit dem CDU-Vorsitzenden Gerald Götting, mit größerem Gefolge und leerem Pomp zur Eröffnung.

Mit Freunden hatte ich die Idee, gegenüber dem »Größten reformationsgeschichtlichen Museum der Welt« (in der größten DDR der Welt) ein Spaßmuseum einzurichten. Wir nannten es LUTHEUM. Darin waren die Nierensteine Luthers, das

Nest der Wittenbergischen Nachtigall und eine riesengroße Muschel zu besichtigen, die der finnische Reformator Mikael Agricola dem oft verdüsterten Luther zur Dämpfung seiner Depressionen geschenkt hatte (natürlich eine Erfindung).

Ich hatte bei Ausgrabungsarbeiten den Hammer gefunden, mit dem Luther die Thesen angenagelt hatte sowie den ersten Laienkelch, den Karlstadt während der Abwesenheit Luthers zwangsweise auch für Altgläubige (Katholiken) eingeführt hatte. Selbst den Wurzelstock der Lutherrose hatte ich in Katharinas Garten ausgehoben. Leder des Sattels, auf dem Luther gesessen hatte, als er auf eigene Kappe von der Wartburg im Februar 1522 nach Wittenberg geritten war. Neu entdeckte Auszüge aus Luthers Tagebuch, die die ganze wissenschaftliche Welt in Aufruhr versetzen sollten (kurz nach der Entdeckung der Tagebücher Adolf Hitlers im »Stern«), waren zu bestaunen neben dem großen Löffel, mit dem Katharina die ungezogenen Kinder gezüchtigt hatte. Dann habe ich mich, soweit ich an Quellen herankommen konnte, über Luthers Hochzeit informiert, und wir haben im vorderen Teil des Lutherhofes, den wir zum exterritorialen Gebiet des Predigerseminars erklärt hatten, Luthers Hochzeit inszeniert und gefeiert. Das Szenarium war sehr einfach, der Gesang fröhlich, der Ulk groß, ohne dass der Inhalt fehlte: Schließlich galt Luthers Hochzeit kurz nach Ende der Schreckens des Bauernkrieges als ein umstrittenes Symbol.

1996 wurde der 450. Todestag Luthers mit vielen Symposien, Kongressen und Vorträgen begangen. Zusammen mit dem Historiker Dr. Volkmar Joestel entwickelte ich die Reihe »Luther lesen«. An 41 Abenden haben wir eine Stunde Texte Luthers zu verschiedenen Themen mit kleinen Überleitungen vorgetragen. Das Interesse der städtischen Bevölkerung hielt sich in Grenzen, aber wir hatten immer eine ausreichende und hochinteressierte Zuschauerschar. Worum ging's? Freiheit und Mündigkeit, die Türken und die Juden, Wortmacht und Machtwort, gemeinen Nutzen und Wucher, das Gottesvolk und den Pöbel, menschliche Existenz zwischen Gott und Teufel, den Poeten und den Polemiker, die Musik und die Poesie. Zwei Lesungen sind mir in besonderer Erinnerung geblieben: »Luther in Worms 1521«. Ich las die überlieferte Rede Luthers, an deren Ende jene legendären Sätze gestanden haben sollen, die aber mit an Sicherheit grenzender Wahrscheinlichkeit nicht gesagt worden sind: »Hier stehe ich. Ich kann nicht anders. Gott helfe mir. Amen.«[37]

Ich habe die gesamte Verteidigungsrede in zwei Versionen vorgetragen: in einer kämpferisch-heldischen und in einer nachdenklichen, zaghaften, suchenden. Wie hat er sie wirklich gehalten? Ich spüre seinen Worten den Mut zur Angst ab. Und die gewonnene innere Freiheit, nachdem er alles gesagt und gewagt hatte.

Unsere letzte Luther-Lesung sollte die schmerzhafteste werden. »Luther und die Juden«. Nach etwa 30 Minuten riefen Besucher empört: »Aufhören, aufhören! Das ist nicht zum Aushalten.« Hatte Luther 1523 über die Juden geschrieben: »Sie sind die Vettern und Brüder unseres Herrn«, so sollte er 20 Jahre später hasserfüllt fordern, »dass man ihre Synagogen oder Schulen mit Feuer anstecke und, was nicht verbrennen will, mit Erde überhäufe und beschütte«. Wie konnte derselbe Mensch so diametral entgegengesetzte Urteile abgeben? War er von Feindbild-Phobien getrieben, spiegelte er nur das Denken der damaligen Zeit, brachte Enttäuschung den alten kranken Mann zu solcher Raserei? Letztlich bleibt das unerklärlich. Zu rechtfertigen ist es sowieso nicht.

Schon 1996 deutete sich an, wozu man ihn missbrauchen würde: Luther-Socken und Luther-Zwerge. Richtig böse geworden, vermerkte ich damals, ahnend, was uns noch unter der touristischen Oberherrschaft drohen würde: »Die DDR hat Luther vermarxt, heute wird er vermarktet, auf jeden Fall wird er vermurkst.« Der von einem der führenden Aufbauhelfer aus der Stadtverwaltung bereits 1994 für gutes Geld eingeladene PR-Berater zur besseren Vermarktung der Lutherstadt empfahl sich als ehemaliger Wahlkampfleiter Willy Brandts und schlug uns allerlei Luther-Devotionalien-Handel sowie breite Schichten ansprechende Events vor. Der katholische Abgeordnete Dr. Rainer Haseloff, jetziger Ministerpräsident von Sachsen-Anhalt, warf ein, das wäre wohl für Protestanten schlecht zumutbar. Auch ich wies Nepp-Strategien ohne inhaltlichen Bezug zurück, worauf mich der PR-Berater öffentlich als Schaden für die Stadt bezeichnete, da ich ihr durch mein öffentliches Auftreten »ein zu intellektuelles Image« gebe und das sei abweisend und geradezu schädlich für die Stadt-Vermarktung. Er nahm sein Geld und ging.

Seit 1996 hatte die Stadt das Sommertheaterprojekt »Luther rufen« initiiert unter so phantasievoller wie kundiger und anspruchsvoller Regie von Peter Ries. Er zog neben vielen anderen auch mich zu Rate – insbesondere, was die aktuelle Relevanz Luthers betraf. Im Begleitheft zur ersten Aufführung, für die ich auch die Bergpredigt »eingelesen« hatte, schrieb ich:

»›Ein Baum, davon man Schatten hat, davor soll man sich verneigen.‹ Unter Bäumen, im Schatten seines Wohnhauses und Wirkungsortes vollzieht sich das SPIEL EINES LEBENS – zwischen Spruch und Wider-Spruch, Widersprüchen und Einsprüchen. Der Macht des Wortes trauend gegen die Worte der Macht, immer wieder. Gewaltig, weil gewaltlos, wurde 1989 etwas ins Recht gesetzt, was das Unrecht der Gewaltigen in Luthers Namen so oft gerechtfertigt hatte. Aufbruch und Umbruch kamen aus Frei-Mut. Luther hatte ihn vorgelebt, wie Martin Luther King später in letzter Konsequenz. Am Bronze-Denkmal haben wir ihn 1983 und 1989 ›befragt‹ und fanden Antwort. ›Der Obrigkeit darf man keinen Widerstand leisten mit Gewalt, sondern lediglich mit der Kundgabe der Wahrheit. Dazu gehört ein großer und starker Glaube, dass einer so frei in der Rede ist, dass er nicht fürchtet, der Leib und der Brotkorb könnten Schaden leiden.‹

Einen ›fröhlichen und unerschrockenen Geist‹ habe ihm Gott gegeben, um SEIN Wort vor jedermann zu verantworten, niemanden angesehen ... Solchen Geist gilt es wachzurufen, bei uns. Ein Spiel nur und mehr als ein Spiel: Vergegenwärtigung! Damaliges Ringen und damalige Kämpfe verstehen, heutige Herausforderungen annehmen! Ein Anruf an alle Spielverweigerer und Spielverderber.

Die Dramatik wird nicht auf Spektakel und Spektakuläres reduziert. Das große Fass der Geschichte wird nicht auf die kleinen Fläschchen mit possierlichen Geschichtchen abgefüllt. Der Konflikt zwischen Gott und Teufel, Bibel und Papst, Gewissen und Gehorsam, altem Adam und neuer Kreatur wird annehmbar, wenn der Hohnlacher nicht zum Verstummen gebracht wird. Der innerste Kampf mit äußersten Konsequenzen vollzieht sich in diesem Bergmannssohn, so deftig wie zart, so polemisch wie poetisch, so glaubensstark wie verzweiflungstief, so sinnenfroh wie himmelssüchtig, so humorig wie bockig, so depressiv wie euphorisch, so liebenswürdig wie poltrig, so wutschleudernd wie friedfertig. Ein fröhlicher Sünder, kein finsterer Held! In allem geht es Luther um die Bibel. Und der Bibel geht es um uns. So ist er nur ein Medium dafür, dass Menschen zu dem Glauben kommen, der in der Liebe tätig wird – bis wir die Freiheit finden, die uns in die je eigene Verantwortung führt. Zuschauer und Zuhörer sitzen mittendrin, nicht in historischer Kulisse, sondern an geschichtlichem Ort. Im Lutherhof wird Theater gespielt – als wäre es ein Stück von dir.«

310

Eröffnung der Luther-Dekade, 2008: Luther wird übergesetzt

Ich war und bin für Inszenierungen, für Verfremdungen, für ein Denken, das sich im Spielerischen verwirklicht. Es gelang, die Sommertheater als achtbaren Versuch zu etablieren, Luther zum Thema von Theater heute zu machen.

Zur Eröffnung der Reformationsdekade am 20. September 2008 hatten wir ebenfalls ein Spiel vorbereitet. Wie im Drehbuch vorgesehen, ließ sich Luther vom Rektor der neugegründeten Universität Leucorea, Martin Pollich, von jen-

311

seits der Elbe abholen und sagte dem versammelten Volk von Wittenberg, was er nun in der Stadt vorhabe.

Ich habe in der Rolle des Rektors versucht, all das einzubeziehen, was dieser Mann, der da ankommt, tun und wie sich die Welt dadurch verändern würde. Nur durch's Wort. An einer Elbebuhne, zusammen mit dem jungen Luther in einem Ruderboot ankommend, rief ich dem Volk von heute zu:

»Ich begrüße Sie alle in dem Teil Deutschlands, den Bösartige ›Dunkeldeutschland‹ nennen. Viel südliche Sonne ist hier nicht, auch kein attisches Licht. Aber denken lässt sich besser in dürftiger Zeit und äußerer Entbehrung. Wir wollen an neue Ufer kommen. Wir wollen uns nicht treiben lassen. Wir wollen gegen den Strom schwimmen u n d uns vom Strom tragen lassen. Ich wollte Sie höchstpersönlich ü b e r-setzen. Und ich bitte Sie, uns mit Ihrer Sachkunde, mit Ihrem frischen Geist zu helfen, zu über s e t z e n: eine alte Wahrheit in die neue, f ü r die neue Zeit.

Dafür müssen wir uns von den alten, festgelegten Schulen befreien. Wir wollen keine Scholastik betreiben, sondern eigene Erkenntnis gewinnen.

Als erfahrener Mann sage ich ihnen: ›Die Welt will Meister Klügling bleiben und muss immer das Ross am Schwanz aufzäumen, alles meistern und dabei doch selber nichts können. Das ist ihre Art, von der sie nicht lassen kann.‹ Ich habe eine Bitte: Die Menschen da drüben wissen herzlich wenig von unserer christlichen Tradition, geschweige denn von den Ursprüngen. Sie können nichts dafür.

Nichts ist für die Stadt besser als gebildete, wohlerzogene, rechtschaffene Bürger – und natürlich Bürgerinnen! – jedenfalls Leute, die selber urteils- und entscheidungsfähig sind. Und bringen Sie den Menschen dort das rechte Verstehen der Heiligen Schriften bei, meinetwegen auch das linke. Niemand von diesen grobschlächtigen Leuten möge vergessen, dass es eine große Gabe und Aufgabe ist zu leben. Niemand lasse den Glauben daran fahren, dass Gott an ihm eine große Tat tun will.«

Zusammen mit den auf der Elbbuhne Versammelten zogen wir mit Tamtam über die Elbwiesen gen Wittenberg, bestiegen ein Pferdefuhrwerk, das uns von Schloss und Schlosskirche bis zum Lutherhaus, mitten durch die Stadt kutschierte. Der »alte Luther« erzählte dem »jungen Luther«, was dieser in den folgenden 38 Jahren in Wittenberg in Gang setzen werde. Und viel Volks lief ihm nach … an jenem Septembernachmittag, bis der junge Professor Luther in seinem Schwarzen Kloster verschwand.

Unter dem Titel »Was protestantisch ist« habe ich heute noch relevante Texte aus 500 Jahren Reformation zusammengestellt. Dieses Buch stellte ich im Lutherhof an jenem Nachmittag der versammelten Bürgerschaft vor. Auf diese Weise wollte ich deutlich machen, dass »Luther-Dekade« nicht Klamauk bedeute, sondern Rückbesinnung und Aufforderung an die Kirchen, sich darüber zu verständigen, wozu sie gemeinsam da sind. Dabei hat das Spielerische durchaus seinen Platz, auch wenn die Katholiken das besser können mögen.

IN DER SCHLOSSKIRCHE PREDIGEN

Strikt habe ich sie gemieden, diese am Bahnhof als LuWi ausgewiesene Lutherstadt Wittenberg, wo ich doch so oft von der Halleschen Martin-Luther-Universität kommend nach Berlin gefahren war, über die großen Elbwiesen den Schlosskirchenturm anschauend. Das schreckte mich ab. Mit solchem Luthertum im Kaisertum wollte ich nichts zu tun haben. Auch in den acht Jahren in Merseburg bin ich kein einziges Mal mit den Studenten nach Wittenberg gefahren. Bis dann Oberkirchenrat Konrad von Rabenau mich buchstäblich überredet hatte, nach Wittenberg zu gehen und am dortigen Predigerseminar die zweite Ausbildungsphase von jungen Theologen zu begleiten.

Ich war und bin in der Backstein-Gotik wie in der Romanik zu Hause, in kleinen alten Feldstein-Dorfkirchen wie in großen Backsteinkathedralen. In diesen fühle ich mich wohl. Sie erfüllen mein Gemüt so, wie ich es mit Matthias Eisenberg am Cembalo in der Klosterkirche in Jerichow 2010 erfahren habe. Das ist meine Welt. Zum Barock habe ich Distanz, und den Reiz von Sandstein entdeckte ich erst langsam.

Ich bin überdies überzeugt, dass wir überall »die Kirche im Dorf lassen« sollten. Ganz wörtlich und übertragen, auch in den einstigen Stadtkernen. Die Redewendung deutet ursprünglich auf den unverwechselbaren, unverzichtbaren, unveräußerlichen (und zu pflegenden) Mittelpunkt einer Stadt oder eines Dorfes. Die jeweilige Kirche schließlich ist auch für diejenigen »unsere Kirche«, die nicht zur Kirche gehören oder den christlichen Glauben nicht teilen. Kirchen sind Identifikationsorte in ihrer Schönheit und Einmaligkeit, wiewohl sie alle einen bestimmten Stil haben.

Sie sind Teil der Identifikation stiftenden Erinnerung – erhalten und wiederhergestellt nach Feuersbrünsten oder kriegerischen Zerstörungen.

Ich denke an den emotionalen Wert der Dresdener Frauenkirche und der Kreuzkirche, an den Dom zu Münster oder die Marienkirche in Kiel – alle aufwendig wieder aufgebaut, Wahr-Zeichen der Städte. Auch die merkwürdige Schlosskirche. Aber die steinerne Hülle macht's nicht, sondern es geht darum, wie die Kirchen wieder Lebensorte für Menschen werden, diese sich darin beheimaten, sie die Räume als be-

314

sondere Orte des Feierns und des Klagens, der Orientierung und der Ermutigung, der Meditation und der Gemeinschaft, der Stille und der Musik erfahren. Jede Kirche ist ein bevorzugter Raum der Selbstklärung und der Selbststärkung, der Katharsis durch Schuldeingeständnis und eines Zuspruchs, über die ein Mensch nicht verfügen kann. Ich selber bin ja im Schatten der großen »Glucke« in meiner Heimatstadt Werben groß geworden. Stendal, Tangermünde, Jerichow, Gardelegen, Seehausen, Ahrendsee, Salzwedel: Das ist meine Heimat. Auch architektonisch. Und nun nach Wittenberg.

In einer ZDF-Umfrage im Jahre 2008 wurde der Platz vor der Schlosskirche zum drittschönsten Platz Deutschlands erkoren. Ich mag das nicht glauben. In der Schlosskirche predigen – kann man in einer Kirche auch gegen sie predigen? Ihr ist anzusehen, dass sie als Garnisonskirche gedacht war. Als einmal an einem Sonntag etwa hundertfünfzig sowjetische Soldaten in feinen Uniformen in die Kirche strömten und sich ganz brav in die Bänke setzten, in Reih und Glied, spürte ich, was Garnison in der Kirche heißt.

Im September 1978 wurde ich dort eingeführt. Gedacht war meine Berufung auch als ein Ausgleich zu gewissen Einseitigkeiten meines Kollegen, des Direktors Dr. Hansjürgen Schulz. Damals war es Mode, nicht zu fragen, was ein Pfarrer gesagt hat, sondern wie sich die Gemeinde gefühlt hat bei dem, was sie da gehört hatte. Und Bischof Werner Krusche schärfte mir in seiner Einführungspredigt ein, man dürfe nicht nur fragen: »Was hast du gefühlt?«, sondern auch: »Was hat er gesagt? Was hat er mir gesagt?« Aber wieso sagte er *mir* das?

Es ging auch um die politische Haltung. Hansjürgen Schulz war der DDR gegenüber so aufgeschlossen, dass drei seiner Kinder zur Jugendweihe gegangen waren und am Montagmorgen immer im Blauhemd das Seminargebäude, in dem auch die Dozenten wohnten, verließen. Sein jüngster Sohn Friedrich hatte aus eigener Entscheidung nicht an der Jugendweihe teilgenommen und sich zu den Bausoldaten gemeldet. Im Übrigen habe ich die großen Begabungen meines Kollegen bewundert und auch davon profitiert – und sei's im Strittigen zwischen uns, theologisch wie politisch. Aber kein persönlicher Streit!

In der Schlosskirche sollte ich fortan predigen, im Schatten Luthers. Mir war der wilhelminische Geist, den diese Kirche ausstrahlt mit ihrer eigentümlichen Steifheit, fremd. Auch das Grab Luthers unter der Kanzel. Insbesondere aber die preußische Pickelhauben-Performance als Turmhaube. Ich predigte im September 1978 über Bäume und meinte, Theologie müssten wir fernerhin so betreiben, dass Bäume wachsen können. Ich war ja aus einer ökologischen Giftküche gekommen. »Über Bäume möchte ich sprechen. Nicht über Nutzhölzer, auch nicht über Schlagbäume, sondern über Bäume vor unserer Tür, im Lutherhof, an einem Brunnen. Auch über Apfelbäume, kleine blühende. Also etwa: über Bäume, Luther, Brecht und uns. Was haben Bäume mit dem Glauben zu tun, frage ich, fragen Sie? Ist sie vorstellbar, unsere Erde, ohne Bäume? Und, glaubt man der Offenbarung, ist es auch das Paradies nicht. Verwoben sind Bäume mit menschlichem Geschick, von Beginn an. Da wird etwas entschieden, verdeutlicht, verglichen: Der Baum des Lebens steht neben dem Baum der Erkenntnis, oder ist er gar identisch mit ihm? Der kleine Gernegroß Zachäus braucht einen Baum zu seiner Rettung. Von ihm herab kann er den Herrn rufen und erfährt etwas vom Paradies. Ein Ölbaum wuchs und zeigte Noah das Ende der Flut an: Es gibt wieder festen Boden unter den Füßen. Neubeginn, wo ein Baum wachsen kann.

Luthers tröstliches Sprüchlein › Wenn ich wüsste, dass morgen die Welt unterginge, so würde ich heute mein Apfelbäumchen pflanzen‹ bedeutet auch: einem Bäumchen alle Hoffnung für diese Erde anvertrauen. Und so wird's nötig sein, über den blühenden Apfelbaum zu schreiben, ihn zu sehen, nicht bloß sich drängen zu lassen durch die Reden und Taten der Hitler und Somoza, durch die Urteile gegen Ben Chavis, Steve Biko und Rudolf Bahro. Wir müssen beides tun, beides aushalten – Apfelbäume und den Schrecken, hin- und hergerissen zwischen Freude und Zorn. Mancher kommt hier an, ist gezeichnet von seinen Erfahrungen, ist windflüchterartig, geknickt, zerzaust, knorrig, entwurzelt oder aber frisch rausgeputzt, begierig herauszuwachsen, über sich selbst hinauszuwachsen. Einer kommt mir vor wie ein Stumpf, abgehauen, der dem Reis nicht glaubt, das da aus ihm noch heraussprossen kann, zaghaft. Jeder von uns ein Baum, der versucht, ein guter Baum zu sein und gute Frucht zu bringen, und der weiß, dass die Frucht eine Gnade ist. Wie selbst das unscheinbare Senfkorn ein Baum wurde, so können wir vertrauen, dass etwas werden kann mit uns, unter uns, etwas vom Reiche Gottes, dass wir genannt werden können ›Bäume der Gerechtigkeit‹ und ›Pflanzung des Herrn‹, uns selbst und anderen zur Freude.«[38]

Ich musste und ich wollte mich allmählich mit diesem Raum anfreunden. Also versuchte ich, die normalen Gottesdienste (zu denen wahrlich nicht viele Menschen kamen) in den Chorraum zu legen. Die Besucher sollten sich in das Fürstengestühl setzen. Das war mein erstes befreiendes Erlebnis. »Ihr seid Fürsten. Und nicht Untertanen der Fürsten. Setzt euch auf die Plätze der Fürsten. Das Priestertum aller Gläubigen verträgt keine Hierarchien. Dies ist euer aller Ort und nicht die Stätte angemaßter Würdigkeit Einzelner gegenüber oder über anderen.«

Mich hatte spontan der Satz in der Eingangshalle der Alten Universität (in deren Räumen wir 14 Jahre lang wohnen sollten) beeindruckt. Denn da stand: »Niemand lasse den Glauben daran fahren, daß Gott an ihm eine große Tat tun will. Martin Luther«. Bei der Renovierung sollte dies übermalt werden. Ich konnte mit Bitten und Protest erreichen, dass dieser Vers bliebe. Jeden Tag ging ich mindestens einmal darunter durch. Vorn, auf dem schon durchhängenden, alten Balken steht das trotzige »Ich hab all hier zu Wittenberg einmal des Papstes Dekret verbrannt und wollt's noch einmal tun.« Diesem kämpferischen Geist Luthers stand ich nahe. Damit konnte ich mich anfreunden. Und noch viel mehr mit dem, was unsere Vorväter an die Rückseite des zweiten Tragebalkens geschrieben hatten; eine wunderbare Ermunterung, eine wunderbare Ermutigung: »Es liegt nichts an mir, aber Gottes Wort will ich mit fröhlichem Herzen und frischem Mut verantworten, niemand angesehen, dazu mir Gott einen fröhlichen und unerschrockenen Geist gegeben hat.«

Um den Schlosskirchenturm ist eine Mosaikbanderole angebracht, seit 1892: »Ein feste Burg ist unser Gott, ein gute Wehr und Waffen.«

Es lösten sich einzelne Mosaiksteine und drohten, Passanten und Besuchern auf den Kopf zu fallen. Einige Amerikaner suchten immer den Boden ab, um eines von diesen Mosaikreliquien mitnehmen zu können. Für eine Predigt 1980 ging ich mit meinem kleinen Diktiergerät durch die Stadt und befragte die Leute, welche Parole man jetzt dort anbringen solle. Es gäbe, fabulierte ich, eine Diskussion darüber, ob man dieses alte Kirchenlied weiterhin belässt und ob das Wort »Gott« unsere Stadt gut repräsentiert, zumal mit dem Wort »Waffen«. Ich verwies darauf, dass unterhalb des Schlosskirchenturmes der T34 auf einem Sockel stand und man immer aus der Perspektive des Panzers die Kirche sah. Also fingierte ich eine Diskussion darüber, ob man einen neuen Text anbringen sollte, z. B. »Lernen, lernen, nochmals lernen. Lenin« oder vielleicht »Seid nett zueinander« oder einen anderen Vers aus dem Lied »Groß Macht und viel List sein grausam Rüstung ist«, wobei ich vorschlug, »groß Macht« in einem Wort zu schreiben: Großmacht. Ich erntete verdutzte Gesichter, Kopfschütteln, Lachen. Aber die Mehrheit, auch die Nicht-Christen, war dafür, dass man die alte Umschrift erneuern solle. Ich hielt darüber eine Predigt.

Das hab ich immer wieder versucht: Texte gegen den Strich zu lesen, durch Verfremdung auf Hintersinn zu kommen. Das war die besondere Lust in Zeiten der Beobachtung jedes Wortes. Wenn es da heißt: »Groß Macht und viel List«, dann, habe ich gesagt, heißt das auch »Großmacht mit viel List«, mit Verleumdung, Verlockung, Entstellung und Eifer. Wenn es da heißt: »Mit unserer Macht ist nichts getan«, dann drückt das meine Ohnmacht aus, mein Gefühl, vom Rad der Geschichte überrollt zu werden, sowieso nichts machen zu können. So kann ich dann auch in die Bitte einstimmen: »Es streit' für uns der rechte Mann« und vertraue darauf, dass dieser rechte Mann durch viele Frauen und Männer heute wirken kann und wirkt. »Und wenn die Welt voll Teufel wär und wollt uns gar verschlingen, so fürchten wir uns nicht so sehr.« Man kann wissen, dass die Welt verschlungen werden kann. Aber über allem und hinter allem steht das Wort des Herrn, das verletzliche und verlässliche Wort, das Wort über dem Anfang. »Und siehe, es war gut.« Und das Wort über dem Ziel: »Siehe ich mache alles neu.« In einer Welt der totalen Kontrolle, wo das Hauptwort nicht Vertrauen, sondern Kontrolle war, habe ich gelebt und offen gesagt, nicht von oben herab, aber von oben beeinflusst: dass wir zuversichtliche, risikobereite, offene Menschen brauchen, getragen von einem Vertrauen von weit her, umfangen von einer Bindung, die aus Freiheit kommt und zu Freiheit führt. Mitten in der DDR.

Das Wort als eine Waffe, aber nicht eine Waffe, die tötet,

sondern eine Waffe, die befreiende, lebens-fördernde, los-lösende Wirkung entfaltet.

Als Christ glaube ich natürlich auch an geheimnisvolle Fügungen im Leben, zumal ich manche selber erleben durfte. Der Bibeltext für die Reformationspredigt 1989 traf direkt ins Herz unserer Aufbruchsbewegung, gegen die Mauern im Lande und die Mauer um das Land. Wir bauten aus beschrifteten Kartons eine große Mauer und in die Mauer hinein ein Tor, aus dem der Prophet trat und den Text aus Jesaja 62 las. Da standen sie alle vor uns, die Steine, die uns im Weg gelegen hatten, die ein gelingendes Leben in der Gesellschaft verhinderten: die Angst, das Misstrauen, der Alkohol, die Stasi, die Gülle, die Rüstung, die Feindbilder …

Wer dachte am 31. Oktober 1989 schon daran, dass zehn Tage später die echte Mauer durchbrochen würde? Wir hatten sie in der Freiheit des Wortes längst durchbrochen.[39]

> Lasst Euch aufrichten!
> Gehet ein, gehet ein durch die Tore!
> Bereitet dem Volk den Weg!
> Machet Bahn, machet Bahn, räumt die Steine hinweg!
> Richtet ein Zeichen auf für die Völker.

Propheten, betonte ich, haben immer ein warmes Herz und einen scharfen Blick. Und ihre Worte sind beißend und befreiend. Immer geht es ihnen um die Wahrheit, die sie sagen müssen, auch wenn sie schmerzlich ist, sogar für den, der sie sagt. Die Propheten nennen auch immer die Perspektive, die Gott uns Menschen gibt. So war das damals: Die aus der Heimat Vertriebenen sehnen sich zurück nach Jerusalem. Die Zurückgebliebenen sind resigniert. Die Stadt, das Land verfällt mehr und mehr. Da tritt der Prophet auf und richtet die resignierten Menschen auf. Und ich meinte, auch wir sollten uns aufrichten lassen. Wir wollen, dass unser innen und außen verfal-

Predigt am Reformationstag 1989

lendes Land wieder aufgerichtet werde. Wir wollen, dass wir alle in diesem Land wieder Selbstbewusstsein und Hoffnung bekommen. Und wir haben schon etwas davon gewonnen.

Der zweite Gedanke des Propheten: Wer arbeitet, soll auch den Lohn seiner Arbeit haben, das Nötigste, das Brot, und das Festliche, den Wein. Nicht nur sollen die Fremden, ja »unsere Feinde«, das bekommen. An diese soll nicht verschleudert werden, was hier [in der DDR] erarbeitet wurde. Also nicht mehr die Schweine zu Dumpingpreisen in den Westen, und die Gülle bleibt bei uns. Nicht mehr Blumen, Gemüse und Pfirsiche aus den Gewächshäusern und Plantagen rund um die Stadt in die übersättigte Stadt Westberlin. Nicht mehr das Beste ins Töpfchen des Westens und das Schlechtere in das Kröpfchen des Ostens. Keine Privilegien mehr, keine japanischen Keller für die neuen »Könige«, aber auch keine westlich-fürstlichen Häuser für Bischöfe auf Hiddensee. Keine Jagdreviere mehr für die hohen Herren, die doch ganz die Diener des Volkes sein wollen, und – ich darf es sagen, da es im Text um Wein geht – keinen Freyburger Wein mehr für die »Imperialisten« in den Devisenhotels, sondern in unsere Läden!

Und: »Macht Bahn! Macht Bahn dem ganzen Volk! Macht was! Klagt nicht über die Steine, die euch im Wege liegen. Das haben wir 40 Jahre lang gemacht: geklagt. Räumt sie weg, weg die Steine, die uns im Wege liegen: Angst, Staatssicherheit, Flugasche, Städteverfall, Trägheit, Bevormundung, Massenflucht. Baut aus den Steinen, die euch im Wege liegen, nicht eine Mauer, sondern ein Tor. Wir selbst sind ja auch solche Steine, die im Wege liegen. Wir haben Steine in uns. Wir sind oft versteinert. Leugnen wir den Schatten in uns nicht. Nehmen wir das Dunkle und den Schatten in uns selbst an und bauen wir es ein, integrieren wir es, statt es zu leugnen. Ja,« betonte ich, »es ist noch viel zu tun, bis die Völker nicht mehr zu unserem Land *Mauerstaat* sagen, sondern sagen ›Staat der offenen Tore‹. Es ist noch viel zu tun, bis uns allen die bitteren Wahrheiten über unsere Natur und unsere Wirtschaft und über unsere Wissenschaft zugemutet werden können. Und werfen wir keine Steine auf die, die uns Steine in den Weg gelegt haben! Bauen wir miteinander Tore, durch die wir gehen können. Und lasst uns bleiben, Schwestern und Brüder, im inständigen Gebet zu Gott. Lasst uns bleiben im Widerstand gegen Verkrümmungen, im Widerstand gegen die Vorrechte Einzelner. Und lasst uns bleiben in der Hoffnung.«

Nirgendwann habe ich so stark erlebt, dass Worte Kraft hatten, Menschen zu ermutigen, zu orientieren, aufzurichten, zu erwärmen und nicht zu verbittern, zu orientieren, ohne ihnen etwas zu suggerieren. Es war nicht das schwarze Wort mit seinen verheerenden Wirkungen, von dem Hilde Domin geschrieben hatte, sondern es war das Wort, das nicht am Ende war, sondern das, was am Anfang war und einen neuen Anfang schuf.

Nach genau 29 Jahren und acht Monaten habe ich am Reformationstag 2007 als Pfarrer meine Abschiedspredigt in der Schlosskirche gehalten. Wieder war turnusgemäß der Jesaja-Text (Jes. 62,6–12) dran, der am Reformationstag 1989 die Grundlage für die Predigt gewesen war. Ich dachte nach über die Steine, die in den letzten zwanzig Jahren einfach liegengeblieben waren. Die Stolpersteine des alten Adam, die immer wieder im Weg liegen, sofern wir alle nicht beständig dabei bleiben, sie uns aus dem Wege zu räumen. Die Gleichgültigkeit, die Selbstverdummung, den Ausländerhass, den Erinnerungsschutt, den Frust, die Gier, das Machtstreben, die Bürokratie, neue Drogen und neue Dogmen, Gammelfleisch und Abwanderung, Korruption und Werteverfall, Börsenspekulationen und Altersarmut, Kinderlosigkeit, Schandlohn. All diese Steine lagen als große Pappkartons auf dem Wege hoch zur Kanzel. Ich warf sie über Bord. Hinunter in den freien Raum. Und sie wurden aufgesammelt. Über dem Grabe Martin Luthers: Steine zur Erinnerung, Steine, die es wegzuräumen gilt, Steine, die uns vom Herzen fallen, Steine, die uns auf dem Herzen liegen bleiben. Ich meine, dass auch diese Steine zu Bausteinen werden, wenn wir alles, was uns belastet, nicht bloß hinter uns lassen oder es gegen andere wenden, sondern es integrieren. Steine, die im Wege liegen, wegträumen und wegräumen. Einer für den anderen.

Für mich bleibt auch die Schlussvision des »Kaukasischen Kreidekreises« von Brecht einleuchtend: Die wahre und die falsche Mutter streiten sich um das Kind, und die falsche Mutter ist bereit, das Kind zu zerreißen, um es für sich zu haben. Das Schlusslied hört sich wie eine biblische Vision an:

> … daß da gehören soll, was da ist
> Denen, für die es gut ist, also
> Die Kinder den Mütterlichen, damit sie gedeihen
> Die Wagen den guten Fahrern, damit gut gefahren wird.
> Und das Tal den Bewässerern, damit es Frucht bringt.[40]

Keine Gleichmacherei, aber Gerechtigkeit in den Sozialbeziehungen mit Chancengleichheit! Unsere Demokratie hat nur Bestand, wenn sie Akzeptanz bei den Menschen findet. Und Akzeptanz findet sie auf Dauer nur, wenn die beiden Werte Freiheit und Gerechtigkeit zusammen*bleiben* und durch die Solidarität aller zusammen*gehalten* werden.

Die Früchte der Arbeit, das hat schon der Prophet erkannt, sind auch für die da, die sie angebaut haben. Und diejenigen, die den Weinberg mühsam beackern, haben auch ein Anrecht auf die Trauben, auf den Wein, auf das Fest.

Von dieser Abschiedspredigt bleibt leider fast nur in Erinnerung, dass ich »da was von der Kanzel heruntergeschmissen« hätte. (Mehr und mehr zählt auch in der Kirche das Spektakulum – bis bei dem Kampf um Aufmerksamkeit nur noch Event als Sieg der Leere über die Lehre übrigbleibt!) Bei einigen mag haften geblieben sein, *was* ich heruntergeschmissen habe und *warum*. Ich vertraue einfach darauf, dass sich mancher doch *seinen* Reim darauf macht, was wir nämlich mit den Steinen tun, die uns heute im Wege liegen.

Ausgerechnet in einer solchen wilhelminischen Kirche mit einer Untertanen-Tradition samt deren bellizistischen Ingredienzien hatte uns 1989 der Atem der Freiheit angeweht. Martin Luthers Geist, angereichert durch Martin Luther King, hat uns getragen. Ja, vielmehr noch das unmittelbare Sprechen der Heiligen Schrift in die Situation hinein. Die Pfarrer konnten reden, die Menschen konnten hören, die Herrscher traten ab. Bürger kamen ganz freiwillig, und sie wollten die Freiheit – aber natürlich auch äußerlich besser leben. Bald sollte die Sehnsucht nach der D-Mark und all dem, was sie repräsentierte, größer werden als die Sehnsucht nach der Demokratie. Unsere »Gebete um Erneuerung« vom 10. Oktober 1989 bis zum 18. März 1990 haben zum friedlichen Verlauf der Revolution entscheidend beigetragen.[41] Es liegt noch viel Arbeit vor uns Heutigen und vor den nächsten Generationen, bis die Freiheit eines Christenmenschen in einer freien und rechtsstaatlich verfassten Gesellschaft Gestalt gewinnt.

Am 13. September 2001 – drei Tage nach dem folgenreichen terroristischen Anschlag – habe ich vor Hunderten aufgewühlten Bürgern in der Schlosskirche ein Friedensgebet gehalten. Die Spaßgesellschaft war am Ende. Die Weltmacht stand am Scheidewege. Die *eine* Welt sind wir bisher nur im Unglück. Gerade jetzt brauchten wir alle Entschlossenheit im Kampf gegen den Terror, den Mut zum Frieden, aber nicht den Furor der Vergeltung.[42]

Am 1. Dezember 2007 hab ich mich von meinem Pfarrdienst mit einer Andacht in der Schlosskirche verabschiedet. Waltraut Wächter, erste Geigerin des MDR-Sinfonieorchesters spielte die Chaconne von J. S. Bach von einem Faksimile des Bach'schen Originals. Das reicht in Tiefen, die kaum anders zu erreichen sind.

Ich erinnerte mich besonders dankbar an meine beiden inzwischen verstorbenen Kollegen und Amtsbrüder Propst

Hans Treu und Dr. Hansjürgen Schulz. Und ich las meine Meditation von 1983 – vor dem geschmiedeten Friedensleuchter und dem knienden Kurfürsten aus Alabaster.

RUFE NACH EINER NEUEN REFORMATION?

In der »New York Times« vom 4. November 1989 berichtete Serge Schmemann, der 1991 den Pulitzer-Preis für seine Berichterstattung über die deutsche Neuvereinigung erhalten sollte, ausführlich über unser »Gebet um Erneuerung« am 31. Oktober 1989. Schmemann hörte – so formulierte er es in der Überschrift seines Artikels – am Jahrestag der alten Reformation in Wittenberg Rufe nach einer neuen. Es sei schwierig, schrieb er, sich vorzustellen, was Martin Luther an diesem Jahrestag seines Thesenanschlages wohl über die Menschenmenge in der brechend vollen Schlosskirche gedacht haben könnte. Die Gleichzeitigkeit sei den Leuten und dem Pastor bewusst. In Wittenberg hätten sich in den vorangegangenen drei Wochen immer mehr Leute in der Schlosskirche versammelt, »um an der neuen Graswurzelbewegung für Veränderung teilzuhaben«. Nun sah er mehr als 3000 Menschen in der Kirche und die gleiche Zahl draußen vor der Türe, »um über Lautsprecher den Forderungen, Ansprachen und Gebeten zuzuhören – dem täglich Brot des jüngsten osteuropäischen Landes, das von the winds of change durchgerüttelt wird«.

Ich werde mehrfach in dem Artikel zitiert: »Ein neues Volk, eine neue Bürgerschaft wurde in den Demonstrationen geboren … Wir sind das Volk. Wir wollen unsere Deutsche Demokratische Republik. Wir wollen Reform, Erneuerung. Wir wollen sagen ›Wir bleiben hier‹.« Der Artikel berichtet ausführlich über unsere Forderungen, sogar darüber, dass wir auch bessere Wohnungen für alte Menschen in Wittenberg gefordert hatten. Doch, so Schmemann, der Jubel war dann am lautesten, wenn gefordert wurde, die Stasi »in die Produktion« zu stecken.

An den Informationstafeln in der Kirche fand der Journalist Informationen über das Neue Forum, Demokratie Jetzt und den Demokratischen Aufbruch. »Und von der Kanzel fassten Pastor Schorlemmer und andere Redner das vorherrschende Gefühl in Worte: ›Wir dürfen nicht zu hoffnungsvoll, noch sollten wir zu skeptisch sein. Es gab einen enormen Wandel, doch das ist nicht genug. Die Frage ist, wie wir den Wandel verstetigen können. Aber der Konflikt‹, betonte er, ist keiner zwischen Kirche und Staat, ›sondern zwischen dem Volk und dem Staat‹«.

Schmemann berichtete auch über die anschließende Demonstration und den Thesenanschlag an der Rathaustür. Einige würden ein »Sing-in« im Stil der 60er-Jahre mit Protestsongs der amerikanischen Bürgerrechtsbewegung veranstalten. Wittenberg beschrieb er als stark umweltverschmutzte Stadt. Da die Reformforderungen abseits von Ostberlin oder Leipzig so viele Menschen auf die Straße brachten, müsse es sich um eine Volksbewegung handeln, deren tatsächlicher Umfang allen Annahmen und Stereotypen über die Ostdeutschen widerspreche.

Die »New York Times« war also unter uns, ohne dass wir irgendetwas gemerkt hätten. Jedenfalls dirigiert hat sie uns nicht. Im letzten überlieferten Bericht, den der »Genosse Minister« Mielke selbst unterschrieb und erst am 7. November, dem Tag des Rücktritts der Regierung Stoph, als »streng geheim« weitergegeben hat, heißt es:

»Vertreter antisozialistischer Sammlungsbewegungen, wie die Pfarrer Tschiche/Magdeburg und Schorlemmer/Wittenberg, heizen nach wie vor zu solchen Veranstaltungen die Stimmung gegen die Partei- und Staatsführung an; vor allem orientieren sie auf die weitere Durchführung von Demonstrationen als politisches Mittel zur Druckausübung. In diesem Sinne forderte Pfarrer Schorlemmer demagogisch die Veranstaltungsteilnehmer in der Schlosskirche/Wittenberg (31. 10. – 6500) auf, an Demonstrationen teilzunehmen und sich nicht zu wehren, wenn durch die Sicherheitsorgane Transparente weggenommen werden und sich nicht von Skinheads provozieren zu lassen, da diese durch den Staat gezielt eingesetzt würden. Insbesondere Forderungen und Vorbehalte gegenüber den Schutz- und Sicherheitsorganen weisen eine zunehmende Aggressivität auf.«[43]

Der Mielke-Bericht fährt fort, dass die Führungskräfte von Sammlungsbewegungen »in demagogischer Art und Weise den Eindruck vermitteln, wonach mit den Demonstrationen die eingeleitete Wende in der gesellschaftlichen Entwicklung ›erzwungen‹ worden sei«. Es habe auch die Bereitschaft breiter Bevölkerungsschichten zugenommen, »sich an friedlichen Demonstrationen zu beteiligen, um damit auf noch bestehende gesellschaftliche und territoriale Probleme aufmerksam zu machen«. Die Situation war zu diesem Zeitpunkt noch äußerst angespannt, denn das MfS war offensichtlich selber in Ängste verfallen, weil es angeblich in einigen Städten zu »handlungsstimulierenden Aufputschrufen« gekommen sei: »›Brennt das Haus nieder‹, ›Stasi-Schweine raus‹, ›Schlagt sie tot‹ oder ›Die Messer sind gewetzt, die Stricke liegen bereit‹«.[44]

Mir wird daran deutlich, dass noch am 7. November 1989 alles »auf Messers Schneide« stand. Ich erinnere mich, wie uns in diesen Tagen eine bisher nie empfundene große innere Gewissheit und Besonnenheit überkam, die Kraft verlieh, eine Kraft, die der Angst in uns keine Chance mehr ließ.

DIE TAGE DER BEFREIUNG

DER 9. OKTOBER UND DAS UNERLEDIGTE ERBE
DER BÜRGERBEWEGUNG

Ja, um Bürgerrechte für jeder-mann, jede Frau ging es mir und meinen Freunden zuallererst, allerdings in der engen, unauflösbaren Verbindung zwischen individuell-bürgerlichen und kollektiv-sozialen Bürgerrechten.

Es geht um Brot *und* Freiheit, um Freiheit und Brot, nicht um Brot *statt* Freiheit, auch nicht um Freiheit *statt* Brot, nicht einmal um eine Vor- oder Nachordnung beider.

Mich ärgert es, wenn immer wieder (durch manipulative Umfragen unterstützt) eine rhetorische Schimäre durch die Feuilletons gejagt wird, die es meist gleichlautend auf die ersten Plätze der Tagesschau schafft, die Ostdeutschen würden bei der Wahl zwischen Freiheit und Gleichheit immer die Gleichheit wählen. Das ist inzwischen eine propagandistische Formel geworden.

Ostdeutsche würden auch das Individuelle dem Kollektiven unterordnen und zu viele Erwartungen an den Staat richten. Ich beobachte, dass Leute, die sozial rausgefallen sind, nun wenig oder gar nichts von der Freiheit haben und halten, bis sie diese geringschätzen oder verachten, gar anfangen, die Bedingungen der Unfreiheit zu glorifizieren. Wer in Zeiten der fürsorglichen Diktatur des DDR-Sozialismus nichts weiter entbehrt hatte außer dem größeren Warenangebot, dem ist die Freiheit im Grunde egal. Ich zähle es zum verheerenden Erbe des »real existierenden Sozialismus«, dass er gleichzuschalten versuchte und – statt eigenständiges Denken zu fördern – eine Einheits- und Wahrheitsideologie eintrichterte und sie mit Macht durchzusetzen sich anschickte. Das Kommunistische Manifest hatte noch (oder schon!?) die Vision einer Gesellschaft als einer freien Assoziation freier Bürger, in welcher die Freiheit eines jeden die Bedingung der Freiheit aller wird. Das Lied der Freiheit singen heutzutage am lautesten die, die sich die Freiheit leisten können und die noch nicht in Kellerlöchern gesessen haben. Inzwischen spricht man fast nur noch von »ehemaligen Bürgerrechtlern«, wenn man die Matadoren des Herbstes 1989 zitiert oder als Gewährsleute einer prinzipiell antikommunistischen Haltung zu Worte kommen lässt. Demgegenüber halte ich fest: Wo immer Menschenrechte verletzt werden, melden sich Bürgerrechtler – oder sie sind in der Tat ganz »Ehemalige«. Ich vermisse in der Tat seit Jahren den Protest einiger der lautesten Bürgerrechtler, die auf dem stinkenden Erbe des Mielke-Imperiums beruflich sitzen, gegen das, was in Tschetschenien angerichtet wurde, gegen Morde an Journalisten, die in Russland begangen wurden und werden. Ich denke an Anna Politkowskaja. Und ich denke an diverse Machenschaften der CIA, an Guantánamo, an das Durchgreifen der privatisierten amerikanischen Soldateska im Irak, an die Zerstörung einer UNESCO-Schule in Gaza, an besonders pikante Kriege in Vorwahlkampfzeiten.

Für mich machten und machen folgende Verhaltens- und Denkweisen einen Bürgerrechtler aus:

Wer von Menschenrechten spricht und für Menschenrechte kämpft, tut das immer in einem überschreitenden Sinne: Was ist, ist nie das, was sein soll. Was hier gilt, soll überall gelten. Mit dem, was ist, soll man sich nie abfinden. Es gilt, die Differenz zwischen Ideal und Wirklichkeit zu vermindern. Wer für Menschenrechte kämpft und an ihre Verwirklichung glaubt, hängt immer einer Utopie nach, und er wird immer nur Näherungswerte erreichen, immer wieder und immer neu austarierend die sozialen Menschenrechte mit den individuellen.

Zivilcourage zu zeigen erfordert immer wieder Mut, als Einzelner aufzustehen, sich nicht einzufügen und einzuschmiegen, sich nicht unterzuordnen und gebückt mitzumachen, weil man den Preis kennt, den man zahlen muss, wenn man aus der Reihe tanzt. Wo keiner mehr Mut hat, wird der Mut des Einzelnen immer stärker gefordert. Mut macht Mut. Mutige machen anderen Mut. Zur Zivilcourage gehört Klarheit des Denkens, Aufrichtigkeit des Redens, Entschlossenheit des Tuns, Besonnenheit der Mittel.

Friedliche Konfliktlösung suchen, aber Konflikte nicht verschleiern, sie nicht schüren, sich der Friedfertigkeit des Herzens, der Hand und der Zunge befleißigen. Friedfertig sein und friedenschaffend wirken.

Homo politicus sein – Was alle angeht, geht alle an. Ein Bürgerrechtler gestattet sich keinen Rückzug ins Private, aber er schätzt das Private, den politikfreien Raum, den herrschaftsfreien Raum, den entspannten und entspannenden Raum, um dann wieder in der Gesellschaft – nicht verbittert – tätig zu werden.

Ein Bürgerrechtler lebt zugleich in lokalen und globalen Horizonten. Vor Ort handeln und auch immer global denken, sich weder auf das große Ganze noch auf das kleine Einzelne beschränken.

Ein-Mischer, ein Mitmischer sein, der auf Gestaltung aus ist, sich nicht über parteiliche Leisten schlagen lässt.

An Utopien festhalten. Ein Bürgerrechtler kann nicht ohne Utopien leben, ohne etwas, was noch keinen Ort hat, was noch auf Verwirklichung aus ist. Aber er erhebt keine totalitären Ansprüche auf die Erfüllung. Wer einzelne Schritte gehen will, muss immer die Richtung wissen. Wer einen Weg gehen will, muss ein Ziel im Auge haben, selbst wenn er weiß, dass er es nicht erreicht.

Am unendlichen Wert des Einzelnen festhalten. Ein Bürgerrechtler lässt sich nicht von der Quantität beeinflussen, ihm geht es immer um Wert und Würde des Menschen, jedes Menschen, des je einzelnen Menschen.

Die Ziele der Bürgerbewegung in der friedlichen Revolution sind nicht eingelöst, aber der Handlungsrahmen ist in der Demokratie prinzipiell ausfüllbar. Toleranz zu üben ist schwer, zumal wenn man ein Leben lang Intoleranz erdulden musste. Doch sie ist eine Grund-Bedingung für Humanität.

Es gab einen nicht unerheblichen Teil von DDR-Bürgern, die meinten, dass dieser Staat DDR Erbe des großen humanistischen Traditionsgutes der deutschen Geschichte sei, gar der bessere und gerechtere deutsche Staat – ganz so, wie sich die Bundesrepublik als der bessere, weil freiheitliche deutsche Staat präsentierte.

Zum Erbe der 40 geteilten Jahre gehört zuallererst eine gewisse Schicksalsgemeinschaft hinter der Mauer. Hier richtete man sich ein, gründete seine Familie, war mit dem kleinen Glück, das für viele relativ gleich verteilt war, zufrieden. Zugespitzt: Dreiraumwohnung im Neubaublock in Halle-Neustadt, mit Garage für den Trabbi und kleinem Garten, mit 14 Tagen FDGB-Urlaub an der Ostsee, mit Rundumversorgung für die Kinder ab dem ersten Lebensjahr, mit garantiertem Arbeitsplatz und keiner Sorge bei Krankheit bzw. um die Begleichung der Arztkosten, mit vielen Kultur- und Sporteinrichtungen, für jedermann zugänglich, billigen Büchern und Schallplatten, geringen Preisen für Grundnahrungsmittel, spottbilligem Zugang zu Kino und Theater. Das alles will ich nicht bestreiten, sofern zugleich die Rede ist von den Rentnerheimen, von schäbig niedrigen Renten, von der Durchmilitarisierung der Gesellschaft, von Spaltung in Privat und Öffentlich, von der eindeutigen Welt des ND unter dem Genossen Günther Schabowski, von erpresserischer Bösartigkeit, mit der

man die Bauern in die LPGs gedrängt hatte, vom Propa-
gandarot, das das Grau der Wirklichkeit überdeckte, von
dem unbegreiflich kargen Gemüse- und Blumenangebot, vom
trüben Bier, von der Überdüngung der Gewässer und dem
staatlich verordneten Schweigen darüber, von permanenter
fürsorglicher Belagerung durch politische Schulung, von der
Nötigung zu drei Jahren Dienst in der Volksarmee, von täg-
licher Indoktrination durch Zeitungen und Rundfunk, vom
Verfall der Städte mit Preisung der Krebsgeschwüre am
Rande der alten Städte, vom Schweigen über die giganti-
schen Verbrechen Stalins, auch Chruschtschows und Maos,
von der Stasi.

Wie geistig verknöchert, menschlich schäbig, intellektuell
hohl, emotional arm, aber anmaßend und selbstherrlich war
jene Führungsriege, die sich Politbüro nannte und aus dreizehn älteren Männern bestand, die ganz und gar nicht mit
der Weisheit des Alters gesegnet waren. Misstrauen herrschte
als Prinzip untereinander, Angstmachen galt als hauptsäch-
liches Herrschaftsinstrument. Vierzig Jahre sollte diese wohlmeinende Belagerung dauern, und wer mochte noch Anfang
Oktober 1989 glauben, dass dieser Spuk alsbald ein Ende, ein
so schmähliches, finden würde? Ich nenne es ein Wunder,
dass es einen zivilisierten Übergang aus der Ein-Parteien-
Diktatur in Strukturen der Demokratie gab. Ich will den
Kommunisten beim Abschied wenigstens nachsagen, dass
sie die Machtinstrumente, über die sie noch verfügten, nicht
mehr einsetzten und uns ein Blutbad erspart blieb.

Die Aufgabe, dem überwundenen System mit »verführ-
tem Denken« auf den Grund zu kommen, ist noch nicht abgeschlossen. Warum sind so viele durchaus wohlmeinende
Menschen dieser Ideologie gefolgt, haben sich der Parteilichkeit der Wahrheit unterworfen, weil sie glaubten, mit dem
sozialistischen System beginne die Weltgeschichte neu? Zu-

gleich konnten Ostdeutsche aus eigener Kraft eine Diktatur abschütteln. Um umfassende Bürgerrechte für alle geht es jetzt – in der Demokratie. Sie sind nie selbstverständlich. Sie brauchen immer Subjekte. Der Marxismus hat sich erledigt, der Marktismus harrt noch seiner Bändigung.

DER UNVERGESSLICHE 4. NOVEMBER
UND SEIN MEHRWERT

Der 4. November 1989 auf dem Alexanderplatz gehört zu den denk-würdigsten, würdigsten, Würde stiftenden Tagen meines Lebens.

Bis heute streift die Erinnerung an diesen Tag etwas Unwirkliches. Als seien Hoffnung und Fantasie und Zuversicht von irgendwo fernab zu uns herniedergestiegen: Seht her, es gibt uns, aber nur, weil es euch gibt. Wir – das waren schier Unzählige auf und rund um den Berliner Alexanderplatz, vereint bei der größten Massenkundgebung in der Geschichte der DDR, ein gewaltiges gewaltlos agierendes Forum für Meinungs- und Pressefreiheit. Von heute aus, im Rückblick, will einem scheinen, dass ein System erst an den äußersten Schmerz seiner Existenz kommen muss, damit derart viel Freiheit und Atemschwung geschehen kann. Was an diesem Tage seinen wunderbaren Lauf nahm, erinnerte an die großen, legendären, überwältigenden Theateraufführungen der Französin Ariane Mnouchkine auf öffentlichen Plätzen von Paris: Festspiele eines sich als historisch begreifenden Bewusstseins der vielen, Augenaufschlag einer fast schon in den Schlaf der Resignation gesunkenen Zeit, allumfassendes Erwachen durch den Laut der eigenen, aufrührenden Stimme. Die Mnouchkine ließ in den Siebzigern und Achtzigern des vergangenen Jahrhunderts in ihren Inszenierungen die Französische Revolution und andere Volksmut-Ereignisse aufstehen, und Geschichte glich einem Volksfest. Das Theatralische im besten Sinne des Wortes prägte diesen 4. November: Wir machen allen vor, was es heißt, sich nicht länger etwas vormachen zu lassen und auch sich selbst nichts mehr vorzumachen.

An diesem Novembertag einer depressiv knirschenden, stier in die eigenen glanzlosen Propagandaplakate blickenden DDR, der keine Droge aus krähend lauter Selbsttäuschung mehr aufhalf, zeigte Politik ihre im Kampf der Egoismen so oft verschüttete Impulskraft für eine erhebende Gemeinsamkeit. Wir machten den Mund auf und trainierten heiter, geistvoll, mit vernünftigem Zorn die Mündigkeit. Wir nahmen kein Zeitungsblatt mehr vor den Mund, sie sanken kapitulierend herab, diese Blätter, die die Nacktheit des Staates verhüllen sollten, Feigenblätter statt Zeitungen, die doch stets die blödeste Entblößung des Systems bildeten.

Besagte Unwirklichkeit, die jenem 4. November anhaftet, kommt aus der Natur aller Sternstunden. Sie sind plötzliche, blitzschöne Einsprengsel in den geschichtlichen Abläufen und in den energiedimmenden Grundregelwerken des politischen Geschäfts. Was auf dem Alexanderplatz möglich wurde, war bestens vorbereitet und verlor doch in keiner Sekunde den Charakter des beglückend Unvorhersehbaren. Das Wunder vollzog sich nach Plan und blieb doch Wunder. Wir wussten, was zu geschehen hatte in jenen aufregenden Stunden, und wussten trotzdem nicht, wie uns geschah.

Ich war von Theaterschaffenden eingeladen worden, insbesondere vom Chefbühnenbildner der Staatsoper, Wilfried Werz, und Christian Ladwig, der im Maxim-Gorki-Theater arbeitete und zu den Mitbegründern des »Demokratischen Aufbruchs« gehört hatte. Um nach Berlin fahren zu können, musste ich mich vom Präses der Synode unserer Magdeburgischen Kirche freistellen lassen. Es war Reinhard Höppner, der spätere Ministerpräsident von Sachsen-Anhalt. Die Stasi hat mein Telefonat vom 30. Oktober 1989 mit Renate und Reinhard Höppner in einem Protokoll festgehalten, das Zeugnis von der Atmosphäre jener bewegenden Tage gibt.

»*Sch. erklärt, dass er Sonnabend früh wegmüsste und abends wieder da wäre. Am Mittwoch zu der Geschichte kommt er aber, obwohl ihm das auch schwerfällt (vermutlich in Vorbereitung der Synode).*

Im Gespräch entscheidet sich (Höppner) dann ganz spontan, dass Sch. das machen soll. Sch. gibt noch zu verstehen, dass er es mit einem schlechten Gewissen tun wird, wird er es aber nicht tun, ist die ganze Sache stark von Berlin geprägt, und das möchte er nicht zulassen. Die ganze Synode wird sowieso davon tangiert werden, stellt (Höppner) fest. Sch. betont, um in der kirchlichen Arbeit sich weiter engagieren zu können, hat er sich in ›ihrer Gruppe‹ nicht mit in den Vorstand [gemeint ist der Demokratische Aufbruch – F. S.] aufstellen lassen. Er möchte auf der kirchlichen Strecke Wesentliches mit weitermachen. Sch. stellt noch fest, dass sie morgen in Wittenberg einen großen Tag haben. (Höppner) seinerseits führt aus, dass bei ihnen heute Abend im Dom auch was ist, aber sie haben sich entschlossen, ob da 20 mehr oder weniger bei den 30- oder 50 000 wandern, ist egal, ob aber die Sache bedacht wird, ist nicht egal.

Das ist richtig, hält Sch. fest, und der Einzelmensch bleibt immer noch der wichtigste! 30. 10. 1989 – 19.20 Uhr – unterzeichnet Aßmann

(Information Ka. 11187 OV »Johannes« vom 30. 10. 1989)«

(Also ganz doof war der Herr Aßmann wahrlich nicht, wie dieser Auszug aus der Gesprächszusammenfassung zeigt, nicht einmal bösartig. Die Schwärzungen konnte ich problemlos ausfüllen.)

Ja, der Einzelmensch war und bleibt mir das Wichtigste. Auf der Kundgebung in Berlin sollte ich, wie alle Redner, vier Minuten das Wort erhalten. Über Solidarität und Toleranz sollte ich sprechen. Vier Minuten. Eine schwierige Redezeit. Sie verpflichtet zu Deutlichkeit, erlaubt nicht allzu viel Differenzierung – der Kraft der klaren Worte steht also die Gefahr gegenüber, dass Sprache Vokabular wird.

Und warum ich? Vielleicht eine Nachwirkung des Fersehinterviews vom August 1989 im Luthergarten, des ARD-Gesprächs mit Claus Richter im September in Eisenach, wo ich von einer Implosion des Systems geredet hatte oder wegen der Entschlüsse jener in diesem bedrängenden, bedrückenden Jahr stattgefundenen Bundessynode mit ihren die friedliche Revolution befeuernden und zugleich besonnenen Beschlüssen. Augenmaß und Deutlichkeit schließen sich nicht generell aus. Wir hatten endlich Klartext geredet. Wir berührten sodann im November in Erfurt auf der Provinzialsynode unmissverständlich ein Thema, das auch die Kirche sehr lange und sehr geduldig und zu sehr nüchtern-realistisch als Tabu hingenommen hatten, nämlich: die elendigen Machenschaften der Staatssicherheit und die speziellen Pressionen, denen Menschen permanent ausgesetzt waren, die im DDR-Grenzgebiet lebten. Und ich war einer von drei Synodalen, die endlich offen von der Staatssicherheit und deren Machenschaften gesprochen hatten, aber immer noch gedämpft.

Ich hatte, mit Herzklopfen, für den 4. November zugesagt und kam am Vorabend mit dem D-Zug in Berlin an. Wilfried Werz holte mich am Bahnhof ab. Wir gingen in eine Szenekneipe, zu der ich sonst wohl keinen Zugang gefunden hätte. Ich erfuhr von großer Anspannung in der Stadt – es sei zu befürchten, dass die Stasi Provokateure in der demonstrierenden Masse verstecke. So könnte das Regime Gewaltausbrüche »organisieren« und fände Vorwände, selbst gewalttätig zu werden, natürlich aus reiner Ordnungspflicht. Die Gerüchte sprachen sogar von stasi-präparierten Skinheads. (Wir haben im Februar 2011 sehen können, wie dieses Prinzip weltweit funktioniert: Polizistenhorden in Zivil waren, in verdecktem Auftrag, auf den Tahrir-Platz in Kairo beordert worden, um Gewalt und damit Chaos zu produzieren – um dann das alte Regime als einzige Normalisierungs- und Stabilisierungsmacht zu re-installieren. Logisch: Es gab im autoritären Mubarak-Regime eine Million Polizisten und sehr viele Nutznießer, die mit der Abschaffung des diktatorischen Systems die eigene Lebensgrundlage einbüßten. Ähnliches geschah nach den Wahlen im korrupten Weißrussland 2010 – hier noch mit Erfolg für das Regime. Auch der Arbeiter-und-Mauern-Staat sorgte für Arbeitsplätze en gros, an jener unsichtbaren Front der Denunziationsameisen, die man entweder wirklich nicht bemerkte oder aber schon Kilometer gegen den Wind »roch«, in ihren verkrampft unauffälligen Billigklamotten und ihrem ungelenken Hang zur Pärchen-Grüppchen-Bildung ...)

Es kam der Morgen des 4. November. Geschlafen hatte ich schlecht, nicht weil ich in der Wohnung meiner Tochter Uta auf einer bloßen Matte gelegen hatte, sondern weil ich furchtbar aufgeregt und meine Rede nicht fertig war. Uta arbeitete zu dieser Zeit am Berliner Ensemble, bei dem legendären Maskenbildner Eddi Fischer, der bereits bei Benno Bessons Welttheater-Ereignis »Der Drache« vor Jahrzehnten jene monströse, mehrköpfige Titelgestalt erschaffen hatte, für die es jedes Mal Sonderbeifall auf offener Szene gab. Uta war am BE untergekommen, weil ihr von der SED-Administration jeder Studienplatz verwehrt worden war. Ich übertreibe in meinem Groll? Es hatte eine ausdrückliche Anweisung der Staatssicherheit gegeben, jegliche Studienmöglichkeit für meine Tochter in der DDR zu verhindern. Schließlich hatte sie im Herbst 1987 eine Arbeit über »Demokratie und Sozialismus bei Rosa Luxemburg« geschrieben. Man hielt diese Arbeit in der Schule für eine Provokation und für eine Inspi-

338

Auf dem Alexanderplatz, 4. November 1989

ration für jene Demonstranten vom 17. Januar 1988, die beim offiziellen »Karl-und-Rosa«-Ritual in Berlin-Friedrichsfelde den erstarrten Partei-Greisen Plakate mit unbequemen Zitaten der Luxemburg entgegengereckt hatten.

Wir gingen von Friedrichshain zum Alex und sahen, wie die Menschen aus allen Straßen herandrängten, mit zusammengerollten, selbstgefertigten Plakaten. Ich stellte mich vor

Beginn des Redemarathons in den Strom der Demonstranten und schrieb in mein kleines rotes Büchlein auf, was auf den Transparenten zu lesen war. Es nimmt wohl nicht wunder, dass einige mich anpöbelten, weil sie mich für einen Stasispitzel hielten. Zumal ich ein rotes Notizbuch verwendete. Als wollte ich doppelt provozieren und auftrumpfen. So weit waren wir gekommen: Dass jeder jedem misstraute. Aber wir waren auch *so* weit gekommen, und just dieser Tag würde es hinauserzählen in die Welt: Es wurde gesagt, was man dachte! Und erstaunlich, herzerweckend, welcher Witz plötzlich aus dem Gemüt der Bevölkerung schoss, sich zu wunderbar pointierten Zeichnungen und Losungen verdichtete. Was sich auf dem Alexanderplatz zur aufmunternden politischen Botschaftermenge formierte, war eine Vollversammlung der politischen Aphoristiker. Da schrieb sich eine Anthologie des glasklaren, scharfen, bissigen Volksbewusstseins ins Buch der Geschichte. Seltsam schön, wie lange doch der intelligente Verstand in den Grauzonen des befohlenen Denkens fast unbeschadet überwintern kann! »Auferstanden aus Ruinen«, diese Zeile aus der DDR-Nationalhymne, die bekanntlich nicht gesungen werden durfte, kam mir mit einem Mal verblüffend treffend vor: Ja, wir waren auferstanden aus den Ruinen unserer Verzagtheit, aus den Ruinen dieser propagandistischen, lügnerischen Öde, die uns täglich falsche Bilder von Errungenschaften ins Hirn zu drücken anschickte. Die SED war eine Ruine, der gesamte Überbau stand auf tönernen Füßen, die zitterten, und der Kalk rieselte. Auferstanden nun aus Ruinen – und der Zukunft zugewandt wie noch nie in diesem verdämmernden System, in dem die Lichter bereits ausgingen.

Wir Redner versammelten uns zuvor in einem Lokal, direkt hinter einem provisorisch zu einer Tribüne umfunktionierten Lastwagen. Alles erinnerte an Frühzeiten der öffentlichen Versammlungen, die Agitation kehrte gleichsam in

ihre Kindheit aus Abenteuer und Unaufwendigkeit zurück. In diesem kleinen Lokal saßen sie nun alle: jene, die gleich reden sollten, und all diejenigen, die diese Veranstaltung vorbereitet hatten. Auch Günter Schabowski, Berlins SED-Chef und Mitglied des bis eben noch allgewaltigen Politbüros betrat den Raum, in Begleitung von drei oder vier seiner Paladine, die mit routinierten Blicken sofort den Raum ausgemessen, inspiziert und für sicher befunden hatten. Er saß isoliert an einem Tisch. Keiner wollte etwas mit ihm zu tun haben. Was ging wohl vor in diesem Menschen, von dem die Macht abgefallen war, wie Blätter im Herbst von einem Baum fallen. Wie nackt und bloß, wie bloßgestellt musste er sich vorkommen. Das hatte seine Gründe und war auch die verdiente Folge all der Anmaßungen, die mit der Macht verbunden waren. Aber, um bei dem Vergleich mit dem Laub zu bleiben: Auch all jene Folgsamen fielen in Windeseile von so einem Menschen ab, als seien sie nie schmückende Blätter dieses mächtigen Baumes gewesen. Diese Dialektik widerspiegelte das Bild des einsamen Mannes da am isolierten Tisch. Mir bereitete die objektive Lage Schabowskis Genugtuung. Zugleich berührte mich seine persönliche Situation, und mich empörte, dass er nun wie ein Paria gemieden wurde. Als hätte es nie und von keinem das Bemühen gegeben, je in der nützlichen Nähe der regierenden und dirigierenden Herren zu sein …
Aber freilich: Warum sollte dieser Fall und warum sollte dieser Tag bei aller Euphorie nicht auch ein Spiegel jener Schule der Geläufigkeit sein, die Politik allemal prägt? Selbstverständlich wollten an diesem Tag zu viele flugs auf den Zug der Veränderung aufspringen und vergessen machen, was sie vorher gesagt, getan oder eben: nicht getan hatten. Demonstrierten da nicht auch jene mit, die bis gestern eifrige oder feige oder gar gleichgültige Boten der SED-Lügen gewesen waren? Jetzt freuten sie sich ihrer Freiheit, und es war ihnen

zu gönnen – aber dachten sie jetzt wirklich auch an jene, die den Boden dieser Stunde bereitet hatten, die seit schier ewigen Zeiten medial Stimmlose, öffentlich Verschwiegene, gesellschaftlich Verstoßene, übel Beleumdete bleiben mussten?

Ich setzte mich zu Schabowski. Welch seltsamer Augenblick, die Erfahrungen meines gesamten Lebens mit dieser Partei schienen mir durchs Gemüt zu schießen; es war, als sei diese bislang so gewaltige und gewalttätige SED ein Mensch, mit dem man nun plötzlich ganz normal reden könne. Ich wollte wissen, was in dieser Partei derzeit vorgehe, und ich sagte ihm so bedauernd wie mit Groll ins Gesicht, dass die Opposition auf Anhieb kaum schon in der Lage sei, die Regierungsgeschäfte zu übernehmen – da die SED ja die Herausbildung und Festigung einer handlungsfähigen Opposition in vierzig Jahren systematisch und kalt verhindert, ja erbarmungslos bekämpft habe. Ich meinte daher, das Land nun nicht ohne Mitglieder aus dieser 2,3-Millionen-Partei neu aufbauen zu können. Dieser Äußerung würde ich Jahre später wiederbegegnen. Aber es zeigte sich einmal mehr, dass auch Erinnerung stets in Diensten neuer Legitimierungsmühen steht, also kein feststehendes Urteil, sondern ein gar wendiges Ding ist. In seinen Erinnerungen nämlich schrieb Schabowski, ich hätte ihn und seine Genossen ganz selbstverständlich mit »Ihr« und »Euch« angeredet und zudem behauptet, sie seien »die Fachleute« in corpore. Das war wohl seine Art der Gegenwehr – ich hatte ihn inzwischen als einen der zynischen Wendehälse bezeichnet, er schlug in seinen Büchern zurück und nannte mich einen »rotlockigen Kirchen-Oberseminaristen«. Bloß gut, sage ich mir heute, dass dieser ideologische Einpeitscher, der sich über Nacht um 180 Grad gedreht hatte, nicht noch einmal die Gelegenheit haben wird, sich wiederum um 180 Grad zu drehen. Sein radikaler und selbstanklägerischer Antikommunismus strahlt den gleichen unangenehmen Brustton aus wie sein scharfes Reglement während seiner sieben Jahre Chefredakteurszeit beim ND. Schabowski bediente sich stets einer unbedingten »Un«-Rhetorik: unverdrossen, unumkehrbar, unwiderruflich, unzweifelhaft, unerschütterlich, unverbrüchlich, unverzüglich … So wird man – unerträglich und, zum Glück für viele, eines Tages untragbar.

Dass die erwähnten Günter Schabowski und Markus Wolf auftraten, wird von manchem noch immer als Versuch der SED bewertet, sich die Herrschaft durch listige Annäherung an die politischen Gegner zu bewahren und Zustimmung zu den überall laut und lauter werdenden Gedanken an Reformen nur vorzutäuschen.

Auf diesen 4. November zurückblickend, gestehe ich dennoch haltbaren Respekt vor Schabowski wie vor Ex-Stasi-Größe Wolf – beide Repräsentanten des SED-Apparates stellten sich immerhin einem Volk, dem sie bis vor kurzem noch, mit bedrohendem Ernst, die führende Rolle vorexerziert hatten; nun war diese Partei »von der Rolle«, nun mussten sich beide, eben noch unantastbar ganz oben, niederpfeifen und niederschreien lassen – immerhin: Der Volkszorn riss sie nicht herunter vom Podium, das nicht mehr nur ihnen gehörte. Das war die Zivilität unserer friedlichen Oktoberrevolution, die vom 9. Oktober bis zum November 1989 dauerte. Noch vor dem 9. Oktober hatte uns Angst geschnürt. Wie würde das Regime auf die Demonstrationen reagieren? Würde sie jetzt bittere Früchte tragen, die jahrzehntelange Eingravierung eines klaren Feindbildes in die Seelen unzähliger Uniform- und Waffenträger? Was nutzte dies bittende »Keine Gewalt!«, wenn die Mächtigen auf ihrer so ganz anderen Sprache der Knüppel und Knarren beharrten? Wer konnte denn sicher sein, dass es nicht zu einer »chinesischen Lösung« oder zu einem Eingreifen des Militärs wie 1953 in

Berlin und 1956 in Budapest und 1968 nach angeblichen Bittrufen von Genossen in Prag kommen würde? Hatte die Staatsgewalt auf dem Dresdner Hauptbahnhof, bei Durchfahrt der Züge mit ostdeutschen Botschaftsflüchtlingen aus Prag, nicht brutal zugeschlagen?

Im Nachhinein ist es unbestritten: Zum Wesen von friedlicher Revolution und nahezu widerstandsloser Öffnung der Mauer gehörten auch politische Besonnenheit und militärische Zurückhaltung der Staats-Gewalten. Aber keiner derjenigen, die sich diesen Gewalten im Sommer und Herbst 1989 entgegenstellten, konnte diese Reaktion vorhersehen. Eine solche Erwartung hätte sich doch überhaupt nicht eingefügt in unsere lebensbestimmende Erfahrung von uneingeschränkter Einschüchterung, dauernd frechem und dumpfem Druck und arrogantem, verachtendem Freiheitsentzug. Und was hatte Egon Krenz nach seinem Chinaaufenthalt über die Richtigkeit der Maßnahmen der KPC verlauten lassen?

Auch diesem 4. November konnte unsereins zunächst nur mit einer Freude begegnen, die noch im Überschwang des Wohlgefühls umschattet blieb von Vorsicht und Misstrauen. Keine nur eingebildete Ansicht: Dass manche weiche Pfote des Dialogangebots noch immer die scharfe Kralle der Macht verbarg. Indes: Die Schatten verflogen an diesem Novembertag schneller, als die schon etwas schütter gewordene Herbstsonne überhaupt aufsteigen konnte.

Ansteckend, souverän, geradezu perlend, wie Theaterschaffende und andere Künstler das Banner dieser Demonstration vor sich hertrugen. Das lachende Gesicht der Schauspielerin Jutta Wachowiak an diesem Tag werde ich nie vergessen. Wie da ein Naturell zum Gleichnis wurde. Die Heiterkeit einer äußeren Erscheinung war ganz selbstverständlich hinübergewachsen in eine andere, eine geistige, ethische Dimension. Brecht sah in der Freundlichkeit eine

344

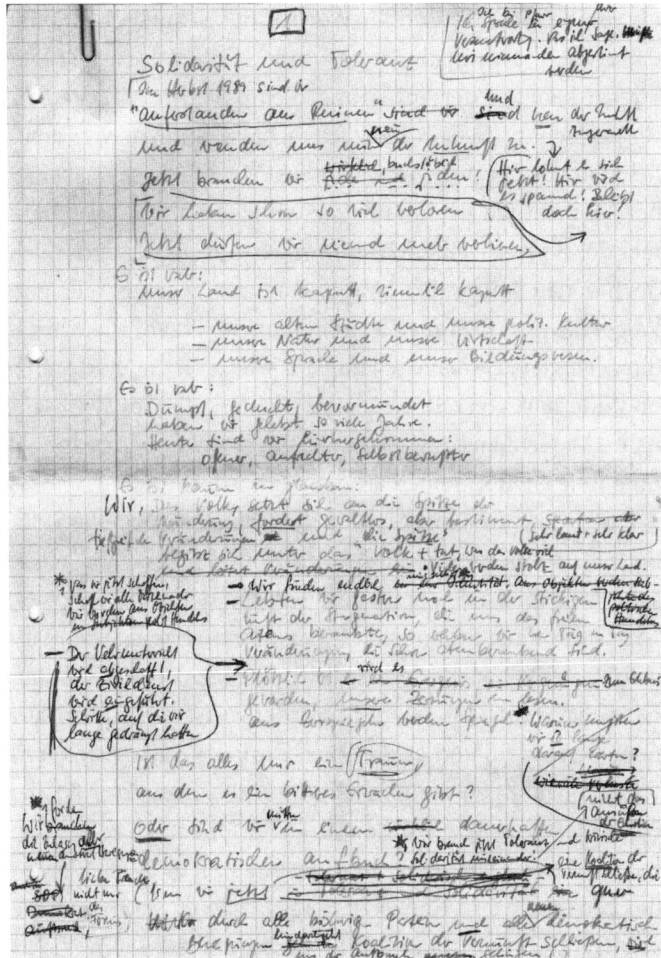

Faksimile meines Redemanuskripts

philosophische Kategorie, der Blick in ein gütiges Gesicht war ihm der Blick in eine »schöne Gegend«. An diesem Novembertag war der totbetonierte Berliner Alexanderplatz die schönste Gegend der DDR.

Mit meinem handgeschriebenen Gekrakel kletterte ich auf den Lkw, der das Podium bildete. Waren es zehn, zwölf Leiterstufen – oder Tausende? War ich blitzschnell oben, oder dauerte es unendlich lange, und die Unfassbarkeit der Strecke kam von der Aufregung, die mir von innen gegen die Rippen schlug. Beileibe darf ich nicht behaupten, ein öffentlichkeitsscheuer oder -unerfahrener Mensch zu sein, aber jener Moment, da ich hinaufstieg, vollzog sich im Halbdämmer des Bewusstseins. Ich ahnte mich nur, während ich mich doch genau spürte. Ich ging und wurde gegangen. Es gibt Wege, die uns noch am Ziel in Erstaunen setzen, wie wir dahin gelangten. Da stand ich nun am Mikrofon und hörte mich im Widerhall, von sehr ferne und blickte in die Gesichter sehr nahe. Alle schienen mir gespannt, aber keineswegs gedrückt. Eine freie DDR sah mich an.

Dieser Tag war im Wesentlichen von Schauspielern der Berliner Bühnen vorbereitet worden, und plötzlich kam mir jener Moment in den Sinn, der vielleicht der unnatürlichste, härteste so einer Schauspielerexistenz ist. Ich meine den Moment unmittelbar vor dem Auftritt, da einem doch der Wahnwitz der Anmaßung bewusst werden muss – es dauert nur noch Sekunden, und es gibt kein Zurück –, sich gleich freiwillig unzähligen Augenpaaren auszusetzen. Das ist die Schwelle, die zu überwinden ist. Denn: Öffentlich zu werden hat stets etwas Unnatürliches (das sage ich auch als Pfarrer, der verstohlen eine Kanzel besteigt!), es ist ein Akt gegen die schützende Scham. Man darf dieses Bewusstsein vom Widernatürlichen des öffentlichen Auftritts, das in einem Ausbruch des Schamlosen besteht, nicht hervorkitzeln, man muss dies Bewusstsein unterdrücken – das ist die erste schwere Arbeit des Schauspielers, die zur allabendlichen Gewohnheit wird. Weil man sonst nicht hinaufkäme und hinaufwollte, auf eine Bühne hinauf. Oder auch nicht mehr auf eine Kanzel. Zwar spricht der Schauspieler fremde, der Pfarrer eigene Texte, aber nur jener Schauspieler ist glaubwürdig und erschüt-

ternd, der im Dichtervers sich selber offenbart, sich hinein-
fallen lässt ins Wesen seines ureigenen Ausdrucks. Und so
fühlte ich auf dieser improvisierten Bühne des 4. November
die Schwelle einer herzpochenden Scham (Was mache ich
hier? Wieso denn ich? Was maße ich mir an?), und im nächsten Augenblick, da ich die Schwelle des Bedenkens überschritten hatte, ein Tausendstelsekunden-Vorgang, fühlte ich
das Glück, die Beseeltheit: Ich schaute in unzählige, unglaublich wache, aufgeschlossene, gelöste Gesichter. Es leuchtete
eine neue, wohltuende Wahrheit auf; die politischen Klassiker des Systems waren von Marxismus und Leninismus befreit. Die Idee wurde zur politischen Gewaltlosigkeit, indem
sie die Massen ergriff.

Die Massen, das waren auch viele SED-Mitglieder, die
schon lange am Kurs, am Krebs ihrer Partei litten – ein »Neu«-
Generalsekretär Egon Krenz, der sich in jenen Tagen dem Untergang zu entwinden hoffte, indem er sich an die Spitze der
Reformer stellte und damit doch nur den Grad seiner Lächer-
lichkeit unrettbar erhöhte, er spielte ihnen mit seiner Macht-
erhaltungspose und -posse den bösestmöglichen Streich. Der
Bock als Gärtner. Krenz hatte in seiner Antrittsrede am
18. Oktober fatal unintelligent den Begriff der Wende benutzt
und ihn damit entehrt – so, wie er später den Aufruf »Für unser Land« durch seine Unterschrift völlig entwürdigte. Dass
er so in die neu anbrechende Zeit stolperte, elefantenartig –
er muss selbst unter seinen engsten Beratern große Feinde gehabt haben! Und doch erfüllte er eben nicht die in ihn gesetz-
ten Befürchtungen. Auch er verdient ein Quäntchen Respekt.

Aber, wie gesagt: Sollte man nur deshalb, wegen fortdau-
ernder Lageverkennung an der Spitze, die kritische, dul-
dende, heimlich hoffende Masse der Sozialismus-Gläubigen,
die Menge der rechtlich unangreifbaren SED-Leute in toto
von künftigen politischen Prozessen ausschließen und

sprichwörtlich reinen Tisch machen? Ich jedenfalls war und blieb der Auffassung, dass wir Bürgerbewegungen weder über ausreichend Kräfte noch über ausreichende Kompetenz verfügten, um das Land künftig allein zu steuern. Und überhaupt: allein – es ist kein demokratisches, es ist ein diktatorisches Wort.

Am 4. November war noch nicht im Mindesten an deutsche Einheit zu denken. Reformer aus der SED wie Hans Modrow wollten in den folgenden Monaten einen Übergang in die parlamentarische Demokratie einleiten – unter Einbeziehung der neuen politischen Gruppen. Und sie wollten natürlich retten, was noch zu retten war, zuallererst ihre Haut. Mit dem ersten Zentralen Runden Tisch am 7. Dezember 1989 würde dies so überraschende wie konfliktreiche Wirklichkeit werden. Das aber hatte die vielen runden Tische im Lande zur Voraussetzung. Die Berliner vergessen das zuweilen.

An diesem 4. November schien eine wahrhaft alternative, humane, volksdemokratische deutsche Republik möglich – durch den Schulterschluss (wenn dieses Wort nicht auch schon so verbraucht wäre) von Künstlern, Oppositionsgruppen und kritischen, reformbereiten SED-Mitgliedern, die nicht zur bisherigen Nomenklatur gehört hatten. Dazu zählte aus meiner Sicht auch der vier Wochen später zum Vorsitzenden der SED-PDS gewählte Gregor Gysi.

Rückblick: Als ich im Vorfeld des 4. November in den problemgeladenen, konfliktvollen, also anstrengenden, mich persönlich sehr fordernden Sitzungen der Synode saß, hatte ich ein paar Sätze formuliert über Toleranz und Solidarität:

»Ich soll am 4. November über Toleranz reden. Aber: Ist das die Stunde der Toleranz? Die Herrschenden haben uns das Dulden und eine fatale Form der Toleranz gelehrt – wir sollten sie erdulden und tolerieren, die Arroganz ihrer Macht und ihre Privilegien, ihre nur scheinbare Allwissenheit, aus deren Pose heraus sie jeden Dialog verweigern. Das sollten wir tolerieren? Ist dies jetzt nicht vielmehr die Stunde der rücksichtslosen Aufdeckung, des Weckreißens des Schleiers, der Phrasen, der Verharmlosungen? Und wir sollten die Ringparabel aufsagen, wonach die Wahrheit in der wetteifernden gleichberechtigten Tätigkeit läge. Aber sie behaupteten, sie hätten die alleinige Wahrheit gefunden. Ich soll über Toleranz reden?

Haben sie uns nicht auch dieses Wort zerredet und zerlogen? Sie ließen Solimarken kleben und appellierten an unser Solidaritätsgefühl. Ist nicht jetzt die Stunde der De-Solidarisierung und der Abrechnung mit 40 Jahren Drangsalierung?

Wir brauchen die Solidarität der Ohnmächtigen gegen die Machthaber, die sich lediglich am Wahltag wieder als Dachdecker, Maurer und Drucker präsentierten.

Wir brauchen Toleranz und Solidarität. Ohne sie kommen wir nicht aus. Wir müssen sie neu lernen, wie eine neue Sprache. Wir dürfen die Verantwortlichen nicht niederschreien.

Aber sie müssen sich ihrer Verantwortlichkeit auch stellen. Köpfe sollen nicht rollen, aber Stühle müssen freigemacht werden, freiwillig, denn mit manchem Namen ist eine politische Wende nicht glaubwürdig.«

Das waren meine ersten Überlegungen für den 4. November. Dann, als es so weit war, saß ich im D-Zug von Erfurt nach Berlin, in einem Abteil allein, grübelnd, mich zerquälend, plötzlich erschrocken, dass ich es wagte, mit so wenigen Notizen nach Berlin zu fahren. War denn überhaupt noch etwas auszurichten angesichts dieser abgewirtschafteten Altherrenriege und ihrer folgsamen 2,3-Millionen-Partei?

Nach dem 4. November, nach diesem Tag auf dem Alexanderplatz, fühlte ich mich wie ausgewechselt. Ja, es war etwas auszurichten! Wir alle fühlten uns wie ausgewechselt. Ja, es schien möglich, miteinander anzupacken und dieses zerrüttete Land neu zu bauen – und wir bräuchten dazu eben auch viele aus der SED, einer Partei, die nicht nur aus Karrieristen, Ideologen, aus Stasi und gewissenlosen Dümmlingen bestand. Also auch die *Mauern im Lande* selbst überwinden!

Meine Rede ist längst Vergangenheit, ihre Ursache und ihr Anlass sind verflogen, allein: Die Probleme, die Konflikte bleiben oft das hartnäckig lastende Gepäck, das wir in neue Kapitel unserer Existenz mitschleppen, und es ist schon erstaunlich, wie einstige Kritiker des stalinistischen Systems, couragierte Streiter für Bürger- und Menschenrechte nunmehr, in den gewünschten, aber neuerlich aufreibenden, alles andere als idealen Zuständen still, fast ergeben wurden. Ja-Sager neuen Typus …

Wenn ich an den 4. November denke, bleibt der perlende Transparente-Witz des in Berlin versammelten Volkes in Erinnerung, der aber unauflöslich verknüpft blieb mit Besonnenheit und politischem Augenmaß.

Es lebte der Geist des großen D, und das hieß Demokratie, noch nicht Deutschland oder D-Mark. Noch nicht. Dass es uns in der Folge gelang, über die Institution der *Runden Tische,* über die Regierung der »nationalen Verantwortung« bis zu den vorgezogenen Wahlen im März und dem dramatischen Ringen in der ersten frei gewählten Volkskammer zur deutschen Einheit zu gelangen, sodann auch zur Integration der östlich von uns liegenden europäischen Staaten – alles in allem: ein Glück! Der friedliche, demokratische Umbruch des Herbstes, jene DDR-weite Oktoberrevolution 1989 hat gezeigt, was in den Deutschen auch steckt, eine Massenkraft, vor der keiner unserer Nachbarn (mehr) Angst haben muss.

Ich war Mitglied des Ständigen Ausschusses für »Kirche und Gesellschaft« der Synode der Kirchenprovinz Sachsen in Magdeburg. Ich legte dort am 12. September 1989 – *vor* jeglicher Demonstration auf den Straßen! – meine Auffassung zur möglichen kirchlichen Mitverantwortung für Demonstrationen dar. Ich verstand gut, dass einzelne Mitglieder in großer Sorge davon abrieten, denn wir würden bei Demonstrationen mitverantwortlich für mögliche tödliche Folgen sein. Hatten wir nicht die Bilder vom Platz des Himmlischen Friedens gesehen? Wollten wir das verantworten?

Ich fasste meine Auffassungen zusammen, endend mit einer Frage.

- In Extremsituationen der Gesellschaft, wo andere Mittel der Willensbekundung versagen, können auch Demonstrationen kirchlich mitverantwortet werden.
- Erstes Prinzip ist Gewaltlosigkeit. Dieses Prinzip gilt auch weiter, wenn Gewalt von der Gegenseite ausgeübt wird. Auch verbale Zurückhaltung ist geboten, wie andererseits Anliegen klar und deutlich verbalisiert werden müssen: »*Wir* sind das Volk!«
- Demonstrationen dürfen nicht aus dumpfen Gefühlen kommen, sondern brauchen ein erkennbares und umgrenztes gesellschaftliches Ziel.
- Demonstrationen sind Solidarisierungsrituale größerer Gruppen, die wieder auf geregelte Gespräche aus sind und einen stockenden Dialog wieder in Bewegung bringen wollen.
- Die Kirche als Ort und Raum kann Ausgangspunkt von Demonstrationen werden, aber nicht der Vorbereitungs- und Organisationsort sein.
- Die christliche Gemeinde kann nur in Extremsituationen

(z. B. im Eintreten für Verfolgte, Eingesperrte usw.) Bürger in Situationen führen, deren Konsequenzen sie nicht übersehen, aber zu tragen haben.

- In diesem Lande DDR wird sich erst etwas ändern, wenn wir bereit sind, uns mit unseren Leibern für grundlegende Änderungen einzusetzen.

- Provokateuren und Gewalttätigen, die die Demonstrationen zu instrumentalisieren suchen, muss der, der für Demonstrationen verantwortlich ist, entgegentreten und sich von ihnen trennen.

- Eine Masse ist leicht verführbar und schwer berechenbar.

- Eine Zeit kommt nicht wieder, in der Menschen bereit sind, aus ihrer Nische herauszutreten. Ist jetzt die Zeit, der Kairos, für solches Heraustreten?

Wenn das Wahrnehmungsvermögen der Verantwortungsträger so getrübt ist, dass sie nicht mehr merken, dass sie nicht mehr vom Volk getragen sind, brauchen sie Signale, die sie nicht übersehen können; die anderen Instrumentarien haben sich verbraucht und versagen. Deshalb muss es in Extremsituationen auch gewaltlose Demonstrationen geben, die Christen und auch kirchliche Amtsträger mitverantworten.

DER 9. NOVEMBER IN WITTENBERG

Für den 9. November hatten wir als Trägergruppe der Gebete um Erneuerung mit den Staats- und Parteiorganen verabredet, in allen großen Sälen der Stadt über alle aufgestauten Probleme mit den Verantwortlichen zu reden. Und sie wollten sich stellen. Und sie stellten sich. In der Parteizeitung »Freiheit« vom 9. November war darauf hingewiesen worden, an welchen Orten über welche Themen gesprochen werden würde.

In derselben Ausgabe wurde berichtet von den heftigen Diskussionen auf dem Marktplatz am Dienstag, dem 7. November. Auch davon, wie die Menschen die Mitteilung bejubelten, die mitten in die Veranstaltung hineingeplatzt war, dass die Regierung zurückgetreten sei. Und an jenem 7. November hatten wir in der Schlosskirche die Initiative »Rettet die Cranachhöfe« fortgeführt. In der Zeitung vom 7. November stand, was ein inzwischen nicht mehr auffindbarer Demonstrant am offenen Mikrofon gesagt hatte: »Wir dürfen nicht nur die Erneuerung der SED und des Systems fordern. Was nützt uns ein reformierter Staat, wenn die Menschen, die darin leben, nach altem Schema denken und handeln. Jetzt, wo wir uns mehr Freiheit und Menschenwürde erdemonstriert haben, müssen wir uns auch selber erneuern. Dies tut keine SED, keine LDPD und auch kein Neues Forum für uns. Erst wenn wir nichts mehr unter dem Ladentisch verschieben, kein Material aus dem Betrieb mehr mit nach Hause schleppen, uns nicht mehr auf Arbeit schonen, um nach Freitagabend richtig loszulegen, unsere Gedanken zur Erneuerung auch mit unseren Taten übereinstimmen, kurzum wenn wir die Probleme, die wir jeden Tag erleben, offensiv angehen, wenn wir nicht mehr so tun, als ginge uns nichts an, dann wird die Erneuerung von Mensch und Gesellschaft unser Land für jeden lebenswert und liebenswert machen.«

Wie großartig hat dieser Demonstrant in freier Rede am offenen Mikrofon gesagt, worum es geht, nämlich um die Mitarbeit aller Bürgerinnen und Bürger an der Erneuerung unseres Landes. Das war Demokratie von unten. Das war der entscheidende Impuls, die Erneuerung aus eigener Kraft in die Hand zu nehmen und nicht weiterhin das private Interesse vor das Interesse der Allgemeinheit zu stellen.

An jenem Abend waren Tausende in der Stadthalle versammelt, am Mikrofon bildete sich eine lange, lange Schlange.

Als ein Kampfgruppenkommandeur sich rechtfertigen wollte, war es um ein Haar zu gewaltsamen Auseinandersetzungen gekommen; ich bin einfach dazwischengegangen und konnte eine Eskalation verhindern. Ich hab mich mit diesem Kommandeur zur Seite zurückgezogen und ihm klargemacht, dass das, was er dort gesagt und vertreten hat, genau das ist, was wir überwinden wollen.

Im Elbe-Elster-Theater war es um Kultur gegangen. Die Galeristin Eva Löber machte einen Vorschlag. Sie sagte wörtlich: »Es gibt ein Sprichwort ›Jedes Ding hat seine Zeit‹, ich denke, es ist an der Zeit, darüber nachzudenken, ob der Panzer vor dem Sowjetischen Friedhof noch das richtige Symbol für die Befreiung unserer Stadt ist. In den letzten Jahren war es gerade die Sowjetunion, die viele Abrüstungsinitiativen in der Welt in Gang gesetzt hat und damit eine ganz wichtige Voraussetzung für die Entspannungspolitik geleistet hat. Dieser Panzer an der Schlosskirche bleibt, auch wenn er der Befreiung unserer Stadt gedient hat, ein Symbol des Krieges. Ich schlage vor, als Initiative unserer Stadt diesen Panzer in die Abrüstung einzubeziehen und den Künstlern unseres Landes Gelegenheit zu geben, ein neues Symbol der Befreiung zu gestalten.« Das war an jenem Abend noch sehr mutig. Kurz darauf konnte es einigen, die vorher so tapfer geschwiegen hatten, gar nicht schnell genug gehen, diesen Panzer einfach abzureißen. In Berlin war die Mauer gefallen, und wir waren dabei gewesen, die Mauer im Lande einzureißen.

DIE RUSSEN IN WITTENBERG

An allen vier Ausfallstraßen der Stadt Wittenberg – Richtung Dessau, Berlin, Dresden, Leipzig – gab es vierzig Jahre lang große Russenkasernen, offiziell waren das sowjetische Ka-

Kundgebung vor dem Panzerdenkmal neben der Schlosskirche

sernen der GSSD. Im sogenannten Apollensberg sollen auch Atomraketen stationiert gewesen sein, jene berühmt-berüchtigten SS 20.

Die Sowjetarmee marschierte in großen Formationen mit Paradeuniformen zu ihren entsprechenden Feiertagen durch die Stadt. Die volkseigenen Betriebe hatten jeweils Arbeiter und Funktionäre abgeordnet, die Kränze noch und noch mit sich trugen. Nach dem Bau des Panzerdenkmals 1973, direkt neben der Schlosskirche, zogen sie dorthin.

Jedem Bürger wurde regelmäßig sinnfällig bewusst gemacht: Wir sind besetzt. Und für Veränderungen gibt es keine Chance.

Diverse Kontaktversuche zu den bei uns wohnenden Familien scheiterten, bis wir 1988 zur Friedensdekade sowjetische Familien direkt einluden. Das Motto der Friedensdekade lautete: »Frieden den Nahen und Friede den Fernen«.

Und es kamen in der Tat am Sonntagnachmittag um 14.59 Uhr etwa vierzig Sowjetbürger in die Stadtkirche. Sowohl die Staatssicherheit wie auch die sowjetische Militäradministration haben darüber Berichte verfasst. Im Bericht von Oberst Belikow heißt es:

Roßlau, den 21.11.88

Am 13.11.88 in einer evangelischen Kirche (Wittenberg, Collegien-Str. 54, Dekan – Fridrich Schorlemmer) war eine Veranstaltung, zu deren auch die Sowjetbürger eingeladen wurden.

Nach dem offiziellen Teil, der etwa 15 Minuten dauerte, fand ein Austauschsgespräch statt. Außer DDR- und UdSSR-Bürger sind ... – Professor KenterUniversität (Staat Ogaio USA), eine männliche und eine weibliche Person aus der BRD anwesend, die aber am Gespräch nicht aktiv teilgenommen haben, schienen als Zuhörer zu sein.

... – ein DDR-Bürger – begleitete den Professor aus der USA (Wohnhaft: Wittenberg, ...). ... – Lehrerin in der russischen Sprache in einer Wittenberger Schule, wht. Wittenberg, ... und ... – ein Ingenieur des CK »Pisteritz« waren als Dolmetscher.

Während des Gesprächs wurden an sowjetischen Bürgern folgende Fragen gestellt:

1. Warum gehen die Soldaten in die Stadt nicht allein, sondern in Gruppen und so selten?

2. Wie verhalten Sie sich zu M. Gorbatschöw und zur Perestroika?

3. Sind unter Ihnen die Gläubigen?

4. Dürfen Sie die DDR-Familie zu Hause besuchen und umgekehrt? Wie findet denn das die Kommandantur?

5. Wie verhalten Sie sich zu Deutschen?

6. Gab es keine Schwierigkeiten hierher zu kommen? Wie gelang es Ihnen?

7. Dürfen Ihre Soldaten Bibel haben?

Der Pfarrer nahm an den Gesprächen besonders aktiv teil. Bei der Besprächung der Frage, die die Umgestaltung in der SU anbe-

trift, sagte er, daß die DDR auch eine Umgestaltung braucht,, da-
bei äußerte negative Meinungen gegen die Leitung der DDR. Da-
nach erklärte er, daß dank der jährlichen finanziellen Hilfe der BRD
gelan es in der DDR den hohen Wohlstand des Volkes zu leisten.
Dabei betonte er: »Wir möchten uns vereinigen, DDR-BRD sind
ein Land, aber einige unter Europäischen Staaten haben Angst von
dieser Vereinigung«. Außerdem äußerte der sich negativ über den
Aufenthalt der sowjetischen Truppen in der DDR.

Am Ende seiner Rede sagte der Pfarrer, daß es wenig Zeit gab
und lud allen zum ähnlichen Gespräch am 13. 12. 88 ein. 14.30

Der Pfarrer teilte mit, daß Freitags um 15.00 Uhr Konzert der
Orgelmusik und sonntags um 10.00 Uhr Gottesdienst in der rus-
sischen Sprache findet statt.

… hat die sowjetischen Bürger nach Hause eingeladen wenn sie
den Wunsch hätten das Gespräch weiter fortzusetzen.

LEITER der S M A
Oberstleutnant Belikow. W. P.[45]

Die SMA hatte ihren eigenen Spitzel mit guten Deutsch-
kenntnissen eingesetzt. Der Bericht ist jedoch ungenau, z. B.
was die Äußerungen zur deutschen Einheit und Demokra-
tiebewegung betrifft. Gänzlich verschwiegen wird, dass der
Superintendent zwischendurch Bibeln in russischer Sprache
geholt und einige verteilt hatte, die den Teilnehmern sofort
nach ihrem Besuch abgenommen wurden.

Ein von uns vorbereiteter Abend in der Adventszeit im
Predigerseminar wurde verhindert. Wir hatten Plätzchen
und Stollen gebacken, den Raum adventlich ausgestaltet,
Glühwein gekocht und schöne Musik vorbereitet. Zwei Besuche bei der Schuldirektorin der »Russenschule« waren vor-
angegangen. Der erste unangemeldet und sehr freundlich,
der zweite angemeldet und sehr frostig. Die Direktorin hatte
plötzlich eine Beisitzerin, eine schweigende. Unsere Spitze-

lin W. hatte alles, was wir vertraulich behandelt wissen wollten, weitergetratscht. Wir wollten doch ernsthaft und ohne
jeden Nebengedanken Verständigung mit den Völkern der
Sowjetunion und deshalb Kontakt und Verständigung mit
den realen Menschen, mit denen wir Haus an Haus, wenngleich nicht Tür an Tür wohnten. Schließlich lag das sowjetische Militärkrankenhaus auf dem sogenannten Arsenalplatz mitten in der Stadt. Die russische Schule war in einer
ehemaligen riesigen noch zu Kaisers Zeiten gebauten Ka-
serne untergebracht. Das ist heute unser imposantes Rathaus.

Auch ich ging öfter ins »Russenmagazin«, wo noch mit Ku-
gel-Rechenmaschinen gerechnet wurde, die wir aus Urgroß-
mutters Zeit kannten. In dieser Verkaufsstelle konnte man
hin und wieder begehrte Dinge erwerben, z. B. Krebsfleisch
aus dem Schwarzen Meer, Sekt und gar echten Kaviar.

Nicht zufällig hatte ich in vielen Vorträgen auf die neuen
Entwicklungen in der sowjetischen Literatur hingewiesen.
Atemlos las ich Boris Wassiljews »Schießt nicht auf weiße
Schwäne« – ein Umweltschutzroman eines Militärschriftstel-
lers –, Tschingis Aitmatows antistalinistisches Buch »Der Tag
zieht den Jahrhundertweg« und seine »Richtstatt«, Wassili
Schukschins Aufsätze, Wladimir Tendrjakows Erzählungen
und Walentin Rasputins die weltökologischen Herausforderungen thematisierenden Roman »Abschied von Matjora«,
die Gedichte und Lieder von Jewgeni Jewtuschenko bis Wladimir Wyssozki und Bulat Okudschawa – eben nicht nur die
herübergeschmuggelten Bücher von Andrej Sacharow, Alexander Solschenizyn und Joseph Brodsky. Mich überzeugten
die großartigen Reden und die literarischen Werke des Lew
Kopelew, insbesondere sein mich so bewegendes, mein weiteres Leben und Denken prägendes Buch »Aufbewahren für
alle Zeit«. Bei der Lektüre hatte ich begriffen, was es heißt,
Versöhnung zu üben und damit die Spirale von Gewalt und

Tschingis Aitmatow und Friedrich Hitzer in meiner Wohnung, 2000

Gegengewalt zu beenden. Dass der Versöhnung Suchende es nie leicht hat, weder bei Freund noch bei Feind, war mir bewusst geworden, bevor ich es selber erlebte. Aber wie viel mehr hatte Lew Kopelew – mitten im Krieg! – eingesetzt, als ich das je wagen musste.

Als wir im Oktober 1989 forderten, dass das Kriegssymbol-Denkmal, jener legendäre T34 auf einem Sockel vor der Schlosskirche, verschwindet, war Renate Keller, eine Pastorin und Engagierte in der Friedensbewegung, extra zuvor zum Kommandanten gegangen, um ihm zu sagen, dass sich diese Forderung nicht gegen die Sowjetarmee richten würde, sondern die Friedens- und Abrüstungspolitik Gorbatschows unterstützen wolle. Konversion hieß das Schlüsselwort, weltweit. Wir haben sie noch immer vor uns.

1993 haben wir im Wittenberger alten Rathaus in einem Festakt die Sowjetarmee verabschiedet, die nun genau 48 Jahre hier stationiert gewesen war. Die Atmosphäre war noch immer verkrampft. Das löste sich erst, als genügend Schnaps geflossen war. Für die Offiziere war es ein Abschied ins Ungewisse. Mich störte, dass zu diesem Abschied lediglich Offiziere dabei sein konnten und kein einziger Muschkote.

Als im Jahre 1987 der Jahresausflug des »Hauses der sowjetischen Kultur und Wissenschaften« mit dem Bus nach Wittenberg geführt hatte, hatten wir viele Kuchen gebacken, die Tische festlich gedeckt. Wir wollten uns als gastfreundliche Deutsche zeigen und merkten, wie verhalten, um nicht zu sagen distanziert, unsere Gäste sich verhielten. Einer beäugte immer noch den anderen. Wirklich menschlich warmherzigen Kontakt konnten wir nicht herstellen, obwohl unter uns einige Teilnehmer gut dolmetschen konnten. Waren alle vorher noch gebrieft worden, dass wir eine staatsfeindliche Gruppe seien, die Verbindung zur CIA hätte? Wie ich 1990 von meinem Kontaktmann und ehrlich freundschaftlich verbundenen Towarischtsch Sorin erfuhr, hatten die Mitarbeiter diese Reise in die DDR als die schönste der ganzen Zeit bewertet. Davon hatten wir aber nichts gespürt.

Freund Sorin arrangierte Anfang November 1989 ein Gespräch zwischen mir und dem stellvertretenden Botschafter Igor Maximytschew. Er wollte aus erster Hand wissen, wie die Stimmung im Land sei und welche Chance eine reformierte SED noch hätte, von welchen politischen Orientierungen diese Opposition bestimmt sei, inwieweit dieser demokratische Aufbruch in der DDR auch mit der Idee der deutschen Einheit verknüpft sei. Ich saß ganz allein mit ihm in einem vielleicht acht oder zehn Meter hohen Raum, war vorher von einem Begleitoffizier durch riesige, unbewohnte und unbelebte Räume gegangen. Hier fror mich ein Gefühl für das an, was Stalinismus mit Monumentalismus als Kleinmachen des Menschen bewirkt und was architektonische Überdimensionierung über das politische Selbstverständnis aussagt. Das Gespräch mit Igor Maximytschew war offen, um nicht zu sagen spontan, von Sympathie getragen. Daraus sollte sich eine bis heute wirkende Freundschaft ergeben. Er wurde Anfang der 90er-Jahre selber Botschafter in Deutschland, arbeitet bis heute an der Akademie der Politischen Wissenschaften in Moskau.

Ich erinnere mich an seine bewegenden Worte, als Russland zur Zeit Jelzins in einer tiefen Krise steckte: »Russland wird nicht untergehen, weil das unvorstellbar ist. Wenn die Nacht am dunkelsten ist, kommt der Morgen«, sagte er mit tränenerstickter Stimme. Und er war es auch, der mich anrief, als die Deutschen dabei waren, sich im Kosovo an einem nicht von der UN legitimierten Krieg zu beteiligen.

15 Jahre lang habe ich stets im Januar/Februar zu einer Russland-Tagung eingeladen, stets mit Gästen aus Russland, stets mit aktiver Beteiligung der Deutsch-Russen, die unter uns leben. Das Interesse an den inneren Entwicklungen in Jelzins und Putins Russland einschließlich der grausigen Kaukasuskriege war groß. Wieder spielten die russische Literatur und kulturelle Tradition eine Rolle, immer suchten wir nachzuvollziehen, wie sehr Russland nach der dreiundsiebzig Jahre währenden bolschewistisch-kommunistischen Zeit die »russische Idee« suchte, ohne in autoritäre Muster zurückzufallen. Swetlana Geier trug so unvergesslich ihre Erfahrungen beim Übersetzen Dostojewskis vor, ein persönlicher Berater Gorbatschows, nun in Paris lebend, gab Einblicke in die gebundenen Hände des einst mächtigsten Mannes der Welt. (Sehr Ähnliches erlebt die Welt 2012 bei Obama.)

Daniil Granin, nun hochbetagter ehemaliger Panzerkommandant und berühmter Schriftsteller, den ich zweimal (in Leningrad 1990, dann in St. Petersburg 2006) besucht hatte, sagte zum Abschluss meiner Tagungsreihe im Februar 2007 auf meine Frage hin, wie es jetzt mit der Barmherzigkeit in Russland stehe: »Heute gibt es Hunderte, wenn nicht Tausende barmherziger oder karitativer Organisationen. Das genügt natürlich nicht. Viele Menschen haben durch die Perestroika und die Reformen gelitten. Sie wurden gleichsam aus dem Leben katapultiert, sie haben sich selbst verloren. Sie haben angefangen zu trinken, sind obdachlos geworden. Viele Kinder leben auf der Straße, und die karitativen Organisationen oder auch die Gruppen der Barmherzigkeit haben es schwer, da tätig zu werden. Aber der Begriff der Barmherzigkeit, das Wort ist in den Sprachgebrauch zurückgekehrt. Das Wort war verboten, es sei kleinbürgerlich, hieß es. Der Staat habe den Bedürftigen zu helfen, nicht eure Barmherzigkeit. Ich weiß noch, was für Schwierigkeiten ich nach diesem Essay hatte. Vor meiner Wohnung wurde demonstriert, man hat dort Plakate aufgestellt, dass ich diese Gesellschaft der Barmherzigkeit organisiert hätte, die den Sowjetmenschen erniedrige. Gott sei Dank hat sich das geändert. Aber ich denke, dass die Kirche sich zu wenig daran beteiligt. Der Staat unterstützt diese karitativen Organisationen kaum oder gar nicht. Es gibt viel Hartherzigkeit in unserem Leben. Nach dem Ende der Sowjetunion, nach dem Scheitern der kommunistischen Idee sind wir ohne einen Weltentwurf geblieben. Ein Leben, ohne eine Idee vom Leben zu haben, ist schwer. Satt werden allein reicht nicht. Der Mensch braucht mehr. So ist er konstruiert. Glaube, Religion, Kirche, das gibt vielleicht einen spirituellen Lebensinhalt. Dass die Kirche zu einem aktiven Leben in der Gesellschaft zurückkehrt, halte ich nicht für falsch. Vielleicht trägt das zur moralischen Reinigung der Gesellschaft bei, denn Christi Gebote sind eine große ethische Kraft. Vielleicht ist die wahre Religion ein Teil des ethischen oder moralischen Lebens der Gesellschaft. Die Literatur, die Philosophie versuchen, den Sinn des Lebens zu finden. Wo

362

soll der Mensch ihn suchen? Wie kann man dem Menschen helfen? Das sind ernste existentielle Fragen. Zum Teil hilft die Religion. Dafür sei ihr Dank. Die Kunst hilft, die Natur hilft, aber ich denke, jeder Mensch wird irgendwann mal damit konfrontiert, dass er keine Antworten findet.«

Auf meine anschließende Frage nach Peter dem Großen und Luther kam Erstaunliches zutage: »Der Protestantismus hat ihn interessiert und natürlich auch der Mensch Luther, seine Persönlichkeit, sein Mut damals, die berühmten Thesen an die Schlosskirche zu nageln. Peter hatte ein naives, unmittelbares Interesse an Geschichte, an der Wissenschaft, ein Interesse also, das eigentlich mit dem Erwachsenwerden zurückgeht. Er hatte Kontakte zu den bekanntesten Wissenschaftlern Europas, aber Luther hat ihn am meisten interessiert. Ich bin hier durch Wittenberg gegangen und habe mir vorgestellt, wie Peter dem Geist Luthers begegnet ist. Übrigens ist ja Karl XII. von Schweden im gleichen Hotel wie er abgestiegen. Es gibt in der Geschichte seltsame Zusammentreffen. Und es ist unheimlich interessant, solche Geheimnisse zu ergründen, wenngleich wir nie wissen, ob uns das nun gelungen ist oder nicht. Aber am schönsten an der schriftstellerischen Arbeit ist, dass man zum Verstehen seiner Hauptfigur vordringt, wenn man ihre Taten nicht mehr versteht, wenn sie sozusagen eigenmächtig handelt, unabhängig oder sogar gegen den Willen ihres Schöpfers.«

Nun, frag ich: Wer weiß 2012 noch etwas mit dem Namen Granin anzufangen? Es bleibt so nötig, einander in vertiefter Weise wahrzunehmen.

Das Panzerdenkmal in Wittenberg ist längst eingeebnet, der sowjetische Friedhof ist verschlossen, aber gepflegt. Am Arsenalplatz wird ein Supermarkt errichtet. Auf dem Apollensberg ragt ein schlichtes großes Kreuz in den Himmel. Russisch als Fremdsprache wird in beiden Wittenberger Gymnasien angeboten – ohne große Resonanz. Eine rührige Deutsch-Russländische Gesellschaft pflegt Partnerschaft nach Mogiljew und organisiert Reisen dort und hier, betreut Kinder aus Tschernobyl-verseuchten Gebieten.

Ich halte fest, dass wir wieder das bräuchten, was Gorbatschow einmal »Volksdiplomatie« genannt hatte, jenes Rückgrat einer lebendigen, von unten (nach-)wachsenden Völkerfreundschaft.

EIN NVA-OFFIZIER BEKENNT SICH ÖFFENTLICH

Im Jahre 2010 las ich aus meinem Buch »Wohl dem, der Heimat hat« in Potsdam. Ich sprach auch an, woran die DDR gescheitert sei. Plötzlich stand ein Mann auf und begann ein wenig stotternd zu erzählen. Er sei Offizier der Nationalen Volksarmee gewesen, sagte er. »Ich muss jetzt mein ganzes Leben neu justieren. Ich habe geglaubt, was man mir gesagt hat. Und was ich gesagt habe, habe ich selbst geglaubt. Ich wollte und sollte mein Land schützen. Jetzt erst sind mir die Augen aufgegangen. Ich will jetzt an einer demokratischen und offenen Gesellschaft mitwirken. Mir fällt es nicht leicht hier aufzustehen.«

Zweimal bekam er spontanen Beifall für seinen Mut. »Ich bin nicht wegen Beifall oder Unmut aufgestanden, sondern weil es mir wichtig ist, mich zu erkennen zu geben. Ich möchte gern als gleichberechtigtes Glied dieser Gesellschaft leben. Aber ich beteuere, die Volksarmee hätte nie auf Demonstranten geschossen. Ich habe einen Eid abgelegt, das Land, unser Land, die DDR gegen äußere militärische Angriffe zu schützen, aber nicht gewaltsam gegen die eigene Bevölkerung vorzugehen. Dies hätte ich niemals getan. Das war

auch nicht im Entferntesten mein militärischer Auftrag.«
Wieder bekam er Beifall.

Ich bedankte mich bei ihm, fragte aber, ob er sicher sei, dass alle Offiziere so gedacht hätten. Im Herbst 89 war es schließlich für viele, die an die Sache des Sozialismus und die Proklamationen der SED geglaubt haben, um das Ende ihres Lebensprojektes gegangen. Und wer einmal einen »unbedingten Gehorsam« gelobt hat, der ist in der Gefahr, diesen Auftrag gegen sein eigenes Wissen und Gewissen auch auszuführen. Das wissen wir aus der Geschichte. Doch ich hatte keinen Anlass, *diesem* Offizier nicht zu glauben.

ERNÜCHTERUNGEN – WEDER
VERKLÄRUNG NOCH DÄMONISIERUNG

DER TAG, AN DEM DIE D-MARK KAM

Ein zuerst in Leipzig Anfang 1990 gezeigtes Demo-Plakat hat via Westfernsehen Geschichte geschrieben: »Kommt die D-Mark nicht zu uns, gehen wir zu ihr!« War dies eine Einzelmeinung oder spiegelte sich darin eine millionenfache Sehnsucht, verbunden mit der Drohung, den Westen mit Massenübersiedlung zu überfluten? DDR-Bürger waren ja Deutsche, konnten nicht abgewiesen werden, und die Aufnahmelager waren heillos überfüllt. Vielen Ostbürgern war die DM geradezu als Währung der Freiheit, als eine Fata Morgana nahen Lebensglücks im Wohl-Stand erschienen, ehe sie begriffen, dass das eine harte Währung war. Sie wollten nunmehr fürs gute Geld gute (West-)Produkte kaufen und übersahen, dass sie damit den Ast absägten, auf dem sie selber saßen. Ein ruinöser Kälteschock für die meisten DDR-Betriebe war aufgrund des technischen Rückstandes, 50 Prozent geringerer Arbeitsproduktivität und der Attraktion von Westwaren unvermeidlich. Mit der Westgeld-Sehnsucht wurde Politik gemacht. Ihr kriegt das Geld und das sehr bald, wenn ihr nur die wählt, die den Schlüssel zur Kasse haben. Deutsche Einheit durch Deutsche Mark unter Führung von Helmut Kohl.

Irritiert und enttäuscht war ich, da so schnell vergessen schien, dass wir für Freiheit und Selbstbestimmung, für Demokratie und umfassende Menschenrechte, gegen jedwede Bevormundung auf die Straße gegangen waren und den Mächtigen ihre Macht – personell, strukturell und ideologisch – abgerungen hatten. Als den eigentlichen Einheitstag

366

hatte ich schon 1990 den 1. Juli ausgemacht. DDR-Deutsche bekamen endlich die harte Währung, konnten sich Ersehntes selber kaufen, in die ganze Welt reisen … Zugleich wurde es für manchen sehr hart, weil nun jeder zusehen musste, wie er durchkommt. Freiheit hatte ihren Preis, nachdem ihr Gewinn so gefeiert werden konnte. Wir hatten nicht nur anderes Geld, sondern mussten es von heute auf morgen verdienen – unter erbarmungslos wirkenden Bedingungen des freien Wettbewerbs.

Manche hatten gemeint, sie könnten weiter so arbeiten wie in der DDR und so verdienen wie in der Bundesrepublik. Die DDR war aber nicht zuletzt daran gescheitert, dass sie permanent mehr ausgab, als sie erwirtschaftete. Die D-Mark bedurfte des freien Marktes, während die Ost-Mark eine politische Währung gewesen war: Alle fanden einen Arbeitsplatz – wenngleich auch oft nur Beschäftigung –, alleinerziehenden Müttern mit Kindern konnte nicht gekündigt werden, Mieten waren für jedermann bezahlbar, niemand musste wirklich hungern. Das gibt den Stoff für die selbstverlogene DDR-Nostalgie noch nach 22 Jahren. Das billige Brot wurde nämlich auch massenhaft verfüttert, die Häuser verfielen, Energie wurde in einem energiearmen Land verschleudert. So ging es nicht weiter. Wir produzierten und lebten auf Kosten der Zukunft. (Letzteres machen wir seit 22 Jahren weiter, nur viel effizienter. Und die DDR-Verschuldung ist ein Klacks gegen die in Griechenland oder Spanien.) Zunächst waren die fünf neuen Länder Billiglohn- und Absatzland für den Westen. (Das hat sich inzwischen weiter nach Osten verschoben, nunmehr bis in den fernen Osten.)

Mit dem *Geld*wechsel haben wir vor 22 Jahren einen mit Hoffnungen verknüpften *System*wechsel vollzogen. Dieses System ist jetzt weltweit in einer tiefen Krise. So findige wie gewissenlos-gierige Spekulanten und Finanzhalunken können ganze Volkswirtschaften ruinieren und die Weltwirtschaft in eine bedrohliche Krise führen. Die öffentliche Hand zahlt für horrende Verluste, weil das System selbst zur Debatte steht. Das Kartenhaus der virtuellen Finanzwelt würde bei einem Crash auf die reale Welt zurückschlagen und alles zusammenbrechen lassen. Der damalige Sozialstaat war nicht mehr bezahlbar, der heutige gibt sich schrittweise auf und verschärft die Umverteilung. Die Angst sitzt jeden Tag mit am Tisch, inzwischen bereits in der Mittelschicht. Dumpfe Ohnmachtsgefühle mit tiefer innerer Verunsicherung breiten sich aus.

In der demokratischen Freiheitsbewegung der DDR hatten wir eine indianische Weisheit verbreitet: »Erst wenn der letzte Baum gerodet, der letzte Fluss vergiftet, der letzte Fisch gefangen ist, dann werdet ihr feststellen, dass man Geld nicht essen kann.«

Geld muss ein Mittel bleiben und darf kein Selbstzweck werden. Ich sage mir als Christ: Wenn wir für diese Welt noch zu irgendetwas taugen sollten, dann mögen wir zu denen gehören, die die Konsequenz aus der Erkenntnis ziehen, dass ein Mittel – Geld – nicht zu einem Ziel werden darf und Verfügung über Zahlungsmittel noch keine Sinnstiftung ist. Mir leuchtet ein wie nie zuvor, was Luther im großen Katechismus schrieb: »Es mag sein, daß man gleich jetzt stolze, gewaltige und reiche Wänste findet, die auf ihren Mammon trotzen, ohne darnach zu fragen, ob Gott zürne oder lache, als könnten sie sich wohl trauen, seinen Zorn auszuhalten … Es ist mancher der meint, er habe Gott und alles zur Genüge, wenn er Geld und Gut hat; er verlässt sich darauf und brüstet sich damit so steif und sicher, daß er auf niemand etwas gibt. Sieh, ein solcher hat auch einen Gott: der heißt Mammon; darauf setzt er sein ganzes Herz. Das ist ja auch der allgemeinste Abgott auf Erden.« Ja, wir können absehen, wohin der alles bestimmende Gott »Mammon« uns führt, wissen aber nicht, wie wir der Verselbständigung der regellos global agierenden Finanzwelt Einhalt gebieten können. Ich finde es äußerst bedenklich, wenn Linke, die eine Alternative zur heutigen Dominanz der Geldwelt über die Demokratiewelt, also auch einen Systemwandel – auf der Grundlage unseres Grundgesetzes – suchen, verdächtigt werden, Verfassungsfeinde zu sein. Wozu dieser Verfassungsschutz, der samt seinen V-Leuten nicht in der Lage war, ein zehn Jahre lang aktives Mördertrio ausfindig zu machen, aber Abgeordnete der Linken eifrig observiert? Das Gespenst des Kommunismus ist in den Köpfen der Antikommunisten noch immer lebendig – wahrlich ein Phantom aus Zeiten des Kalten Krieges. Gilt nicht Artikel 14 Absatz 2, wonach Reichtum auch verpflichtet und nicht die Rendite zum höchsten Gut erklärt wird?

DIE WENDE WAR NOCH KEINE UMKEHR

Von dem Kabarettisten Peter Ensikat stammt der witzig-böse Gedanke, die DDR habe sich um internationale Anerkennung bemüht, sich dieser Aufgabe schließlich ganz ergeben, sie quasi schwitzend, ungebremst ehrgeizig und selbstvergessen erfüllt, aber dabei die Hauptaufgabe tödlich missachtet: sich um die nationale Anerkennung durch das eigene Volk zu kümmern. Das enttäuschte Volk wandte sich ab, und eines Tages machte es Schluss mit der leidigen Angelegenheit: Es revolutionierte.

Das Erstaunliche dieser Revolution bestand sowohl in der für die deutsche Geschichte unerwarteten Tatsache, dass sie überhaupt stattfand, als auch in ihrer demonstrativen Friedfertigkeit. Der so lange behinderte, nun ungehemmt ausbrechende Freiheitswille schlug nicht in Gewalttätigkeit um.

Dies Wunder verleiht jeder Erinnerung nach wie vor den

Anschein, als rufe man mit konkreten Ereignissen jener Zeit immer auch unwiderlegbar etwas Unwirkliches an. Man rieb sich bei dem, was im Herbst 1989 geschah, die Hände wie die Augen. Man hatte zwar begriffen, was die Stunde zu schlagen bereit war, konnte es aber dennoch nicht ganz begreifen. Der Volksmund lallte »Wahnsinn« und hatte just in dieser, im Grunde blöden Vokabel das Wesen der Situation, die man nicht erfassen konnte – erfasst.

Zur seltsamen Nachwirkung von Wundern gehört freilich, dass sie mit der Zeit den Charakter ihrer schlagartigen Erscheinung verlieren und sich, wie alles, in Logik verwandeln: Als sei damals die Weiche nach genauem Fahrplan und ausgefeilter Arbeit an Richtung und Ziel aufs neue Gleis umgesprungen. Also: Als sei der Sturz der DDR mehrheitlich und von Beginn an ein unbändiger, jahrelang beschworener Volkswunsch gewesen. Als hätte man in der DDR nicht gelebt, sondern nur gewartet. Als wäre der DDR-Bürger von jeher ein heimlicher Bundesbürger gewesen, ein Mensch in tief verinnerlichter Emigration.

Der verständliche, wahrhaftige Stolz auf besagte Oktober-und-Novemberrevolution im Demonstrationsherbst 1989 verstärkt diesen Eindruck bis heute, zumal die öffentliche, mediale Reflexion über die DDR hauptsächlich konzentriert bleibt auf Bilder des Maroden, Hässlichen, Verachtens- und Beseitigungswerten. Zugespitzt: Der Schmutz fließt rückwirkend immer dicker, er ergießt sich in erstickender Suggestivkraft über eine politisch-soziale Gegend, von der keiner mehr zugeben möchte, er habe da gelebt, ohne täglich an Selbstmord oder Flucht zu denken.

Durch die Fokussierung auf die klebrigen Hinterlassenschaften der Stasi geriet mehr und mehr aus dem Blick, dass auch jene Gruppen, die sich seit Mitte der siebziger Jahre unter dem Dach der evangelischen Kirchen versammelten, sehr wohl einen grundlegenden Wandel wollten, aber nicht a priori und unabdingbar die Abschaffung der DDR. Wir ersehnten zuvörderst und unaufschiebbar einen Wandel der Welt – der natürlich auch die verkrustete DDR erfassen müsste.

Man kann ein System hassen, sollte aber die Perspektiven der Opposition abwägend einbinden in die realen Bedingungen des Lebens. Wer die Kategorie des Politischen innerhalb einer Widerstandskultur nur an den ausdrücklichen Zweck bindet, das Regime möglichst sofort und direkt zu treffen, unterschätzt Verhaltensspielräume und verkennt die eigentlichen Machtstrukturen auch des DDR-Staates. Wenn lediglich der heroische Akt gegen das Regime als politischer gewürdigt wird, so liegt dem eine Optik zugrunde, in der die herrschende Macht als monolithisch begriffen wird. Dies behauptete Monolithische aber entzieht dem Umstand, dass die DDR so sang- und klanglos, geradezu biegsam und geschmeidig unterging, seine Logik. Es gibt eine tiefere Schicht von Wahrheit: die komplizierte Verflechtung konfrontativer Dissidentenschaft mit jenen Menschen, die sogar innerhalb der SED-Funktionalität für eine Erneuerung der politischen Praxis eintraten und die dafür im ständigen Widerstreit von Einsicht, offener Kritik und versteckten Winkelzügen aufrecht und loyal zugleich zu leben versuchten – und die letztlich die eigentliche Erklärung dafür sind, warum die DDR so beiläufig verschwand: Zahlreiche SED-Mitglieder und -Funktionäre, auch Künstler und Intellektuelle wirkten mit an jenem Resonanzboden, der die plötzlich eruptiv ausbrechenden oppositionellen Erschütterungen des Jahres 1989 aufnahm und sie verstärkte; unterschwellig befanden sich viele, als die Revolution ausbrach, längst auf der anderen Seite des Grabens. Und an besagtem Resonanzboden wirkten indirekt z. B. jene Künstler mit, die einst die DDR nicht deshalb verlassen hatten, weil sie Bundesbürger werden wollten, sondern weil sie

371

ihre Auffassung von Sozialismus nicht von Kommunisten zertreten lassen wollten. In Interviews auf dieses Thema angesprochen, hat der Schauspieler Hilmar Thate, der nach der Biermann-Ausbürgerung mit seiner Frau Angelica Domröse die DDR verließ, stets sehr bestimmt gesagt: »Wir gingen nicht, wir wurden fortgedrängt.« Man lese den rau-romantischen Dichter Thomas Brasch, von Ost nach West »vertrieben ins eigene Vaterland«, der am bundesdeutsch schnurrenden Kunstbetrieb litt, oder Einar Schleef – Unzugehörige, Einsame, die diesen kommunistischen Kleingeiststaat verachtet hatten. Aber sie hingen weiter einer Weltvorstellung nach, deren Ideale der programmatischen »Poesie« von Marx am Ende näher blieben als der nüchternen Rechnungslegung des Marktes.

Unsere Hoffnung war, dass sich aus der östlichen Mangelwelt ein hoher Zuschuss neuer, alternativer Bescheidenheit keltern ließ. Dafür – in der DDR gegen die DDR – zu wirken, das war uns mehr als nur Taktik. Am Ende muss man sagen: Die Hoffnung, das System in eine ganz andere Richtung zu reformieren, zerbrach. Aber es gelingt mir noch immer nicht, dies Sehnen im Nachhinein kleiner zu reden, als es war.

Uns in den Kirchengruppen schwebte eine Freiheit vor, in der wir uns als Freie unserer Verantwortung für das Gemeinwesen stellen wollten. Wir strebten nach bürgerlichen Rechten für den Einzelnen, wollten aber die sozialen Menschenrechte gleich hoch achten. Wir strebten eine Umkehr unserer äußeren und inneren Lebensumstände, Haltungen und Handlungsoptionen an. Es ging nicht darum, den moralischen Zeigefinger auf irgendwen zu richten, sondern Immanuel Kants Aufklärungsgedanken von jener öden Praxis der Erziehung anderer wieder an den ursprünglichen Auftrag der Selbstforschung zu binden: Der Gerichtshof über die Verursacher des gefährlichen Weltzustandes aus Massenvernichtungsmitteln, Naturzerstörung und Hunger ist auch in jedem Einzelnen aufgeschlagen. Der Einzelne vermag wenig, aber weit mehr, als seine Bequemlichkeit ihm einreden möchte. Frei sein für die Hinwendung zur bewussteren, weniger erdplündernden Existenz – sollte dies nicht gerade in jenem System möglich, ja zuvörderst nötig sein, das uns fortwährend sein geschichtsrettendes und -heilendes Wesen in die Ohren blies?

1989 stand vor den Schranken des geschichtlichen Gerichts ein System, das den Menschen vergesellschaften wollte. Das Urteil der Geschichte fiel eindeutig aus. Aber steht nicht auch die freiheitlich-demokratische Ordnung längst vor Schranken eines Gerichts? Die Welt ist doch nicht gut geworden nach dem Ende des Kalten Krieges. Vielleicht wird sie niemals gut, aber rechtfertigt das, sich erneut freiwillig mit Blindheit zu schlagen und den Zorn zu dämmen? Angesichts einer Welt, die hauptsächlich nur an ihrem Wert für unsere Verwertungsgier gemessen wird.

In den Basisgruppen oder in Synoden der Evangelischen Kirchen, gebündelt in den Abschlusspapieren des Konziliaren Prozesses vom 30. April, wurde eindringlich auf die Konflikte verwiesen, die seither immer größere Ausmaße annahmen und uns klare Optionen zuweisen: Kampf gegen die Armut, Stärkung der Gewaltfreiheit, Schutz der Schöpfung.

Aber wie sehen die Resultate aus? Auf der Weltklimakonferenz im Dezember 2009 in Kopenhagen wurde über unser aller Zukunft geredet und – nichts entschieden. Die UNO-Klimakonferenz 2010 in Cancún wurde nur mit Müh und Not vor dem totalen Scheitern bewahrt. Der grenzenlos herrschende Kapitalismus steigert seine Effizienz, doch statt einer Halbierung der Armut bis 2015 steht uns ein Jahrhundert ungeahnter Lebensmittelnöte bevor. Eine Milliarde Menschen hungern. Die Weltfinanzkrise stürzte die bedürftigen Länder tiefer in die Aussichtslosigkeit. Die Dürrekatastrophen einerseits und die Überschwemmungskatastrophen andererseits, Wirbelstürme, Klimaerwärmung bis zum Abschmelzen der Polkappen sind Vorboten einer Zukunft, deren Vorzeichen wir spüren, deren global irreversible Folgen wir jedoch verdrängen. Weltweit grassiert die Privatisierung öffentlicher Güter, die allen gehören und alle zum Leben brauchen. Dies betrifft insbesondere das Wasser, das Coca-Cola oder Nestlé aufkaufen, wo sie nur können. Der übermächtige Saatgutkonzern Monsanto gibt genmanipulierte Saat aus und macht damit die Empfänger auf Dauer abhängig.

Mir tun die Fakten weh, und weh tut mir, wie wir uns raushalten und uns aushalten lassen vom Reichtum einer Welt, die uns doch nicht gehört. Seit der Implosion des Ostblocks ist mehr denn je die Rede von der unteilbaren Welt, ja dem globalisierten Dorf. Die Konsequenz dieser erhebenden Unteilbarkeit bestünde aber vor allem in der unteilbaren Verantwortungsbereitschaft für einen Planeten, auf dem eines zur bittersten Wahrheit wurde, nicht zuletzt nach dem Unglück im Atomkraftwerk von Fukushima: Nie wieder wird es eine Situation geben, in der die Menschheit unfähig zur Selbstvernichtung ist. Wir sind gezeichnet. Wir erleben keine Katastrophen, wir sind die Katastrophe. Eine schreckliche Bilanz tausender Jahre, die man gern unter den Begriff der Höherentwicklung stellt.

Höherentwicklung? Die Abrüstung der Atommächte kommt nicht voran. Was tun wir Europäer – und deren Kirchen – dafür, dass weiter »Schwerter zu Pflugscharen« geschmiedet werden und das Konzept »Gemeinsame Sicherheit« gilt?

Wir haben 1989/1990 ein bedrückendes System überwunden, aber einen zerstörerischen Zivilisationsweg nicht verlassen. Eine grundlegendere Wende als in jenem Herbst steht uns ins Haus, wenn wir uns und unseren Enkeln die Lebensgrundlagen erhalten wollen. Nein, keine Wende, sondern: Umkehr! Ganz im Sinne des polnischen Aphoristikers Stanisław Jerzy Lec: »Freiheit! Gleichheit! Brüderlichkeit! Aber: Wie gelangen wir zu den Tätigkeitswörtern?«

KONFLIKTE IM KOMMUNALEN ALLTAG DER DEMOKRATIE.
BAU AUF, BAU AUF ...

Es gibt Sätze, die sind pure Hoffnung, feste Entschlossenheit und zugleich Gebilde einer galoppierenden Fantasie. Aber solche Sätze, die Zustände und Zeiten überspringen, brauchen wir. Der Zustand, das waren die Cranach-Höfe in Wittenberg, die Zeit, das war die DDR, und der Satz, der beides übersprang, lautete: »Wenn es mal anders kommt, bauen wir alles wieder auf.« Freunden aus dem Westen sagte ich diesen Wunsch- und Willenssatz immer wieder, er war auch gegen die eigene Beschämtheit gerichtet. Denn wer den Verfall der beiden Wohnhäuser und Wirkungsstätten Lucas Cranachs des Jüngeren und des Älteren sah, schüttelte empört den Kopf.

Wenn es mal anders kommt ... Es kam anders. Der erste Akt zur bürgerlichen Inbesitznahme unserer Stadt war der Aufruf »Rettet die Cranach-Höfe«, vorgelegt den Besuchern des »Gebetes um Erneuerung« am Dienstag, dem 7. November 1989.

In einer Eingabe an den XI. Parteitag der SED 1986 hatte ich mit elf Wittenbergern den Erhalt der vom Krieg verschonten Altbausubstanz gefordert. Ein »Ruinen schaffen ohne Waffen!« hatte ich auf der Synode in Görlitz 1987 öffentlich beklagt. Auf meine Schreiben antworteten, wie üblich, behördliches Schweigen und staatliche Ignoranz. Auf meine Eingabe »betr. Erhaltung der Altbausubstanz in Städten der DDR« vom 2. Juli 1989 hin – gerichtet an den Volkskammerpräsidenten Horst Sindermann und den Ministerpräsidenten Willi

Cranachhof Markt 4, 1988

Stoph – geschah im August 1989 gänzlich Unerwartetes. Es
kam ein Hauptabteilungsleiter des Bauministeriums, Profes-
sor Dr. Hans Krause, nach Wittenberg, um mit mir zu reden.
Ich hatte auf die kaum noch benennbaren Schäden an der
Bausubstanz unserer Städte hingewiesen und grundsätzliche
Änderungen gefordert »von den Eigentumsformen bis zu den
Mietpreisen, von dezentralisierten Baufirmen bis zur drasti-

schen Erweiterung der Gerüstkapazitäten«. Nun war eigens ein kompetenter Abgesandter aus Berlin gekommen. War das ein generelles Umschwenken, ein taktisches Kalkül? Jedenfalls konnte ich mit diesem Experten ein sachliches Gespräch führen, wie ich es mit einem Offiziellen der DDR – als Reaktion auf eine Eingabe – noch nie erlebt hatte. In meiner Stasiakte las ich später, dass Sindermann *persönlich* den Hauptabteilungsleiter im Bauministerium zum 24. August 1989 nach Wittenberg beordert hatte – und nicht der zuständige Ministerpräsident Stoph.

Wollte man im August 1989 endlich einen anderen Umgang mit den Bürgern einleiten? Quasi in letzter Sekunde? Nicht der ehrliche, offene Blick in die Augen sandte ein staatliches Signal, nein, es regierte weiter das Dossier, der Stasibericht. Nach wie vor bohrt die Empörung, wie unverzüglich, wie abstempelnd, wie heimtückisch das eigene Leben ins überwachende Berichtswesen gepresst und dort im Interesse des Regimes vernutzt wurde.

Nun aber, im Herbst 1989, war es so weit. Die Demokratie, das fremde Wesen, wurde gleichsam ein-gebürgert; es bürgerte sich bei uns ein, dass Engagement möglich und nötig war. Wir sammelten seit Oktober 1989 in beiden Kirchen für den Aufbau der Cranach-Höfe über 10 000 Mark ein.

Eine Gruppe Engagierter legte gleich selbst Hand an. Einige von ihnen arbeiten noch heute in dem deutschlandweiten Verein Cranach-Höfe e. V. mit. Die Gebäude sind in den beiden zurückliegenden Jahrzehnten – trotz einiger Widerstände – aufwendig mit Mitteln des Bundes, des Landes und der Stadt wiederhergestellt worden. Ohne einen langen Atem wären wir nicht so weit gekommen. Der ehemalige Vorsitzende der Deutschen Stiftung Denkmalschutz, Professor Ernst-Rüdiger Kiesow, unterstützte das Vorhaben bis zu seinem Lebensende. Und unter der Leitung von Eva Löber zeigen die Mitarbeiterinnen und Mitarbeiter bis heute ein unglaubliches Engagement.

Inzwischen konnte fast die ganze Innenstadt saniert werden. Wittenberg ist kaum wiederzuerkennen. Manches ist traumhaft schön geworden, auch wenn die vielen Läden, die selbst in der touristisch frequentierten Innenstadt leer stehen, nicht zu übersehen sind. Die große »Russenschule«, ein prächtiger, aufwendig restaurierter Gründerzeit-Klinkerbau, leuchtet heute von weitem. Es ist unser neues Rathaus. Aber es wird noch viele Jahre dauern, bis das gesamte Areal aus Polizei- und Russenkaserne entbetoniert, saniert und wirtschaftlich zu nutzen ist.

EINE NEUE POLITISCHE KULTUR UND NEUE UNTIEFEN

Aus dem »Gesprächskreis für Junge Erwachsene« und seinem Umfeld bildete sich Ende September 1989 in Wittenberg eine politisch aktive Gruppe des »Demokratischen Aufbruchs«. Neue Gesichter tauchten auf. Das Spektrum der Positionen war groß, bis hin zu vehement vorgetragenen rechtskonservativen Ansichten. Am 1. Oktober verhinderte die Polizei in Berlin noch die Gründung des »Demokratischen Aufbruchs« als politischer Verein. Am 30. Oktober 1989 aber konnten wir auf dem Gelände einer diakonischen Einrichtung – dem Königin-Luise-Stift Berlin – den formellen Akt vollziehen. Die Ereignisse überstürzten sich. Der Übergang in eine demokratische Gesellschaft gestaltete sich, trotz aller Anfangsbegeisterung, schwieriger und schmerzhafter als gedacht. In den neuen Gruppierungen hatte sich ein Sammelsurium divergierender Auffassungen und politischer Biographien zusammengefunden. Die SPD gewann die Wahl vom 6. Mai. Wir konnten und mussten den Bürgermeister stellen.

Der vorgesehene Kandidat, ein Lehrer, zog sich nach eigenen Angaben aus gesundheitlichen Gründen zurück. Noch im Juni 1989 war er Delegierter des Pädagogischen Kongresses gewesen. Ihm war selbst deutlich geworden, dass er uns eher geschadet hätte. Im Laufe eines einzigen Abends mussten wir uns auf einen neuen gemeinsamen Bürgermeisterkandidaten verständigen. Der Softwareingenieur Eckhard Naumann erklärte sich schließlich bereit. Er ist bis heute Oberbürgermeister und »meistert« seit 22 Jahren tatkräftig und in nüchterner Gelassenheit diese Lutherstadt.

Für die Mehrheit der Wittenberger war eine Zusammenarbeit mit der örtlichen SED/PDS undenkbar. Der 1. Sekretär der SED hatte im Herbst 1989 noch ziemlich scharf agiert. Das blieb im Gedächtnis, auch wenn er von November 1989 an sein Verhalten änderte, sich lernbereit zeigte und eine vermittelnde Rolle einnahm. Er entschuldigte sich sogar im Januar 1990 bei einer Großdemonstration auf dem Marktplatz ausdrücklich bei mir, nachdem man ihn dort wegen der Maßnahmen gegen mich angegriffen hatte. Es entbehrt nicht einer gewissen Ironie, dass ausgerechnet einer der aktivsten IMs ihn zu dieser Abbitte genötigt hatte. Ende 1990 suchte dieser IM mich auf. Er erweckte den Eindruck, als suche er meinen Rat. Er stehe im Verdacht, sagte er mir, Stasispitzel gewesen zu sein. Er erzählte, wie sehr er darunter leide. Er versuchte offenkundig, mich für sich einzunehmen. Einige Monate später kam er ein zweites Mal und bekannte, dass er tatsächlich ein Spitzel gewesen ist. Ich wollte davon nicht allzu viel wissen. Aber vergeben? Das große Wort wollte ich nicht strapazieren. Ich forderte ihn auf, zu allen zu gehen, über die er berichtet hatte, und sich ihnen zu offenbaren. Wenn er diesen Weg gehen würde, würde ich schweigen und seinen Namen nicht öffentlich preisgeben. Er ging zu den anderen; es fiel allen schwer, aber sie verhielten sich genauso wie ich.

»DIE DRECKSAU UND DIE TRUCKSAU«

Die zensierte Presse der kommunistischen Staatsmacht verschwand, mit ihr auch die SED-Bezirkszeitung »Freiheit«, die dieses Wort besudelt hatte. Auch in der Zeit der Pressefreiheit bin ich Gegenstand diverser Schmähung und übler Nachrede geworden.

Ich spürte kräftigen Gegenwind etwa wegen meiner Unterschrift unter die Resolution »Für unser Land« vom November 1989. Manche jetzt Schwarze schalten mich plötzlich einen Roten und einen angeblichen Gegner der deutschen Einheit. Ich hatte sie *anders* gewollt. Manche öffentliche oder persönliche Polemik schmerzte. Da bestärkte mich nachhaltig, dass so etwas nicht neu ist. Beim Aufräumen in den Kellern der Cranach-Höfe stieß ich auf einen kleinen Text: »Die Drecksau und die Trucksau«. Er lässt sich wohl der reformatorischen Umbruchzeit 1522 zuordnen. Ich habe nicht nach ihm gesucht. Er hat mich gefunden. In drastischen Bildern beschreibt der Autor, was eine Drucksau anzurichten vermag:

»Wenn du nun siehest das teutsche Landschweyn, das im Kote wühlet, so maggst tu wol sagen: Siehe da, eine *Trecksau*. Doch sie ist's nicht. Es ist ihr natürlich Wesen. Gemeyn ist ess, sie altzo zu titullieren. Sie wühlet im Drecke und fühlet sich wol, item sie sich selber schmutzt. Stolz zeiget sich eyne solch redliche Trecksau. Sie grunzet und quieket, wird fett und zufrieden, bis sie geschlachtet wird. Da wird sie nun auch gekocht, geräuchert und gepöckelt und schmecket in Maßen sehr wohl.

Die *Trucksau* ist nur gemeyn. Sie wühlet im Drecke stetiglich, um zu beschmutzen ander Geschöpf. Sie fühlet sich gar sauwol, wenn sie wie eine Saubersau dastehe, die ander Geschöpf mit Schmutz beworfen, bespritzet, besudelt hat. Zu nichts ist ihrer nütze.

380

Will tu sie schlachten? Es würde dich reuen; ihres Fleisches Gestank käme über deiner Küchen. So siehe nun zu, daß du sie erkennest, bevor sie auch dich beschmutzet hat und hüte dich, sie zu füttern. Sie frissest alles, was sie bekommen kann und verdienet daran gross Geldes.

Wenn ich nun geben sollt ein ander Gleichnis, so müsst ich sagen, sie ist wie ein Bitterling und gleichet doch dem Steinpilze. Ein einziger Bitterling verdirbt das gantz Essen.«[46]

ERINNERUNG AN VERGANGENES
UM DER ZUKUNFT WILLEN

Zwanzig Jahre nach unserer »Umschmiedeaktion« kam es erneut zu einem Konflikt darüber, was Identität stiften soll und welche Erinnerung zu pflegen ist. Auf dem Wittenberger Markt sollten 2003 Soldaten des Bundeswehrstandortes Holzdorf feierlich vereidigt werden.

Was war der Hauptgrund für die Idee eines feierlichen Gelöbnisses an diesem Ort? Sollte die neue, vereinte Armee zum Symbol für das wiedervereinigte Deutschland werden? Oder wollte man ohne besonderes Nachdenken nur Wittenberg ins Gespräch bringen und die Geschäfte des Einzelhandels an diesem Tag fördern? Nach den Protesten wurde der Plan schließlich aufgegeben.

Im Rahmen der Evangelischen Akademie lud ich 1992 zu einer Tagung über die Pädagogik in der DDR und im Umbruch ein. Mehrere damals Verantwortliche kamen. Aktive Lehrer waren allerdings kaum zu sehen. Sogar der Chefpädagoge der DDR Gerhard Neuner war gekommen. In der Begegnung mit ihm konnte ich mein Vorurteil begraben, ohne meine Kritik an der Ideologie der Einheitsschule zu relativieren. Es war eine offene, nachdenkliche Atmosphäre. Ein junger Mann bekannte, dass er an der Grenze geschossen hätte, wenn es gegolten hätte, einen »Grenzdurchbruch« zu verhindern. Wie konnte er so geprägt werden? Auch der frühere Direktor der Melanchthon-EOS war gekommen. Mit ihm hatte ich 1989 einige Konflikte. Er entzog sich nicht der kritischen Reflexion. Einige Lehrer, die positiv evaluiert worden waren, empörten sich. Sie machten mir zum Vorwurf, dass ich diesen »roten Herrschaften« eine Bühne gegeben hätte. Muss man nicht – fragte ich zurück – Aug in Aug mit den Verantwortlichen reden, sofern sie bereit sind, über ihr früheres Denken und Handeln im damaligen Kontext zu sprechen, vielleicht sogar zu benennen, was sie seitdem gelernt haben?

DUMMHEIT GEFÄHRDET DIE DEMOKRATIE

In einem Rückblick auf 1933 schrieb Dietrich Bonhoeffer 1943 unter der Leitfrage »Sind wir noch brauchbar?«: »Dummheit ist ein gefährlicherer Feind des Guten als Bosheit. Gegen das Böse lässt sich protestieren, es lässt sich bloßstellen, es lässt sich notfalls mit Gewalt verhindern, das Böse trägt immer den Keim der Selbstzersetzung in sich, indem es mindestens ein Unbehagen im Menschen zurücklässt. Gegen die Dummheit sind wir wehrlos. Weder mit Protesten noch durch Gewalt lässt sich hier etwas ausrichten; Gründe verfangen nicht; Tatsachen, die dem eigenen Vorurteil widersprechen, brauchen einfach nicht geglaubt zu werden – in solchen Fällen wird der Dumme sogar kritisch –, und wenn sie unausweichlich sind, können sie einfach als nichtssagende Einzelfälle beiseitegeschoben werden.«[47]

Mir wurde medial vorgeworfen, ich hätte mich verächtlich über die Wittenberger Bürger und Repräsentanten der gewählten Mehrheit im Stadtparlament geäußert. Volkes Stimme wurde – nach einer allzu bekannten Manier – in Stellung gebracht. Was war geschehen? In einer SPD-Versammlung hatte ich einige Gedanken über »Populismus, Dummheit und die politische Kultur« vorgetragen und dabei als Beispiele die Diskussion über die Öko-Steuer und die Proteste der Brummifahrer genannt, die von BILD geschürt worden waren. Gewiss, der Hinweis, dass Probleme komplex sind, kann zur Ausrede werden. Die Vereinfachung von Problemlagen aber, das Bedienen von Vorurteilen und die Pflege von Klischees, das Spielen mit Stimmungen, um Mehrheiten hinter sich zu bringen, all das sind gefährliche Untugenden in unserer Demokratie. Keine Partei, die gewählt werden will, ist dagegen immun.

Meine Kritik bezog sich ausdrücklich auch auf die Partei, der ich angehöre: »BILD, BAMS, Glotze«. Populismus zielt darauf, Menschen zu manipulieren. Er gaukelt ihnen vor, ihren Bedürfnissen gerecht zu werden, verspricht, Lasten abzunehmen, Steuern und Abgaben zu senken und Wohlstand zu steigern. Wenn frühere Repräsentanten der »herrschenden Klasse« wieder laut-stark auftreten und populistisch-machtvoll vorgeben, die Stimme des Volkes zu sein, kommt es mir vor wie eine neue Variante der alten Parole »Alles zum Wohle des Volkes«.

Es ging mir um Grundfragen der politischen Kultur: Komplizierte Dinge müssen auch einfach dargestellt werden, aber sie dürfen nicht simplifiziert werden. Wo Zielkonflikte und Widersprüche vorliegen, ist das zu benennen. Wer sie wider besseres Wissen verschweigt, handelt verantwortungslos. Gewissenlos ist es, den Menschen nach dem Munde zu reden, gute Stimmung für sich selbst auf Kosten anderer zu machen, um jeden Preis Recht haben zu wollen, unerfüllbare Versprechungen zu machen. Wer über Benzinpreise redet, muss auch über Verkehrspolitik der Zukunft, über Umwelt und über Weltfrieden in Zeiten der Ressourcenkriege reden.

Seit 2001 engagiere ich mich in der Bürgerinitiative »Pro Elbe«. Wir versuchen ihren Ausbau zu verhindern und die ökologischen Folgen abzuwenden, die damit verbunden sind. Wieder gehöre ich zu den Spinnern, dieses Mal zu den »Elbefreundchen«, die von der Ökonomie nichts verstünden und sich sogar gegen ökologische Wasserstraßen richten würden. Dabei gehöre ich zu denen, die wollen, dass die Schifffahrt möglich bleibt, aber eine, die sich den natürlichen Gegebenheiten anpasst und nicht umgekehrt die Natur wirtschaftlichen Interessen unterwirft. Die Natur schlägt zurück, wenn wir ihre Gesetze missachten, also sollten wir lernen, mit ihr zu leben, uns als einen Teil der Natur zu begreifen. Ich will, dass wir die am Flusslauf der Elbe entstandenen Biotope schützen, nur dann wird diese Landschaft in ihrer Großzügigkeit, Einmaligkeit, Vielfalt und Ruhe, in ihrer Schönheit und in ihrer Nützlichkeit für den Menschen, für alle Tiere und Pflanzen erhalten bleiben. Was andere belächeln, das will ich: der *Ver*achtung aus menschlicher Herrschaftsarroganz widersprechen und praktisch widerstehen. Dazu gehört Achtung auch vor den Fröschen. Ich lebe 68 Jahre an der Elbe, bin seit der Kindheit mit ihr verbunden. Mir ist nicht entgangen, wie Maßnahmen, die 150 oder 50 Jahre zurückliegen, sich bis jetzt auswirken. Viele der Auengewässer sind inzwischen ganz oder fast ausgetrocknet, jeder kann die freiliegenden Baumwurzeln sehen. Als die Bagger vor den Toren Wittenbergs anrückten und begannen, 30 000 Tonnen Steine in den Fluss zu kippen, ahnte ich, was geschieht. Im offiziellen Sprachgebrauch der zuständigen Behörden werden die Veränderungen heruntergespielt, verwischt oder geleugnet: Es handele sich um »völlig normale«, »ökologisch verträgliche«, »punktuelle«, »engstellenorientierte« und vor allem »behutsame Unterhaltungsmaß-

Naturpredigt im Klostergelände Drübeck, 2007

nahmen«. Manchmal ist von »Sanierungsarbeiten« die Rede, vom »Aufholen eines Baurückstandes«, von der »Wiederherstellung desolater Bauwerke«, die »lediglich« an einem Viertel der Flusslänge – also an 150 Kilometern – nötig seien. Ich musste mit ansehen, wie an einem noch außergewöhnlich naturnahen Strand der Elbe auf einer Länge von nur 600 Metern 30 000 Tonnen Schotter in den Fluss gekippt wurden. 30 große Schiffsladungen wurden in den Fluss versenkt – natürlich »behutsam«. So ganz nebenbei wurden ganz »umweltverträglich« die Sandstrände und die Flachwasserzonen, in denen die Jungfische aufwachsen, durch einen Schotterwall vom Fluss getrennt, die Kiesbänke – die Laichplätze der Flussfische – mit Schotter zugekippt. Auch die wichtigsten Aufenthaltsorte der ausgewachsenen Fische – die tiefen Kolke – wurden eingeebnet. Durch den Verbau dieser immensen Schottermengen wird der Fluss eingeengt, und er tieft sich weiter ein. Der Wasserspiegel wird weiter fallen. Dasselbe passiert an der Elbe bei meiner Heimatstadt Werben. Ich habe oft eine ohnmächtige Wut. Ich suche nach den flachen Uferstellen, an denen ich in meinen Kindheitstagen geangelt und gebadet habe, und sehe, wie im Laufe der Jahre die Auen immer mehr austrocknen, wie Altwässer und Weiher verlanden. Ich richte Eingaben, Briefe, Proteste an Verantwortungsträger im Land und im Bund. Die Mitglieder der »Pro Elbe«-Gruppe schrieben gemeinsam an den Bundesumweltminister. In einer großen symbolischen Aktion schickten wir 2002 außerdem etwa 50 Pakete mit je einem schweren Schotterstein an ihn und blieben ohne jede Antwort.

VOM ÄNDERN UND BESSERN

Seit wir Demokratie üben, besorgt mich die Apathie der großen Mehrheit: diese Gleichgültigkeit gegenüber demokratischer Mitbestimmung und Mitverantwortung, wenn es nicht unmittelbar wie bei der geplanten Route einer Umgehungsstraße um eigene Interessen geht. Viele stimmten mir zu: »Sehr gut so, sehr gut so!«, riefen sie mir zu, als ich dagegen protestierte, dass dreizehn große Linden im Umfeld des Lutherhauses gefällt werden. Ich schrieb einen Leserbrief und wartete vergeblich darauf, dass sich auch andere Wittenberger äußern.

Luther schrieb über Ändern und Bessern der Verhältnisse: »Obrigkeit ändern und Obrigkeit bessern sind zwei Dinge, soweit voneinander ... wie Himmel und Erde. Wenn's dann mag geschehen; Bessern ist mißlich und gefährlich. ... Der tolle Pöbel fragt nicht viel, wie es besser werde, sondern, daß es nur anders werde. Wenn's dann ärger wird, so will er abermals etwas anderes haben. So kriegt er dann Hummeln für Fliegen und zuletzt Hornissen für Hummeln ...«

Die Demokratie ist anspruchsvoll und ein hohes Gut. Der obrigkeitsgehorsame Luther wusste noch nichts davon. Aber die menschlichen Eigenheiten und Schwächen kannte er sehr wohl. Er kannte sich.

EIGENTUM VERPFLICHTET – DIE ERFURTER ERKLÄRUNG

»Bis hierher und nicht weiter« lautete der Titel der »Erfurter Erklärung«, die am 9. Januar 1997 zeitgleich in Berlin und Erfurt vorgestellt wurde. Die Tagesschau berichtete darüber. Ich gehörte neben Heino Falcke, Günter Grass, Horst-Eberhard Richter und Edelbert Richter, Walter Jens, Daniela Dahn, Stefan Heym, Dorothee Sölle, Rudolf Hickel u. a. zu den Erstunterzeichnern. Der erste Satz machte unser wesentliches Anliegen deutlich: »Die regierende Politik in unserem formal vereinten Land ist in einem Zustand von gnadenloser Ungerechtigkeit, Sozialverschleiß und fehlenden Perspektiven versunken.« Neben einigen konkreten Vorschlägen – etwa zur Steuerpolitik – forderten wir grundsätzlich die Rückkehr zu den Werten einer sozialen Demokratie mit der Bindung an ein soziales Europa, die Beendigung der massiven Umverteilungen von unten nach oben, das Ende des Abbaus des Sozialstaates. Wir erinnerten an die im Grundgesetz verankerte Sozialpflichtigkeit des Eigentums nach Artikel 14, Abs. 2 GG, und damit auch an die Grundsätze der »Charta von Paris« (1990). Wir riefen diese Selbstverpflichtung der europäischen Staaten in Erinnerung, appellierten an die Bürgerinnen und Bürger, Schluss zu machen mit der Zuschauerdemokratie, setzten einen Impuls für eine außerparlamentarische Bewegung und forderten einen Regierungswechsel.

Im Kuratorium der Evangelischen Akademie bekam ich Ärger, weil ich über meine Unterschrift nicht vorher informiert hatte. Ich hatte als freier Staatsbürger, nicht als Amtsträger unterschrieben. Ich bekam eine Flut von Briefen; etliche bedankten sich einfach, andere schickten mir eigene Stellungnahmen zu, wieder andere polemisierten. Eine Religionspädagogin aus Konstanz, die unseren Diagnosen zustimmte, offenbarte ihre Sorge über eine um sich greifende menschenverachtende soziale Kälte im Lande. Sie amüsierte sich über Peter Hintzes »Rote-Socken-Kampagne« und merkte an, dass die DDR nur so lange Bestand gehabt hatte, weil die Ost-CDU und die anderen Blockparteien auf so haltbaren schwarzen Sohlen marschieren konnten. Ein Mann aus Erfurt schrieb: »Wie weit sind wir gekommen, wenn christlich-demokratische (ich wollte dies in Anführungszeichen fassen) Politiker, ja Pfarrer oder auch sozialdemokratische oder grüne Volksvertreter diese o. g. Erklärung mit Dreck bewerfen?!«

Einen Monat nach der Erfurter Erklärung wandte ich mich an Vera Lengsfeld, mit der ich seit den Protesten nach Tschernobyl guten Kontakt gehabt hatte, und erinnerte sie daran, dass ich bis dahin noch immer nicht nachvollziehen könne, dass sie in die CDU gegangen sei, und bat, »in aller Klarheit und Freundschaftlichkeit« uns trotz aller politischen Gegensätze nicht »in Lagern wahrzunehmen« und uns nicht den menschlichen Respekt aufzukündigen.

In den folgenden Wochen unterzeichneten mehrere Zehntausend Menschen das Manifest. Es rief neben viel Zustimmung sehr harsche Reaktionen hervor. Das bayerische Innenministerium beispielsweise stufte die Erklärung in ihren »Verfassungsschutzinformationen« als Kampagne von überwiegend »linksextremistisch« und »orthodox-kommunistisch« orientierten »Extremisten« ein, an der im Grunde einzig »bemerkenswert [sei], dass die … Initiatoren einen gesamtdeutschen Unterstützerkreis zustande gebracht« hätten. Allerdings seien zehn der Erstunterzeichner »bereits vor 1989 als zum Teil jahrzehntelange Unterstützer und Bündnispartner linksextremistischer Kampagnen bekannt«. Der Bundeskanzler sah in der Erklärung ein »Alarmsignal«. Wir seien »intellektuelle Anstifter«, die am Aufbau eines »Freund-Feind-Bildes« arbeiteten. Ich wandte mich daraufhin an ihn, um in einen sachbezogenen Dialog zu kommen. »Aber ich möchte auch alles dafür tun, dass soziale Verwerfungen nicht wieder zu einer rechtsnationalen ›Revolution‹ führen. Der Kampf um die Demokratie mit allen Demokraten und allen demokratischen Mitteln verbindet uns.« In der Sorge, »dass Einfluss-Reiche immer mehr die deutsche Politik bestimmen«, schrieb ich, dass Demokratie für mich auch bedeute, »nach einem fairen Interessenausgleich zu suchen und Zusammenarbeit mit allen Demokraten für möglich zu halten. Dazu zähle ich die Mehrzahl der Mitglieder der aus der SED hervorgegangenen PDS … Ich möchte Menschen nicht prinzipiell beim Aufbau unserer Demokratie ausschließen, deren Denken sich innerhalb dieser Zeitläufe gewandelt hat. Wandlungsfähigkeit gestehe ich früheren SED-Mitgliedern genauso zu wie Mitgliedern der ehemaligen Blockparteien … Viele von ihnen waren peinlich getreue Vasallen der SED-Politik. … Ich fürchte nicht, dass die Bundesrepublik durch eine kleine Gruppe innerhalb der PDS gefährdet ist, sondern dass die sozialen Verwerfungen zu psychologischen und politischen Turbulenzen führen können. Mir machen die Glatzköpfe Angst, die gestern einen schwarzhäutigen Menschen am Bahnhof in Wittenberg zusammengeschlagen haben.« Viele wagten nicht mehr, nach 17 Uhr in Personenzüge zu steigen, »weil rechtsradikale Gruppen dort ihren (Psycho-) Terror« ausübten. Mein Brief endete mit dem Satz: »Die Briefe, die ich in letzter Zeit bekommen habe, fördern nicht gerade den Nachtschlaf. Sie stammen aus rechten Kreisen.«

Hass-Botschaften waren in der Tat nicht harmlos. Sie beschäftigten mich sehr. Ein anonymer Schreiber drohte mir im Januar 1997, wenn ich – die Schreiber duzten mich alle – meine »Hass-Tiraden gegen alles, was nicht zu Sozialisten und Kommunisten gehört«, nicht unterließe, dann werden »wir bei dir demnächst mal gewaltig aufräumen!!«. Eine Gruppe namens »Rache des HERRN«/»TOD für Ketzer« schrieb mir als »liebem Bruder in Christo«, man sei unzufrieden mit mir, weil ich gotteslästerlich »mit Kommunisten und Atheisten« paktieren würde. Die Gruppe verlangte von mir ultimativ Buße und öffentliches Schweigen. Andernfalls betrachteten sie mich »als unverbesserlichen Ketzer, der aus unserer Gemeinde ausgerottet werden muss. … Gedenke des Jan Hus. Sei versichert, Ketzer verdienen den TOD und werden ihn mit Christi Hilfe auch erfahren!« Anonyme Drohanrufe waren an der Tagesordnung. Damals gab es in Wittenberg eine sogenannte »Kameradschaft Elbe-Ost«. Vor meiner Tür stand immer wieder ein Pkw mit vier jungen Männern, die mich regungslos anstarrten, vor allem, wenn ich nachts aus der Akademie nach Hause kam. Ich schaltete schließlich die Staatsanwaltschaft Dessau ein und übergab Briefe und Aufzeichnungen des Anrufbeantworters. Der Spuk war damit sofort zu Ende. Merk-würdig.

Die Presse berichtete über die Verlautbarung mal nüchtern, mal emotionalisiert. Es gab eine »Berliner« Gegenerklärung, viel Kritik, aber auch Zustimmung. In den Leserbriefspalten tobte der Volkszorn. In der »Welt« behauptete ein Schreiber, dass »Schorlemmer und Konsorten … nicht mehr ganz richtig« ticken würden. Ein anderer bezeichnete uns als »verkommen«, als »ebensolche geistigen Brandstifter wie Goebbels oder Ehrenburg«. Selbst in der Lokalpresse setzte ein Kesseltreiben gegen mich persönlich ein. Auf der Titelseite des »Freizeit Magazin« – ein damals in hoher Auflage kostenlos in Wittenberg und Umgebung verbreitetes Anzeigenblatt – fand sich ein ganzseitiges Foto von mir unter der Schlagzeile: »Wer schützt Deutschland vor den pastoralen Spinnern?«

Im selben Blatt wurde einige Tage später ein offener Brief von einem mir unbekannten Franz-Joseph Granderath aus Bonn abgedruckt, der mir Geckenhaftigkeit und Geldgier vorwarf und sich schließlich zu dem schon bekannten Vergleich verstieg: »Man kennt sie, diese Pastoren und Pfarrer in der Politik! In SA-Uniform trat einst Bischof Tausch, Freund Adolf Hitlers, in einem Feldgottesdienst im Berliner Stadion auf …« Es verwies auf weitere Bischöfe, die in KZs gesprochen, zum Hassen und Töten angestachelt hätten. In diese Reihe rückte er offenbar auch mein Engagement, prophezeiend, dass die Erfurter Erklärung bald vergessen sein würde.

Aber das passierte nicht. Die einen hofften sehr, dass die Erklärung politisch wirksam würde, die demokratische Linke sich einigt und Freiheit *und* Sozialstaatlichkeit für alle Bürger erlebbar würden. Große Hoffnungen knüpften sich daran. Deutschlandweit. Andererseits wurde uns publizistisch unterstellt, wir wollten doch nur die PDS reinwaschen oder – wie Biermann immer wiederholt – »mit ihr ins Bett gehen«. Die Erfurter Erklärung hat in der Tat vieles ausgelöst. Artikel wurden geschrieben, Reden gehalten, Foren veranstaltet. Im Frühjahr 1998 sprach ich bei einem Symposium der Sozialdemokratischen Gemeinschaft für Kommunalpolitik in Wittenberg über das Anliegen und die Wirkungen unserer Erklärung. Im »Tagesspiegel« (23. 1. 1997) wies ich darauf hin, dass die soziale Demokratie zerfällt, wenn der Besitz mehr zählt als die menschliche Würde. Am 12. 6. 1998 warnte ich davor, die PDS zu verketzern und inhaltliche Abgrenzung mit prinzipieller Ausgrenzung zu verwechseln. Auf dem Alexanderplatz sprach ich am 20. Juni 1998 vor etwa 20 000 Menschen auf der Demonstration unter dem Motto »Eine andere Politik ist möglich«. Ich erinnerte an den Herbst 1989, an Aufbruchsstimmung, Erwartung und Zuversicht; daran, dass Grenzen überschritten, Repressionen und Unfreiheiten aufgehoben wurden. Diesen Aufbruch in die freiheitliche Demokratie sah ich gefährdet, weil es an aktiven Demokraten mangelt und weil der innere soziale Frieden gefährdet ist. Wir sollten »uns nicht neuen Zwängen beugen. Haben wir damals den Aufbruch in eine freie Gesellschaft mündiger Bürger begonnen, so brauchen wir heute den Aufbruch in eine gerechtere Gesellschaft solidarischer Bürger.« Der Alex »ist ein Ort der Ausrufung von Demokratie geworden; also für ersehnte Freiheit. Dieser Ort soll jetzt ein Ort der Ausrufung von mehr Gerechtigkeit sein.« Im Geiste der Erfurter Erklärung forderte ich den »Wiedergewinn von Politik« und die Beschränkung der Übermacht des Marktes.

Bis heute gibt es eine Kommunismusphobie, in der jede kleine radikale Plattform zu einem Flugzeugträger aufgebauscht wird. 15 Jahre nach Erfurt befinden wir uns in einer tiefen Krise, in die uns die neoliberale Weltwirtschaft gestürzt hat. Für mich gehören die Entfaltung des Einzelnen und die Stimulierung seiner Leistungsbereitschaft, individuelle Grundrechte und soziale Gerechtigkeit untrennbar zusammen. Die Naturbewahrung und die Ressourcenschonung dürfen wir nicht erst zur Aufgabe unserer Kinder und Enkel machen. Statt »nach uns die Sintflut?« muss es heißen: »Nach uns die Kinder!«

Das Konzeptionelle, das in der Erfurter Erklärung intendiert war, ist noch unerledigt. 2012 bleibt zu wünschen, dass der neue Bundespräsident sich von seinen Linksphobien befreit und dass er sein soziales Gewissen im Blick auf den inneren Frieden und auf die herrschende Weltwirtschaftsunordnung schärft.

DER POLITISCHE JOURNALISMUS ALS FORTSETZUNG DES KALTEN KRIEGES MIT ANDEREN MITTELN

Ich hätte nicht geglaubt, dass nach der wunderbaren Selbstbefreiung der Kalte Krieg in den Medien in neuer Auflage wieder beginnen würde. Am hässlichsten fand ich dabei Klaus Mertes in einem Beitrag von report München gegen Manfred Stolpe. Zuvor gab es einen aufwühlenden Bericht über das Abschlachten von Walen in einer norwegischen Bucht als bluttriefendes Ritual und dann eine tendenziöse, um nicht zu sagen: verurteilende Sendung gegen Manfred Stolpe und ein geradezu inquisitorisches Gespräch mit ihm, in dem Klaus Mertes ihm dringend riet, er könne viel zur Aufklärung beitragen, wenn er zurücktreten würde.

Im SFB-Rundfunk hatte ich kurz darauf einen äußerst heftigen Disput mit Herrn Mertes. Ich warf ihm vor, vor, dies sei ein Tribunal eines Westlers über einen Ostler gewesen. Er aber fand, dass man eine Sendung zu einem so schwierigen Komplex gar nicht fairer machen könne und Stolpe sei doch sehr mediengewandt und wirklich »ein Kaliber«.

Ich befand, der »Amtssessel« sei für Herrn Stolpe Schwerstarbeit, und es gebe wenige, die so kompetent sind und so viel Kraft haben wie er. Er habe zu den wenigen Leuten gehört, die in den letzten zwanzig Jahren die »Politik des Wandels durch Annäherung« im innen- und außenpolitischen Bereich auf eine diplomatische Weise gefördert hätten. Er habe geschickt als Vermittler zwischen Basisgruppen und Staatsführung, auch zwischen bedrängten Menschen und den Sicherheitsorganen gewirkt, immer zugunsten Ersterer, manchmal nur kleine Erleichterungen ermöglichend. Er sei auch wichtiger Gesprächspartner für westliche Politiker gewesen.

Mertes entgegnete, er wolle doch nur erörtern und besser verstehen, welchen Anpassungszwängen und Notwendigkeiten Verantwortungsträger in einer totalitären Diktatur unterliegen, um möglicherweise Schlimmeres zu verhüten.

Er fragte mich, ob ich denn bei den Verhandlungen mit der Stasi dabei gewesen sei. Blöde Frage, dachte ich und verwies darauf, dass ich Stolpe 17 Jahre kenne und oft erlebt habe, wie er sich in Krisensituationen für hilfesuchende Bürger eingesetzt und dabei seine Kanäle genutzt hat, die keinem andern zugänglich gewesen waren. Dies habe er, Mertes, nicht bestreiten wollen, er habe sich auch nicht zum Richter aufgeschwungen, und die Forderung des Rücktritts vom Amt des Ministerpräsidenten habe er doch mit der Frage versehen: »Was ist wichtiger: hier den Amtssessel zu verteidigen oder den wirklich notwendigen Informationsbeitrag, den zeitgeschichtlichen Beitrag zu leisten für etwas, was uns Deutschen ganz nottut?« Und er fände das Ministerpräsidentenamt da nicht so wichtig! Ich versuchte zu würdigen, wie Stolpe sich in vielen kleinen Schritten um eine Erweiterung der Menschenrechte bemüht habe und so ein konsequenter Anwalt innerer Öffnungen wurde, der nicht beschwichtigen, aber innenpolitisch Ruhe haben wollte, *damit* sich überhaupt etwas bewegt – nicht beruhigen, besänftigen, alles runterdrücken, aber Eskalationen zu vermeiden trachtete.

Nach Mertes' »Journalistenmeinung« könne Stolpe unbefangener, freier seine damalige Herangehensweise ausbreiten, wenn er nicht in den Zwängen des Ministerpräsidentenamtes säße, das ihn automatisch in die machtpolitische

394

Polarisierung brächte. Wir bräuchten »den Stolpe als Führungsfigur und als Identifikationsfigur und als Aufklärungsfigur so dringend, mit seiner persönlichen Biographie«. Heuchlerischer kann man gar nicht argumentieren, dachte ich, zumal wir nicht so viele Leute aus dem Osten hatten, die so einen Posten ausfüllen könnten!

Ich dürfe, meinte Mertes, »jetzt nicht einer neuen Harmonisierung das Wort reden. Die Dinge sind tragisch, die Dinge sind schrecklich … Da muss man offen miteinander reden. Wir sind keine Sensibelchen, aber wir würden doch gerne etwas fairer beurteilt gerade auch von den Deutschen in den neuen Ländern. … dass sich jetzt ein ostdeutsches Sonderbewusstsein entwickelt, in dem man sagt: ›Da dürfen Westdeutsche nicht drüber reden!‹«

Er verstünde überhaupt nicht den politischen Zusammenhang, in dem Stolpe damals handeln musste, meinte ich und wünschte Herrn Mertes persönlich 40 Jahre Leben in der DDR, ohne die Aussicht, dass sie bald einmal zu Ende geht. Und dann könnten wir miteinander noch mal reden.

Im »Stern« (3/2002) gefragt, ob er sich bei einigen Opfern aus früheren Moderatorentagen entschuldigt habe, erwiderte Mertes: »Mit Stolpe bin ich außerordentlich fair verfahren … In der Abmoderation habe ich dann gesagt, dass er sich nicht werde im Amt halten können.«

Ich selber habe Manfred Stolpe als einen hochbegabten Kirchendiplomaten erlebt, der in der Lage war, auf ganz unterschiedlichen Parkettböden zu bestehen. Obwohl wir öfter in der Einschätzung der DDR und ihrer politischen Maßnahmen Differenzen hatten, hat er mich nirgendwann bedrängt, geschurigelt oder ermahnt. Er hat um Verständnis geworben, z. B. bei dem Verzicht auf meine Mitwirkung bei der Sternfahrt der Ökologiegruppen nach Potsdam Hermannswerder

1984. Er wirkte als Prellbock für beide Seiten, damit es nicht zum Zusammenstoß kommt oder eine Sackgasse ins Abgründige führt. In der Diskussion zwischen den Basisgruppen bzw. der »Kirche von unten« während des Kirchentages 1987 in einem Berliner Gemeindehaus habe ich ihn mit Bischof Gottfried Forck erlebt, wo Stolpe gewissermaßen als »Briefträger« zwischen Basisgruppen und den nervös gewordenen Staats- und Staatssicherheitsorganen fungierte. Die Vertreter der Basisgruppen sparten nicht mit Kritik, und Stolpe wollte klarmachen, dass man den Bogen auch nicht überspannen dürfe, weil die Situation dann unkalkulierbar werden könne. Aber er ließ doch klar erkennen, auf welcher Seite seine Sympathien sind und wessen Vertreter er ist.

Immer wollte er »ver-mitteln«, immer konfliktminimierend wirken, Verhärtungen aufbrechen, festgefahrene, aufeinander fixierte Konfliktpartner miteinander ins Gespräch bringen, grenzüberschreitende Kontakte ermöglichen.

Und wer die Stasiakten über Stolpes Einlassungen liest, muss berücksichtigen, in welchem Zusammenhang er den Sicherheitsleuten sagte, dass sie toleranter und zurückhaltender sein müssten, weil sonst die jungen Leute und einige Pfarrer »nicht mehr zu bändigen« seien. Den »jungen Pfarrern« sagte er, sie mögen zurückhaltender sein, weil sonst die Sicherheitsorgane unkontrollierbar reagieren könnten. Wer nicht beides sieht, sieht nichts.

Unvergesslich sind mir Konfliktlagen, wo Stolpe bei festgefahrenen Positionen im Berichtsausschuss der Bundessynode, der sich mit gesellschaftspolitischen Fragen beschäftigte, mit seinen Vermittlungsvorschlägen so klärend einzugreifen wusste, dass beide Seiten relativ zufrieden sein konnten und somit der Friede untereinander bewahrt blieb.

Doch den Kompromiss zwischen der Konferenz der Kirchenleitung und den Staatsorganen in Bezug auf das öffentliche Zeigen des Symbols »Schwerter zu Pflugscharen« habe ich nicht verstanden und nicht geteilt.

Darüber, dass er Gespräche mit den Stasioffizieren Wiegand und Roßberg geführt hat, besteht kein Zweifel. Die Frage ist, auf welcher Seite er zu jener Zeit gestanden hat und ob er irgendjemand verraten hat. Ich bin nach meinen menschlichen Erfahrungen ziemlich sicher, wofür er steht. Und ich vergesse nicht, wie er auf der Herbstsynode 1989, die so spannungsgeladen war, dass man es knistern hörte, an meinem Synodentisch vorbeikam, mit den Fingerkuppen ein wenig auf den Tisch klopfte und mir zuraunte: »Machen Sie man. Ich brauche Druck im Kessel.« Ich verstand. Er hatte gerade die Gründungspapiere von »Demokratie jetzt« persönlich in der Synode verteilt.

Immer noch gibt es unterschiedliche Versionen bezüglich der inhaftierten Oppositionellen im Zusammenhang mit der Rosa-Luxemburg-Demonstration vom Januar 1988. Die Inhaftierten haben – soweit ich sehen kann – dem Kompromissvorschlag zugestimmt, für ein halbes Jahr in den Westen zu gehen, mit der Versicherung, sie könnten dann wieder zurückkommen. Damit wurde verhindert, dass es zu Prozessen und einer Verurteilung mit langjährigen Haftstrafen in Bautzen kam. Auch hier hat Stolpe mitgewirkt. Und keiner von denen, die damals im Gefängnis saßen, soll mir weismachen, er sei gezwungen worden, in den Westen zu gehen. Sie haben diesen gewiss nicht unproblematischen Kompromiss *Auswandern in den Westen statt DDR-Knast* gewählt.

Es gab überall – auch in Wittenberg – Veranstaltungen und Mahnwachen, die möglicherweise damals schon zu größeren Demonstrationen hätten anschwellen können. Und wir, die wir »an der Basis« nichts wussten, waren auch enttäuscht, dass Bärbel Bohley und die andern Inhaftierten in den Westen gegangen waren. Die DDR-Behörden hatten wohl geglaubt, dass es all den Bürgerrechtlern, die in den Westen gingen, dort so gut gefallen würde, dass sie ohnehin nicht zurückkämen. Stolpe aber beharrte darauf, dass sie, wie verabredet, nach einem halben Jahr zurückkommen könnten. Die DDR-Behörden wollten genau davon nichts mehr wissen. Bärbel Bohley wollte zurückkommen. Manfred Stolpe fuhr mit seinem Auto nach Prag und holte sie persönlich vom Flughafen ab. Sie wurden stundenlang am Grenzübergang zwischen der ČSSR und der DDR aufgehalten. Hier konnte Stolpe einmal mit einem Eklat drohen. Und so ist Bärbel Bohley (und wenige andere) wieder in die DDR zurückgekehrt und hier wieder oppositionell aktiv geworden. Das fand ich ganz großartig. Aber was ich nicht großartig fand und finde, ist, dass Stolpe sich in allen Situationen, in denen ihm schwere Vorwürfe gemacht wurden, nicht offensiv gewehrt hat.

Warum hat er nicht gesagt, wie er sich für Bärbel Bohley eingesetzt hat. Und dies ganz persönlich? Warum wird nicht erwähnt, dass Bärbel Bohley nach ihrer Rückkehr in die DDR aus der »Schusslinie« neuer sofortiger Konflikte durch ein besonderes Westmedien-Interesse genommen wurde und sie auf Kirchenkosten und -vermittlung ihre »Akklimatisierung« in der DDR in einem kirchlichen Freizeitheim auf der Insel Hiddensee etwas abgeschirmt gestalten konnte?

Kein Wort von denen, denen Stolpe spürbar geholfen hat. Kein Wort der Klärung. Kein Wort des Dankes. Ich fand und finde das einfach schäbig.

Stolpe hat mehrere Jahre lang ein öffentliches Sperrfeuer gegen seine Person erlebt, aber in der Bevölkerung des Ostens mehrheitlich Sympathie und großen Respekt geerntet. Die Untersuchungen der Kirche hatten ergeben, dass für ein Disziplinarverfahren kein Anlass besteht. Aber 2011 ging die Hatz noch einmal los.

Auf einer Hochzeit im Juni 2011 traf ich das Ehepaar Stolpe.

Manfred Stolpe, Propst Treu und Richard von Weizsäcker in Wittenberg, 1992

Beide gezeichnet durch Krebserkrankungen. Frau Stolpe ging die erneute Verdächtigung besonders an den Lebensnerv. Da schien es mir gut, richtig und wichtig, dass Egon Bahr ihn aus Anlass seines 75. Geburtstages am 16. Mai 2011 würdigte. Bahr, ein so weitsichtiger und welterfahrener Politiker, der für seine erfolgreichen Verhandlungen mit der UdSSR und der DDR einen Black-Channel genutzt hatte, um komplizierte Verhandlungen auch im Verborgenen voranzubringen, hat sich öffentlich hinter ihn gestellt und innere Einheit durch Versöhnung angemahnt.

Helmut Schmidt hat sich ebenso hinter Stolpe gestellt wie der segensreich im Stillen und in großer Beharrung wirkende »Ständige Vertreter der Bundesrepuplik in der DDR« Hans-Otto Bräutigam.

Ich selber bin froh, dass es in der DDR-Zeit einen Manfred Stolpe gab, der ganz im Sinne einer schrittweisen Erweiterung der Menschenrechte, der Entspannung im KSZE-Prozess und der Schlussakte von Helsinki (insbesondere Korb 3)

399

seit 1975 öffnend mitgewirkt und beharrlich dafür gearbeitet hat, dass die Mauer niedriger wurde, dass Begegnung der Menschen im geteilten Deutschland schrittweise mehr und mehr möglich wurde. Und so konnte er sich für viele einzelne, besonders bedrängte DDR-Bürger – auch in Abstimmung mit dem Anwalt für besondere Angelegenheiten Wolfgang Vogel – einsetzen. Dafür war er bereit und fähig, mit denen zu reden, die eine demokratisch nicht legitimierte, aber tatsächliche Macht im SED-Staat innehatten. Was ist praktische Politik denn anderes als die Kunst des Möglichen, die das im Augenblick Unmögliche nicht aus dem Blick verliert, also Prinzipien verpflichtet bleibt?

Der Kalte Krieg ist zu Ende. Manche führen ihn weiter, als ob sie eine Verlustangst (einschließlich eines Feindverlustschmerzes) antriebe – ohne dass sie sich heutigen Herausforderungen auch nur entfernt mit vergleichbarer Intensität zuwenden würden. Aktivitäten nach rückwärts schlagen sie ganz in ihren Bann. Es gilt freilich, nichts zu verschweigen, was war, wie es war, warum es so war, wer was zu verantworten hat, aber auch nicht zu schweigen zu dem, was heute ansteht und was in der Freiheit das offene – auch das protestierende – Wort braucht.

Dass die Zeit Wunden heilt, ist eine Gnade, die all jene ausschlagen, die die Wunden beharrlich aufkratzen. Wer wollte die Narben verschweigen und wer sollte nicht froh sein über das Vernarbte? Ich weiß sehr wohl, wie schwer das ist. Und ich habe die Tragfähigkeit jenes Pauluswortes bedacht: »Lass dich nicht vom Bösen überwinden, sondern überwinde das Böse mit Gutem« (Römer 12, 21).

Und ich habe mein Pfarramt auch immer so verstanden, dass mir durch Jesus Christus »das Amt gegeben ist, das die Versöhnung predigt«(2. Korinther 5,18), dass wir durch die Fährnisse des Lebens geleitet werden (vgl. 2. Korinther 6,1–10) und dass jedem Menschen ein Neuwerden zugetraut ist. Schließlich war Paulus selbst einmal ein eifriger Christenverfolger gewesen. Stets hatten ihn seine Gegner, gerade seine Glaubensbrüder(!), auf seine Vergangenheit festlegen, ja festnageln wollen. Ein Versöhner hat »vor der Welt« meist schlechte Karten, weil er immer beiden Seiten etwas zumutet: Scham und Einsicht auf der einen, Großmut und Verzeihen auf der anderen Seite.

WIR SIND ÜBERALL AUF DER ERDE –
STASI UND KEIN ENDE

»WIR SIND ÜBERALL AUF DER ERDE« –
ERFAHRUNGEN MIT DEM SPITZELSTAAT

Der Mensch ist ein leidenschaftlicher Beobachter, besonders seiner Mitmenschen, und er scheint in gleicher Leidenschaft Mitteilung machen zu müssen von dem, was er durch Feldstecher und Schlüssellöcher gesehen hat. Die Geschichte der Staaten lehrt: Aus Neugier ist ein Gewerbe geworden, aus Neigung ein Dienst, das Forschertum spaltete beizeiten seine gefährlichste Unterart ab – Spione, Spitzel und geheime staatliche Polizisten. Stephan Heym hat in seinem »König-David-Bericht« in unvergesslicher Weise beschrieben, wie die Geheimdienstchefs zu Zeiten Davids und Salomos – auch gegeneinander – so subtil wie mörderisch agierten. Seltsam: Besonders schnell und eifrig nimmt der Informationsfluss seinen Weg von unten nach oben, sein Flussbett ist die dauerhaft vorgehaltene Hand, er strömt leise, dieser Fluss, aber er unterwandert ganze Gesellschaften, und es ist ein unnatürlicher Fluss: Statt der Fische nährt er zum Beispiel Wanzen …

Was der SSD war, der Staatssicherheitsdienst, das bekam ich bewusst mit, als ich acht Jahre alt war. Der Vater meines Freundes »Diddi« Baum war ein im ganzen Dorf Herzfelde-Schönberg bekannter Stasispitzel. Den gesamten Tag saß er in der Kneipe, direkt an der Durchfahrtsstraße, gewissermaßen der Knabe an der Quelle, ein mieser Knabe, der besonders die Bauern bespitzelte, ihnen missgünstig und lauernd zuhörte, wenn sie im Wirtshaus Pause machten und sich den Luxus gönnten, kein Blatt vor den Mund zu nehmen. Als sogenannter Wische-Max schrieb Willi Baum gekonnt hetzerische Texte und ist dann 1959 mit seiner ganzen Familie selber in den Westen getürmt. Auch dort wird er sein bisschen Herrschaftswissen ausgebreitet haben; beidseitig verwendbar zu sein ist die Hauptqualität der Charakterlosigkeit – die durch geheimnistuerische Verbreitung alltäglicher Nichtigkeiten die schäbige Illusion füttert, an großer Politik beteiligt zu sein. Das Schlimme nur: Sie ist es, denn sie zerstört Leben, indem sie teilnimmt am Staatswesen, das sich beherrschend und dämonisch dirigierend in jede noch so geringe und unbeschadete Existenz wühlt. Immer leidet ein diktatorisches System an einem irren Perpetuum mobile, das aber der Hauptmotor seines Bestands ist: Es hat stets mehr Spitzel, als es braucht, und es hat stets zu wenig Spitzel, um seine Angst zu dämmen. Das schafft einen Apparat, der gefräßiger und gefräßiger nach Information und Denunziation wird und der sich in Übersteigerungen der Observation, wie sie selbst Kafka nicht ins dunkle Gemüt schossen, am Ende gleichsam selber ins Visier nimmt …

Spitzel Baum jedenfalls hat mit seinen Anschwärzungen eifrig dafür gesorgt, dass viele Bauern der Gegend das Land voller Angst verließen. Die Furcht vor Bedrängnissen war größer als der Schmerz des Verlustes – von Heimat und angestammten Höfen. Als Kind erlebte ich, wie Häuser plötzlich leer standen, ich bekam etwas mit von einer stetig bedrückenden Stimmung; so abschätzig die Leute über diesen Willi Baum auch lächelten, wie über ein unangenehmes Faktotum mit Nazivergangenheit, er verkörperte doch eine unabweisliche Gefahr.

2009 traf ich in Salzwedel auf Helmut Stelte. Er und sein Bruder, Söhne eines Bauern in unserer unmittelbaren Nachbarschaft, waren einst meine nahesten Freunde. Eines Tages war die ganze Familie verschwunden; meine Eltern hatten ihnen geholfen, im Bahnhof Geestgottberg bei Wittenberge in den Zug zu steigen, damit sie über Westberlin das Land verlassen konnten. Bewegender Moment: Nach 57 Jahren habe ich Helmut wiedergesehen. Es war, als gäbe es diese fast sechzig Jahre nicht. Erinnerung hat ihr eigenes Zeitregime; für Bruchteile schien vergessen, was an Geschichte und Geschick, was an Mühe und Zufall in all den Jahrzehnten geschehen war, bis es zu diesem Augenblick auf einem Bahnhof kommen konnte.

Im Winter 1958, es war abends, stürzte ein Mann ins Pfarrhaus. Ich war allein und hatte ihn trotzdem hereingelassen, denn ihm stand eine große Angst im Gesicht. Mir, dem Vierzehnjährigen, offenbarte er pathetisch, er brauche Hilfe, er benötige unbedingt den Beistand meines Vaters, er werde verfolgt.

Ich rannte los. Mein Vater war beim Kaffeetrinken im Anschluss an eine Beerdigung. Ich störte, natürlich, und stieß auf Unmut. Ich zerrte meinen Vater geradezu nach Hause, wahrscheinlich überzeugte ihn vor allem mein Geständnis, ich hätte den Fremden im Amtszimmer allein gelassen.

Mein Vater sprach mit dem Mann und beschied ihm schließlich, nicht helfen zu können, er solle also wieder in seinen Heimatort zurückkehren. Ich beschimpfte meine Eltern: »Einen Hilfesuchenden einfach wieder wegschicken?! Habt ihr nicht gesehen, wie verängstigt er war?«

Später erfuhr ich, dass dieser Mann ein Lockspitzel der Stasi war, der klären sollte, welche Pfarrer sich an der Fluchthilfe in den Westen beteiligten. Auch meinen Vater hatten die Behörden auf ihrer Liste, und mit diesem angeblich Verfolgten wollte man testen, wie weit mein Vater gehen und ob er einen vermeintlichen Staatsfeind unterstützen würde. Das nannte die Stasi »Legendierung«. Ich war wütend. Man hatte eiskalt meine Gefühle, mein Mitleid missbraucht.

Begegnungen mit der Stasi, diesem Staat im Staate, diesem

Musterungs-Moloch der Partei, sollten fortan, bis zum Ende der DDR, zu meinem Alltag gehören. 1962 hatten wir ein kleines Sommerzeltlager an der Elbe. Alle meine Freunde aus Grundschule, Mittelschule und Oberschule waren dabei, gleichsam als Ferienlagerleiter fungierte mein Vater. Wir lebten dort unter einer Solitäreiche, angelten, schwammen, paddelten, uns wurde vorgelesen: Storm, Kleist, Thomas Mann. Wir diskutierten, sangen, saßen am Lagerfeuer. Wir waren in einem ummauerten Land freie Menschen.

Eines Abends, es war gegen 19 Uhr – mein Vater war aus dienstlichen Gründen bereits abgereist –, kamen drei Männer und forderten uns auf, dieses »illegale Lager« sofort abzubrechen. Sie inspizierten uns und fragten, wer hier noch alles gelagert und übernachtet habe. Auch der Sohn eines Lehrerehepaars, mein Freund Uwe Petschler, war bereits nach Hause gefahren. Ich verschwieg seinen Namen. Aber ein Beflissener findet sich immer, also erfuhren die Eindringlinge doch seinen Namen. Bei dem, der Uwe verriet, überlief mich ein Schauer – dessen Vater war bis 45 einer der eifrigsten PGs gewesen. Nur ein Vorurteil, das mich in jener Stunde überkam und auch in der Beurteilung des Sohnes leitete? Egal, Verrat bleibt Verrat. (Zu Uwe verlor ich den Kontakt. Er wurde Arzt und nahm sich in den 90er-Jahren das Leben. Er war mit »der Wende« nicht zurechtgekommen.)

Die drei Herren, das waren ein Offizier der Staatssicherheit, der Kreisschulrat und der erste Sekretär der SED-Kreisleitung. Immerhin erstaunlich, welch hohe regionale Prominenz unser kleines Zeltlager auf den Plan rief. Uns trieb geradezu höllische Angst vor Bestrafungen. Wir kamen, nachdem das kleine, private »Ferienlager« von der Staatsmacht aufgelöst worden war, für eine Nacht auf dem Dachboden einer Familie unter, die in der Nähe »unter dem Deich« wohnte. Das Gefühl tiefer Freiheit war uns quasi ausgerissen worden, aber solche Erlebnisse, die unsinnig disziplinieren sollten, besaßen den Nebeneffekt, dass die Sehnsucht nach freier Bewegung und unkontrollierter Individualität nur wuchs und wuchs. Wo der Staat eingriff, griff er meistens daneben, wo er Menschen ins Passgerechte zwingen wollte, entfernten sie sich nur immer weiter von ihm.

Als ich im Herbst 1962 zum Studium nach Halle kam, ging es zunächst, traditionell für Studenten, »ab in die Kartoffeln«. Da die Ernteeinbringung in jenem Herbst sehr stockte, blieben wir insgesamt sechs Wochen, länger als üblich. Tag für Tag auf die Kartoffelfelder – den Arbeiter-und-Bauern-Staat in seinen wahrhaftigen Furchen kennenlernen! 1962 waren wieder Ersatz-Lebensmittelmarken eingeführt worden, weil es nach dem Kollektivierungsschub von 1960/61 erhebliche Versorgungsprobleme gegeben hatte, besonders Butter, Fleisch und Eier fehlten. Ulbricht ließ verlauten, dass Butter ungesund, Margarine dagegen sehr gesund sei.

Uns Theologiestudenten hatte man bezeichnenderweise mit künftigen Juristen zusammengesteckt, von denen der übergroße Teil bereits zur SED gehörte. Die FDJ-Gruppe der Juristen traf sich jeden Montag extra, um »die Lage« zu besprechen. Dabei ging es wohl vor allem um uns, die unsicheren politischen Kantonisten, gegen die man nicht misstrauisch und wachsam genug sein könne. Auch bei diesem Ernteeinsatz kam jenes wesentliche Syndrom des Systems zum Vorschein, das es zu keiner Zeit besiegen und heilen konnte: Kontrolle, Observation, Einschüchterung; bei allem, was man tat, kam man mit der Machtfrage in Berührung und in Verdacht, sie gefährlich laut stellen zu wollen. Mit den Jurastudenten hatte man uns eben nicht zusammengetan, um Gelegenheit zur Annäherung, zum Austausch zu geben. Es ging um Demonstration und ideologische »Umzingelung«.

Nach 1990 meldeten sich einige dieser Juristen, die zumeist

Staatsanwälte geworden waren, unerwartet bei mir. Sie hätten zur innerparteilichen Opposition gehört, schrieben sie und wollten den Kontakt »wieder aufnehmen«.

Wie sich plötzlich alles verkehrte! Der damalige Kreisstaatsanwalt Kreutzer in Wittenberg kam seit November 1989 mehrfach in meine Wohnung, um mit mir über den Weg in den nun endlich zu begründenden Rechtsstaat zu sprechen. Ich blieb misstrauisch, wollte aber den Weg in die Demokratie mit denen befördern, die nun »auf den fahrenden Zug« aufsprangen. Es war doch keineswegs »alles gelaufen«, wie mancher damals sehr Stille nachträglich laut tönt, am meisten die von der »Blockflöte«.

Ein Jugendstaatsanwalt bot juristische Hilfe bei der Aufklärung ungesetzlicher Übergriffe der Staatsorgane in jenem Herbst an. Er erzählte mir, in welch hämisch-bösartiger Weise ich noch Wochen zuvor Gegenstand bei einem Staatsanwaltstreffen gewesen sei.

Kein Geringerer als der Kreisstaatsanwalt war es dann, der mich im Januar 1990 zu einer überraschenden Aktion bat. Der Vorsitzende des Gemeindekirchenrates Dr. Friedemann Ehrig, seit 1979 sehr aktiv in unserer Basisgruppe, der Chefarzt des Evangelischen Krankenhauses, des Paul-Gerhardt-Stiftes, Dr. Bernhard Opitz und ich sollten sofort mit ins Gebäude der Staatssicherheit in die Wittenberger Melanchthonstraße fahren, um gemeinsam zu verhindern, dass dort weiterhin Akten abtransportiert würden: Bürger hätten ihm dies angezeigt, und er als Kreisstaatsanwalt wolle das unbedingt verhindern.

Plötzlich markierte der Obergenosse gegenüber seinen anderen Genossen den Gerechten, der die Gewaltenteilung einklagen wollte, als habe dies schon immer zu seinen juristisch alltäglichen Gepflogenheiten gehört. Der Kreisstaatsanwalt als derjenige, der sich ausgerechnet seiner verlässlichsten Zuarbeiterin, der Stasi, in den Weg stellte, und das vor unseren Augen und Ohren! Eine erstaunlich schnelle Wandlung.

Im Übrigen zu spät! Es war bereits alles ausgeräumt worden. Selbst die Panzerschränke waren leer. Nur eine Pistole und eine Beobachtungsakte über einen Jung-Nazi fanden sich – vor wem hatte man diesen teuflischen Thesaurus schützen wollen? Sollte das gesamte Material tatsächlich gesammelt und vernichtet oder aber vielmehr andernorts gesichert werden – für den Tag der Abrechnung, nach der großen Schlacht?

In einer Krisen-Schulung der Kreissekretäre hatte der feiste, sehr geistesschlicht strukturierte, aber umso unbotmäßigere selbstherrliche SED-Chef in Halle, das ZK-Mitglied Hans-Joachim Böhme, drohend verkünden und auf Kreisebene weitersagen lassen: »Es muss erkannt und zugegeben werden, dass wir in den letzten Wochen ein Gefecht verloren haben, wobei es jetzt darum geht, nicht auch die Schlacht zu verlieren. Veränderungen auf allen Ebenen, und zwar in kürzester Zeit, sind an der Tagesordnung, wobei analysiert werden muss, warum der Feind tiefe Wunden schlagen konnte, ohne dass die Verteidigung wirksam wurde … Es geht darum, das Parteiaktiv zu aktivieren, wobei aber die Richtung und das Ziel anzugeben sind: dem Feind die Faust und allen anderen die offene Hand.«[48] So einfach war das paranoide Weltbild der Partei noch im Oktober 1989.

Lebensbegleiter Stasi. Während meines Studiums von 1962 bis 1967 haben wir insgesamt fünf von fünfundzwanzig Studenten als Stasispitzel enttarnen können. In einem Falle berührte es mich persönlich besonders bitter, weil mich mit Michael ein starkes Vertrauensverhältnis verband und er der mit Abstand klügste Student war. Warum er der Stasi zu Diensten ging und bei denen sogar Seminare über Theologie abhielt, ist mir bis heute nicht klar. Ich hatte ihn 1967 zum

Umkehr führt weiter – Diskussion über das SED-SPD-Papier mit Edelbert Richter, Erhard Eppler, Rolf Schneider, Dr. Schmidt (CDU), Friedrich Schorlemmer; der Platz des SED-Vertreters blieb frei. Juni 1988

Assistenten vorgeschlagen. Gewissermaßen im Austausch. Der designierte Professor Dr. Eberhard Winkler wollte mich als seinen Assistenten gewinnen, aber aufgrund meiner kirchenpolitischen Aktivitäten riet ich ihm ab, zumal ich garantiert nicht akzeptiert würde und seine Ernennung möglicherweise selbst gefährdete. Also beschwor ich ihn, von mir abzusehen, und schlug Michael vor. Es klappte. Doch 1973 verließ Michael die DDR, auffällig konfliktlos, mit Pass, dem Professor geschah nichts, an der Universität wurde nicht nachgeforscht, wo der Westdrang des ausgezeichneten Assistenten wohl seine Ursache und möglicherweise Komplizen gehabt haben könnte.

Er hatte jahrelang mit der Staatssicherheit zusammengearbeitet. Vielleicht war er erpresst worden, vielleicht fühlte er sich schuldig, und zwar im Zusammenhang mit dem Freitod des Inspektors vom Konvikt, in dem wir gewohnt hatten? Michael las mit ihm Nietzsche. Der Inspektor war durch Nietzsche zusätzlich zu schier unüberwindlichen persönlichen Problemen in eine tiefe Glaubenskrise gestürzt worden. Michael war damals gewählter Vertrauensmann unseres Hauses, der sogenannte Senior. Auch der Pro-Senior übrigens, wie Michael aus meinem Studienjahr, gehörte zur Staatssicherheit. Ihn haben wir enttarnen können, weil ein betrunkener Staatssicherheitsoffizier uns in seinem Suff in der Kneipe »Goldene Rose« mitgeteilt hatte, wer bei uns regelmäßig Berichte für die »Firma« schreiben würde.

Pro-Senior Dietrich W. hat seine Kontakte mit Hilfe des damaligen Dekans Professor Erdmann Schott abbrechen können, während seines späteren Pfarramts aber erneuerte er die Zuträgerschaft. In den neunziger Jahren wurde der Seelenverkäufer aus dem Seelsorgerdienst entlassen. Er drückte mir bei einer Lesung in der Uckermark 1994 seine feuchte Hand – in mir geradezu augenzwinkernd einen vermutend, der doch alles versöhnlerisch »durchgehen lassen« würde … Da war die Grenze für mein Verstehen, gar Entschuldigen überschritten.

Von 1967 bis 1971 leitete ich das Studentenwohnheim »Sprachenkonvikt«. Als sich einige Studenten weigerten, an der vormilitärischen Ausbildung teilzunehmen, wurden sie zwar nicht exmatrikuliert, aber postwendend für anderthalb Jahre zu den Bausoldaten eingezogen. Auf diese Weise übte man erhebliche Zwänge auf die gesamte Fakultät aus. Professoren gaben den auf sie ausgeübten Druck weiter – meist mit der Absicht, »Schlimmeres zu verhindern«. Drei dieser Verweigerer stammten aus dem Sprachenkonvikt, einer kam aus einem der beiden anderen christlichen Wohnheime. Ich habe die vier, nachdem sie eingezogen worden waren, mitten in den Wäldern der Lausitz besucht – und erfahren, wie sie dort gedemütigt wurden und wie ihnen Kontakt fehlte, von ausgebliebener Unterstützung seitens der Universität und der Professoren ganz zu schweigen.

Immer tiefer ins Leben schnitt sich diese Stasispur, diese dauernde Feindlichkeit, dieses unausgesetzte Empfinden, als Fremdkörper gezeichnet zu sein. Im Frühjahr 1971 hatte ich in einer Morgenandacht des Konviktes, die täglich vor den Vorlesungen gehalten wurde, Bertolt Brechts Gedicht »Lob des Zweifels« gelesen. Es stand in Verbindung mit jenen »Weißwäschern«, jenen falschen, von den Mächtigen bezahlten Propheten, von denen der Prophet Jeremia erzählt. Christoph L., der gern Medizin studieren wollte, aber nicht durfte (Pfarrerssohn) und nun Hilfsassistent bei einem Chemieprofessor geworden war, hatte die Verse mit Durchschlägen abgeschrieben und wenig später als Flugblatt im Umkreis des Sprachenkonvikts verbreitet. Auf den Zetteln waren die Umrisse des Staatsgebietes eingezeichnet und der Satz »Die DDR ist ein Gefängnis« notiert. Dies löste erwartungsgemäß eine gewaltige Polizeiaktion aus. Nunmehr war das Haus, für das ich Verantwortung trug, fest und offen im Fokus der Staatssicherheit.

Mehrfach bekam ich Besuch von einem Herrn, der sich mit dem Namen Jacobi vorstellte. Von Beginn an für mich klar: ein Deckname. Rückblickend nehme ich an, dass im Zuge dieser Untersuchungen – in deren Vor- und Umfeld dieser Herr Jacobi wie eine unangenehme Nebelschwade umhergeisterte – mehrere Studenten in erpresserische Situationen kamen. Eine Durchsuchung fand statt, die Wohnräume von L. wurden generalstabsmäßig von sechs smarten Herren durchschnüffelt. Man suchte ein Buch, in dem die Umrisse der DDR zu finden seien, und man suchte, vergeblich, nach einem Brecht-Zitat. Offiziell aber hieß es, auch mir gegenüber, auf dem Gelände der Stiftungen sei wieder jemand umgebracht worden. Im Zusammenhang mit diesem Fall müsse man verschiedenen Spuren nachgehen. Von der Schwester des jungen Mannes hatte ich bereits erfahren, dass er die Flugblätter bewusst ausgelegt und auf Entdeckung gehofft hatte – um ins Gefängnis und über zu erwartenden Freikauf in den Westen zu kommen. Ich hab ihm das damals sehr übel genommen, denn er brachte 36 andere Studenten in akute Gefahr. Er hätte sich vor seiner Aktion eine andere Unterkunft suchen sollen …

Stasi und Polizei fanden den »Täter« heraus. In der Folge erfuhr ich, was politischer Strafprozess und -vollzug in der DDR konkret bedeuteten: Weder zur Verhandlung noch zur Urteilsbegründung wurde irgendjemand zugelassen. Auch die Eltern und Geschwister durften lediglich zur Verkündung des Strafmaßes in den Gerichtssaal kommen. Aber seine »Rechnung« war aufgegangen. Er wurde nach einem Jahr Gefängnis, mit Hilfe von Egon Bahr, von der Bundesrepublik freigekauft.

Im Zusammenhang mit diesem Fall war auch ich zu Vernehmungen in die BV (Bezirksverwaltung der Staatssicherheit), wie es im bürokratischen Jargon so unschön heißt, einbestellt worden. Was ich sagte, tippte der Stasioffizier in seinen ungelenken, hölzernen Formulierungen mit seiner »Erika«-Schreibmaschine ab. Ich musste am Schluss unterschreiben, dass alles korrekt sei. Dies erlebte ich 1982 noch einmal im Zusammenhang mit der Verhaftung eines Assistenten der Mathematik in Merseburg, bei dem man Texte von Jürgen Fuchs gefunden hatte, abgeschrieben aus einem Exemplar des »Spiegel« – das er sich bei mir ausgeliehen hatte.

In Folge der Verhöre bei der Stasi geriet der Assistent in eine schwere Psychose und nahm sich später das Leben. Zuvor war ich zu einer sogenannten Befragung in die verwinkelten Gebäude des Volkspolizeikreisamts in Wittenberg einbestellt.

Von dem Termin hatte ich meinen Propst Hans Treu informiert. Zum ersten Mal erlebte ich das, was man eine kafkaeske Situation nennt. Ein vor Freundlichkeit schier überfließender Herr empfing mich, führte mich Flure entlang, die ich bald als Labyrinth empfand, aus dem ich wohl nicht mehr herausfinden würde – was die Freundlichkeit dieses unauffälligen Herren nur steigerte, resultierend aus seinem Wohlgefühl einer deutlich spürbaren Macht über mich. Es schien in seiner Hand zu liegen, mich zu geleiten oder mich in den Tiefen dieser grauen Schrecklichkeit auszusetzen, ohne Chance, je wieder den Weg nach draußen zu finden. So kam mir das vor. Grotesk, unheimlich. Es ging von einem Flur in den anderen, immer wieder wurden Türen hinter mir zugeschlossen.

Endlich kamen wir zur letzten Tür – als habe man das betreffende Büro ganz ans Ende der Gänge gesetzt, um den zu Vernehmenden schon zu Beginn der Fragen in zweckdienlicher psychischer Erschöpfung zu wissen. Ich saß einem sehr scharf vorgehenden und einem wieder sehr freundlich vermittelnden Stasioffizier gegenüber. Gewissermaßen der Gemüts-, der Naturellwechsel als zusätzliche Verstörungstaktik. Solche Praktiken kannte ich aus der Literatur, etwa aus Hans Falladas Roman »Jeder stirbt für sich allein«.

Es war die Zeit, da man eine DDR-weite Unterschriftenkampagne unter den »Berliner Appell« von Robert Havemann und Rainer Eppelmann fürchtete, ein Papier, das die Frage der atomaren Abrüstung mit der Frage der deutschen Einheit verknüpfte. Ich hatte aber zu jener Zeit gar keinen Kontakt zu Rainer Eppelmann und diesen Berliner Kreisen.

Die Organe vermuteten damals schon Friedenskreis-Netzwerke, die wir außerhalb der Friedenswerkstätten erst 1984 in der DDR-weiten, jährlich stattfindenden Begegnung »Frieden konkret« zwischen Friedensgruppen und Kirchenleitungen organisieren konnten.

413

Nachdem ich 1983 auf dem Lutherhof die Schmiedeaktion organisiert und gestaltet hatte – zusammen mit unserem Gemeindekreis, zu dem auch der Schmied Stefan Nau bis zu seinem Ausreiseantrag Ende Januar 1984 gehört hatte –, wurde die Observations- und Zersetzungspraktik intensiviert. Bis zur Perversität, dass man Stasispitzel, die unserer Gemeindegruppe angehörten, zusätzlich in die Therapiegruppen meiner damaligen Frau schickte – alles, was dort in scheinbar geschützten Räumen geäußert wurde, kam als Bericht in die Schandpapiere der Staatssicherheit.

Dieser Apparat hatte die Frechheit, die Vertrauensfestigkeit der Menschen auszunutzen, sich in ihrem festen Glauben an unantastbare Beziehungen und Freundschaften einzunisten. Mein Lebensumfeld war die Giftküche Merseburg, in Wittenberg war es nicht besser, wir lebten in der Nähe der »VEB Stickstoffwerke Piesteritz« – so habe ich die immer stärkere Verschmutzung von Saale und Elbe registriert, daher rührt mein nahezu natürliches, zwingendes Engagement für Umweltfragen etwa ab 1970. In dem Chemiker Dr. Konrad T. und einem im Wittenberger Stickstoffwerk tätigen Experten für Ökologie fand ich wichtige Partner und Fachberater. Von ihnen erhielt ich stichhaltige, als Verschlusssachen gekennzeichnete Informationen über die wahre Umweltsituation in der DDR. Nie hätte ich gedacht, dass beide zugleich intensiv für die Staatssicherheit arbeiteten. Da versorgten mich zwei mit geheimen Fakten, und gleichzeitig gaben sie geheim alles weiter, was wir besprochen und geplant hatten. Das ist der doch nur diabolisch zu nennende Lockreiz des doppelten Gesichts. Am Ende hat man dann gar keins mehr.

Es ist freilich trotz aller Klarheit des Urteils über diese schmutzige Institution nicht immer ganz eindeutig gewesen, was Zuträger der Staatssicherheit zu ihrem unmoralischen Handwerk bewogen haben mag. Die Frage soll erlaubt sein:

Sollte es bei der Stasi Leute gegeben haben, die mittels ihrer Abschöpferei, auf dem Weg der geheimen Informationsbeschaffung Wahrheiten sammelten, Wahrheiten weitergaben – um endlich Änderungen anzustoßen? Und das im System einer Partei, in der man selbst außerhalb der medialen Öffentlichkeit nur Lobhudeleien, propagandistische Lügen nach oben weitergab? In einem Land, in dem immer mehr Menschen sich ins Private zurückzogen und fürs erstarrte Draußen eine Sklavensprache trainiert hatten?

Ich denke bei diesen Fragen auch an Wolfgang B., der mir 1971, als ich Studentenpfarrer in Merseburg wurde, sechs Wochen nach Aufnahme meiner Tätigkeit gestand, dass er mit der Staatssicherheit regelmäßig Gespräche führe. Wir verabredeten, dass er sie nicht abbrechen und mir freilich sagen solle, wofür sich die Staatssicherheit interessiert und wen sie besonders gefährlich ins Visier genommen hatte. Mit B.s Hilfe konnten wir einen Studenten enttarnen, der aus meiner Heimatgemeinde Behrendorf stammte und ein Schulfreund meines Bruders Andreas gewesen war. Emil S. Wieder dieser Schock: Im scheinbar unsprengbaren engsten Kreis saß das Übel, keimte der Verrat.

In der Studentengemeinde in Merseburg hatte ich gegen die Anfechtungen staatlicher Bedrängnisse zwei Verhaltensmaximen ausgegeben und sie stetig wiederholt: Sollte einer der Studenten angesprochen werden, möge er umgehend sagen, er könne das nicht für sich behalten, er müsse sich seinem Seelsorger anvertrauen. Sofortige Offenheit als Schutz- und Wehrmittel, denn würde man nur einmal zögern, nur einmal einen Schritt auf die Spitzelei zugehen, wäre man schon gefangen im Teufelskreis aus schlechtem Gewissen, Verheimlichungsdrang, Ängsten, also nur sich steigender Anfälligkeit für das Miese. In sehr seltenen Fällen ging ich persönlich auf einen »Verdächtigen« mit einer direkten Frage zu.

Wenn die Anwerbeversuche mit dem Verweis auf die seelsorgerliche Information an mich als Pfarrer quittiert wurden, wirkte das in der Regel wie ein Exorzismus. Nur ahnte ich nicht den kaltblütigen Hintergrund. Die Stasi präparierte Leute so, dass diese mir ihre Bedrängungsnot nur vorspielten. Sie öffneten sich mir: Sie seien angesprochen worden. Ich riet ihnen zum klaren, offenen, die Stasilockungen ablehnenden Verhalten. Dann kamen diese Leute erleichtert zu mir zurück, ich hätte ihnen sehr geholfen, sie würden nicht mehr von der Stasi belästigt. Die Wahrheit: Sie waren bereits im Spitzeldienst, als sie mich aufgesucht hatten …

Die Enttäuschung kann sich immer steigern – oft mehr als die Hoffnung. Dass eine der fleißigsten, zuverlässigsten, besonders interessiert wirkenden, in der Leitung der Gemeinde von Anfang an tätigen Studentinnen – Marion S. – seit ihrem siebzehnten Lebensjahr unter dem Decknamen »Katrin« bei der Staatssicherheit war – es wäre mir nie in den Sinn gekommen. Ich habe sie später auch noch, wahrlich aus guter Erfahrung und mit Überzeugung, für eine Tätigkeit im Konsistorium empfohlen. Sie setzte ihre »Tätigkeit« unter meinem Merseburger Nachfolger Axel Noack, unserem späteren Bischof (1997–2009), fort. Sie hatte als absolut Vertraute tiefe Einblick in alles, was wir taten, dachten, sagten. Sie wollte sogar in unsere Wohnung ziehen, weil sie es im Studentenwohnheim nicht mehr aushielte. Wir hatten Marion die Bitte abgeschlagen.

Meine Frau und ich wollten einen für uns persönlich abgeschotteten Raum behalten. Eine stets für alle offene Wohnung – jenes berühmte offene Pfarrhaus – hat seine Tücken. Unsere Situation war angespannt genug: Jederzeit konnte jedermann kommen. Taufseminare für Erwachsene fanden in meinem Amtszimmer direkt neben dem Schlafzimmer statt. Ebenso kam dort oft der Vertrauenskreis zusammen, die Fotos für das Deckblatt der Semesterprogramme und andere Fotos der Studentengemeinde wurden in unserem Bad entwickelt und vergrößert. Es herrschte ständiger Trubel, oft bis sehr spät abends. Meiner Frau wurde das verständlicherweise oft lästig. Ich hab ihr viel zugemutet. Mehr, als gut war. Sie musste ja morgens früher raus in die Poliklinik nach Leuna. So offen unser Haus war und sein sollte, so fröhliche Runden sich um unseren großen runden Tisch zum Essen zusammenfanden – das ging ganz und gar nicht immer heiter ab. Und nun wissen wir, dass auch alles noch minutiös protokolliert wurde.

Ich war seit 1974 Mitglied der Magdeburger Synode. Und so habe ich den gemeinsamen Versuch miterlebt, die nötigen Schlüsse aus der Selbstverbrennung von Oskar Brüsewitz für die Kirche zu ziehen und die staatlichen Pressionen auf unsere Kirche und die Verächtlichmachungen unseres Bruders abzuwehren. Mir ist die Synode vom Herbst 1976 in Magdeburg sehr in Erinnerung geblieben. Der Präses der Synode Martin Kramer hatte zu Beginn der geschlossenen Sitzung gesagt: »Die Mikrofone, über die wir verfügen, sind abgeschaltet. Alles, was wir jetzt sagen, muss jeder Einzelne in besonderer Weise vor Gott und den Menschen verantworten.« Nach einer kurzen Pause fügte er hinzu: »Vor Gott und den Menschen. In dieser Reihenfolge.«

Welche Stille im Raum! Aber nicht bedrückend. Wir debattierten wohl anders – sehr viel ernster und konzentrierter –, aber nicht weniger offen. In dieser Kirche war ich zu Hause. Auch wenn ich wusste, dass ich keinen äußeren Schutz hatte, so besaß ich doch einen unschätzbar wertvollen inneren Schutz.

Stasi und kein Ende? Doch. Am Ende überwog für mich stets die Kraft, die an ehrliche, gleichgesinnte Menschen band. Eine Kraft, die auch heute alles überwiegt.

Es gehörte damals zum Konspirativen, dass wir mehrfach von Bad Dürrenberg aus nach Röcken pilgerten, hin zu Nietzsches Grab und dort dessen angriffig-tiefgründig Texte lasen. »Gott ist tot. Und wir haben ihn getötet …«

In der Osternacht stiegen wir alljährlich in die stockdunkle Domkrypta, um auf ein Trompetensignal hin gleichsam wieder ins Licht aufzusteigen. Osternacht evangelisch, etwas unbeholfen, eben nicht in liturgischer Perfektion unserer katholischen Geschwister. Wichtig das Erleben des Aufsteigens aus dem Dunkel, das Warten auf das Licht, die Feier des Ostermorgens nach langem Wachen. So entdeckte ich, wie tiefgründig der Bericht der Evangelisten vom Ostermorgen ist: Die staatlich bestellten Wachen vor dem Grab schliefen.

»ICH HABE MEINE ARBEIT GERN GETAN«

Mit dem von August 1978 bis Ende Dezember 1989 für mich »zuständigen« Major der Staatssicherheit Gröber habe ich sprechen können, bevor ich irgendeine Akte gesehen hatte. Vermittelt hatte das der vormalige Sektorenleiter für Kirchenfragen beim Rat des Kreises, der stets auch IM oder gar OibE (»Offizier im besonderen Einsatz«) war. Anfang 1992 habe ich mit Herrn Gröber in meiner Wohnung ein etwa zweistündiges Gespräch geführt, bei dem er eine ganze Schachtel Zigaretten rauchte. Zur Bedingung machte er, dass ich ihm zuhöre, nichts mitschreibe. Er fühle sich noch immer an Geheimhaltung gebunden, wolle mir aber offen erklären, wie er und warum er 24 Jahre bei »der Firma« gewesen war. Ich musste mich zusammennehmen und war immer wieder drauf und dran, ihn rauszuschmeißen. Aber ich wollte von ihm etwas über die inneren Mechanismen der Stasi wissen. Über ihn erfuhr ich viel mehr über deren Machenschaften als aus den schriftlich vorliegenden Akten, in die ich erst später Einsicht nahm. Er schien mir »ehrlich« zu sein, wiewohl gerade dieses Wort durch die Stasi besudelt worden war. Ehrlich wurden die IM genannt, die alles berichteten, was sie bei den zu observierenden Zielpersonen bzw. Beobachtungsobjekten gesehen oder was ihnen zu Ohren gekommen war. In einem der vielen – noch 1989 – von Gröber verfassten Berichte hört sich das so an: »Zur Herausbildung des Gesprächskreises kam es im Jahr 1981. Die Aktivitäten dazu gingen damals schon ausschließlich von dem Sch. aus. Die Ziel- und Aufgabenstellung des Gesprächskreises lässt sich im Ergebnis der Beurteilung des aktuellen Sachstandes wie folgt charakterisieren: Von operativer Bedeutung ist auch bei den realisierten Treffen der zeitliche Zusammenhang zu bestimmten Höhepunkten (Auftritte zu Synoden z. B.). So erfolgte das Treffen von ›Johannes‹ mit Merry am 25. 07. 1988. Zeitlich fällt dieser Besuch in die Auswirkungen des Kirchentages in Halle, bei dem ›Johannes‹ mit dem strafrechtlich relevanten ›Thesenpapier‹ als Exponent der PUT eine wesentliche nationale und internationale Aufwertung erfahren hat. Dies erhärtet die Version, dass sich ›Johannes‹ zu seinem negativ-feindlichen Vorgehen abstimmte. Verbindungen und Kontakte von ›Johannes‹ bestehen in Ländern der SW, insbesondere zur ›Charta 77‹. Nach vorliegenden Informationen der HA VI/2 hatte ›Johannes‹ während des ›Olof-Palme-Friedensmarsches‹ 1987 in der CSSR Kontakt zu dem Bürger Österreichs Reichel, Mathias. … Verbindungen und Kontakte zu weiteren Exponenten der PUT.«

Gröber erläuterte mir, für mich seien Abteilung II, IX, XX und XXVI zuständig gewesen, Abteilung M hätte Briefe über Jahrzehnte hinweg kontrolliert. Die Post von insgesamt vierzig Personen aus Wittenberg wurde in Dessau kontrolliert. Die Telefonabhörzentrale sei in Bitterfeld gewesen. Vier hauptamtliche Stasimitarbeiter seien in Wittenberg für mich

zuständig gewesen. Der Genosse Stürmer war sein Vorge-
setzter. Wayne Merry sei Abteilungsleiter der CIA für Osteuropa gewesen; die zweiten Sekretäre der Botschaften seien
immer auch CIA-Mitarbeiter gewesen. Und infolgedessen
galt ich als CIA-Agent. Bei dem Zusammentreffen mit einer
Delegation des amerikanischen Repräsentantenhauses im
Hotel »Goldener Adler« hätten sie das erste Mal in Stereo abgehört. (Und meine gesamte frei gehaltene Rede fand sich,
vom Tonband abgeschrieben, in den Akten.)

Die IM Gitte (Brigitte W.) sei sehr gut, zuverlässig und genau gewesen und hätte alles fleißig, begeistert und geldgie-
rig gemacht, was ihr aufgetragen worden war. Sie brauchte
Zeit, weil sie Probleme hatte. Sie brauchte Männer, weil ihr
Mann im Gefängnis saß, und sie brauchte Geld, weil sie sich
gern modisch kleidete. »Wir hatten alles.«

IM Robert war erpresst worden. Dieser habe immer gesagt,
»Schorlemmer hat Recht, du nicht«. Er sei trotz seiner vielen
Berichte immer mehr auf meiner Seite gewesen. Bei zentralen Beratungen in Berlin seien außer den 16 Chefs der BV (Be-
zirksverwaltungen) nur zwei aus Kreisdienststellen (KD)
nach Berlin geladen, nämlich aus dem Eichsfeld und aus Wittenberg – das eine Zentrum des Katholizismus, das andere
Zentrum des Protestantismus. Über mich gebe es nach seiner Kenntnis 38 Ordner mit je 300 Seiten. Das wären also
11 400 Seiten. Meine Frau Heide sei bei mir »zentral geführt«
worden. Über einen meiner Freunde sei meine Akte als Dop-
pel mit angelegt worden – wegen der Erwartung, dass ich einen höheren Posten in der Kirche bekäme und aus Wittenberg weggehen würde. Und dann hätte man hier kein
Material mehr gehabt.

Das Material über meine Studienzeit sei nicht mehr vor-
handen gewesen, erst ab meiner Studentenpfarrerzeit in Merseburg gäbe es Unterlagen.

»Dies war meine Arbeit. Die hat mir auch Spaß gemacht. Und ich konnte sehr viele interessante Briefe lesen. Das fehlt mir jetzt. Zum Beispiel an und von Walter Jens.« Die Abteilung II habe seit 1989 wegen meiner CIA-Kontakte vier Monate die ganze Wohnung abgehört, und zwar findsicher. Die Dienststelle der Stasi hätte mitgehört, wie ich versucht hatte, mit verschiedenen Suchgeräten rauszukriegen, wo die Abhörgeräte eingebracht sind. »Aber mit dieser Technik hätten Sie das nicht rauskriegen können. Das war modernste Technik, und das Suchgerät, das Sie sich von Eppelmann geholt hatten, ist völlig veraltet gewesen.« Einer der einflussreichsten Leute der Kirche sei ich gewesen; wenn die Stasi alles gewusst hätte, was ich denke, wen ich treffe, was ich plane, dann hätte sie gewusst, was »die Kirche« will und was in der Kirche und in kirchlichen Räumen gemacht wird, weil ich ein großes Verbindungsnetz gehabt hätte.

Schließlich hätten sie alle meine Daten und Kontaktpersonen gekannt.

Gröber wusste auch, dass ich keine Provokationen wollte. In Halle beim Kirchentag sei auch alles abgehört worden. Die Sender seien jeweils mobil »am Mann« gewesen. In der Wohnung von Freunden sei bisher nur »vorgeklärt« worden; man hatte sich Schlüssel besorgt und alle Elektroleitungen aufgenommen. Abhörgeräte sollten im Herbst 89 eingebaut werden.

Die Aufgaben der Staatssicherheit hätten sich nach 1968 grundlegend verändert. Die Beobachtung konzentrierte sich von da an im Wesentlichen auf die eigene Bevölkerung.

Meine Kontakte zu den Russen im »Haus der Sowjetischen Kultur und Wissenschaften« seien zugleich Kontakte mit KGB-Mitarbeitern gewesen.

Als meine beiden Freunde von dort während einer Seminareinheit allein in meinem Arbeitszimmer geblieben seien, wären sie sofort an meinen Schreibtisch mit Adressbüchern und anderen Unterlagen gegangen und hätten abgeschrieben und fotografiert. Das hätte die Stasi gehört. Es habe eine Auseinandersetzung mit dem KGB gegeben: »Für den sind doch wir zuständig«, habe die Stasi eingewandt. Und sie notierten in der Tat nahezu alles. In der Akte fand ich – geschwärzt – 1997 folgende Angaben:

»34 Verbindungen und Kontakte zu Diplomaten der USA-Botschaft und der Ständigen Vertretung der BRD in der DDR sowie zu Journalisten und Korrespondenten westlicher Massenmedien

171 Verbindungen und Kontakte in die BRD

28 Verbindungen und Kontakte nach Westberlin

54 Verbindungen und Kontakte ins übrige NSA

4 Verbindungen und Kontakte in das SW

318 Verbindungen und Kontakte innerhalb der DDR (Gesprächskreise, Mitglieder negativ-feindlicher Personenzusammenschlüsse, Exponenten der staatsfeindlichen Gruppen.)«

Das ergibt eine Gesamtzahl von 609 beobachteten Kontakten.

»Gitte« habe stets sofort von den jährlichen Sommer-Treffen in Bergwitz erzählt, und zwar ganz begeistert. 1983, während der Schmiedeaktion auf dem Kirchentag, sei sie auf unserer Seite gewesen. Sie sei vorher schon als IM angeworben worden, dann erst reaktiviert worden.

Es gehörte zum Zersetzungsprogramm, Elke Witt anzuwerben, obwohl sie wussten, dass sie von mir getauft worden war und ein gutes Vertrauensverhältnis zwischen uns bestanden hatte. Sie habe diese Anwerbungsversuche zurückgewiesen.

Alle meine Telefonnummern seien im Computer gespeichert gewesen, und als ich von Nürnberg aus nach Berlin angerufen habe, diese Gespräche seien auch aufgezeichnet worden, und sie haben sogar über einen Stimmenerkenner verfügt.

Bei ihren Zersetzungsaktivitäten haben sie die gesamte persönliche Sphäre, also auch die Probleme in unserer Ehe ausgenutzt.

Für mich sei Oberst Wiegand von der Zentrale in Berlin zuständig gewesen. Man habe in der letzten Zeit den klaren Befehl gehabt, mich zu beeinflussen, aber nicht zu zerstören. Es habe auch viele IMs ohne Unterschrift gegeben, in sogenannten Vorlaufmaßnahmen. Man hat mehrere Leute abgeschöpft, ohne eine Unterschrift zu haben, sie aber als IM geführt. Ein Chefarzt war als IM »ärztlicher Direktor« geführt worden.

Er selbst habe mehrere gute Kontakte zu Pfarrern im Kirchenkreis gehabt – ohne eine offizielle Verpflichtung. Die Stasi habe Rivalitäten unter den Mitarbeitern ausgenutzt. Es gab sogar Du-Verhältnisse. Die Auswertung der Maßnahmen sei Chefsache gewesen. In der Staatssicherheit habe es einen sogenannten Wałęsa-Schock gegeben, nachdem ein bis dato völlig unbekannter Elektriker plötzlich zur Symbolfigur des Widerstands geworden war. Die Staatssicherheit sei bestrebt gewesen, entsprechende Personen in der DDR nicht hochkommen zu lassen.

Das Überreichen der »Kralle« an einen sogenannten 25-Ender während eines Abiturballes sei als Verhöhnung der NVA gedeutet worden, die Verhöre habe im Hinblick auf meine Tochter Uta nicht die Stasi, sondern die Kriminalpolizei vorgenommen. Das Ziel sei »Zersetzen« bzw. »Disziplinieren« gewesen. Das MfS habe gewusst, dass ich so am Ende meiner Kraft gewesen sei, dass ich suizidale Gedanken gehegt hätte. »Dann wäre ich am Ziel gewesen.« Anonyme Briefe und Anrufe hätten zum selbstverständlichen Repertoire gehört. So etwas mache jeder Geheimdienst. Herr Gröber erzählt mir, einer in der Staatssicherheitsabteilung habe gefragt, wieso man das Problem nicht im Straßenverkehr lösen könne. Das habe man aber strikt zurückgewiesen, ebenso die Verbreitung des Gerüchts, ich hätte dazu aufgefordert, Kommunisten aufzuhängen. (Ich fand in den Akten eine Bestätigung für Gröbers Versuch, deeskalierend zu wirken.) Man hätte mich allerdings allein nach § 106 jederzeit zu zwölf Jahren verurteilen können. »Aber was hätte uns das gebracht?« Die Staatssicherheit habe schwerpunktmäßig gearbeitet und ihre Beobachtung auf bestimmte Personen konzentriert, nicht flächendeckend, wie jetzt überall behauptet würde. Der KD-Leiter Bulewski habe seit Jahren gesagt: »Der hat Recht, der hatte Recht.« Seit dem Machtantritt von Krenz am 18. Oktober 89 habe man auf Aufzeichnungen verzichtet. (Das stimmt nicht, es gibt noch Abhörprotokolle aus der Zeit danach.)

»Für die Staatssicherheitsarbeit war nicht die Staatssicherheit verantwortlich, sondern die SED. Viele werden enttäuscht sein, dass es über sie keine Akte gibt, aber wir haben nicht flächendeckend abgehört und abgeschöpft, sondern zentral. Wir waren aber immer und überall dabei.« Die Telefonüberwachung wurde vom stellvertretenden Minister genehmigt. Es sei eine Dummheit gewesen, einen meiner Freunde nach einem Zusammentreffen mit Amerikanern auf der Straße nach seiner Identität zu fragen. Gröber: »Nichts lief ohne mich!«

Das Ziel war die Zerstörung, die Zersetzung, die Verwirrung, die Verunsicherung, die Ausspähung, das Ausnutzen von Rivalitäten, das Streuen von Gerüchten über die Stasi und damit Ablenken von den wirklichen Mitarbeitern (also Stasileute selbst warnten vor der Stasi und lenkten das Interesse auf andere). Man versuchte Sympathie-Antipathie-Beziehungen zu nutzen. Die Stasiführungsoffiziere standen immer unter dem Zwang, auch »etwas zu bringen«.

Einen meiner Kollegen kenne er vom Studium. Die Stasileute im Gebäude gegenüber von Forschungsheim und Predigerseminar waren nur zu unserer Ablenkung da. »Wir waren immer dabei und zwar durch Personen. Die Sender steckten jeweils am Mann.«

Eine enge Zusammenarbeit mit der Lutherhalle war »natürlich klar«, und es wurden dort Veranstaltungen abgehört, sofern sie von der Kirche waren (z. B. eine Propsteimitarbeiterversammlung mit Bischof Demke). Im Herbst 1989 hieß die Devise: »Es darf kein Schuss fallen«, deshalb mussten alle Waffen abgegeben werden. Die Dienststellen waren schließlich unbewaffnet. »Wenn Sie sich selber das Leben genommen hätten, wäre ich – so gesehen – am Ziel meiner Arbeit gewesen … Alles, was Sie machten, war für uns interessant.« Gröber habe noch selber gekündigt und arbeite nun bei der Reichsbahn. Er entschuldigte sich, wenn er mir wehgetan habe. Er habe eben seine Arbeit getan. Sie habe ihm Spaß gemacht, weil er mit Menschen umgehen konnte. Es sei sehr interessant gewesen, und er wollte »gut sein«, und das hieß, alles wissen und korrekt weitergeben.

Der zur Reichsbahn gewechselte Major ist vor vielen Jahren an Krebs gestorben. Das alles anzuhören und ruhig und aufmerksam zu bleiben war für mich hart gewesen; ich hatte mich gleich nach dem Gespräch hingesetzt und alles aufgeschrieben. Dann legte ich alles ab. Im doppelten Sinne. Und erst 2011 holte ich es wieder hervor.

Gröber machte mir nichts vor. Er meinte es ernst. Er hatte nicht verschwiegen, wie pervers das Ganze gewesen war. Und ich fragte mich damals und frage mich heute: Wer war das, der mir da gegenüber gesessen hatte? Ein Verlierer. Glücklicherweise ein Verlierer, der mir dienstlich ans Leben wollte und dessen Leben darin bestanden hatte, mein Leben zu beobachten und die strafrechtliche Relevanz herauszuarbeiten. Und der doch auch durch seine Beobachtungen verändert worden war. Kein Unmensch. Geradezu eher depressiv wirkend, mit tiefliegenden, blauumrandeten Augen. Er hatte mich bis in die Träume verfolgt, nachdem er mich zusammen mit dem Mann fürs Grobe, Franz Schuster, der noch 1989 mehrere IMs gegen mich anwerben wollte, zu einer »Befragung« über Thomas Heinemann 1982 vorgeladen hatte. Beide Herren hatten vor meiner Wohnungstür gestanden und mir ihre Dienstausweise der Staatssicherheit vors Gesicht gehalten. Ich fühlte mich wie in einem Nazi-Gestapo-Film.

Sie hatten beide in mir die Assoziation an den Film über Richard III., wo zwei Büttel die beiden Sprösslinge des Königs unter einem Kissen erdrosselt hatten, geweckt. Soll ich alle, die bei diesem Ministerium gearbeitet haben, zu Unmenschen erklären? Was sie getan haben, ist und bleibt mir fremd, auch widerlich. Später habe ich von einem jungen Mann, der nach 1989 noch Journalistik studiert hatte, aber vorher als Arbeiter von der Stasi für Beobachtungstätigkeiten in Leipzig geworben worden war, in einer Kneipe eine Generalbeichte über sein Leben abgenommen. Er schickte mir darüber einen sehr langen, persönlichen, ausführlichen Brief. Er wollte dies nicht veröffentlicht sehen. Er wolle seine Arbeit und seinen Ruf behalten.

IN DEN ABGRUND SEHEN – STASI-SPITZEL UND STASI-METHODEN

Da aller Geschichte zuvörderst eine Unternehmung des Irrwitzes und den Tragödien die Farce beigesellt ist, könnte man überspitzt sagen: Die SED war die eigentliche, die konsequente Konterrevolutionärin. Sie installierte mit der Staatssicherheit, die ihr »Schild und Schwert« sein sollte, letzten Endes just jenes Instrument, das den Staat DDR ruinierte. Der Sicherungswille steigerte sich zum Sicherheitswahn, der Sicherungswahn kitzelte den Machtwahn, bis sich das System nur noch lächerlich machte, wenn es den Zeitungsmund aufmachte. Am Ende musste es sogar Angst vor denen haben, die jede Zeitung zusammenknüllten und die Papierkügelchen in die Gosse warfen, wohin der ganze Staatsdreck gehörte. Der Sicherheitswahn war eines Tages übergeschnappt und kam ins Stolpern zwischen den unzähligen friedlichen Freien, die »Wahnsinn!« riefen. Endlich war das Regime auf der Höhe der Zeit: Es stürzte in die Tiefe. Wo es klapprig in die Grube der Geschichte gerutscht war wie in ein lange schon bereitetes Grab, dort erhob sich jetzt ein stinkender Aktenberg.

Wer sich zumutet, die Akten der Staatssicherheit zu lesen, kriecht in die fauligen Stollen dieses Berges, blickt in scheußliche Abgründe. Froh bin ich, dass keiner meiner wirklichen Freunde unter denen war, die mich bespitzelten und im Auftrag der Stasi versuchten, mein Leben zu zersetzen. Glücklich bin ich, dies alles, was auch mich in die Enge treiben und zermürben sollte, überlebt zu haben. Aber trotz dieses Glücks, das nicht alle hatten, beschäftigt, verletzt, erregt es mich doch weiterhin, mit welcher Unverfrorenheit und zugleich Heimtücke das System in mein und in das Leben so vieler Menschen drang. Dieses nach wie vor niederdrückende Empfinden, das mir immer wieder die Ohnmacht, in der man existieren musste, vor Augen führt, kann freilich nicht jenes andere Gefühl, jene andere Gewissheit tilgen: Wie viel haben diese Charakterfieslinge nicht herausfinden können; an wie viel Courage, List und Daseinsfreude sind diese Schnüffler und Beobachtungsbüttel gescheitert; wie viele Momente gelingenden Lebens blieben diesen eisigen, herz- und geistlosen Mechanikern der Rundumkontrolle verborgen. Es gab freies, befreiendes, sinnvolles und unantastbares Leben mitten in diesem Zwangssystem.

Die sicherlich Gutbezahlten, aber in mehrfachem Sinne so

Elenden spielten Gott in einer Welt, die nicht ihre war, die sie aber wie einen Besitz behandelten. Sie »verwanzten« das Land, sie machten es im schrecklichsten Sinne durchsichtig, sie bohrten sich gleichsam durch Wände – und doch blieben sie verheerend Armselige, die zudem mit dem Untalent geschlagen waren, das Meiste von dem, was ihnen ihr magerer Wortschatz in die Akten diktierte, überhaupt nicht zu verstehen. Viele Informationen, die man später in den Akten nachlesen konnte, immer zwischen Entsetzen und Ekel, stimmen einfach nicht. Aus eigener Ein-Sicht weiß ich, wie viel da an blanker lügnerischer Projektion aufs Papier gebracht wurde. Es herrschte wohl ein sich ständig selbst erneuernder Mechanismus: Weil ich OV war, wurde gesammelt; weil unaufhörlich gesammelt wurde, blieb ich OV; weil ich OV bleiben musste, wurde noch mehr gesammelt; weil schon so viel gesammelt worden war, durfte die »Arbeitsproduktivität« natürlich nicht gesenkt werden, also wurde weiter und weiter gesammelt. Jeder Spitzelbericht holte sich Legitimation aus dem vorigen und war zugleich so etwas wie der Ruf nach dem nächsten. Dass dabei Leben beschmutzt, dass da fremdes Fleisch und Blut vergiftet wird – was macht das schon, wenn's um die große gute Sache geht, deren neugeschichtliche Humanität aber auch nur mit Mitteln der Inquisition am dürftigen Staatsleben zu halten war …

Gewiss funktionierte dieser finstere Apparat auch, weil es tatsächlich Staatsfeinde gab, also reale Gründe für den Bestand einer solchen Institution vorlagen. Und freilich arbeiteten bei der Stasi zahlreiche, in einem abstrakten Sinne intelligente Menschen, sie verfügte über psychologisch geschulte Mitarbeiter. Aber es gab unter den IM eben auch die Gewissenlosen, die bedenkenlosen Spieler, die machtgeilen Gernegroße, die leidenschaftlichen Heimlichtuer – und es gab die Erpressbaren. Zum Beispiel jenen jungen Mann, der eine sehr schwere Kindheit hinter sich hatte, der phasenweise Trinker wurde, mehrfach in Untersuchungshaft geriet, auch ins Gefängnis, quasi ein fortdauernd Vorgeladener, ständig unter Beobachtung, ohne jeden Halt im Leben. Wir haben ihn aufgenommen in unseren christlichen Kreis, in unsere Familien. Ich taufte ihn, eine junge Frau aus unserem Gesprächskreis übernahm das Patenamt. Nachdem er wieder einmal ins Delirium gefallen und dann sogar gewalttätig gegen seine Frau geworden war, hat er sich in der Wohnung selbst vergast. Ich beerdigte ihn auf dem Wittenberger Friedhof. Mitunter hatte er in Gesprächen merkwürdig rechte Gesinnungen an den Tag gelegt. Einmal löste er eine Suchaktion aus. Auf einen Schornstein des Stickstoffwerks Piesteritz war er geklettert und hatte, weit oben, an den Schornsteinrand geschrieben: »Ich liebe dich Silvia«. Beim Herabsteigen hatte er die Stahlleiter mit Schmierseife bestrichen und war für einige Zeit verschwunden. In den Akten musste ich eines Tages lesen, dass er für die Stasi berichtet hatte.

Oder Marion S., die als IM »Katrin« geführt wurde: Sie war bereits als Siebzehnjährige für den Spitzel-Apparat konditioniert worden. Sie ist 1990 zur Volkspolizei gegangen, das war ihr Herzenswunsch. Sie hat nie einen Freund gefunden, und sexuelle Gefälligkeiten hat die Stasi gelegentlich »mit erledigt«. Eine besonders üble Rolle hat Brigitte W. als IM »Gitte« gespielt. Unschlagbar fleißig im Berichts(un)wesen. Sie verfügte über eine besonders hinterhältig aufgebaute Legende: Wegen politischer Gründe sei sie aus dem Schuldienst entlassen worden. Also hatten wir Vertrauen zu ihr. Wenn ich heute über sie nachdenke, muss ich eingestehen, dass sie uns als Person nie wirklich nahe war. Aber das sind Empfindungen im Nachhinein, und schließlich waren wir kein abgeschotteter Kreis, in den man erst nach gründlicher Gesinnungsprüfung Zugang erhalten hätte. Das ist oft die schwere Prüfung unter diktatorischen Bedingungen: dass man nicht selber so misstrauisch und beäugend wird wie die Bewacher, denen man sich fortwährend ausgesetzt fühlt.

Lange sträubte ich mich innerlich dagegen, Einsicht in die mich betreffenden Akten zu nehmen. Ich hatte Angst vor der Wahrheit der unsäglichen Lügen. Ich fürchtete den Schwall der Gemeinheiten, der mir entgegenschwappen würde. Ich wollte nicht noch einmal vorgeführt werden, es schien mir ein nachträglicher Triumph der Krake, wenn ich mich dazu herabließ, ihr schändliches Werk überhaupt zur Kenntnis zu nehmen. Gewiss würde ich, wenn ich die Akten läse, aufgewühlt von den Entdeckungen menschlicher Niedertracht unmittelbar in meiner Umgebung. Ich weiß nicht genau, was mich letztlich doch dazu trieb, Mitte der 90er-Jahre einen Antrag auf Akteneinsicht zu stellen. Neugier? Gewissheit? Am meisten bewog mich wohl die Sehnsucht nach einem Sieg über diese flächendeckende Maschinerie, ich wollte bestätigt wissen, dass sie im Übermaß gestöbert, zersetzt, zerrieben, gekramt, bedrängt, verletzt, vergiftet hat – aber ihr die Herrschaft über unser Leben doch nicht gelang!

In den Berichten steht freilich viel Unverfrorenes, das nach wie vor schwer aushaltbar ist. Ich sage das als jemand, der den Schutz der Privatsphäre jedes Menschen zu den großen Errungenschaften der Zivilisation zählt. Ausgerechnet die Spitzel der Stasi vermelden, ich hätte in der Gemeinde, in den kirchlichen Gruppen Stasiangst und -hysterie verbreitet. Mich bespitzeln, rund um die Uhr, aber gleichzeitig mit Unverständnis und in anklägerischem Ton mitteilen, ich sei auffallend vorsichtig und würde behaupten, die Stasi begleite quasi ständig unser Leben, und zwar in eindeutig böser Absicht. Als Beweis wird angeführt, dass ich mit einem IM in den düsteren Keller gegangen sei, um ihm nach Verhörmethoden von Diktaturen die Kerze ins Gesicht zu halten und zu fragen, ob er bei der Stasi sei. Das ist ziemlich grotesk und erinnert wohl eher an schlechte Nacherzählungen von Szenen aus Gruselfilmen. Einige Auszüge aus der Akte »OV Johannes« habe ich dokumentiert, in denen deutlich wird, dass wir Bespitzelten seinerzeit immer mit einem Bein im Gefängnis standen. Stasioffiziere verwiesen wieder und wieder darauf, dass es Paragraphen des Strafgesetzbuches gebe, die eine sofortige Verhaftung und Verurteilung ermöglichten. Einzig die kirchenpolitische Situation sorge für Zurückhaltung und Aufschub. Aber wann würde diese Zurückhaltung aufgegeben? Für welchen Fall war eine Verhaftung vorgesehen? Es ist mir auch nachträglich nicht angenehm, lesen zu müssen, ich sei in der Geheimaktion »Sandsturm« oder »Leuchtpunkt« für die »Verbringung« in Internierungslager vorgesehen gewesen.

»Bezirksverwaltung für Staatssicherheit Halle – Leiter. Geheime Verschlussakte GVS-0047 – BVfS Hle-Nr.: 9/88 Kontrollkennwort: ›Feuerzange‹ Kontrollkenngruppe: ›ffba‹. Zur Realisierung der Maßnahmen der Kennziffer 4.1.1. b e f e h l e i c h

1. Der Beginn der Aktion ›L e u c h t p u n k t‹ ist entsprechend Funk/FS, Punkt 1 und 16 Stunden nach Beginn abzuschließen. Die Überführung der festgenommenen Personen in die Untersuchungs-Haftanstalt der Bezirksverwaltung Halle, Am Kirchtor 20a hat in eigener Zuständigkeit zu erfolgen. Es sind alle Vorkehrungen zur Sicherung zu treffen, um ein mögliches Ausbrechen oder Flüchtigwerden zu verhindern.

2. Die Aktion ist schlagartig und konspirativ durchzuführen.

3. Nach Beginn der Aktion hat Ihr Stabschef stündlich telefonisch, erstmals entsprechend Punkt 2 des Funk/FS, an das Arbeitsgebiet spezifisch-operative Fragen des Opera-

tivstabes der Bezirksverwaltung zu berichten. Telefon-Nummer 2507. Besondere Vorkommnisse im Rahmen dieser Aktion haben Sie unverzüglich meinem 1. Stellvertreter zu melden.

4. Nach flüchtigen bzw. nicht auffindbaren Personen ist eine sofortige Fahndung einzuleiten.

Schmidt Generalmajor«

Der Begriff »Roter Ochse« wird vermieden – dafür heißt es »Am Kirchtor 20a« und die Aktion erfolgt andernorts unter dem Kürzel »K. Z. 1.1.4«.

Wie viel Schuss Munition beim Verhaften mitgenommen werden müsste, war ebenso klar festgelegt wie die Utensilien, die der zu Internierende mitnehmen durfte.

Ein IM referierte 1984 meine Position in einem Gespräch im Turmzimmer der Schlosskirche zu Wittenberg: »Es sei heutzutage wichtig, haarscharf an der Grenze des Strafvollzuges vorbeizumarschieren, aber immer noch mit beiden Beinen auf der sicheren Seite zu stehen. Es ist unabhängig, ob man 100 m oder 1 mm neben dem Knast steht, Hauptsache man steht daneben.« (Wohlgemerkt: Das sind als meine wörtliche Rede vom Spitzel wiedergegebene Sätze. Aber im Prinzip sind sie nicht falsch.)

Genau das Gegenteil von dem, was ich dachte, vermittelt ein IM am 24. Oktober 1986: »Johannes identifiziert sich gegenüber dem IM eindeutig mit den Zielen und Vorgehensweisen der Reagan-Administration, vertritt deren Ideologien. Johannes bekennt sich offen zum Antisowjetismus und Antikommunismus, womit er gleichzeitig seinen Standpunkt charakterisiert.«

Die Stasi scheute sich nicht, meine Kinder auf zynische Weise zu »zersetzen«. »Einleitung von offensiven Maßnahmen gegen die Tochter ... Suche und Anschleusung eines geeigneten Sexpartners mit vielen Widersprüchen. (politisch positiv; kein Christ; kann auch ›Assi‹ sein u. ä.).« So zu lesen in einem Bericht vom 21. August 1989. Auch mein Sohn kommt in diesen Berichten vom August 1989 vor:

»Einbeziehung des Vorkommnisses mit dem Sohn des Sch. (OPK ›Judas‹) in den Prozess der Diskreditierung. In Abstimmung mit dem Leiter VK wird vorgeschlagen:

Durchführung Ordnungsstrafverfahren

Publizierung in Kreiszeitung

Einleitung der OPK ›Judas‹: Gründe: – feindl.-negative Einstellung, Leiter einer Musikgruppe welche nicht eingestuft ist. Verbindung zur OPK ›Kahlkopf‹, will von FDJ und Staat nichts wissen.« Ich war für die Stasi Johannes, der Lieblingsjünger des Herrn, und mein Sohn Judas, sein Verräter. Der Zynismus spielte mit Bildung und Halbbildung. Dieser »Judas« war kein IM gegen mich, sondern selber ein Bespitzelter. Der Herbst 1989 hat den zitierten Plänen den Garaus gemacht. Nachdem der real existierende Stasiismus im Orkus der Geschichte gelandet ist, fühle ich mich mehr beglückt als fortwährend belastet von dem, was war. Und doch kommt gelegentlich das kalte Grausen wieder.

Bis in den Kern der oppositionellen Gruppen drang die Stasi ein. Wolfgang Schnur mag eine gespaltene Persönlichkeit gewesen sein. Er war parteitreuer Täuscher par excellence. Als andere IMs gegenüber der Staatssicherheit den Verdacht aussprachen, Schnur sei doch auch für den BND tätig, beteuerte dieser: »Ich bin immer IM geblieben.«[49] Er kritisierte gekränkt, dass ihm durch das MfS nicht genügend Anerkennung und Hilfe zuteil geworden sei: »Ich habe meine Zusammenarbeit mit dem Ministerium für Staatssicherheit stets als eine freiwillige Pflichterfüllung gegenüber der Partei der Arbeiterklasse angesehen. Diese Erklärung stellt keinen Versuch dar, meine Fehlentscheidungen und Pflichtverletzungen zu entschuldigen …

Ich bestreite nicht, dass auch durch mich oft erstrebt wurde, eine ideelle Auszeichnung zu erhalten. Wenn mir diese bisher versagt blieb, schreibe ich dies meinen eigenen begangenen Fehlern zu ...

Im Interesse des Schutzes unseres Staates habe ich mich stets davon leiten lassen, dass die Aufgabenerfüllung im Vordergrund steht. Fast zwei Jahrzehnte muss ich die Rolle eines Christen spielen. Jede neue kirchenpolitische Einbindung habe ich als eine weitere Möglichkeit angesehen, dass die Auftragserfüllung noch qualitativer von den Berichten und Informationen ist.«

Schnur war seit 1965 als IM des MfS registriert. Er selber beteuerte: »Im Jahr 1965 ist es dann so gewesen, dass ich mit dem MfS Kontakt bekommen habe und meine Verpflichtungserklärung freiwillig und ohne irgendwelche Zwänge unterzeichnet habe.« Und diesem besonders fromm erscheinenden Menschen haben wir getraut und ihm junge, politisch bedrängte Menschen anvertraut. Mir hat er einmal sein Leid geklagt, als er angeblich eine von ihm betreute ausgereiste Frau liebte und eine Möglichkeit suchte, sie mittels eines gefälschten Passes wiederzusehen. Denn er könne ja nicht die vielen hilfebedürftigen jungen Leute allein lassen. Ein US-Diplomat solle ihm doch helfen! Mein Kommentar 2012: Ein kräftiger Tritt in den Hintern steht immer noch aus.

DIE AKTEN UND DIE INNERE EINHEIT

Ganz im Sinne von Václav Havel haben wir in der Opposition gegen die SED-Herrschaft – später vom Westen »Bürgerrechtler« genannt – den »Versuch, in der Wahrheit zu leben«, unternommen, gegen viele Widerstände, gegen das System der ideologiegestützten Lügen. Noch immer frage ich kopfschüttelnd, wie man nach dem Ende der DDR die Verwalter der Lüge und ihre Hinterlassenschaften zum Anwalt der Wahrheit erklären konnte. Die bloße Aufführung eines Menschen als Zuträger (IM) wurde vielfach zu seiner öffentlichen Brandmarkung genutzt. Muss man nicht – wie bei allen Akten – fragen, wer denn da was für wen warum in welcher Sprache und mit welcher Motivation und Zielstellung aufgeschrieben hat? Das jedenfalls war und blieb mein Anliegen: Differenzierung durch die Beantwortung von fünf W-Fragen!

Die Akten, die von den Verwaltern der Lüge ausgefertigt wurden, können kaum der Wahrheit dienen. Und man darf Menschen prinzipiell nicht von Akten her, sondern muss die Akten von Menschen her und von deren Lebenszusammenhängen aus erklären. Für die Be- und Verurteilung von Menschen ist ein Gericht zuständig, nicht eine Behörde. Die Behörde hat Gerichten Material zuzuliefern für die Rechtsprechung. Das Recht ist dazu da, dem Rechtsfrieden zu dienen und nicht dem Unfrieden. Das Recht hat keinen politisch instrumentalisierten Zweck, sondern soll Rechtssicherheit schaffen. Was hauptamtliche oder inoffizielle Mitarbeiter der Stasi betrifft, so ist das ggf. Verwerfliche ihres Tuns weder zu verschweigen, zu beschwichtigen, zu verharmlosen noch zu übertreiben oder zu generalisieren. Umstände sind bisweilen durchaus mildernd, wobei geistige Borniertheit, menschliche Schäbigkeit und ideologische Verblendung – unter Ausschaltung des Gewissens – ein einziges Knäuel inmitten einer paranoiden Führungsklasse bilden. Erklären heißt indes nicht zu rechtfertigen. Wenn wir mehr als zwanzig Jahre nach dem Ende der DDR noch immer so tun, als stünden wir direkt vor den Toren der Stasi, und noch bis zum Jahre 2019 Anfragen einreichen und (Regel-)Überprüfungen vornehmen können, die das künftige Leben der »Enttarnten« schwer behindern, so dient das nicht dem inneren Frieden.

Ich sage das alles als der sogenannte OV »Johannes«, über den man 1977 den sogenannten operativen Vorgang eröffnet hat. 52 Seiten wurden zur Begründung aufgeschrieben. Ich wurde als »Staatsfeind Nr. 1 im Territorium« und in vielen Variationen als eine reaktionär-klerikal-feindlich-negative Person bezeichnet. Ich habe am eigenen Leibe erfahren, was systematische Zersetzung bedeuten kann.

Wir brauchen jetzt Versöhnung, wozu auch juristisch die Verjährung gehört. Wo keine Kapitalverbrechen vorliegen, muss nach 22 Jahren (bzw. nach 29 Jahren im Jahre 2019) jedem eine faire zweite Chance gegeben, muss eine Wandlung respektiert werden und ein selbstbewusstes Mittun in unserer freiheitlich demokratischen Gesellschaft möglich sein.

Zweimal ist der Termin für das Ende der Stasi-Unterlagen-Behörde verlängert worden. Nun soll es (zunächst?) bis 2019 so weitergehen, bis die Akten ins Bundesarchiv kommen, wobei die Zugangs- und Veröffentlichungsbedingungen neu genau zu klären wären. Was nämlich unter grober Verletzung aller Persönlichkeitsrechte ermittelt worden ist, darf heute nicht noch einmal eingesetzt werden.

Und der Bundesnachrichtendienst und der Verfassungsschutz sollten endlich auch die teilungsbedingten Akten aus dem Kalten Krieg der Öffentlichkeit (mit entsprechender Nennung der Namen) zugänglich machen, damit wir zu einer Analyse der Gesamtzusammenhänge im Kalten Krieg gelangen können. Alles andere befördert Siegermentalität. Dazu gehört sicher auch eine Erinnerung daran, dass der BND als Vorläuferinstitution die »Organisation Gehlen« hatte, die von hohen Nazis und SS-Offizieren durchsetzt gewesen war.

Der weitere Umgang mit der Vergangenheit des kleineren, schließlich politisch und ökonomisch zusammengebrochenen deutschen Nachkriegsstaates sollte Differenzierung anstreben, nicht Generalisierung, denn das Leben in der DDR lässt sich nicht auf Stasi, Doping, SED reduzieren. Das Alltagsleben war das eine, die Ideologie und die mit diffizilem Druck erfolgte »gesellschaftliche Mitarbeit« das andere. Die vielgestaltige Indoktrination muss ebenso in den Blick kommen wie die Militarisierung des Denkens. Daneben sind die kulturellen, wissenschaftlichen und technischen Leistungen, der Sport, die Kinderbetreuung und Familienförderung mit in den Blick zu nehmen. Auch die Lebensvollzüge *neben* dem System oder in Absetzung vom System in Kontrastgemeinschaften.

Selbst was Stasimitarbeit anlangt, muss zwischen der alltäglichen Bespitzelung der eigenen Bevölkerung samt der Zersetzung von Menschen und der Tätigkeit der HVA, also der Hauptverwaltung Aufklärung, unterschieden werden. Das war »normale« Spioniererei im Ausland – was bis heute beinahe jeder Staat macht. Und nicht jede Sekretärin und jeder Fahrer, der für dieses Ministerium gearbeitet hat, war deshalb »Stasi«.

Gegen weitere Hysterisierung ist weitere Versachlichung anzustreben. Ein junger Mann, der kommunistisch indoktriniert worden ist und wegen versprochener guter Berufschancen seinen Wehrdienst (»Ehrendienst«) beim Wachregiment »Feliks Dzierzynski« ableistete, ist deshalb noch kein Stasimann. (Ich sag das als einer, der immer eine Abscheu gegenüber dieser mitten in Berlin stationierten Eliteeinheit hatte.)

Die DDR ist nicht hinreichend beschrieben, wenn man von ihr als »zweiter deutscher Diktatur« redet. Wenn wir nicht zur Entdämonisierung gelangen, wird es als Gegenreaktion weiter zu Verharmlosung, zu Nostalgie und Beschönigung kommen. Die DDR auf die Stufe des Juden vernichtenden, einen Raubkrieg entfesselnden Nazismus zu stellen, würde dieses Terrorregime geradezu verharmlosen, indem die SED-Herrschaft perhorresziert wird. Hier ließ es sich besser leben als Systemgegner, als es ein Schwarzer in Südafrika bis 1990 konnte, besser als es Linken unter Franco oder als es Demokraten unter Ceauşescu, Mao, Pinochet, dem Schah von Persien oder den Diktatoren Mittelamerikas erging.

Wer in die Fänge der Stasi geriet, dem wurde übel mitgespielt. Die Offenlegung der Machenschaften der Staatssicherheit bleibt unabdingbar, einschließlich der Darstellung von deren Einbindung ins SED-System, deren psychologisch ausgefeilten Methoden unter verlockenden Überschriften wie Frieden und Menschheitsfortschritt.

Doch der Kontext der zweigeteilten Welt ist ebenso wenig außer Acht zu lassen wie die Methoden anderer Geheimdienste – bis heute. Im Februar 2012 wurde z. B. in allen Nachrichtensendungen darüber informiert, dass zur Terrorbekämpfung 37 Millionen E-Mails durchsucht worden seien.

Eine durchgängige Personalisierung des Systemproblems führt indes zu lebenslanger Stigmatisierung. Es ist nötig, Strukturanalyse zu betreiben und stets einer Einzelfallbetrachtung den Vorzug zu geben.

Summa summarum: Es darf nicht weiter eine Fixierung auf die Stasi geben. Wir brauchen freilich ausführliche politische Bildung und die Einordnung des Verhaltens von Menschen in den ideologisch-politischen Kontext der gesamten Nachkriegszeit.

Wer die Demokratie bewahren will, muss wissen, was Diktatur anrichtet, um aktiver zu werden beim Schutz unserer Demokratie und bei der Ausübung und Erfüllung unseres Grundgesetzes. Die weitere Herrschaft der Stasiakten über unsere Vergangenheit torpediert im Namen der Wahrheit und der Genugtuung für Opfer die noch ausstehende innere Einheit. Ich stehe für die Doppelthese ein: Versöhnung braucht Wahrheit und Wahrheit Versöhnung.

REISEERLEBNISSE

WIND, SAND UND SCHNELLBOOTE.
ERLEBNIS HIDDENSEE

Im Juli 1983 erfüllte sich mir ein Traum: Ich konnte mit der Familie erstmals einen Urlaub auf der Ostseeinsel Hiddensee verbringen – ein für mich bis dahin so wenig erreichbarer Ort wie der Westen. Die Insel, Rügen vorgelagert, war Grenzgebiet; wenn der Tag aufklarte, konnte man vom Strand aus in der Ferne Umrisse der dänischen Insel Moen erblicken. Ich sog diese Schemen einer unerreichbaren Welt geradezu ein, ich versorgte mich mit Sehnsucht, die Träume zogen hinaus aufs Meer; es schien, wenn man die Augen anstrengte und unablässig hinüberschaute, als verringerte sich die Distanz tatsächlich, als käme die Freiheit näher – aber man stand doch nur weiter in der Einsamkeit seiner unerfüllbaren Wünsche, am Strand tummelten sich die Menschen, draußen patrouillierten Schnellboote des Militärs. Uniformen und Badekleidung, das textile Gesicht Hiddensees.

Die Insel, zu Urlaubszeiten fest in der Hand des Gewerkschaftsbundes FDGB, ein Ferienort der Prominenz und sonstiger Privilegierter, einst das Erholungsdomizil von Asta Nielsen, Gerhart Hauptmann und vieler anderer Künstler, war Spiegel der DDR-Verhältnisse und zugleich ein Eiland der Außenseiter, der Binnenflüchter im zugezurrten Land. Hier setzte man sich gern überdeutlich als Aussteiger in Szene, und in gleichem Maße verschwamm alles im schönen Nebel des Unauffälligen, Abseitigen. Der Dichter Hanns Cibulka beobachtete den Flug der Wildgänse, »die mit ihrem Zug weiße Bänder um die Erde winden. Wann ist uns je ein solches Bild geglückt?«.

Vier Wochen durfte ich hier leben und eine Landschaft genießen, in der alles um einige Stufen zarter, durchsichtiger war; trotz der immer ahnbaren Grenze fühlte ich mich zwischen den drei Orten Neuendorf, Vitte und Kloster dem Grenzenlosen des Menschen näher. Der Atem, städtisch flach geworden, erholte sich und gewann Weite.

Auf diese Reise war ich freilich nicht nur als Urlauber gegangen, der Aufenthalt bedeutete auch: Arbeit, die ich gern tat. Im Kalender dieser vier Wochen standen Gottesdienste in der Inselkirche Kloster und mehrere Vorträge, zudem begleitete ich mit Texten einige musikalische Veranstaltungen und war natürlich für seelsorgerische Gespräche bereit. In einem der Vorträge hatte ich auch über die ökologische Giftküche DDR gesprochen und mich über das Tete a Tete zwischen Honecker und Strauß ironisch, ja sarkastisch geäußert.

Im Eingang der Kirche hatten viele Steine gelegen. Wie gingen die Besucher mit den Steinen, die uns im Wege liegen, um? Ich reflektierte anhand eines Lukastextes über den steinigen Weg der Nachfolge. (Das Ehepaar Kowalik aus Merseburg erinnerte sich 2011 noch ungefragt an diese symbolische Handlung und das indignierte Verhalten Bischof Leichs.) Was ich sagte, war am Rand der DDR gleichsam in den Sand gesprochen, aber auch der Sand hatte Ohren – nach den wunderschönen Wochen auf Hiddensee erfuhr ich, dass Bischof Leich noch nach Monaten versucht hatte, mich wegen dieser öffentlichen Offenheit, bei der ich mich nicht besonders mutig, sondern selbstverständlich fand, vor meinem Bischof Werner Krusche anzuschwärzen: Ich hätte im Gottesdienst eine unzulässige politische Grenzüberschreitung begangen.

Stets blieb diese DDR in ihrem Grundmuster präsent und erkennbar. Es herrschte (das Wort ist hier wahrlich angebracht) ein ständiges Wogen zwischen Versuch und Vermeidung, zwischen Ehrlichkeit und Anpassung, Vortrag und

Vorsicht, und ein solches Klima der Überwachung, der Not zur Selbstbeherrschung zieht das Reglementieren, das Zurechtweisen, das Denunzieren nach sich. Es machte auch vor unseren kirchlichen Kreisen nicht halt und zog uns, die wir alternativ zur befohlenen Doktrin leben, denken und fühlen wollten, mit hinein ins giftige Klima. Zum Glück war Bischof Leich mit der Meldung meiner angeblichen politischen Fahrlässigkeit bei Krusche an der falschen Adresse.

Meine Familie und ich wohnten im Jugend- und Gemeindezentrum der Insel, es hatte in der oberen Etage zwei kleine, bescheidene Zimmer. Neben dem Gebäude stand ein großes, prächtiges, für die damalige Zeit geradezu imposantes Haus; kein Schild an der Tür, nichts verwies auf seine Bestimmung, es war das sogenannte Gästehaus des Bischofs von Greifswald, Horst Gienke. Der Bischof lud mich in sein benachbartes pompöses Haus zu einem Gartengespräch bei Scotch Whisky ein, es war ein sehr kontroverses, aber von der Haltung her partnerschaftliches Gespräch. Er meinte, man dürfe die DDR-Behörden nicht überfordern und die gutwilligen Leute nicht verprellen. Und ich entgegnete, die Probleme um die Atomraketenrüstung und die schwer belastete Umwelt seien zu ernst, als dass man sie unter Rücksichten oder taktischen Kalkülen abschwächen dürfe.

Als einen »Disput mit einem Pfarrer« betitelte ein damaliger Zuhörer meinen Vortrag: »Wenn wir keine Feinde hätten, müssten wir sie erfinden. Über die Funktion von Feindbildern.« Es sind Erinnerungen, die er für seine Enkel aufgeschrieben und mir zugeschickt hat. »... Ein junger Mann, blond, mit markantem Profil. Er sprach ruhig, mit klangvoller Stimme – ein geübter Redner ... Der Redner ließ keinen Zweifel an seiner Absicht. Machen wir uns Feindbilder, weil wir welche brauchen, um den, der für einen Gegner gehalten werden soll, als Gegner erscheinen zu lassen? Um Kriege führen zu können, wurden immer Feindbilder gebraucht, erzeugt und genutzt. Ist das im Kalten Krieg zwischen West und Ost anders? Stimmen die heutigen Feindbilder mit der Wirklichkeit überein? Über solche Fragen sollten die Zuhörer in der Kirche nachdenken, und der Pfarrer führte dieses Nachdenken bis zur Frage, ob nicht Feindbilder beseitigt werden müssten, wenn man Kriege verhindern will.

Die Zuhörer schienen beeindruckt; sie klatschten laut und lange. Einige zogen den Referenten ins Gespräch, andere gingen. Wie? Keine Diskussion? Sie war aber doch angekündigt. Das fragte ich den Pfarrer, und der rief: ›Hier will einer diskutieren!‹ Es war eine laue Sommernacht. Warum sollten wir in der Kirche bleiben? Die noch bleiben wollten, vorwiegend junge Leute, setzten sich auf die Stufen vor der Kirchentür und zwischen die Gräber. ›Nichts gegen die schlimme Wirkung von ausgedachten Feindbildern‹, begann ich, ›aber ist das Gegeneinander im Kalten Krieg nur ausgedacht? Ist es nicht Ausdruck wirklicher Gegensätze, und gibt es nicht Kräfte, denen man zutrauen kann, dass sie unter bestimmten Umständen den Kalten Krieg in einen heißen umwandeln?‹ Es ging sehr lebhaft zu vor der Kirche, das Für und Wider zog sich lange hin. Besonders heftig wurde es, als ich den Pfarrer fragte, ob er allen Ernstes glaube, dass man durch den Verzicht auf Feindbilder einen Krieg verhindern könne. Als Motive hätten Feindbilder immer gewirkt, aber die Kriegsgründe seien doch immer anderer Art gewesen. Die müsse man beseitigen, wenn man den Frieden erhalten wolle.

Das Gute am Streit dieser Nacht war, dass die Streitenden einander zuhörten, aufeinander eingingen. Sie verfochten unterschiedliche Standpunkte, aber sie verhielten sich nicht wie Gegner.

Am nächsten Morgen stieg ich ins Wasser. Der Strand war menschenleer, nur einer war bereits im Wasser und stieg nun ans Land, nackt wie ich. Wir erkannten uns, obwohl wir sicher ein anderes Bild boten als am Abend vorher, und begrüßten uns mit einem Lächeln. Es war der Pfarrer. Zwanzig Jahre später sagte mir der Name, den ich auf dem Plakat gelesen hatte, mehr als damals. Dort hatte gestanden: Friedrich Schorlemmer.«

So weit die mir 2002 vom damaligen »Leiter des Lehrstuhls Kulturpolitik an der Parteihochschule der SED« Eberhard Röhner zugeschickte Erinnerung an jenen Abend. Ich erinnere mich so: Es war ein sehr heißer Abend. Ich hatte wohl mehr als eine Stunde gesprochen und u. a. gesagt: »Eine menschliche Gemeinschaft definiert sich meistens von einem Grundkonsens gemeinsamer Überzeugungen und Interessen her, wobei die eigene Tradition rassischer, religiöser, weltanschaulicher, nationaler Art prägend wirkt, manchmal ins Unterbewusstsein abwandert und immer wieder reaktivierbar ist, auch nach Jahrzehnten. Diese Gemeinschaft zieht dann eine Grenze, einen Zaun materieller oder ideeller Art, der das Revier umgrenzt. Die anderen, ›die da draußen‹, die Fremden, sind dann potentielle Gegner, gegenüber denen man wachsam sein und gegen die man sich zusammenschließen muss. Die draußen sehen den Zaun und wissen, gegen wen er gerichtet ist – gegen sie – und denken: Was machen die hinter dem Zaun? Entweder sie bauen selber einen Zaun oder sie schicken geheim jemand in deren Gelände hinein, und werden diese Agenten dann ausfindig gemacht, ist klar, dass der Gegner nur Zellen bilden wollte, um das Umgrenzte im ideellen oder materiellen Sinne zu zerstören. Und innere Differenzen werden am leichtesten durch den Hinweis auf den Feind zurückgestellt. Immer, wenn die Mächtigen besonders auf die Feinde hinweisen, ist Gefahr im Verzug. Das ist ein Vorgang, der auch in individuellen Zusammenhängen erkennbar wird. Zum Beispiel, wenn der Außendruck auf eine beliebige Gemeinschaft wegfällt, bricht diese auseinander. Das ist offenbar eine Eigentümlichkeit des Menschen. Je fremder in einer umgrenzten Gemeinschaft der Fremde bleibt, desto leichter ist es, sich ein Negativbild von ihm zu machen. Deswegen hat das Wort ›Kontakte‹ einen so anrüchigen Klang. Die anderen sagen, nur durch Kontakte kommt es nicht zum Blitzen. Der andere, der Fremde, wird ohne Kontakte nicht als Individuum, sondern als Repräsentant seiner Gruppe oder als ›Sohn seiner Klasse‹ verstanden.«

Die Kirche war überfüllt, die Luft unerträglich stickig geworden. Deshalb gab es nur ein Gespräch vor der Tür, auf dem Friedhof zwischen Gräbern im Mondenschein. Ein lange gespannt schweigender Mann warf ein: »Glauben Sie denn, dass unsere Jungs da Nacht für Nacht rausführen, wenn sie kein Feindbild hätten?« Ich entgegnete: »Ja, genau das ist es. So wird Irrationales emotional verankert und militärisch ausgenützt.«

Der ist von der Stasi, sagte man mir danach. So dachte auch ich. Immerhin: Er stellte sich der offenen Diskussion und das ohne Schärfe. Warum gab es das nur so selten und ohne die Attitüden der Macht. Wir sahen immer STASI, hatten leider auch meist Recht damit. Diesmal nicht. Jene Aussage über Feindbilder und Grenzreglement ist mir bis heute in Erinnerung geblieben.

In jener Zeit fand gerade der Kirchentag in Dresden statt. Mir wurde die Abwesenheit bei den Diskussionen um Sinn und Trachten unserer Arbeit schwer. Bei solchen Treffen lebte ich stets auf, gewann Kraft und Gewissheit, es bedurfte doch so sehr der Versicherung durch Gemeinschaft. Aber ich unterbrach den Urlaub nicht, denn ich musste unbedingt vorbereiten, was im September 1983 in Wittenberg stattfinden sollte: einen »Disputationsgottesdienst« in der Schlosskirche unter dem Motto »Es geht ums Überleben. Thesen zum Weiterdenken«, einen »Abend der Begegnung« im Lutherhof mit dem Umschmieden eines Schwertes zu einer Pflugschar sowie Liturgie und Abschlusspredigt auf dem Wittenberger Marktplatz.

Eine Schauspielstudentin, Freundin einer kirchlich sehr aktiven Jugendlichen, Ingrid Kube, hatte Kontakt zur Schauspielerin Inge Keller, auch auf Hiddensee als extravagant, glanzumwoben und unnahbar geltend. Die Diva vom Deutschen Theater Berlin besaß hier ein Haus, idyllisch versteckt in der Dünenheide, einem Areal, in dem aus Naturschutzgründen niemand hätte bauen dürfen.

Auf Wunsch von Inge Keller sollte ich sie besuchen, sie wolle beizeiten die Dinge ihrer Beerdigung »regeln«, dazu schien ihr das Gespräch mit einem Pfarrer wohl angebracht. Mit ihrem guten Bekannten, dem Weimarer Regisseur Fritz Bennewitz, war sie zu meinem Vortrag in die Inselkirche gekommen, danach verließ sie hoch aufgerichtet den Raum, ohne Gruß, ohne Anhauch einer freundlichen Geste; Erscheinung war alles, und diese Erscheinung hatte in jedem Moment majestätisch zu sein. Ich war beeindruckt, zweifellos. Diese Frau, später stets die »Grande Dame« des DDR-Schauspiels genannt, repräsentierte einen staunenswerten, aber auch kühlen Einbruch des Mondänen in die graue Grundfarbe des DDR-Daseins.

Zwei Tage später war der Termin unseres Treffens. Höflicher Empfang, dann kam die Keller gleich zur Sache, dies übrigens bei einem Rotwein, wie ich ihn in meinem Leben noch nie getrunken hatte. Irgendwann las ich, die Schauspielerin habe sich am Telefon gern mit der Bemerkung gemeldet, hier sei die diensthabende Gräfin der DDR, eine ironische, aber auch ärgerliche Reaktion auf häufige, klischeehafte Besetzungsangebote, die einzig auf ihren Typ zielten. Da hatte ich diese Frau wieder deutlich vor Augen, ja, eine Gräfin, unmittelbar am Strand der Ostsee.

Inge Keller steckte sich eine elegante Zigarette an, kein Zigarillo, sondern eine sehr lange Zigarette, pustete den Rauch in die Luft: »Nun, Pasting, wir reden heute nicht über den Tod, wir reden über das Leben.« Sie kam sofort auf meinen Vortrag in der Inselkirche zu sprechen. Der Ton und die so gar nicht erwartete Angriffslust irritierten mich. Ich hätte mich über die SED lustig gemacht, auch über alle Mitglieder dieser Partei, Menschen, die oft große Konflikte durchlebten zwischen dem, was sie dachten, und der notwendigen Einsicht in die Pflicht zu Disziplin und Geschlossenheit. Es falle vielen schwer, alle Windungen und Wendungen aktueller Politik zu begreifen, so sei es eigentlich unbegreiflich, lesen zu müssen, wie freundschaftlich sich gerade Erich Honecker und Franz Josef Strauß getroffen hätten – was sollten da meine Arroganz und Verächtlichmachung. Ich war verblüfft, und da man bei der Wahrnehmung verblüffter Leute gern noch einen draufsetzt, setzte auch Inge Keller, selbstredend eine gute Beobachterin, noch einen drauf: Sie sei im Übrigen gläubig und eine Bolschewikin, sie sei eine gläubige Bolschewikin. Der Schlag saß und ich auf der Anklagebank. So hatte ich mir diese Begegnung wahrlich nicht vorgestellt.

Sie hörte gar nicht wieder auf, sie attackierte mich wegen meiner Aktivitäten in der Friedensarbeit, und dann wurde der Angriff sehr persönlich. Sie gab mir plötzlich eine Mitschuld an einem tragischen Vorfall in ihrer Familie. Der nämlich sei ausgelöst worden durch Gewissenskonflikte in Friedensfragen, wie sie die Kirche aufwerfe. Junge Menschen würden so zerrieben zwischen ihrem Pflichtbewusstsein für den Staat und einer individuellen Freiheit, die im Rahmen bestehender Gesetze nicht lebbar sei. Und auch nicht wünschenswert, denn der Sozialismus habe ein Recht darauf, sich gegen seine imperialistischen Todfeinde zu verteidigen.

Diese große Schauspielerin saß nicht in einem märchenhaft

Seminar »Recht, Gerechtigkeit und Rechtsstaat« in der Evangelischen Akademie 1997. Auf dem Podium neben mir drei Bürger mit Stasihaft-Erfahrung.

und weltabgewandt wirkenden, also Seele und Leib beruhigenden Haus wenige Meter vom Meer entfernt – sie stand auf einer großen Welt-Bühne, große Worte schneidend in den Raum werfend, sie sprach nicht, sie rechnete ab, ich in unsichtbaren Fesseln vor ihr hockend. Das alles keinesfalls unhöflich oder grob, aber sehr klar und immer im tanzenden Rauch der Zigarette, die unablässig elegant geschwungen wurde.

Inge Keller war einst kurz mit Karl-Eduard von Schnitzler verheiratet gewesen, auf der Insel Hiddensee fand die Hochzeit statt, in den fünfziger Jahren. Mit dem zynischen, demagogischen Matador des »Schwarzen Kanals« hatte sie jetzt freilich nichts mehr zu tun. Aber ich. Er hatte zum Konflikt zwischen Militarismus und Pazifismus u. a. Folgendes von sich gegeben: »Nach der biblischen Überlieferung hat Christus die Wucherer und Wechsler nicht mit gefalteten Händen und frommen Chorälen zu bekehren versucht, sondern sie

447

mit dem handfesten Argument einer selbstgefertigten Geißel aus dem Tempel hinausgeprügelt ... So steht's im Neuen Testament, Joh. 2,16.« Es falle manchen Leuten offenbar schwer zu erkennen, »dass Gewehr nicht gleich Gewehr ist und Macht keineswegs etwas Unmoralisches sein muss. Imperialistische Macht ist potentielle Kriegsmacht, weil im Kapitalismus der Mensch des Menschen Wolf ist und der Profit im Mittelpunkt steht.« Sozialistische Macht sei »Friedensmacht. Denn Sozialismus und Frieden sind miteinander identisch, weil im sozialistischen Staat der Mensch im Mittelpunkt steht, sein Glück und das Wohl des Volkes. Nächstenliebe ist im realen Sozialismus Regierungsprinzip. Also ist sozialistische Macht eine Gewähr für Frieden auf Erden.« Diesen Kampf um Frieden und Abrüstung zu führen, bedeute keine »Militarisierung der Gesellschaft«. Man müsse »die Geißel gegen Wucherer und Wechsler« nicht anwenden; aber man müsse sie zur Hand haben. »Besitz und Meisterung von Waffen und Waffensystemen, militärische Disziplin (vom Gehorsam über Postenstehen, Bewährung im Einsatz unter Gefechtsbedingungen bis zum Großen Wachaufzug und zur Parade): Das hat nichts mit Militarismus zu tun. ... Frieden auf Erden und Nächstenliebe: Das sind unsere Positionen!«

Die DDR-Führung in Übereinstimmung mit Bibel und Bergpredigt – das war Schnitzlers Suggestiv-Rhetorik vom »Schwarzen Kanal«. Die Atmosphäre an jenem Abend bei Inge Keller erinnerte an Schnitzler. Als wäre er ihr Souffleur. Als gäbe er ihr die Worte ein. In einem Gedicht von Brecht heißt es: »Er begriff es, und begriff es auch nicht.« In gewisser Weise verstand ich, dass sie die Grundlagen ihrer Privilegiertheit verteidigte, andererseits verstand ich nicht, weshalb sie, eine Künstlerin, eine in vielfachem Sinne freie Person, so dogmatisch redete. An jenem Abend übernahm meine Frau meine Verteidigung. So intensiv, so energisch, so aufgeladen wie noch nie. Vielleicht war es auch noch nie so nötig gewesen. Ich lebe von der Lust auf Spruch und Widerspruch, Rede und Widerrede – in diesem Haus bestimmte Inge Keller die Regeln. Auch Fritz Bennewitz war mit dabei, dessen jugendlicher Freund versuchte mich zu unterstützen. Wie ich hörte, hat Bennewitz ihm das sehr verübelt.

Benommen, leer verließ ich das schöne Domizil der schönen Kühlen. Es sollte ein friedfertiges Gespräch über letzte Dinge und irdische Vorsorgen für den schwersten aller Gänge werden. Es war eine Abrechnung geworden.

Mich hat diese Begegnung sehr lange beschäftigt, auch weil ich das Gefühl hatte, bei meinem Vortrag missverstanden, falsch interpretiert worden zu sein, und dieses Gefühl nagt besonders unangenehm, wenn man der Überzeugung ist, sich doch klar und unmissverständlich ausgedrückt zu haben und gegen Mauern aus bewusster Ignoranz zu rennen.

Im November 1989 bekam ich einen Anruf. Am Telefon: Inge Keller. Sie sagte nur kurz und knapp, ich solle am nächsten Abend das 2. Programm des DDR-Fernsehens einschalten. Ich wusste nicht, worum es ging, es waren die Wochen der Umbruchs- und Aufbruchsturbulenzen. Man lebte erregt, chaotisch, neugierig und sehr mit Zukunft beschäftigt. Ich hatte nur Zeit, mein Interesse zu bekunden, da legte Inge Keller den Hörer schon wieder auf.

Natürlich schaute ich, worauf sie mich aufmerksam gemacht hatte. Der Filmbericht zeigte die Keller, wie sie vor den Vorhang des ehrwürdigen Deutschen Theaters trat, sie hatte eine Zeitung in der Hand und las einen Text aus der »Berliner Zeitung«, er stammte von mir und mahnte zu einem nicht denunziatorischen *und* einem nichts verleugnenden Umgang miteinander wie mit der DDR-Geschichte. Keller sagte noch einen Satz, der ihre eigene Zustimmung zu meinen Worten in die gewohnt klare, preußisch brillante und souverän wirkungsbewusste Sprache brachte, und sie verschwand wieder. Dann kam Walter Janka und las aus seinem beeindruckenden Buch »Schwierigkeiten mit der Wahrheit«.

Ich traf diesen von Krankheit und Erfahrung schon schwer gezeichneten Mann auf der Geburtstagsfeier für Willy Brandt am 18. Dezember 1989. Wenige Worte, in gegenseitig spürbarer Sympathie. Er erlebte das Aufbrechen der verkrusteten Strukturen wohl mit der erschütternden Ahnung, dass für ihn selbst alles zu spät gekommen war. Das Leben ist ungerecht, es setzt seine aufbauenden, befreienden Zäsuren ohne Rücksicht auf den Schwund der uns gegebenen Zeit. Aber es lag Beglückung in Jankas Zügen, Hohn war ihm fremd, Hass auf die SED-Bonzen ebenso – er stand gleichsam aufatmend in einer Niederlage, die auch seine Niederlage blieb. Weil dieser fegende Herbst 1989 für ihn nicht nur das Abtreten einer rigide anmaßenden Partei bedeutete, deren Opfer er, ein aufrechter Kommunist, geworden war, sondern weil diese Niederlage den Sinn beschädigte und ins Wanken brachte, für den er gelebt und gelitten hatte. Nach Walter Jankas Tod kam seine Witwe öfter nach Wittenberg in die Akademie, wach, kritisch, zugewandt. Es gab viele ehemalige SED-Mitglieder, die wie Walter Janka aufrecht, unter Mühen des kritischen Selbstgerichts, willens, für neue, demokratische Verhältnisse zu wirken, in die Wendezeit gingen. Warum die Sozialdemokratie in jener Phase des Auseinanderstiebens und der Neufindung politischer Konstellationen ihnen die kalte Schulter zeigte, sie nicht einband ins Neue, ist mir bis heute unverständlich. Eine Entscheidung, in der ein tiefer Schmerz der Erfahrung seinen Befehl gegeben hatte; ein Fehler, der die Sozialdemokraten eine Menge Zukunft kosten sollte.

Inge Keller besticht noch immer in ihrer freilich seltener gewordenen Bühnenpräsenz. Vor allem ihre Lesungen, nach

450

wie vor am Deutschen Theater, sind Feste einer hohen Kultur in maßstablos flatternder Zeit. Meiner Bewunderung bleibt eine leise Trauer eingeschrieben. Wir hatten damals über den Tod reden wollen, sprachen übers Leben, und einmal mehr hatte sich das als ärgste Gelegenheit erwiesen, aneinander vorbeizureden.

Hiddensee blieb mein Sehnsuchtsort. Aber zu selten hatte ich Gelegenheit, auf die Insel zu fahren. Immerhin: So bleiben Sehnsüchte wach. Ich versuchte auch andere für das faszinierend abseits gelegene Eiland zu gewinnen, fuhr mit der Wittenberger Vikarsgruppe nach Kloster, einem bestechend schönen Ort für Besinnung und Konzentration in unmittelbarer Nähe zu einem Gefühl der Abwesenheit von Enge und Eintönigkeit.

Als ich 1987 mit einer Vikarsgruppe aus dem Predigerseminar für eine Woche auf die Insel Hiddensee zur Klausur fuhr, traf ich auf der Rückfahrt mit der Fähre nach Schaprode Hans Otto Bräutigam, den Ständigen Vertreter der Bundesrepublik bei der DDR, mit seiner Frau. Wir kannten uns vom Kirchentag in Wittenberg und kamen sofort ins Gespräch. Wir redeten offen, mussten allerdings laut sprechen, weil der Dieselmotor der Fähre erheblich dröhnte. Die Gespräche auf der Fähre verstummten, die Leute hörten uns zu. Bräutigam merkte das, er fragte leise, zu mir herübergebeugt, ob wir überhaupt so laut reden dürften, ob es nicht besser sei, die Lautstärke zu zügeln. Ich entgegnete, wir müssten unbedingt laut reden. Denn es sei doch nicht die Frage, ob wir etwas dürften, sondern ob wir uns die Freiheit für etwas, das uns wichtig ist, einfach nähmen.

Sie ist in meinem Gedächtnis, die plötzliche Stille jenes Augenblicks, als sich der Diplomat bei mir vergewissert hatte aus einer Mischung aus Vorsicht und Fürsorge, und der befreiende Moment, in einem sicheren Empfinden von Aufgehobensein einfach weiterzureden – was »meines Herzens Meinung sei«. Ohne Furcht vor falschen Zuhörern, ohne Beklemmung, ohne zermürbende Taktik, was angebracht sei und was nicht. Wer nicht ständig Angst vor der Angst hat, dem wächst aus zugefügtem Kleinmut kleiner Mut zu – mit Wachstumspotentialen. Schöne Maxime: Immer einander Mut machen. Und doch die Fallen des Übermuts kennen und beachten. Schweigen zur falschen Zeit kann zerstören, es vergrößert nur die Probleme, die just durch Schweigen gemindert werden sollen. Es gibt freilich auch Zeiten, da sollte man schweigen, aber damals, auf jenem Schiff, war es bereits höchste Zeit zu reden, öffentlich und laut, und für Sekunden schien es mir, wir befänden uns nicht bloß auf einer Fähre des gewöhnlichen Seeverkehrs, sondern auf Fahrt zu wahrlich neuen Ufern offener, öffentlicher Verständigung. Aber da tönte auch schon die Sirene. Wir waren zurück in der DDR-Realität: auf dem Fest-Land.

Welch ein Wechsel: Im Mai 1993 und 1994 lud der Bertelsmann-Buchclub zu Ost-Westlichen Hiddenseeer Gesprächen – »Kulturnation Deutschland« – ein, um die Verständigung zu befördern. Eberhard Reimann und Theo Schäfer hatten dies ebenso initiiert wie das Symposium im Juni 1990 im Potsdamer Cecilienhof und »Leipzig liest« als eine wunderbare kulturelle Brücke. Publizisten, Dichter, Journalisten, Wissenschaftler aus Ost und West trugen ihre Positionen vor und diskutierten heftig, aber fair – und honorarfrei. Zweimal ganze drei Tage, Auge in Auge unsere »Geteilte Vergangenheit – gemeinsame Zukunft« suchend. Mir ist u. a. in Erinnerung geblieben, wie Hellmuth Karasek mit Friedrich Dieckmann und der DDR-Zeit – theatralisch auf und ab laufend – abrechnete. Meine 21-jährige Tochter Uta, als eine der Vertreterinnen der jungen Generation dabei, nahm allen Mut zusammen und gab zu Protokoll: »Ich habe Herrn Dieckmann ganz anders verstanden als Sie, Herr Karasek. Ich komme aus dem Osten. Ich weiß nicht, ob das daran liegt, oder liegt es an der Sprache oder am Erfahrungshorizont?« Karasek war einen Moment lang konsterniert. Die Gesprächsprotokolle zeigen nach nunmehr 18 Jahren, dass die Gräben noch lange nicht zugeschüttet sind.

Und Hiddensee ist eine gesamtdeutsch überlaufene, immer noch schöne (Urlaubs-)Insel, besonders im Herbst, wenn es stiller wird.

»DIE GRENZE DER FREIHEIT BESTIMMEN DIE ANRAINER« (LEC). GUTE NACHBARSCHAFT MIT POLEN

Nachbarschaft ist Fügung, meist so wenig wählbar wie Verwandtschaft. Aber eben deshalb ist Nachbarschaft ein prägender Prüfstein für die Kraft der eigenen humanen Ausstrahlung, für den friedlichen Charakter der atmosphärischen Schwingungen, die hinüberwirken zum jeweils anderen. Die Nachbarschaft zwischen Deutschen und Polen hatte schwere historische Lasten zu ertragen. Aus dem Gemenge von kriegerischen Angriffen, politischen Anmaßungen, unrechtmäßigen Ansprüchen, fatal gezüchteten Aversionen hat sich aus deutscher Schuld heraus mühsam und mählich, über Nachkriegsjahrzehnte hinweg, ein geschichtlich neues Verhältnis zwischen den Nachbarn an Oder und Neiße entwickelt. Friedrich Dieckmann hat geschrieben, mit der frühen Anerkennung der Oder-Neiße-Grenze habe die DDR ihre historisch größte Leistung vollbracht und ihre Existenz sei allein schon gerechtfertigt gewesen wegen dieses einen Umstandes: Sie hat den Westen daran gewöhnt, dass es besagte Grenze gibt und dass sie eine völkerrechtliche Errungenschaft ist. Inzwischen eine Selbstverständlichkeit, mag man sagen – freilich weisen Töne aus dem Bund der Vertriebenen immer wieder darauf hin, dass in Fragen der Geschichtsbilder und daraus resultierender politischer Handlungen niemals etwas als selbstverständlich betrachtet werden sollte, also als etwas, das keiner Mühe, keiner sorgsamen Pflege mehr bedarf. Die Brücken über Oder und Neiße führen immer wieder auch in die Vergangenheit, ohne deren fortwährendes Bedenken und Befragen keine gesicherte gemeinsame Zukunft möglich ist. An Flüssen stehen, schreibt der Dichter Peter Handke, das wird Frieden sein. Alle Stille, alle Sanftheit, alle Furchtlosigkeit und Beruhigtheit, die von diesem Bild ausgeht, sie ist Arbeit. Auch Brüderlichkeit ist Arbeit.

Freilich: Brüderlichkeit lässt sich nicht institutionalisieren. Man kann Menschen nicht zu Zuneigung verpflichten. Doch bedarf es der Institutionen, der Bündnisse, um sich gerechtfertigt zu fühlen in einem Sinn, der das eigene Ich weitet. Für uns in der DDR war Solidarność solch eine Institution, ein Kraftwerk des Zuspruchs, des praktischen Widerstandsgeistes. Ich sah nach Polen plötzlich sehnsuchtsvoller, als ich je nach Westen geblickt hatte. Über Jahre hinweg blieb die polnische Gewerkschaft der Werftarbeiter das Vorbild einer geschlossenen Kraft des Widerparts, im DDR-Regime eine undenkbare Konstellation.

Nachdem meine Tochter im Juni 1989 ihr Abitur in der Tasche hatte, fuhr ich mit ihr nach Warschau. Wir versuchten, Kontakt zur Solidarność und zu anderen Oppositionsgruppen aufzunehmen. Freudig erregt, in hinwendungsvoller Neugier, im schönen Selbstbewusstsein der Gleichgesinnung. Aber was geschah? Wir wurden ziemlich kühl, um nicht zu sagen schroff abgewiesen – weil wir aus der DDR und nicht aus der Bundesrepublik gekommen waren. (Der Stasibericht über diese Reise vermerkt lediglich: »In der VR Polen hat sich

›Johannes‹ offensichtlich mit Exponenten der PUT beraten, dieser Fakt könnte in den zukünftigen Aktivitäten von Bedeutung sein. Deutlich wird eine zunehmende Verunsicherung von ›Johannes‹ und ›…‹ in Bezug auf von ihnen vermutete technische Kontrollmaßnahmen durch das MfS.«)

Uns wurde in Warschau recht deutlich gemacht: Die Polen hielten nicht viel von der DDR, sie blickten, wenn sie nach Deutschland schauten, über uns Ostdeutsche hinweg. Zu tief hatte sie verletzt, was seit Anfang der siebziger Jahre an antipolnischen Ressentiments, auch an regelrechter Polenverachtung zu ihnen gedrungen war. Honecker hatte vom »Sozialismus in den Farben der DDR« gesprochen, und nicht nur hinter vorgehaltener Funktionärshand war die offizielle politische Formel ins ostdeutsche Arroganzvokabular übersetzt worden, in Witze und Stammtischphilosophien über Polen und dessen Bevölkerung. Dem »proletarischen Internationalismus« fiel verräterisch oft die geschminkte Maske vom Gesicht. Die Polen hatten sich das Gesicht quasi gemerkt und sahen auch in uns jene, die sie lieber mieden, wenn es um Begegnung, gar Bündnis ging. Seltsam, wie man plötzlich für genau das büßen muss, was man stets bekämpfte und wofür man sich immer geschämt hatte.

Wir bekamen die erwünschten Kontakte jedenfalls nicht. Ich schwankte zwischen Verständnis und Unmut, zudem verwirrte mich, dass sich plötzlich Vertreter des KPN (Konföderation des unabhängigen Polen) für uns interessierten. Die Gruppe verstand sich als Hüterin des Erbes von Józef Piłsudski und war eher national konservativ, antisemitisch und antirussisch orientiert. Ich erschrak, lavierte höflich und suchte nach Möglichkeiten, dem unliebsamen Kontakt auszuweichen. Das war ein erster Eindruck von dem, was sich Monate später auch in der DDR ereignen sollte: Am Start in die Demokratie würden unterschiedlichste, auch miteinander unvereinbare politische Gruppierungen stehen; man würde sich wundern, woher die mit einem Male alle kamen; Besorgnisse über unwillkommene Machtkonstellationen würden sich einschleichen – und einmal mehr würde sich zeigen, dass die Ablehnung und Abschaffung eines alten Systems ein zwar kräftiger, aber nur kurzfristiger Bündniskitt ist, die Bestimmung politischer Ziele jedoch, das gemeinsame Vorgehen gar ein quälend schwieriger Prozess. Unweigerlich verbunden mit Streit, Unversöhnlichkeit, Abspaltung, Trennung, Gegnerschaft.

Meine Tochter und ich erlebten in Warschau unmittelbar mit, wie sich ein 40 Jahre kommunistisch beherrschtes Parlament in ein demokratisches Hohes Haus zu verwandeln begann. Solidarność hatte Anfang Juni einen erdrutschartigen Sieg errungen. Uns faszinierte, wie kulturvoll der Übergang in die zensurfreie Streitkultur verlief. Das Vorbild der Polen: Sie hatten als geniale politische Innovation am 6. Februar 89 den »Runden Tisch« in die Welt gestellt, daran Platz genommen – damals ahnte ich noch nicht, dass dieses grandiose Möbelstück für uns in der DDR schon ein Vierteljahr später ebenfalls große politische Bedeutung für den Übergang in die Demokratie erlangen würde.

Was legt in uns Spuren? Welche Wahrnehmungen und Eindrücke setzen Lebensentscheidungen in Gang? Mehrfach hatte unsere Familie das Nachbarland besucht, wir genossen die Schönheit des Landes, wir standen ergriffen in den Gedenkstätten, die von den Schrecknissen unter deutscher Besatzung erzählen. Polen wuchs uns ans Herz, und meine Tochter Uta, die mich 1989 nach Warschau begleitet hatte, entschloss sich zu einem Studium der Polonistik. Ein Semester verbrachte sie in Krakow, um dann später über polnische Theaterregisseure wie Krystian Lupa und Tadeusz Kantor zu forschen und zu schreiben. Über Lupa promovierte sie. So ist mir Polen gleichsam auf sehr direkte Weise familiärer Stoff geworden; Geist und Gemüt sind mit dem Nachbarland eng verbunden, das Werk polnischer Denker hat mich nachhaltig beeinflusst. Was mich früh faszinierte, war deren Kompromisslosigkeit, sich den Erfahrungen mit Stalinismus und Dogma ehrlich zu stellen, aus dem Irrtum der eigenen Parteilichkeit Konsequenzen zu ziehen und sich ab einem bestimmten Punkt nicht mehr mit den Beschwichtigungen eines falschen Bewusstseins durch die Zeit zu lügen.

Leszek Kołakowski und sein Buch »Der Mensch ohne Alternative. Von der Möglichkeit und Unmöglichkeit, Marxist zu sein« haben mich lange beschäftigt. Mein Freund Konrad Well schmuggelte es 1965 über die Grenze, es war in meinem dritten Studienjahr. Er kam mit seinem VW Käfer auf der Autobahn durch die DDR, wir verabredeten uns auf dem »ersten Parkplatz nach dem Berliner Ring«. Ein illegaler Treff wie in einem billigen Agentenfilm. Klischeehafter konnte die Konspiration nicht sein, aber vielleicht wehren wir uns mit dem Stempel des Klischees einfach nur gegen die Trivialität mancher Wahrheiten. In gewisser Weise agierte mein Freund als Fluchthelfer: Denn auch jenes Buch, das er mitbrachte, half mir bei der permanenten Flucht aus der festgezurrten Geisteswelt dieser DDR.

Noch immer sehe ich den Parkplatz vor mir. Der Volkswagen hielt. Ich war schon da, stieg von meinem Motorrad ab, ging in den Wald. Mein Freund aus Frankfurt am Main kam mir nach. In bemühter Unauffälligkeit, einen Beutel in der Hand. Er kam nicht, er schlich. In solchen Situationen denkst du plötzlich, selbst die kleinste Geste oder Bewegung – bemüht unauffällig oder beiläufig – ziehe just durch das Bemühen alle Blicke der Welt auf dich. Du bist der Enttarnteste, der sich denken lässt. Uns gegenüber, auf der anderen Seite der Autobahn, parkte gerade eine Autokolonne der NVA.

Auch das noch, es gehört natürlich zum Klischee. Als habe ein Dramaturg gegähnt und gemeint: Da muss noch etwas Spannung hinein!

In Kołakowskis Essays begegnete ich erstmalig einem Marxisten, der als Philosoph eine eigene Denkrichtung vertrat. Was völlig fehlte, war diese routinierte linke Anmaßung, sich nur als Repräsentant der objektiven, unbefragbaren Wahrheit zu gerieren, eine Haltung, die zwischen Arroganz und knechtischer Bescheidenheit fragwürdige Allgemeinplätze verkündet. In seinem Aufsatz »Der Priester und der Narr. Das theologische Erbe in der heutigen Philosophie« schrieb Kołakowski, die Probleme der Theologie seien nichts anderes als eine ungeschickte Formulierung der wesentlichen Rätsel, vor denen wir als Menschen gemeinsam stehen. Etwa, ob die Geschichte eine ewige Wiederkehr des Gleichen oder ein Fortschritt sei. Am Schluss heißt es: »Das Priestertum ist nicht nur ein bestimmtes geistiges Verhältnis zur Welt, sondern eine bestimmte Form der Existenz der Welt selbst, nämlich das Fortdauern der praktischen Wirklichkeit, die schon nicht mehr existiert. Umgekehrt kommt in der Gestalt des Narren das zur Geltung, was nur eine Möglichkeit ist und was in ihm wirklich wird, ohne dass es faktisch existiert. Denn unser Denken über die Wirklichkeit ist ebenfalls ein Teil der Wirklichkeit – und kein schlechterer als die anderen Teile. Die Priester brauchen die Narren und die Narren die Priester.« Was Kołakowski anbietet und was uns bis 1989 verwehrt wurde, ist nichts anderes als der Erkenntnis fördernde Dialog. Er formuliert die »Vision einer Welt, in der die am schwersten zu vereinbarenden Elemente menschlichen Handelns miteinander verbunden sind, kurz, es geht uns um Güte ohne Nachsicht, Mut ohne Fanatismus, Intelligenz ohne Verzweiflung und Hoffnung ohne Verblendung. Alle anderen Früchte des philosophischen Denkens sind unwichtig.«

458

Kołakowski musste Polen 1968 verlassen. Ich hörte wieder von ihm, als er 1977 den Friedenspreis des Deutschen Buchhandels bekam. In seiner Dankrede »Erziehung zum Hass, Erziehung zur Würde« entwirft er ein friedliches Mitteleuropa – trotz der Masse des angehäuften Hasses zwischen unseren Völkern, den es abzutragen gelte. Er plädiert für einen »dominationsfreien, kulturellen Bereich«, der für das Geschick Europas entscheidend sein könne. Ich habe Kołakowski stets als einen Wegbereiter einer friedlichen Selbstbefreiung aus sowjetischer Umklammerung gelesen und verstanden.

Auch der polnische Erzähler, Lyriker und Dramatiker Tadeusz Różewicz machte mich betroffen. Seine Bücher wurden in der DDR publiziert, seine Stücke standen auf den Spielplänen zahlreicher Theater. Er drückte auf schmerzhaft satirische, aber keineswegs zynische Weise aus, wie schwer es ist, bei einem »Ausflug ins Museum« genau das angemessen zur Sprache zu bringen, was in KZs und in den Folterkellern der SS angerichtet worden war. Er misstraute den offiziös rituellen Gedenkmustern; mit aggressiver Schärfe, scheinbar ungerührt und betont verstörend, stieß er vor in die Bewusstseinsgegenden, wo der unverstellte Antisemitismus, die freche Unbelehrtheit und eine verheerende Gleichgültigkeit ihr Werk tun. Er schrieb, als habe ihm Beckett den Auftrag erteilt. Endspiele. In seinen Gedichten ging mir herznah, wie hinter grotesker Überspitzung eine aufwühlende Trauer aufsteigt. In seinem Gedicht »Denkmal aus der Besatzungszeit« heißt es: »unsere Denkmäler/haben die Form von Rauch/Sie steigen bis in den Himmel.«

Wenn man von solcher Poesie getroffen wird, wächst Zorn über die gefährliche Unbedenklichkeit, mit der politische Kräfte in der Bundesrepublik noch immer an schmerzhaftesten Punkten eine Differenzierung betreiben, die gefährliche Folgen haben kann – und zwar im Verständnis nachkommender Generationen für die Dialektik von Ursache und Wirkung. Natürlich war die Vertreibung der Deutschen aus Schlesien, Hinterpommern und Ostpreußen eine Tragödie, ein Unrecht, aber dem war doch ein Raub- und Vernichtungskrieg vorausgegangen! Ohne Krieg keine Vertreibung. Das Beharren auf diese Kausalität bedeutet keine Missachtung der Vertriebenen und ihrer Leiden, aber hinter diesem Beharren steht sehr wohl die Sorge, eine historische Wahrheit könne verleugnet werden.

Deshalb verfassten wir 2008 im Willy-Brandt-Kreis gegen das geplante »Zentrum für Vertreibung« einen Aufruf für ein »Zentrum gegen Krieg«. Darin heißt es: »Vertreibung ist eine von vielen entsetzlichen Kriegsfolgen. Genauso gut könnte man ein Zentrum gegen Gebietsannexion befürworten, eins gegen Geringschätzung des Lebens von Soldaten, gegen Massaker an Zivilisten, gegen Bombenopfer und Ruinen, eins gegen Zwangsarbeit und Gefangenenlager, gegen Hunger und Typhus, ein Zentrum gegen Vergewaltigung, gegen Verrohung der Sitten, gegen ethnische Säuberung, gegen Vergeltung und Strafe der Sieger. All das wäre natürlich unrealistisch, um nicht zu sagen absurd. Wir bräuchten ein Zentrum gegen den Krieg, das den Jüngeren veranschaulicht, weshalb Krieg geächtet und künftig zu vermeiden wäre. Jedes von den eben erwähnten Kriegsleiden müsste entsprechend Raum bekommen. Dazu müsste auch all das zur Sprache kommen, was nicht entschädigungsrelevant ist.«

Wir fanden für diesen Aufruf etwa 1 200 Unterzeichner. Bei einem Besuch des Willy-Brandt-Kreises im Willy-Brandt-Zentrum in Wrocław spürten wir, wie heiß umstritten, wie belastet von Feindseligkeiten diese Debatte um Vertreibung auch in Polen ist. Es gelang uns nicht, ein öffentliches Gespräch über das Thema zu führen – wir blieben bei einer anberaumten Veranstaltung fast unter uns. Unsere Gastgeber fürchteten, Rechtspopulisten wie Altkommunisten könnten das Gespräch unterwandern, sprengen. Plötzlich schreckten unsere polnischen Freunde, sonst beeindruckend unerschrocken, vor einer offenen Diskussion zurück. Es war der blanke Nerv, die offene Wunde zu spüren.

»Wer zur Quelle will, muss gegen den Strom schwimmen.« Kein polnisches Sprichwort, aber es kommt mir in den Sinn, wenn ich an Polen denke. Geradezu trotzig planten wir Dozenten des Predigerseminars im Januar 1990 mit der Vikarsgruppe eine Reise in den Osten. Obwohl alle, die sich in Bewegung setzten konnten, seit dem 9. November 1989 als harmonischer Schwarm gen Westen strömten, organisierten wir eine Studienfahrt nach Wrocław. Das fand erwartungsgemäß keinen ungeteilten Beifall. Als würden wir uns mit dem Weg in die Gegenrichtung des allgemeinen Zeitstroms einer wichtigen Eingemeindungspflicht entziehen. Es wurde dennoch für alle, die mitfuhren, ein eindrücklicher Besuch. Wir erlebten nahezu beschämt, was Armut bedeutet und dass sie kein Hemmnis für überbordende Gastfreundschaft ist. Wir bewunderten den Wiederaufbau der »Festung Breslau« und akzeptierten selbstverständlich, dass es sich um ein »Breslau« in der Stadt Wrocław handelt. Wir besuchten den heruntergekommenen Ort Kryżowa (Kreisau), schauten hinter die Fassaden der eilig getünchten Scheunen des ehemaligen Gutes der von Moltkes – überall im Ostblock dieselbe Tünche und überall die gleiche, nur notdürftig verhüllte Lüge über das Ausmaß des Verfalls. Hier in Kreisau war Kanzler Kohl kurz zuvor mit dem polnischen Ministerpräsidenten Mazowiecki zusammengetroffen und hatte bei großer Medienpräsenz eine Messe auf dem Gutshof mitgefeiert. Ursprünglich sollte die Versöhnungsmesse auf dem St. Annaberg stattfinden. Da der Wallfahrtsort polnischer Katholiken zugleich ein Pilgerziel deutscher und polnischer

Patrioten ist, gab es Proteste, und der Plan wurde fallenge-
lassen. Auch aus diesem Grund waren wohl mehrere Gesprächspartner, u. a. Professoren der Wrocławer Universität,
über die Zukunft des deutsch-polnischen Verhältnisses nach
der Vereinigung besorgt.

Im »Gebet um Erneuerung« berichteten wir am 16. Januar 1990 in Wittenberg von unseren frischen Polen-Erfah-
rungen: Die Rede von der Wiedervereinigung wecke Sorge,
»sogar Angst, ganz persönliche Angst, solange die deutsch-
polnische Grenze nicht von allen Deutschen als endgültig anerkannt wird. Machen wir uns klar: Eine Grenzrevision in
Europa würde viele andere Grenzrevisionen nach sich ziehen und wieder Menschen aus ihrer Heimat vertreiben. Ein
katholischer Professor der Breslauer Universität sprach von
drei Dingen, die die Ängste in Polen verursacht haben. Einmal die Restriktionen gegenüber Polen in der DDR und die
Behandlung der Polen durch uns Deutsche in der DDR.
Zweitens der Zehn-Punkte-Plan des Bundeskanzlers, der völlig ohne die polnische Grenze gedacht ist. Und drittens die
lauten Rufe von ›Deutschland, einig Vaterland‹ auf den
Großdemonstrationen in Leipzig und überall in Sachsen. Was
wird werden, wenn die Deutschen wieder so stark sind?
Müssen wir wieder zittern?«

Ich erzählte von unserem Besuch in Kreisau, einem male-
risch gelegenen Dorf am Fuße des Eulengebirges, wo sich in
den vierziger Jahren der Kreisauer Kreis unter Leitung von
Helmuth James Graf von Moltke getroffen hatte. Diese Wider-
standsgruppe wollte ein demokratisches Deutschland aufbauen. Fast alle wurden nach dem gescheiterten Putsch vom
20. Juli 1944 hingerichtet. »Heute wollen Polen dort ein inter-
nationales Versöhnungszentrum bauen – aus dem Nichts –
und wollen uns Deutsche zum Mitaufbau dieses Zentrums
einladen. Eine Stätte zur Erinnerung an Zivilcourage, an

Christen, die das Unrecht des Völkermordes nicht ertragen wollten und ihr Leben dafür einsetzten. Eine Stätte der Erinnerung des Kampfes gegen jede Diktatur, ein Ort der deutsch-polnischen, ja der europäischen Verständigung.« (Das ist inzwischen in beeindruckender Weise gelungen. Die F. C. Flickstiftung gegen Fremdenfeindlichkeit und für Toleranz, in der ich seit zehn Jahren mitwirke, fördert dort regelmäßig Projekte der Völkerverständigung, insbesondere mit Kindern und Jugendlichen.)

Der emphatische Reisende, der seine Erlebnisse später schildert, spürt quälend die Kluft zwischen der Kraft der Eindrücke und der unweigerlichen Mattheit der Wiedergabe. Die verräterisch zurückhaltende Reaktion der vielen Besucher auf unseren Bericht erschütterte mich geradezu. Es regte sich sogar unverhüllter Widerspruch. Es lag wie dicke Luft über allem, was wir erzählten. Die Ostdeutschen waren ganz mit sich selbst beschäftigt und hatten in ihrer Euphorie, in die offene Welt hineingerissen worden zu sein, überhaupt kein Verständnis für ernst und sorgenvoll blickende europäische Nachbarn. Man tat regelrecht beleidigt, dass aus historischer Reminiszenz Probleme mit dem sich anbahnenden größeren Deutschland thematisiert wurden. Ich fühlte mich unwohl, auch unverstanden. Man möchte ja nicht unbedingt Stimmungsverderber sein. Ich kam mir, unser deutsches Wunder in den Kontext auch polnischer Befürchtungen stellend, wie ein Trauerredner vor, der mitten im Kölner Karneval um Gehör bittet. Fehlplatziert also?

Die untergründige Reserve gegenüber den Polen, die ich beim Schildern unserer Reise spürte, gab mir Recht, auf dem deutsch-polnischen Verhältnis zu insistieren. Ich erinnerte mich an die Jahre 1980/81, als die SED-Propaganda bereits erwähnte antipolnische Ressentiments geschickt gegen Solidarność zu nutzen versuchte. So berichtete das ND vom

4. Januar 1981 über den Besuch Honeckers in Japan, wo er, zu Polen befragt, sagte, dass »kein Land, will es Erfolg haben, ohne Arbeit leben« könne. In diesem sehr seltenen Falle konnte die SED davon ausgehen, dass sie das dumpfe Empfinden der ostdeutschen Mehrheit traf – das ND als Zentralorgan des DDR-spezifischen roten Chauvinismus. Dem entsprach, wie die Zeitung die polnische Oppositionsbewegung abservierte: Jacek Kuroń sei »durch Aufrufe zu Brandstiftungen und Scheiterhaufen berühmt« geworden; Solidarność verfüge über »Kampfgruppen nach dem Vorbild der SA«; »durch verlogene und heuchlerische Auslassungen zu ›Demokratie‹ und ›Freiheit‹ an sich, über ein ›selbstverwaltetes Polen‹ sind viele Menschen irregeführt worden«.

Darauf zeigte sich der in der SED tief verwurzelte Anti-Intellektualismus (ND, 11. Juli 1981): »Selbst für die sonst in höheren Sphären schwebenden und in langen Diskussionen neue Modelle ersinnenden Intellektuellen überlagert das Versorgungsproblem bereits manchmal die Dispute.« Pure Schadenfreude mit Arroganz gewürzt! Eben aus diesem Grunde setzte die SED alles daran, eine stabile Fleischversorgung in der DDR zu gewährleisten. Als sich damals der Gesundheitsminister beim Politbüro über die Überdüngung und Vergiftung des Ackerbodens beschwerte, wurde ihm sehr kurz und knapp beschieden: »Machen Sie lieber die Leute gesund, als dass wir polnische Zustände bei der Versorgung mit Fleisch kriegen.«

Meldungen über Polen in den DDR-Medien, gehässig, verunglimpfend, herablassend, hatten natürlich auch den Charakter einer Drohgebärde gegen die »konterrevolutionären Kräfte« im eigenen Lande, Menschen zuvörderst, die sich in der unabhängigen Friedensbewegung sammelten. Unheilbeschwörend wurde von Zusammenrottungen und rowdyhaften Ausschreitungen durch Vertreter dieser polnischen

»Gewerkschaft« gesprochen, von koordinierter konterrevolutionärer Tätigkeit, von Feinden, die sich in Solidarność eingenistet hätten. Die Strategen des Antikommunismus »wollen die Organe der Volksmacht lähmen und eine Herrschaft der Rechtlosigkeit, des psychischen und physischen Terrors einführen und beabsichtigen, ihren antisowjetischen Kurs auf einer Welle des aufgeputschten Nationalismus zu verwirklichen«. Aber, so wird versichert, »in diesem Kampf gegen die tobende Konterrevolution sind die gesunden Kräfte nicht allein«.

Gesunde Kräfte. Das Gegenteil davon: die Schädlinge. Volksschädlinge. Der Kommunismus als Kammerjägerei im Geschichtsauftrag. Die reine Lehre gegen den Dreck. Wasserwerfer gegen den Schmutz. Diese ND-Hetze heute lesend, ist der Schock sofort wieder da, auch das Entsetzen über jene, die noch immer ein System verklären, das solche Töne des höchst lebendigen Stalinismus von sich gab. Es sind Hinrichtungen per Rhetorik. Es sind Säuberungen per Gehirnschüsse aus Waffen der Propaganda. Mich wühlte diese Unverschämtheit auf. Ich sandte am 8. Oktober 1981 einen längeren Leserbrief an das ND, wissend, dass so ein Brief auch an das Staatssekretariat für Kirchenfragen und die Staatssicherheit weitergeleitet wurde. Ich bedauerte »ausdrücklich, wie die Art der Berichterstattung über die Konflikte in Volkspolen genau *diese* Grundstimmung unterstützt und … etwas auslöst, was wohl nicht beabsichtigt sein kann: Intoleranz, Unverständnis oder Arroganz. Die Polen sollen endlich mal arbeiten, statt …, so höre ich.« Einige Nebentöne des ND brandmarke ich als gefährliches Spiel mit dem Feuer. Durch Polemik könne es »zu einem gegenseitigen Aufschaukelungseffekt kommen, den im Grunde niemand gewollt« habe. Am Ende betonte ich die Wichtigkeit eines echten Dialogs.

Am 29. Oktober 1981 erhielt ich von der Redaktion eine

Antwort, die mich wie eine Keule traf. Da wurden mir »un-umstößliche Wahrheiten« entgegengehalten: Die Freund-schaft der Völker sei durch die Befreiungstat der Sowjetu-nion für immer besiegelt, »CIA-gelenkte Subjekte« würden massiert versuchen, Einfluss zu nehmen. »Durch die Vor-gänge selbst bestätigt sich, dass in Polen ein kaum noch ge-zügeltes ›Treiben konterrevolutionärer Elemente‹ vor sich geht. Diese Elemente versuchen, mit nationalistischer, anti-sozialistischer und antisowjetischer Stimmungsmache große Teile des Volkes zu verwirren und gegen seine ureigenen In-teressen zu mobilisieren.«

Das ND bescheinigte sich, sachlich und angemessen über die polnische Entwicklung berichtet zu haben. Dann wört-lich: »Sie stört die Formulierung ›Kampfgruppen nach dem Vorbild der SA‹. Aber sind denn Morddrohungen und bru-tale Prügelattacken gegen jene, die dem Chaos zu Leibe ge-hen wollen, sind denn antisowjetische Grabschändungen et-was anderes als der Stil von Nazihorden? In der Tat – und das ist auch an der polnischen Geschichte erkennbar – sind die blutigen und grausamen Praktiken der Reaktion, wie sie in Gestalt von Naziterror gegen arbeitende Menschen und ihre Interessenvertreter angewandt wurden, nicht auf ein Land oder eine geographische Zone beschränkt. Sie sind dem Wesen nach den Methoden gleich, mit denen die faschisti-schen Putschisten in Chile vorgehen, mit denen die Konter-revolution vor fünfundzwanzig Jahren den Sozialismus in Ungarn zu erdrosseln suchte.« Schließlich wurde darauf hin-gewiesen, dass es nicht um die Beziehung zwischen Deut-schen und Polen gehe, sondern »um die Konfrontation von Revolution und Konterrevolution in Polen selbst«. Die Bot-schaft verstand ich wohl. Sie war auch an unsereins gerich-tet. Dennoch hielt ich es für dringend geboten, an die für mich erreichbare Öffentlichkeit zu gehen und so an die christlichen Gemeinden zu appellieren, antipolnischen Stimmungen im Volk und der Stimmungsmache in den Zeitungen entgegenzuwirken. Ich stellte zur Synode in Halle Anfang November 1981 einen Antrag, der meiner Sorge um »die Entwicklung des Verhältnisses zwischen den Menschen in der DDR und der Volksrepublik Polen« Ausdruck gab. Darin kritisierte ich erneut die »Art der Berichterstattung über die gesellschaftlichen Konflikte in unserem Nachbarland«, die dazu beigetragen habe, »dass in unserem Land Stimmungen aufgekommen sind, die die Gräben zwischen unseren Völkern wieder aufreißen können«. Ich schloss mit der Bitte an die Gemeindeglieder, »aktiv den überkommenen und neu aufkommenden Abwertungen zu begegnen, sich nicht vorgefertigten Feindbildern anzupassen, sich um sachgerechte Information zu bemühen und gerade in schwieriger Zeit die Kontakte zu den Menschen in der Volksrepublik Polen zu pflegen«. Darüber hinaus sollte die Kirchenleitung in Gesprächen mit staatlichen Stellen auf »die möglichen tiefreichenden Folgen der Informationspolitik über die Konflikte in der Volksrepublik Polen« hinweisen.

Die Synode sandte einen entsprechenden Brief an die Gemeinden, der »Evangelische Pressedienst« in der Bundesrepublik brachte das an die größere Öffentlichkeit, woraufhin die DDR-Staatsorgane reagierten. Bischof Werner Krusche, der sich bis dahin nicht zu Polen geäußert hatte, erhielt einen empörten und von Unterstellungen wimmelnden Brief von Professor Dr. Wilhelm Girnus.[50] Das Schreiben war ganz im üblichen Funktionärston gehalten: dem der Beschimpfung. Der Bischof stoße »in das gleiche Horn ... wie die westdeutsche Informationsindustrie« und setze sich dem Verdacht aus, »mit jenen Polen zu sympathisieren, die das heutige allein existenzfähige Polen, das sozialistische, zerstören, die dort die Regierung stürzen wollen und damit dieses Land in einen verhängnisvollen Bürgerkrieg«. Als Bischof Krusche im Dezember auf diesen Brief antwortete, war in Polen bereits das Kriegsrecht ausgerufen worden. Er musste Girnus bei allem Verständnis für dessen Biografie fragen, ob er sich nicht erst einmal hätte informieren müssen, was er, Krusche, geäußert habe. Übrigens hatte der »Evangelische Pressedienst« recht objektiv berichtet, aber in der Logik der SED konnte auf einer Kirchenversammlung gewissermaßen nur der »Generalsekretär« solche Sätze gesagt bzw. veranlasst haben. Ein »schönes« Beispiel dafür, dass die Staatsmacht stets nur im Rahmen ihrer eigenen Praktiken denken und urteilen konnte. Eigenständiges, eigenverantwortetes Reden innerhalb der Kirche hielt sie nicht für möglich. Überall vermutete das Regime ein Komplott, die Außensteuerung, die CIA gar, von der die »5. Kolonne Kirche« vorgeschickt wurde.

Im Sommer 1976 hatte ich in einem Hauseingang in der Nähe des alten Marktes in Warszawa den Namen K. Brandys entdeckt. Ich fasste mir zusammen mit zwei Freunden ein Herz, wir klingelten und trafen tatsächlich den von uns verehrten Schriftsteller und Publizisten Kazimierz Brandys an. Er wurde in der Nazizeit verfolgt, war im befreiten Polen wieder ein Dissident, ein ebenso streitbarer wie feinsinniger Sozialdemokrat. Sein Tagebuch von 1978 bis 1981 sollte uns das System des Kommunismus enthüllen. Ich hatte den Atem angehalten, als ich mit 21 Jahren in Brandy's Buch »Briefe an Frau Z.« las, dass an der Universität Lwów vor dem 1. September 1939 zwei jüdische Studenten ermordet worden waren und Mitglieder linker Organisationen von den Hochschulen relegiert wurden, während die Kampfgruppen der Rechten uneingeschränkte Toleranz genossen hatten. »Wir hatten nicht die geringsten Illusionen – der Faschismus stand in Polen bereit, und die entscheidende Schlacht musste kommen. ... wir waren bereits vor der Schlacht besiegt. ... Deshalb nahm meine Generation den Ausbruch des Krieges gleichsam mit Erleichterung auf. ... Diejenigen, für die der Zusammenprall mit dem Faschismus im eigenen Volk das entscheidende Erlebnis war, sahen darin, dass der Faschismus innerhalb einer Septembernacht der Todfeind ihres Volkes geworden war, die Erlösung – darin, dass die Gemeinheit von außen kam, dass sich das Wort Faschist seither für die Polen mit dem Wort Hitlerist verband.«[51]

Es gehört zu den bitteren Paradoxien, dass trotz aller Schrecken der Vergangenheit Menschen immer wieder bereit sind, sich faschistischer Denkungsart zu öffnen – meist gemischt mit aggressivem Antisemitismus wie in Ungarn, Russland und Polen. Auch viele Polen wollen nach wie vor nichts davon wissen, dass sie sich anfänglich bereitgefunden hatten, die deutschen Nazis bei der Getthoisierung aller polnischen Juden zu unterstützen. Kein Volk nimmt gern wahr, welche unseligen Verfehlungen aus seiner Mitte erwachsen.

Wer hätte gedacht, dass man dem liberalen, mutigen, klugen Demokraten der ersten Stunde Bronisław Geremek einmal seine jüdische Abkunft und seine Gesprächsbereitschaft mit Kommunisten – besonders in der gefährlichen Übergangszeit zu Demokratie und Freiheit – vorwerfen würde. Als sei es eine Art Erbsünde gewesen, nach der Befreiung vom Nazismus überhaupt Kommunist geworden zu sein.

Brandys schreibt in seinem Tagebuch: »Der Marxismus befreite vom Zweifel: Er führte in die eine Richtung und zu der einen Gewissheit. Die Russen haben aus dieser Gewissheit ein Monstrum gemacht und sie auf dem Gipfel der Lüge inthronisiert.«[52] Auch ihn traf, weil er Kommunist war, in den 90er-Jahren der Bannstrahl des polnischen, strikt antikommunistischen Neonationalismus. Der Schriftsteller spricht wohl auch über sich selbst, wenn er von einem Autor berichtet, der zwei Dinge nicht bereue: dass er in die Partei eingetreten und irgendwann ausgetreten sei. Angesichts des Vorwurfs, jede Nähe zum alten System sei ein Versagen der Intellektuellen vor dem geschichtlichen Auftrag des Freiheitskampfes, fragt Brandys: »Wie, in welcher Form, auf welche Weise soll die Intelligenz an der Verantwortung für den Zustand des Landes teilhaben, wenn jede Regung, die der staatsbürgerlichen Vernunft und dem Gewissen entspricht, Repressionen, Ausschließung, Verlust der Arbeit oder Berufsverbot nach sich zieht?«[53] Was er im Sommer 1980 erlebte, sollten auch wir in der DDR im Oktober 1989 überraschend erleben: »Im Laufe der Jahre habe ich mich mit der Erkenntnis abgefunden, dass die Idee des Kampfes um Gerechtigkeit und Freiheit die Mehrheit der heutigen Bevölkerung überfordert und eine Selbstschutzreaktion bei ihr auslöst. Wahrscheinlich stimmte das. Es stimmte – und stimmte gleichzeitig nicht. Innerhalb eines Sommermonats brach aus den Menschen ein unaufhaltsamer Freiheitsdurst hervor, und mit einem Mal zeigte sich, dass jeder zweite Mensch bereit ist, für Gerechtigkeit zu kämpfen. Noch vor kurzer Zeit schwiegen sie.«[54] Geradezu prophetisch sah der Schriftsteller die alten Gespenster des Chauvinismus und des fanatischen Fremdenhasses wieder auftauchen. »Man muss sich mit der Gewissheit trösten, dass die Zeit den Dingen ihre Form wiedergeben wird. Nach Jahren klärt sich alles – in der Kultur. Die Weisheit der Kultur ist tiefer als die der Geschichte: Sie vermag nicht nur die Tatsachen zu deuten, sie weist den Werten auch ihren Rang zu. Intoleranz, Dummheit und Rückständigkeit haben bisweilen die polnische Wirklichkeit überschwemmt, aber die nationale Kultur haben sie niemals dominiert. Darin liegt ihre Größe.«[55] Polnischer Nationalstolz, verbunden mit dem beständigen Mut, zu sagen, was ist. Für mich ist es ein Ereignis, Erzählungen und Schriften des

2000 verstorbenen Kazimierz Brandys nach nunmehr 30 Jahren wieder zu lesen.

Polen. Ein Kontinent meines Herzens. Ich scheue das Pathos dieser Aussage nicht. Die Polen scheuen das Pathos ebenfalls nicht. Selbststeigerung ist eine große, schöne Möglichkeit des Menschen. Wir Deutsche sollten nicht allzu stolz auf unsere Gabe zur Rationalität sein. Sie erfand auch die Logistik von Auschwitz. Und seit Auschwitz, sagt Martin Walser, ist kein einziger Tag vergangen.

Viele großartige Stunden verbinden mich mit Polen. Aber zwei Erlebnisse erzählen wie ein Schlagschatten davon, dass eine historische Zeit die andere ablöst, doch die Zeiten verflucht lange die alten bleiben.

In den 70er-Jahren wurde ich bei Reisen nach Polen ständig wie ein Schmuggler gründlichst durchsucht, sowohl auf deutscher wie auf polnischer Seite. Als sei meine Sehnsucht nach Kontakt und Bindung gesetzwidrig, sozialismusgefährdend. 1979 fuhr ich mit Kollegen nach Torun und Zamość, wieder wurde ich sowohl auf der Hin- wie auf der Rückfahrt mehrere Stunden an der Grenze festgehalten, während die anderen nach kurzer Ausweiskontrolle passieren durften. Bei der Rückkunft rief mir mein Kollege Dr. Schulz, schon lange im Garten sitzend, zu: »Sie müssen sich doch nicht wundern, Herr Schorlemmer.« Solch ein Satz sitzt lange.

Bei Werben/Elbe fuhr im Sommer 1991 nachts ein Bus zu einem Zeltlager. Junge Männer, angetrunken, mit Knüppeln bewaffnet, stiegen aus. Sie verprügelten alle Polen, derer sie habhaft werden konnten. Einfach so. Am nächsten Tag verließen die polnischen Urlauber, die schon mehrere Jahre nach Werben gekommen waren, fluchtartig das Land. Die Zeitungen hatten nichts zu melden. Die Polizei wurde nicht aktiv. Es gab keinen Kläger. Die Bürger übergingen stillschweigend – zustimmend? – das Geschehen. Ja, Brüderlichkeit ist

Arbeit. Das Verhältnis zum Nachbarland war, ist und bleibt eine solche Arbeit.

Wahrlich hat das Wort »Freiheit« in Polen einen anderen Klang als in Deutschland, aber die Widerstandsgewerkschaft hieß nicht von ungefähr »Solidarność«.

REISEN IN DIE GOLDENE STADT – BEGEGNUNGEN AUF DER PRAGER BURG

Im November 1995 waren Präsident Václav Havel und Richard von Weizsäcker Schirmherren der Vortragsreihe »Gespräche mit Nachbarn« an der Karls-Universität in Prag. Ich war als ein Vertreter der deutschen Öffentlichkeit dazu eingeladen. Eberhard Reimann hatte dieses Projekt im Auftrag der Bertelsmann-Stiftung initiiert. Auf Grund seiner früheren Dozententätigkeit in Prag konnte er es in vielen Begegnungen einfädeln und begleiten. Ziel der Gespräche war es, den Boden für eine gemeinsame Erklärung beider Länder zu bereiten.

Ich sollte auch am privaten Austausch zwischen Havel und Weizsäcker auf der Burg teilnehmen. Als der Tross in Windeseile das Hotel verließ, stürzte die Presse hinterher, um ein Wort von Weizsäckers zu erhaschen. Ich verpasste den Anschluss, rief mir ein Taxi und kam eine gute halbe Stunde später auf der Burg an – ich hatte ja kein Blaulicht. Ob ich noch reinkäme? Ich nannte den Pförtnern meinen Namen, sie verlangten keinen Passierschein und brachten mich mit einem Lift nach oben. So konnte ich an einem intensiven, auf die Erfahrungen und Befindlichkeiten der Menschen in beiden Staaten Rücksicht nehmenden, auf Aussöhnung hin angelegten Dialog teilhaben.

Für Augenblicke hielt ich an dem Fenster inne, aus dem ich 27 Jahre zuvor Alexander Dubček und Josef Smrkovsky

472

hatte winken sehen. Kurz vor dem Ende der Prager Frühlings hatte ich damals auch erlebt, wie viele Tausende Tschechen Tito freiwillig zujubelten, und mich über das herrlichfreche Plakat »Tito da, Ulbricht ne!« gefreut.

Mit Prag verbinde ich noch andere Erinnerungen. 1981 trafen wir fünf Geschwister unsere fünf Jahre zuvor legal in den Westen ausgereiste Schwester Ulrike, die wir seitdem nicht mehr hatten sehen können. Anfang der 90er-Jahre begegnete ich Eduard Goldstücker wieder. Die tschechische demokratische Aufbruchsbewegung verdankt ihm viel. Er musste 1968 sein Land verlassen. Er hatte die legendäre Kafka-Konferenz 1963 mitorganisiert. Kafkas Freundin Milena hatte er noch persönlich gekannt. Nun sorgte er für die Einrichtung von Erinnerungsorten und -wegen in Prag. Bis zu seinem Tod verband uns eine herzliche Freundschaft.

Ökumene erlebte ich in der Stadt, als ich am 13./14. Mai 1996 im Goetheinstitut auf einer Tagung als evangelischer Pfarrer mit dem katholischen Priester Václav Maly, heute Prager Weihbischof, in tiefer Übereinstimmung über unsere theologischen Beweggründe bei unserem Einsatz für die politische Freiheit vor und nach 89 sprach. Auf dem Kolloquium erörterten wir, ob die rasante gesellschaftliche Entwicklung an der Institution der Kirche vorbeigeht, nachdem sich gerade die Kirchen dem Totalanspruch der kommunistischen Herrschaft widersetzt hatten und mit ihrem sozialen Engagement in der Konkurrenzgesellschaft gebraucht würden. Von tschechischer Seite nahm neben Maly u. a. Ján Sokol teil. Maly hatte die Großkundgebung von Havel im November 1989 organisiert, der Philosoph Sokol hatte zu den Erstunterzeichnern der Charta 77 gehört und war nach seinem Einstieg in die Politik Stellvertretender Vorsitzender des Parlaments der Tschechischen Republik geworden. Mich bewegte besonders, dass die Repräsentanten des demokratischen (und vereinten)

Deutschlands und Tschechiens wirklich vertrauensvoll miteinander über den Umgang mit dem Unrecht von 1938 und dem von 1946 sprachen.

Auf Einladung der »Süddeutschen Zeitung« kam ich 1996 noch einmal mit Václav Havel auf der Burg zusammen. Havel sah im Schock über die wiedergewonnene Freiheit eine Ursache für manche der deutsch-deutschen, tschechisch-deutschen, tschechisch-tschechischen Spannungen. »Nach einem Rausch kommt der Kater.« Die Metapher vom Rausch und vom Kater hatte ich selbst in meiner Rede am 9. November 1990 an der Bornholmer Brücke in Berlin gebraucht. Auf die Frage des SZ-Redakteurs Michael Frank, ob Kater nicht auch Reue bedeute, meinte ich, bei dem schönen Bild vom Kater gehe es »ums Nüchternwerden, da setzt der Verstand wieder ein. Aber die Ernüchterung ist bei manchem in Enttäuschung umgeschlagen.« Ein von innen heraus befriedetes Land zeige größere Gelassenheit nach außen. Solche Gelassenheit fehle uns in Deutschland »wegen eines asymmetrischen Konflikts zwischen einer großen Mehrheit von Siegern und einer Minderheit, die sich als Verlierer empfindet, die weit mehr abbüßen musste als die anderen«. Aber die Dankbarkeit der Ostdeutschen für die überraschende Wende sei nachhaltig.

Havel ging auf die Ursachen für die im Ostblock bereits seit 1989 mit aller Schärfe zutage tretende Tendenz zur Re-Nationalisierung ein: »In den Völkern wurde jahrzehntelang das Bewusstsein ihrer nationalen Eigenart unterdrückt. … Die Geschichte der Völker wurde manipuliert oder tabuisiert.« Die »kollektivistische Ideologie« habe die Menschen ihrer Selbständigkeit beraubt, als sie plötzlich »wieder für sich selbst bürgen, Verantwortung übernehmen mussten, gerieten viele in Panik. … Viele Kommunisten, Nomenklatura-Funktionäre, sind zu großen Nationalisten geworden.

Mit Václav Havel auf der Prager Burg, 1996

Nachdem ihre frühere rote Fahne nicht mehr modern ist, haben sie die nationalistische übernommen. Eine gefährliche Erscheinung, weil man den Menschen anbietet, dass wieder jemand für sie denken wird. Das bedeutet eigentlich die Rückkehr des Totalitarismus in anderer Form. Man sieht es im ehemaligen Jugoslawien, in der ehemaligen Sowjetunion.« Und ich verwies auf die fatalen Folgen der Tabuisierung des Nationalen bei uns nach 1945. »Wir Ostdeutschen haben permanent eine Selbstwertkränkung erlebt. Wir mussten den größeren Teil der Kriegsschuld allein tragen. Wir durften zudem nicht ›Deutsche‹ sein; wir sollten ›Staatsvolk der DDR‹ werden. Im Vereinigungsprozess kam das Deutsche dann umso stärker heraus, sodass viele Ostdeutsche sogar sagten: ›Wir sind die besseren Deutschen, weil uns Deutschland wichtiger ist, während die Westdeutschen schon zu europäisch denken.‹« Ostdeutsche seien europaskeptischer, entwickelten jetzt keine nationalistischen Gefühle mehr, sondern eher regionale. Ich sei mir nicht sicher, »ob auf dem Seelengrund der Deutschen nicht doch noch viel nationale Überheblichkeit ruht, die so lange gebändigt bleibt, wie es uns sozial so gut geht. Aber in einer sozialen Krise? Ostdeutsche sind noch gefährdeter, weil ihre Selbstwertkränkung andauert …«

2012 frage ich, wer hätte gedacht oder für möglich gehalten, dass ein faschistisches Mördertrio zehn Jahre im Untergrund agieren konnte. Keine Erklärung darf je zur Rechtfertigung herhalten.

Das Gedankenerbe und die so menschliche politische Haltung Havels aber bleiben für ein gelingendes Europa unerlässlich. In meiner Straßburger Meditation (1995) zu Arvo Pärts Berliner Messe sagte ich: »Lasst den Menschen, wer immer er sei, nicht verkommen, notiert Kafka in Prag, der Stadt des freien, des bedrängten Geistes Europas, 1938 verraten und verkauft, 1948 der dritte Fenstersturz – da öffnete sich 1968 das Fenster der Hoffnung. Zweitausend Worte genügten für brüderliche Hilfe mit Tausenden Panzern. Unbeirrbar blieb der Versuch, in der Wahrheit zu leben. Immer sind es Einzelne, die ihre Angst und dann die Angstmacher besiegen.«[56]

MEIN LEBEN IN UND MIT DER KIRCHE

ICH GLAUBE NICHT AN GOTT, ABER IHM

Seit meinem 14. Lebensjahr hadere ich mit »dem Glauben«, den mir meine Kirche abverlangte. Sonntag für Sonntag. »Wir bekennen jetzt unseren christlichen Glauben«, lautet die Ankündigung/Nötigung des Pfarrers. Wem gegenüber bekennen wir das eigentlich?

In jenem altehrwürdigen Text, geprägt von griechischer Metaphysik mit Hades- und Himmelfahrt, mit der Betonung der fides historica, der Faktizität göttlichen Heilshandelns, konnte ich mich nicht wiederfinden.

Das Apostolikum, das in der westlichen Kirche erst im 6. Jahrhundert allgemein gebräuchlich wurde, ist ein frühchristliches Taufbekenntnis aus Zeiten, da man sich von anderen Göttern abheben musste. Das wissen wir, und so achte ich es auch. Aber ich glaube es nicht, ich glaube so nicht. Es war für mich erlösend, als mich 1962 ein Student höheren Semesters auf das theologische Gesprächsbuch »Kerygma und Mythos«[57] aufmerksam machte. Rudolf Bultmanns Entmythologisierungsprogramm elektrisierte mich. Vergegenwärtigung und Existentialisierung der biblischen Texte. Darum geht es! (Meine Hallenser theologischen Lehrer mieden den Namen Bultmann.)

Bei Bultmann hieß es: »*Das Weltbild des Neuen Testaments ist ein mythisches.* Die Welt gilt als in drei Stockwerke gegliedert. In der Mitte befindet sich die Erde, über ihr der Himmel, unter ihr die Unterwelt. Der Himmel ist die Wohnung Gottes und der himmlischen Gestalten, der Engel; die Unterwelt ist die Hölle, der Ort der Qual. Aber auch die Erde ist nicht nur die Stätte des natürlich-alltäglichen Geschehens, ... sie ist auch der Schauplatz des Wirkens übernatürlicher Mächte ... Der Auferstandene ist zum Himmel erhöht worden zur Rechten Gottes; er ist zum ›Herrn‹ und ›König‹ gemacht worden. Er wird wiederkommen auf den Wolken des Himmels, um das Heilswerk zu vollenden; dann wird die Totenauferstehung und das Gericht stattfinden; dann werden Sünde, Tod und alles Leid vernichtet sein.«[58]

Die einzelnen Motive lassen sich auf die zeitgeschichtliche Mythologie der jüdischen Apokalyptik und des gnostischen Erlösungsmythos zurückführen. Aber, so Bultmann, »seine Wahrheit bejaht der Glaube, der nicht auf die Vorstellungswelt des Neuen Testaments verpflichtet werden darf«[59]. Er verwies auf Parallelen zwischen Martin Heideggers religiös neutraler Beschreibung der Existenz des Menschen und der christlichen Verkündigung. »Das in Christus sich ereignende Geschehen ist also Offenbarung der Liebe Gottes, die den Menschen von sich selbst befreit zu sich selbst ... Glaube als die Freiheit des Menschen von sich selbst, als die Offenheit für die Zukunft, ist nur möglich als Glaube an die Liebe Gottes.«[60] Bultmann löste damals wahre Stürme der Entrüstung aus, aber mir half er, meinen Glauben vom mythologischen, supranaturalistischen Weltbild zu befreien. Mein Glaube gewann frischen Atem.

Zwölf Jahre nach meiner theologischen Befreiung vom *mythologischen Weltbild* lernte ich, die *Wahrheiten des Mythos* von seiner zeitgebundenen Ausdrucksform zu unterscheiden. Franz Fühmann wies mir 1974 in seiner Vorlesung über »Das mythische Element in der Literatur«[61] an der Humboldt-Universität die Spur. Der Mythos erklärt Dinge, die wissenschaftlich unerklärbar sind: Was ist der Mensch, wozu ist er da? Wie wird er fertig mit Sinnlosigkeit, Leid und Tod? Für Fühmann ist der Mythos ein Gleichnis, in dem sich »Subjekt und Objekt, Außen und Innen, Ich und Welt« verschränken. Die »nie ausschöpfbaren« Bilder spiegeln widerspruchsvolle Prozesse des »Menschheitsaußen wie Menscheninnen« wider. An dem Lied »Der Mond ist aufgegangen« verdeutlicht Fühmann, worauf die Faszination der mythologischen Sprache beruht.

Etwa weitere zehn Jahre später lernte ich begreifen, dass Theo-Logie der Theo-Poesie bedarf, wenn sie den Glauben in Bildern, in Geschichten, Gedichten, Gleichnissen, Gebeten in der Sprache und in den Lebenserfahrungen unserer Zeit zum Ausdruck bringen will. Meine weiteren Denk- und Sprechversuche wurden geprägt von Ernesto Cardenals süd-amerikanischen Psalmen (»Zerschneide den Stacheldraht«, 1967), liturgischen Texten des niederländischen Katholiken Huub Oosterhuis (»Im Vorübergehn«, 1970) und natürlich Dorothee Sölles Gedichten (»Verrückt nach Licht«, 1984).

Sie schrieb, im Werk von Kurt Marti kämen die Schönheit der Theologie, ihr Ernst und ihr Spiel deutlich zum Vorschein. »Poesie, Religion, Politik nehmen Schaden, wenn sie vonein-ander abgetrennt, in einer geistigen Apartheid nebeneinan-derher existieren.«[62] Kurt Marti hat wie Dorothee Sölle neue Glaubensbekenntnisse formuliert, die ich aus vollem Herzen und mit ganzem Verstand mitsprechen konnte und kann.

Mein Glaube ist Beziehung und Erfahrung. Er besteht nicht mehr im erwarteten Für-wahr-Halten von etwas Unglaub-lichem wie der wundersamen Jungfrauengeburt oder dem Auffahren in einen Himmel. In dem im Jahre 325 von Kaiser Konstantin durchgesetzten Glaubensbekenntnis, dem soge-nannten Nicaenum, kommt kein Wort von dem Gott vor, der liebend sich zuwendet, der tröstet, geleitet und orientiert, der in seinem Gesandten zum Heiland der Seelen *und* der Welt geworden ist und der in mir und unter uns wirkt und *wird*. Glaube ist für mich ein Beistandsversprechen. »Siehe, ich bin bei euch, alle Tage, bis an der Welt Ende.« (Matthäus 28, 20)

Ich glaube eine Friedens-, Gerechtigkeits- und Glücksver-
heißung. »Den Frieden lasse ich euch, meinen Frieden gebe
ich euch. ... In der Welt habt ihr Angst; aber seid getrost, ich
habe die Welt überwunden.« (Johannes 14,27; 16,33)

Ich lebe von einer und in einer Bewahrungsgewissheit.
»Der Herr ist mein Hirte ..., und ob ich schon wanderte im
finsteren Tal, fürchte ich kein Unglück. Denn du bist bei mir.«
(Psalm 23)

Ich lebe und widerstehe in einer Hoffnung, gegen allen Au-
genschein. Sperare contra spem! »Denn wir sind zwar gerettet, doch auf Hoffnung. Die Hoffnung aber, die man sieht, ist
nicht Hoffnung ...« (Römer 8,24)

Ich vertraue einem unbedingten Versprechen: Du bist angenommen, wie du bist. Und du musst nicht bleiben, wie du
bist. In dir ist mehr, als du von dir denkst und erfassen kannst.

Ich glaube einem Glücksversprechen. »Glückselig sind, die
reinen Herzens sind ... (Matthäus 5, 3–10)

Ich glaube bei allen Zweifeln und im Verzweifeln, schreie
auch mit Hiob und mit dem Beter des 22. Psalms: »Warum
hast du mich verlassen?«

Ich staune über die Wunder des Lebens und kann gar nicht
aufhören zu staunen, mich zu wundern, zu danken, das Leben zu preisen. Ich genieße das Leben im Vollbesitz meiner
Sinne. Beim Teilen von Brot und Wein, beim Graben und
Säen, Arbeiten und Lieben, Tanzen und Küssen, Sprechen
und Hören, Schreiben und Malen, Essen und Trinken.

Ich halte nichts von Dogmen und Ausschließlichkeitspos-
tulaten und kann doch aus ganzem Herzen singen: »Wer
nur den lieben Gott lässt walten und hoffet auf ihn alle Zeit,
den wird er wunderbar erhalten in aller Not und Traurigkeit.«

Der Theologe Paul Tillich schrieb 1950 in seinen Reflexionen über »Die Botschaft der Religion«, »*die gewöhnliche Frage:*

*›Was sollen wir tun?‹ muss mit der ungewöhnlichen Frage: ›Von
wo empfangen wir etwas?‹ beantwortet werden«.* Die Menschen
müssten wieder verstehen lernen, dass man nicht viel geben
könne, wenn man nicht viel empfangen habe. Die Religion
sei in erster Linie eine geöffnete Hand, eine Gabe entgegen-
zunehmen, und erst in zweiter Linie eine tätige Hand, Gaben
auszuteilen. Es sei nicht unsere Aufgabe, eine religiöse Son-
dersphäre zu betreten und uns in ihr einzunisten. »Die ver-
tikale Linie muss dynamisch werden und sich in der Hori-
zontalen verwirklichen. Die Haltung des ›trotzdem‹ muss die
treibende Kraft sein zu allem Handeln im ›wofür‹.«[63]

Das Trotzdem und das Wofür erkennen und erfüllen –
solch vertikaler *und* horizontaler Glaube leuchtet mir ein. Er
erleuchtet, bestärkt und verpflichtet mich.

Ein Glaubenskondensat in einem Credo, das die befreiende und gefährliche Botschaft des Jesus aus Nazareth übergeht und nur ein Für-wahr-Halten von Heilstatsachen in den
Mittelpunkt rückt, verfehlt nach meiner Überzeugung das,
worauf es im christlichen Glauben ankommt: auf das Lebens-
geheimnis VERTRAUEN.

Unvergesslich ist für mich ein Gespräch mit meinem Bischof Werner Krusche 1969 im Rahmen der Ordinationsrüste.
Ich schilderte ihm meine Vorbehalte und sagte, dass ich das
alte Ordinationsversprechen nicht abgeben könne, z. B. Artikel XVI der Augsburgischen Konfession mit seiner Staats-
unterwerfung oder mit dem Gemeindebild, das nicht das
Priestertum aller Gläubigen enthält, sei für mich inakzepta-
bel. Der Bischof versprach mir und anderen Vikaren, dass ein
neuer Text formuliert würde. Und so geschah es. Ich wurde
in den Ausschuss berufen, der den Entwurf erarbeiten sollte.
Das ist Kirche, wie ich sie mir vorstelle: eine Glaubens- und
eine Lerngemeinschaft, die Ehrlichkeit einschließt.

Auch mit der Art, wie wir das Abendmahl feiern, kann ich

schon lange nicht mehr einverstanden sein, da dort nicht Jesu Reich-Gottes-Botschaft, sondern lediglich sein Sterben Thema wird, verbunden mit einer Blutsopfertrankvorstellung, die in die Spendeformel mündet: »Christi Blut – für dich vergossen«. Das ist markerschütternd. Das ist ein heiliges Geheimnis. Es macht auch Angst, erzeugt Abwehr. Die mir einleuchtende, inzwischen öfter gebräuchliche Spendeformel: »Das Brot des Lebens – für dich gegeben. Der Kelch des Heils – für dich vergossen« – verzichtet auf das Opfermysterium, lässt das Tröstliche und Verbindende »für dich« bestehen und das Geheimnis erfahren, dass Christus für uns, in uns und unter uns im Teilen von Brot und Wein präsent wird.

Warum sind diese Feiern eher geprägt von der tragischen Abschiedsstimmung des Gründonnerstags und des Karfreitags und nicht von den Mahlgemeinschaften Jesu, in denen es um Stillen des Hungers durch Teilen, um Dankbarkeit für die Gaben der Schöpfung, um glückende Gemeinschaft, um Versöhnung der Gegensätze, um den Vorgeschmack einer neuen Welt in Frieden und Gerechtigkeit geht? Über ihr persönliches Abendmahlsverständnis tabufrei zu sprechen fällt vielen immer noch schwer. Ich finde, dass wir das Überkommene nicht fraglos weiterzelebrieren und das Heilige Abendmahl so gestalten sollten, dass es als ein Freudenmahl erlebbar wird.

Für die Herbstsynode 1985, die sich mit Schöpfungsbewahrung, Frieden und Gerechtigkeit befasste, habe ich mein Credo so formuliert:

Ich glaube Dir –

• Ich glaube Dir, Gott, Du Ursprung, Mitte und Ziel allen Lebens.

Du berufst mich zum Leben unter Lebendigem.

Du beschenkst mich mit Fähigkeiten zu singen und zu lieben, zu weinen und zu spielen, zu denken und zu sprechen, zu arbeiten und zu ruhen, zu verändern und zu bewahren.

Du lädst mich ein zur Partnerschaft mit Dir inmitten der mir anvertrauten Welt.

Du hast mir großen Spielraum gegeben – eine Freiheit, mit der ich mich selbst und meine Welt aufs Spiel setzen kann.

Ich glaube Dir, Gott, Du bist geduldig, gnädig und von großer Güte. Darum und nur darum verzweifle ich nicht, wenn ich die Erde ansehe, die Du mir in die Hände gegeben hast. Du behältst sie in Händen. Das ist meine Hoffnung. Darum, nur darum versinke ich nicht in meiner Angst.

Ich danke Dir für alles, was Du mich in dieser Welt erleben lässt.

• Ich glaube Dir, Menschensohn, wirklicher Mensch, Mensch aus Gott.

Jesus aus Nazareth. Dir glaube ich den Frieden. Du hast ihn gelebt mitten im Streit. Du hast Dir nichts erspart, und Dir ist nichts erspart geblieben. Zu Dir blicke ich auf, auch wenn Du nicht oben sein willst. Gerade deshalb blicke ich auf.

An Dir sehe ich, dass Sanftmut nicht Schwäche, Demut nicht Unterwürfigkeit, Friedfertigkeit nicht Passivität ist.

Dir glaube ich den Anfang eines Lebens ohne Herrschaft.

Dir glaube ich das Ende der Abschreckung.

Dir glaube ich den Ausstieg aus der Vergeltung.

Dir glaube ich die Liebe zum Leben ohne den Anspruch auf Besitz.

Dir glaube ich die Nähe zu den Schwachen ohne die Herablassung der Starken.

Dir glaube ich die Vergebung der Schuld ohne den Nachgeschmack der Bitterkeit.

Dir glaube ich das Leben, das durch den Tod hindurchgegangen ist.

Dir glaube ich aufs Wort, auch wenn ich zu träge bin, es zu leben.

Dir glaube ich die Tränen, die Du über uns weinst, wenn Du auf unsere Stadt siehst.

Was uns zum Leben dient, das zeigst Du uns. Ich bin froh, dass es Dich gibt.

• Ich glaube Dir, erneuernder Geist, Geist der Brüderlichkeit und der Gerechtigkeit, Geist der Wahrheit und Geist der Freiheit, Heiliger Geist, Flamme des Lebens unter uns.

Ich glaube Deine Gegenwart, aus der mir Zukunft erwächst, eine Zukunft, die Raum lässt für alle.

Ich glaube Dich über Brot und Wein, geteilt, verteilt, verschenkt, für jeden sein Teil.

Ich glaube Dir, verwandelnder Geist. In die Zukunft des Lebens weist Du mich.

Wo sich alles im Kreise dreht,

wo ich denke, es gibt keine Chance mehr,

wo sich die Spirale des Hungers und der Todesmaschinen nach oben dreht und

wo ich gebannt auf das Ende starre,

da bleibst Du meine Hoffnung.

Du fängst immer wieder an mit mir, mit uns, mit den anderen.

Schöpferischer Geist, gestern, heute, morgen – aus Deinem Atem lebe ich.

Du lässt mich aufbrechen auf Dein Reich hin.

Zeichen des Lebens lässt Du mich entdecken und tun.

So komm, Taube, bring mir den Zweig der Hoffnung.

Gott, Heiliger Geist, der Du die Erde berührst an ihren Enden,

lass mich bleiben unter dem Regenbogen Deiner Güte.

Die Synoden waren Parlamente und Foren der evangelischen Kirchen, auf denen in der DDR-Öffentlichkeit tabuisierte oder verzerrt dargestellte Sachverhalte und unterdrückte Wahrheiten offen diskutiert wurden. Den einen waren die Synoden zu politisch, den anderen zu wenig politisch. Natürlich erörterten wir vorrangig unsere theologischen, geistlichen und organisatorischen Belange. Der jährliche Bericht der Kirchenleitung nahm stets auf drängende politische Vorgänge Bezug und wurde anschließend zum Teil heftig diskutiert. Seit 1969 stand immer neu zur Debatte, was »Kirche im Sozialismus« praktisch bedeutete: weder *gegen* noch *neben* der Gesellschaft zu agieren, sondern in kritischer Solidarität unsere Verantwortung am jeweiligen Lebensort wahrzunehmen. Den einen ging es eher um das Kritische, den anderen mehr um die Solidarität, aber alle stimmten darin überein, sich dem Sozialismus als Ideologie und als »Diktatur des Proletariats« nicht unterzuordnen.

Unsere evangelischen Kirchen funktionierten wie ein demokratisches Parlament. Vom Gemeindekirchenrat bis zur Kirchenleitung wurde gewählt. Zur Synode wurden zwei Staatsvertreter eingeladen, sie sollten sich ein eigenes Bild machen können und nicht auf Stasizuträger oder die Westpresse angewiesen sein. Man hat sie in der ersten Reihe platziert, damit sie »nicht alles immer im Blick haben« konnten. Zu den Ausschüssen hatten die Herren keinen Zugang. Ich fand ihre Anwesenheit im Plenum befremdlich und trat meist mit trockenem Mund zur Generalaussprache über den Kirchenleitungsbericht, in dem es auch um politisch-ethische Fragen ging, ans Mikrofon.

Auf der Naumburger Synode im November 1980 wurde wieder einmal über die Pressionen debattiert, denen junge Christen ausgesetzt waren, sofern sie nicht an der Jugendweihe teilnahmen. Ich wies auf den Widerspruch zwischen dem Gelöbnis, das den Einzelnen öffentlich-feierlich auf den politischen Atheismus verpflichtet, und dem achten Gebot hin: Du sollst nicht falsch Zeugnis reden. Unterwerfung unter das Wahrheitsmonopol der Partei per Gelöbnis hielt ich für unvereinbar mit den Grundgebot der Wahrhaftigkeit untereinander und in den gesellschaftlichen Beziehungen. Widerstand gegen solche Bevormundung war für mich eine Frage der Ethik. Zugleich unterschlug ich nicht, dass das (apostolische) Bekenntnis, das wir Vierzehnjährigen zur Konfirmation abverlangten, ebenfalls wenig persönliche Deckung fand. Einige Synodale meinten, man könne die »Bekenntnisse« nicht vergleichen, das erste Gebot, »keine anderen Götter« zu haben, bleibe das Entscheidende und Unterscheidende. Ich erinnere mich meiner Erleichterung darüber, dass ich die Doppelzüngigkeit von öffentlicher und privater Meinung ansprechen konnte. Für mich war entscheidend, ob ich mich zu sagen traute, was ich dachte, und nicht, ob ich Zustimmung bekam oder nicht.

Die Synoden waren zugleich Ersatzforen. Wir hofften geradezu auf die (geheimen) Berichterstatter, die unsere politischen Botschaften an die Staatsmacht weiterleiteten. Und wir hielten buchstäblich »Fensterreden«, die unseren Gemeinden Mut machen sollten, sich mehr zu trauen, den obwaltenden Ängsten »Gute Nacht!« zu sagen. Da die DDR-Einheitspresse alles zudeckte, was sich nicht mit dem sozialistischen Optimismus zur Deckung bringen ließ, wollten wir, dass die Westjournalisten unsere Botschaften – korrekt, nicht überdreht! – aufgriffen und via Rundfunk in die DDR zurückleiteten.

Nach der Synode vom November 1981, auf der die offizielle Berichterstattung über Polen thematisiert worden war, meldete sich Herr Voigt, Abteilungsleiter für Kirchenfragen beim Rat des Bezirkes Halle, zusammen mit Herrn Probst

Abendandacht mit dem Vikarskurs in der Kapelle des Schwarzen Klosters (Augusteum) in Wittenberg 1979. (Dieses Foto eines polnischen Freundes fand ich in meinen Stasiakten.)

vom Rat des Kreises zu einem Gespräch in meiner Wohnung an. Inzwischen hatte man in Polen das Kriegsrecht verhängt. Wie häufig nach solchen »Aussprachen«, schrieb ich ein Gedächtnisprotokoll.

Auf der Bundessynode im September 1982 in Halle herrschte ein anderer Ton als auf unserer Provinzialsynode, die mich delegiert hatte. Ich nahm in meinem etwa halbstündigen(!) Diskussionsbeitrag zum Bericht der Kirchenleitungen Stellung. Darin habe ich die NVA mit Landsknechten verglichen, den Verteidigungsminister direkt angegriffen, für den weiteren öffentlichen Gebrauch des Aufnähers »Schwerter zu Pflugscharen« plädiert, gegen Atomkriegsübungen polemisiert und die Zufriedenheit der Bürger den besten Schutz des Landes genannt. Dafür erntete ich – begreiflicherweise – Unmut. Danach war die Atmosphäre eisig. Ich fühlte mich isoliert. Einige wenige pflichteten mir in der Pause bei.

Peter Merseburger sendete am 10. Oktober in »Panorama« einen Ausschnitt aus meinem Beitrag. Erich Mielke war elektrisiert. Von nun an kannte mich dieser gefährliche Kleinwildjäger. Nun begann eine neue Stufe der Überwachung, Disziplinierung und Zersetzung. Dennoch ließ mich das Staatssekretariat für Kirchenfragen Anfang Oktober 1982 erstmals zu einer Fachkonferenz in den Westen fahren.

Am 2. November belehrte mich Voigt in meiner Wohnung im Beisein des Kirchenvertreters auf der Kreisebene sowie von Propst Hans Treu, der auf meinen Wunsch hin zugegen war, über die politische Lage und die Auswirkungen des Kanzlerwechsels in Bonn. Die Kirche könnte benutzt werden als Vorwand für eine Konfrontationspolitik, die in die DDR einwirkt. Das Verhältnis Staat – Kirche »vertrage« keine Meinungsverschiedenheiten bzw. Ansichten wie die von mir auf der Synode vertretenen. Dann hörte sich Herr Voigt – eifrig mitschreibend – an, was ich entgegnete. Ich war nicht auf Konfrontation aus, mir ging es um Veränderungen.

Nach einer anderen Synode war ich geradezu erfreut darüber, dass sowohl der Genosse Voigt als auch der Korrespondent des EPD Hans-Jürgen Röder wörtliche Zitate aus meinem Plenumsbeitrag zu Friedensfragen haben wollten. Voigt ging es vor allem um ein Epigramm von Zvonko Plepelič, das meine Intentionen bündelte (und Eingang in meine Friedenspreisrede 1993 finden sollte). Ja, an Genauigkeit lag mir!

> zeug das Kind
> pflanz den Baum
> bau das Haus
> zerbrich das Gewehr
> und
> sag es weiter.[64]

In der äußerst angespannten Situation vor der Synode in Dessau im September 1988 hatten die kirchlichen Verantwortlichen auf Druck der »Organe« akzeptiert, dass im Synodenplenum »zur Vermeidung von Provokationen« keine Westkameras und keine Rundfunkmikrofone zugelassen wurden. Wieder einmal hatte der Staat die Kirchenoberen erpresserisch als verlängerten Arm der Zensur benutzt.

In der damaligen Plenumsdiskussion über den Kirchenleitungsbericht äußerte ich mich zur Reise-, Medien- und Umweltproblematik. Ich wollte gehört werden, auch von der staatlichen Seite, verwies daher auf positive Entwicklungen. »Rückkehrenden Bürgern wird manchmal schmerzlich bewusst, wie ergraut die 39-jährige Republik schon ist. Auch wenn die Reisenden hinter die farbige Glitzerwand des Westens gesehen haben und über manches ernüchtert zurückkehren, wird ihnen bewusst, dass uns mehr Farbe und Farbigkeit des Lebens gut-, ja nottäte ... das Bedürfnis nach Blumen im Mai, Gemüse im Juli, gastlichen Gaststätten wächst ebenso wie die Erwartung, dass wir gegen die Einförmigkeit einen pluralistischen Sozialismus, ein sozialistisches Probierverhalten auch in der Schule entwickeln ... Gereiste werden mündiger, tun den Mund auf für eine Veränderung, die mehr Lust macht, hier zu leben und zu wirken ... Wenn sich in der DDR nichts ändert, wird sich an der Ausreiseproblematik nichts ändern. Wenn alles so bleibt, wie es ist, wird das Bleiben oder Nichtbleiben für allzu viele zur untergründig mitlaufenden Dauerfrage.«

Ich erntete Beifall, aber auch Widerspruch aus »höherem Munde«.

Im Februar 1989 machten uns die Polen mit dem Runden Tisch vor, wie eine zivilisierte Ablösung der kommunistischen Einparteienherrschaft vor sich gehen könnte. Die Abschlusspapiere der Ökumenischen Versammlung vom 30. April 1989 in Dresden machten Hoffnung, die blutige Niederschlagung des Studentenaufstandes in China dagegen machte uns Angst. Rolf Henrichs im April erschienenes Buch »Der vormundschaftliche Staat. Vom Versagen des real existierenden Sozialismus« signalisierte, dass sich in der Partei einige aus der Deckung wagten und nicht mehr – wie elf Jahre zuvor Rudolf Bahro – einfach wegen »Geheimnisverrats« eingesperrt wurden.

Die Synode Mitte September 1989 fiel in die Zeit des enormen Ausreisedrucks und der täglichen Zuspitzungen. Ich spürte: Wir gehen einem Herbst der Entscheidung entgegen. So oder so. Gedankenfreiheit wurde Redefreiheit. Und doch weiß ich um das Herzflattern und um den trockenen Mund bei vielen und bei mir selbst, als ich auf der Synode in Eisenach sinngemäß »draußen« vor einer ARD-Kamera das wiederholte, was ich »drinnen« vor den Kirchenleuten wörtlich gesagt hatte: »Wer angesichts der ökonomischen, technischen, ökologischen und sozialpsychologischen Probleme unseres Landes behauptet, die Frage einer Reform liege nicht auf dem Tisch der Regierung, der muss sich fragen lassen, ob er die Kompetenz und nötige Geistesgegenwart besitzt, weiter am Tisch der Regierung zu sitzen. Das Bestätigungsritual vom 7. Mai und die zum Teil zynisch gerechtfertigten Fälschungen und Unsauberkeiten vor und hinter dem Komma (bei noch immer sicherer Mehrheit) lassen keinen Zweifel an der inneren Schwäche der Staatsmacht bei äußerer Stärke der Sicherheitsorgane. Und ich denke, die Stabilität unserer Republik ist wohl nicht so sehr durch eine Explosion gefährdet (der Überdruck geht ja raus!) als vielmehr durch eine Implosion: also außen harte Schale des Machtapparates, innen immer hohler und leerer. Ich denke, die Stabilität eines Landes beruht wesentlich auf der inneren Überzeugtheit seiner Bürger und nicht auf der äußeren Fähigkeit, seine Macht zu sichern, nicht also auf der Funktionstüchtigkeit der Geheim- und Bereitschaftspolizei.«

Daraufhin wurde ich als Anstifter zur Gewalt abgestempelt – ich hätte gesagt, die DDR sei eine hohle Nuss, die man knacken müsse, obwohl man in einer einstündigen ARD-Sendung von Claus Richter am 5. Oktober 1989 über 40 Jahre DDR (u. a. mit Hermann Kant und Monika Maron) genau hören konnte, was ich gesagt hatte: äußere harte Hülle, drinnen nichts!

Eigens aus Leipzig angereiste Demonstranten baten mich, die Übergriffe und Verhaftungen vom 11. September öffentlich zu machen und die Synode zu einer Stellungnahme aufzufordern. Bischof Hempel als zuständiger Bischof und Zeuge der Ereignisse antwortete mit verdichteten Worten. Über der Synode lag eine gespannte Stille. Wir spürten, dass die Konflikte auf eine Entscheidung zuliefen, deren Ende auch blutig sein könnte.

Die Kirche hatte aufgehört, über ihre Leitungsorgane die staatlichen Stellen nur zu bitten. Wir stellten als Kirchenparlament direkt unabdingbare Forderungen an den Staat. Und wir plädierten strikt für die gewaltlose Lösung der Konflikte, woraufhin uns das ND gesamtdeutsche Ladenhüter und Großmannssucht vorwarf.

Die chinesische Angst griff um sich, aber auch eine todesmutige, vom Geist der Gewaltlosigkeit getragene Aufbruchsstimmung, deren zwei Kernsätze lauteten: »Wir sind das Volk« und: »Wir bleiben hier!«. Zunächst hörten die nicht betenden Massen auf die betende Minderheit, um bald ganz eigene Wege ins gelobte Westland zu suchen. Die Kirche hatte, ganz wörtlich genommen, »ihre Schuldigkeit getan« – und sie ist wieder Minderheit, aber in Freiheit.

Der erste Blick aus dem Fenster am Morgen auf das gegen-
überliegende Lutherhaus mit dem Katharinenportal. Jeden
Morgen. Vierzehn Jahre lang. Da war ich Dozent, habe Jahr
für Jahr etwa zwanzig Vikarinnen und Vikare in sechsmona-
tigen Kursen begleitet und in den ersten drei Berufsjahren
nochmals je vier Wochen. Immer Luther vor Augen, jenen
wortmächtigen Riesen, in Erinnerung an die Stürme der Zeit,
die ihm wegen des Auseinanderfallens der Kirche folgen sollten. Widerständiges Bewusstsein glaubte ich ihm schuldig
zu sein. Im Theater des Lebens seine eigene Rolle zu spielen.
Vier Jahre nach meinem Wegzug aus den Räumen der altehrwürdigen Universität sollte im Lutherhof das so bewegende
wie umstrittene Theaterstück »Luther rufen« aufgeführt werden.

In der Nachbarschaft des Genius loci, den Heinrich Heine
als größten Mann der deutschen Geschichte gepriesen hatte,
zu wirken war wahrlich nicht leicht, aber eine schöne Herausforderung. Heine hatte Gegensätze in ihm vereinigt gesehen: »Er war zugleich ein träumerischer Mystiker und ein
praktischer Mann in der Tat … Derselbe Mann, der wie ein
Fischweib schimpfen konnte, er konnte auch weich sein wie
eine zarte Jungfrau.«[65]

Diesen lebensprallen Luther habe ich gesucht, nicht den
Standbild-Luther.

Unter dem Wort der Schrift wollte ich meiner Arbeit gerecht werden – prophetisch, seelsorgerlich, selbstkritisch,
wegweisend – so gut es ging. Mich nicht über das Wort stellen, aber das ewige Wort in seiner Zeitbedingtheit erkennen
und erkennbar machen.

Vierzehn Jahre lang habe ich Morgen für Morgen eine
Stunde die Begegnung mit einem Bibeltext eingeübt. Wie re-

det dieser Text heute zu uns, wo und warum bleibt er uns fremd, was gibt er uns auf, und was spricht er uns zu?

Mich beschäftigte lebenslang das Verhältnis von Nähe und Distanz, von Wahrheit und Rücksicht, von Verstand und Gefühl, vom Recht, ein Geheimnis zu haben und zu sein. Ich weigerte mich bald, in Mode gekommene psychotherapeutische Verfahren und Übungen in die Ausbildung einzubeziehen – spätestens als ich erlebte, wie Innerstes aufgerissen wurde, ohne die Wunde wieder schließen oder heilen zu können. Gelungene Verdrängungen, mit denen und von denen wir leben, dürfen wir nicht bloßlegen, ohne die Blöße wieder zu bedecken und alte, wieder aufgerissene Wunden wieder heilen zu können.

Mir ging es zudem um einen Grundrespekt vor dem anderen und vor der anderen. Der Respekt vor einem anderen erfordert Einfühlung, Rücksichtnahme und Höflichkeit. Eine sogenannte unmittelbare, ungeschminkte, ungefilterte Wahrheit, die wir anderen entgegenschleudern, entbehrt des Respekts und der Liebe. Sie hilft dem anderen nicht und zerstört Beziehung. Bonhoeffer hatte in seinem Ethik-Fragment einen mich immer wieder bewegenden Aufsatz unter der Überschrift »Was heißt: die Wahrheit sagen?« hinterlassen. Darin schrieb er: »Es muss die Frage gestellt werden, ob und in welcher Weise ein Mensch berechtigt ist, vom anderen die wahrheitsgemäße Rede zu verlangen. Wie das Wort zwischen Eltern und Kindern deren Wesen gemäß ein anderes ist als das zwischen Mann und Frau, zwischen Freund und Freund, zwischen Lehrer und Schüler ...« Die Wahrheit zu sagen sei nicht nur eine Sache der Gesinnung, sondern auch eine der richtigen Erkenntnis und des ernsthaften Bedenkens der wirklichen Verhältnisse, aus denen und in denen man redet. Die Frage nach dem WIE der Worte kann nicht unabhängig von der Frage nach dem WAS des rechten Wortes gestellt

werden. Und umgekehrt. Wahrheit ist auch eine Beziehungs-
frage in einer konkreten Situation. »Ich kann schmeicheln,
ich kann mich überheben oder ich kann heucheln, ohne eine
materielle Unwahrheit auszusprechen und mein Wort ist
doch unwahr, weil ich die Wirklichkeit des Verhältnisses von
Mann und Frau oder Vorgesetztem und Untergebenem etc.
zerstöre und zersetze.«[66]

Die Suche nach dem wahren WAS lässt sich nie von der
Suche nach dem wahren WIE trennen. Das Wie ist nie nur
eine technische Frage. In ihr fällt die Frage nach dem Angemessen mit dem Wirkungsvollen zusammen. Wo das Sugges-
tive und Manipulierende vermieden wird, kommt über die
Rhetorik die Humanität neu ins Spiel und macht die Wahrheit auch zum Sprachvergnügen.

AKADEMIEARBEIT: INTELLEKTUELLE, GEISTIGE
UND POLITISCHE ZEITGENOSSENSCHAFT

Suchet der Stadt Bestes, hatte der Prophet Jeremia dem Volk
im Exil zugerufen. Wie war das zu leben als Kirche im Sozialismus bis 1989, und wie ist das in der pluralistischen Gesellschaft unter den Bedingungen des globalisierten freien Marktes, wachsender interkultureller Spannungen und Konflikte
sowie des Kampfes um Ressourcen und ökologischer Krisen
umzusetzen? Was als »Modernisierungsschub«, als Sieg des
Westens und glückliches Ende des Kalten Krieges, gar als
»Ende der Geschichte«, jedenfalls als »Ende der Utopie« ausgegeben wurde, irritierte mich, zwang mich zum Umdenken,
ohne in die Fallen neuen Einverständnisses zu laufen, wo
Wahrheit statistisch ermittelt wird. Das ist vergleichbar mit
dem, was David Riesman vor Jahrzehnten als den Terror des
»Man« gekennzeichnet, was Luther als den »Herrn Omnes«,

den wetterwendisch, unberechenbaren Common sense ge-
geißelt hatte. Mich bedrückte nach 1990, dass die erwartete
»Friedensdividende« nicht eingelöst, wohl aber die militärische Überlegenheit der USA ausgebaut und die »Charta von
Paris« (als Dokument der Erfüllung der Schlussakte von Helsinki und des 20-jährigen KSZE-Prozesses) schnell ad acta
gelegt wurde. Was sollte vom gescheiterten Sozialismuspro-
jekt bleiben, was von den Ein-Sichten im Ost-West-Konflikt,
was von den Herausforderungen, lokal und global nach Gerechtigkeit, Frieden und Bewahrung der Schöpfung zu suchen? Ich befürchtete im Osten einen neo-nationalistischen,
regressiv-aggressiven Schub.[67] Es kam schlimm – ob in Hoy-
erswerda oder Rostock-Lichtenhagen, aber so einfach war
das dem Osten nicht zuzurechnen – angesichts von Mölln
und Solingen.

In meiner Arbeit als politisch engagierter Pfarrer versuchte
ich im Blick zu behalten, dass es immer um *unsere kleine Erde*
in unserem unmittelbaren Lebensumkreis, um *die Erde als unsere nährende Mutter* und um *unsere Erde als globalisierten Hand-
lungsraum* unter enormem Modernisierungsdruck und der
Zumutung durch Transformationsprozesse geht. Wir leben
fortan in einer »entgrenzten« Welt, in der es keine Rückzugs-
möglichkeiten oder sicheren Reservate mehr gibt. Mir leuch-
teten die Impulse Hans Küngs ein, dass ein alle verbinden-
des »Weltethos« und ein für alles verbindliches Völkerrecht
vonnöten sind.

Die Evangelische Akademie, eine Einrichtung der Kirche, an
und mit der sie ihre öffentliche Verantwortung wahrnimmt,
war für mich der Ort, um solche Herausforderungen zu the-
matisieren und, wo immer es möglich war, lokal und global
Alternativen ins Gespräch zu bringen. Die gefährliche und
befreiende Kraft der biblischen Erzählungen, die nicht auf

Katastrophen oder die Apokalypse fixiert sind, sondern die Hoffnung auf eine verbesserliche Welt atmen, waren für mich von März 1992 bis Dezember 2007 Impuls und Maßstab. Von der Themenliste jener 15 Jahre nenne ich beispielhaft: Die Politik als Theater – das Theater der Politik / Dietrich Bonhoeffer und die Ethik des Widerstandes / Die Macht des Bösen – das Böse der Macht / Kein Ort. Nirgends – vom Wiedergewinn der Utopie/Die vielen Namen Gottes – Biblisches Lehrhaus / Deutsche und Russen – eine wechselvolle Beziehung / Die Zukunft des Wassers und das Wasser der Zukunft / Die Macht der Lügen und die Lügen der Macht / Vom Wert der Werte / Das Leid ist der Fels des Atheismus/Heute von Gott reden / Schule des Betens / Bibel als Buch der Weltliteratur / Versöhnung in der Wahrheit / Menschenrechte und Menschenpflichten / Die Seligpreisungen – die Magna Charta der Mitmenschlichkeit/Martin Luther und der Holocaust/Der Glaube des Ernst Barlach/Kultur und Natur – die Idee des Wörlitzer Gartenreiches. Stets habe ich versucht, den Glauben in der Wirklichkeit zu verorten und den Überschuss des Glaubens aufleuchten zu lassen.

Nahezu monatlich habe ich zu einer Tagung eingeladen, zu der stets ein thematisch gestalteter Gottesdienst in der Predigtkirche Luthers gehörte. Besonders die intensive Partnerschaft mit der Akademie der Pfalz und die Freundschaft mit Volker Hörner halfen uns, die immer noch beschwerlichen Unterschiede frei zu benennen, Spannungen auszuhalten und so an ihrer Überwindung zu arbeiten. Da der Geist – nach Luther – nicht im Trockenen wohnen kann, lernten wir Ostler die Weinkultur und ihre befriedende Kraft schätzen.

DIE LEBENSWEGE ERKUNDEN – DAS LEBENSWERK WÜRDIGEN

Das Wort Dialog gehörte in der DDR zu den ideologischen Un-Worten, zumal seit 1968. Der Staat DDR war ein streng hierarchisches Gebilde, das wegen des alleinigen Wahrheits- und Führungsanspruchs der SED keinen substantiellen Dialog zuließ.

In der Wittenberger Gesprächsreihe LEBENSWEGE (1992–2007) habe ich über 200 Zeitgenossen danach gefragt, was war, warum wir so waren, wie wir waren – so redlich wie möglich. Das konnte gehen. Aber nicht mit einem Siegerrefrain. Den andern zu verstehen heißt ja nicht, alles zu teilen, was er sagt, denkt, will bzw. sagte, dachte, wollte.

Gespräche, in denen ein Mensch seine Erfahrungen, seine Ein-Sichten und Absichten vorstellen, in denen er seinen Lebensweg reflektieren und etwas von seinem Lebenswerk verdeutlichen kann, wurden 17 Jahre lang für Zuhörer eine indirekte Quelle der Selbsterkenntnis. Glücklicherweise haben einige europäische Gäste sehr geholfen, die deutsche Perspektive zu verlassen.

»Echter Dialog«, schreibt Martin Buber, »lebt von der rückhaltlosen Hinwendung zum anderen, die ihn in seinem Dasein und Sosein wirklich meint. Er ist lebendige Gegenseitigkeit.« Der Wittenberger Pädagoge Melanchthon meinte gar, wir seien als Menschen »zum Gespräch geboren«. Ich habe 160 dieser Gespräche in acht Bänden dokumentieren können.[68] Die Mischung zwischen Kanzel, Katheder und Kabarettbühne, zwischen Schauspielern und Schriftstellern, Politikern und Ökonomen, Regisseuren und Journalisten, zwischen ostdeutsch und westdeutsch geprägten Biographien hat in der mitteldeutschen Provinz ein breitgefächertes Bild eines Jahrhunderts ergeben.

Dabei sind politisch-literarische STUNDENBÜCHER entstanden, die Orientierungen bieten, bilden und unterhalten, authentisch und deshalb durchaus angriffig sind. Welch ein Reichtum der Erinnerung – ein Zeitpanorama, das dazu herausfordert, sich selber im Spiegel der Gäste zu sehen und unser eigenes Leben (neu) zu bewerten. Hatte ich ein Glück mit den »Prominenten« wie auch mit den zuhörenden und mitdiskutierenden Gästen an jenen Abenden! Welch persönliche Offenheit und kritische Selbstbefragung, welche Rationalität, welche Emotionalität, welch Ernst und welch Humor! Für mich gehören diese Gespräche zu den beglückenden Erfahrungen meines Lebens, die nur in einer offenen Gesellschaft so möglich wurden. Offen füreinander, ohne jeweils teilen zu müssen, was die/der andere meint. Aber verstehen!

OSTELBISCHE UND LINKSRHEINISCHE BEGEGNEN SICH

Im Dezember 1990 sprachen die »roten Winzer« aus der Pfalz der Liedermacherin Barbara Thalheim, der Bürgerrechtlerin Ulrike Poppe und mir den Martini-Preis für Demokratie zu. Gewiss hat sich kein anderer Preisträger darüber so freuen können wie wir als Zeugen und Akteure einer friedlichen Revolution, die in die Demokratie geführt hatte.

Eine Partnerschaft aus Ost-West-Treffen seit Mitte der 80iger-Jahre in Ostberlin zwischen dem Theologen Volker Hörner und mir war zur Freundschaft geworden, die wir fortan »pflegen und begießen« konnten. Es gehört zweifellos zu den Glücksfällen, dass es Verbindungen aus Mauerzeiten gibt, die nicht nur Bestand hatten, sondern sich in der Freiheit erst richtig entfalten konnten.

Kartoffelleser besuchten fortan regelmäßig die Weinleser, und die Weinleser ließen die Kartoffelleser aus dem Ost-

Mit Valentin Falin auf der Frankfurter Buchmesse, 1993. Er war Gast meiner Gesprächsreihe »Lebenswege«.

elbischen im Linksrheinischen an der Kultur des Weinlesens, des Weintrinkens, der Weinphilosophie teilhaben. Die Verbindungen hatten einen freundschaftlichen, einen geistlichen, einen politischen, einen kommunikativen Zusammenhang und Zusammenklang. Wir hatten uns zum Ziel gesetzt, die Unterschiede und Differenzen nicht etwa auszusparen, sondern freimütig auszusprechen.

Jede einzelne Zusammenkunft hatte ihr Profil und ihr Unvergessliches. Dem Zweifel wollten wir nicht das letzte Wort lassen, aber auch dem Zweifel Stimme geben. Einige Fragen Brechts aus seinem Gedicht »Der Zweifler« können geradezu paradigmatisch für unser Konzept gelten:

Seid ihr wirklich im Fluß des Geschehens? Einverstanden
    mit
Allem, was wird? Werdet ihr noch? Wer seid ihr?[69]

Anknüpfen und widersprechen. Fragen, was wem nützt. Wer sind wir selbst? Und sind wir stehengeblieben? Wo, warum, mit welchen Folgen? Wie kann die Tradition Sprungbrett bleiben?

2003 erinnerten wir im Lutherhof in Wittenberg an 20 Jahre »Schwerter zu Pflugscharen« und schmiedeten einen Spieß zu einer Sichel. Nächtens trug Hans-Otto Bräutigam etwas von seinen Erfahrungen mit den Wirkungsmechanismen der (internationalen) Politik vor.

»Haben wir uns richtig missverstanden?«, fragten wir uns deutsch-deutsch und spürten beglückt, wie gut wir uns schon verstehen.

Am 13. Februar 1988, vor nunmehr 24 Jahren, hatte ich auf der ersten Ökumenischen Versammlung in Dresden Reflexionen vorgetragen, die in gewisser Weise für unser Denken und Tun bestimmend geblieben sind.

Die Wälder wachsen noch.
Die Äcker tragen noch.
Die Städte stehen noch.
Die Menschen atmen noch.
Noch. Wie lange noch?
Tiefer Weltzweifel greift um sich, krallt sich in uns hinein. Zahlen, Daten, Bilder des Verderbens fallen in die Tiefe unserer Seele.
Manche sind schon in Verzweiflung versunken.
Andere sagen: Um diese Welt geht es nicht. Sie vergeht.
Zu viele übersehen, was sie sehen, überhören, was sie hören.
Sie verdrängen die bedrängenden Daten, um zu überleben. Ein wenig, solange es eben geht, nehmen sie, nehmen wir teil an den Segnungen dieses Lebens. Wir leben noch, uns geht es noch gut, uns geht es noch besser, uns könnte es noch besser gehen … Indes: Der Wettlauf zwischen kriegerischer und friedlicher, zwischen sehr plötzlicher und ganz allmählicher Selbstzerstörung wird weiter

Der Kunstschmied Jörg Hinz schmiedet einen Spieß zum Winzermesser am 20. September 2003

südlich durch Verhungern vorzeitig entschieden. Was für uns Gefahr, ist für Millionen schon Realität: elendes Verlöschen. Wir erleben, wie schnell wir vor der Fülle der Probleme kapitulieren, wie leicht wir aufgeben, unser Licht unter den Scheffel der Resignation stellen, wie tief Ohnmachtserfahrung und Ohnmachtsgefühle uns lähmen.

Da wird Hoffnung zur Kraft des Widerstands, selbst dort, wo alle Aussicht versperrt ist. Das Wunder der Wende zum Leben erwarten, dennoch –

das ist Glauben gegen den Augen-Schein,

so wie Noah mitten in der Flut,

wie Abraham und Sarah, in der Fremde, alt und kinderlos,

wie Mose mitten in der Wüste,

wie Jesaja im Exil, wie Jona in Ninive und wie die Jünger nach Karfreitag.

Alle waren sie ganz am Ende,

aber Gott war nicht am Ende mit ihnen.

Sie erlebten das Wunder der Wende zum Leben.

Sie gaben nicht auf, weil sie wussten,

dass sie nicht aufgegeben sind.

Der Glaube wird zur Widerstandskraft im Angesicht des Endes.

Er singt schon, wenn die Nacht noch finster ist.

Er spricht nicht das Noch der bösen Befürchtung,

sondern er lebt vom Nochnicht der guten Erwartung.

Er lebt auf das Erwartete zu.

Wer aber die Zuversicht verloren hat,

der tut nichts mehr. Er wartet auf das Nichts.

Er wartet nur noch ab, er findet beständig Bestätigung für seinen Zweifel.

Der Hoffende bleibt unterwegs, auf das Erhoffte hin. Der Hoffende bleibt aber auch der Gefährdete, der Enttäuschbare, der Verletzliche.

Verletzlich in seiner Hoffnung, aber nicht bitter.

Bejahend die Grenzen des eigenen Vermögens, vertraut er dem, der die Grenzen des Todes überschritten hat.

Wir gehen hier einen ersten Schritt, einen Schritt des gemeinsamen Glaubens mitten in den Bedrohungen des Lebens.

Wir sind einige Schritte weitergegangen. Die entgrenzte Welt hat ihre ganz eigenen Herausforderungen. Den nach uns Kommenden riefen wir zu: Es ist nichts erledigt. Aber ihr müsst nicht ganz neu anfangen. Greift auf, was euch tauglich dünkt, und greift's neu an. Auf eure Weise. Unverzagt.

UNSERE SCHÖNE DEUTSCHE SPRACHE – IN DER BIBEL AUFGEHOBEN

Ich lese täglich Bibel, und also tut es weh. Nein, nicht dies Lesen, sondern: dass es Folgen hat. Mir begegnet Sprache als Wunder, nicht als abrufbares Vokabular. Ich erlebe Luthers Wort als eine sich nie abkühlende Offenbarung: Sprache ist kein Besitz, kein bloßes Instrument, das wir uns für einen klar adressierten Gebrauch zurechtbiegen. Sprache nehmen wir nicht, sie kommt zu uns, sie überkommt uns, sie ist eine Antwort auf das, was uns fehlt: Sinn. Sprache ist Sinnproduktion gemäß unseren Bedürfnissen. Sie füllt die Räume des Unsagbaren (oft auch Unlebbaren, denn nichts ist schwerer zu leben als Sinn), und sowie wir etwas aussprechen, uns aussprechen, scheint der beklagenswerte Mangel schon ein wenig geringer geworden zu sein.

Die deutsche Sprache ist in der laut blasenden Öffentlichkeit zu einer Heimatlosen geworden, vertrieben von laut marodierenden Versatzstücken des Englischen, in die Ecke gepresst wurde sie vom frechen Selbstbewusstsein der Computerbegriffe, ausgebootet von den Talk- und Tagesschau-Phrasen des Politikgeschäfts. Der Jargon der Unternehmensberater, die BWL-Sprache des Globalisierungs- und Finanzmarktzeitalters mit ihrer pekuniären Bewertung allen Lebens sickert in alle Arten, sich miteinander zu verständigen. Was Würde und Wunder des Gesprächs waren, ist Kommunikation geworden, ein fahriges, weltzerstückelndes Schalten und Walten. Ich kann es nur schwer ertragen, was ich beinahe täglich zu hören bekomme, selbst von Bischöfen: »Wir sind gut aufgestellt!« – als ob die Kirche mit Bayern München vergleichbar wäre – oder gar mit einem Bataillon, das wohl bald in den Krieg ziehen soll. Menschen, aufgestellt wie Kanonen? Geschossen wird mit Sprachhülsen.

»Positiv denken« heißt die Kern-Maxime, ausgegeben von gut bezahlten Coachs. Denn einen Trainer benötigt heute jeder, der im medialen Schaugewerbe der »Infotainer« bestehen will, nein: »total gut drauf« sein möchte. Deutsche Sprache? Come together! Wir sind up to date. Das ist ja supercool. Was, du hast noch keine Homepage und bist nicht bei Facebook? Überall Infopoints, wo grell ins Auge springende Flyer umherliegen. Man spricht unentwegt davon, die Corporate Identity schärfer zu profilieren und aggressiv an die Kundenklientel heranzubringen. Events werden auf Hotline geschaltet. Highlights müssen ein Alleinstellungsmerkmal besitzen, natürlich, auch die Kirche will im Markenkernkampf mithalten. Alles muss light sein, aufgemotzte Angebote werden gemailt: an alle möglichen Kooperationspartner, an sogenannte Multiplikatoren, an vermeintliche Leistungs- und Meinungsträger – und an die VIPs natürlich. In nächster Zeit sollen noch weitere maximierte Pilotprojekte starten. Dazu werden dringend Drittmittel einzuwerben und neue, von Designern optimierte Formate einzuführen sein. Unser Leitbild muss mit Pep formuliert werden, die Losung des Tages wird »zugesimst«. Die Topthemen müssen durchschlagen. Überschriften werden zu Hinguckern. Die Experten versichern uns: »Eure Ware ist very important. Ihr habt eine so tolle Message – aber das Outfit ist einfach noch suboptimal! Lasst euch professionell beraten.« Knackige Workshops werden die Kundenbindung erhöhen. Wartet nur, balde … Powerpointpräsentationen steigern das Image enorm; die Contents, Facts und Essentials werden herausgehoben, um eine operative Relevanz »outzuputten«.

Professionelle Beratertanks führen zu einer Workflow-Optimierung. Fundraiser zeigen uns, wo verborgene Geldquellen liegen und wie sie sprudeln – wenn wir nur tun, was der Fundraiser rät. Einschmeichelndes Abzocken. Kundenpflege: das weich anmutende Lügenwort für immer aggressiver werdenden Menschenmissbrauch. Wie cool! (Und beinahe jeder übernimmt allmählich die wohlfeilen Sprechblasen und findet sich unversehens im vorherrschenden Sloganismus. Auch ich ertappe mich dabei – und erblasse.)

Schon sind ganze Generationen an den PC angeschlossen wie an Herz-Lungen-Maschinen. Körper verflüchtigen sich ins Digitale. Der Schriftsteller Botho Strauß schrieb, sie könnten auf ihren Tastaturen alle Katastrophen und Tragödien nach- und vorspielen, »nur die Tränen fehlen ihnen«. Recherchierend, kopierend, figurierend, downloadend, googelnd wird Welt hereingeholt, doch wirkliches Empfangen ist unbekannt geworden. Wissen und Müll ringen um Austauschbarkeit. Es wird nicht mehr gedacht, es wird abgerufen. So verliert auch das Fragmentarische, das Lückenhafte, das Umständliche, aber Unverwechselbare des eigenen, frischen Gedankens seinen Zauber. Es hat geklickt, sagte man einst und bezeichnete so die Freude über eine Idee, eine Erkenntnis, eine Einsicht. Heute regelt alles der Mausklick.

Gewiss übertreibe ich. Aber über die Vorteile modernster Technik muss weniger geredet werden als über die Gefährdung durch technologischen Überfluss. Zwischen Menschen sind immer mehr Apparate geschaltet. Was verbinden soll, isoliert, die Einsamkeiten vor zuckenden Bildschirmen nehmen zu und wiegen die »User« in der Illusion, dies sei Bewegungsfreiheit und Weltteilhabe. So wird leicht und massenhaft übersehen: Das, was so frappierend neu erscheint, könnte sich eines absehbaren Tages als etwas ganz Abgeklappertes oder als gänzlich Leeres erweisen. Und dann?

Der Kirche jedenfalls steht es nicht gut an, mit dem Mode- und Finanzmarktdenken mithalten zu wollen. Es gilt doch nicht das Neue um jeden Preis! Es geht ums Heutigwerden unserer Botschaft und die stete Suche nach den angemessenen Mitteln, diese Heutigkeit zu offenbaren. Altbewährt und neu gewagt, das bleiben die beweglichen Pole der Annäherung. Und um Sprache geht es, darum, sie vor dem Frontalen der neuzeitlichen Konsumentenfeldzüge zu bewahren. Deutsche Sprache: unsere Schöne. Und noch mehr: Unsere Sprache ist die Scheide des Heiligen Geistes. Wenigstens des Geistes, wenn schon nicht des heiligen!

FÜR JEDEN TAG EIN GUTES WORT

Jeden Morgen kommt mir die Zeitung ins Haus. Jeden Tag eine neue Schlagzeile. So viele Katastrophen und Skandale, Niederlagen und Siege, Informationen, vermischt mit Sensationen, Wahlen und Zahlen, Personen und Programme. Alle Probleme der nahen und fernen Welt stürzen allmorgendlich auf mich ein: Mein Gott!, möchte ich jeden Tag ausrufen, kopfschüttelnd, verwirrt, klagend, überrascht, verwundert – erleichtert auch. »Gute neue Zeitung«, nennt Luther das Evangelium. Also lese ich *vor* der Zeitung die biblische Tageslosung – gute neue Nachricht, jeden Tag. Es sind alte, aber merkwürdig unverbrauchte Worte, darunter dunkle, zum Widerspruch reizende und solche, die ich ungern höre, weil ich mein Leben ändern müsste. Beschädigt sind die Worte durch uns, missverstanden und missbraucht und doch unversehrt geblieben. Befreiende und bestürzende Wahrheit tritt mir entgegen. Mein Gott! Unser Vater im Himmel! Wessen Wille geschieht, was ist mir heilig, wessen Herrschaft gilt, wem fehlt das tägliche Brot und wer hat zu viel, wie, wo und wem gegenüber werde ich schuldig oder bleibe etwas schuldig, warum ist Vergebung so schwer und: Gibt es eine Erlösung vom Bösen?

Jeden Tag einen Moment innehalten. Das aber ganz. Mich einem mir befremdlich vorkommenden Text gegenübersehen, mich hineinfinden, mir selbst näherkommen und anderen ebenso. Das Zeitlose kommt aus dem Zeitlichen und tritt wieder ins Zeitliche. In mein vergängliches Leben, mir aufgehoben, mich aufhebend. »Es sollen wohl Berge weichen und Hügel hinfallen, aber meine Gnade soll nicht von dir weichen und der Bund meines Friedens soll nicht hinfallen.« (Jesaja 54,10)

Ein Gespür behalten für Luthers Bibel-Sprache und des Genitivs mächtig bleiben.

»Martin Luther hat die deutsche Vereinigung durch Sprache geschaffen, so klar, so poetisch, so verständlich, so hintergründig, so einprägsam. Er ist nicht der Schöpfer der deutschen Sprache; er hat vielmehr den Schatz, der in der deutschen Sprache steckte, gehoben. ...

Unsere Sprachverkümmerung sagt etwas über unsere eigene Verkümmerung.

Das Schöne und das Zutreffende, das Verständliche und doch nicht Banale finden! ...

Einige Jahrzehntelang hatten wir geglaubt, wir müssten verständlicher reden und die Luthersprache sei den Menschen kaum mehr zugänglich. Das stimmt wohl. Aber wir haben die Aufgabe, sie zugänglich zu machen, statt die Bibel so aufzubereiten, dass sie auf Bildzeitungsniveau kommt, schlag-artig und schreiend wird.

Es bleibt eine Aufgabe der Kirche, sprachpflegend zu wirken.«[70]

DIE HOFFNUNG LÄSST NICHT ZUSCHANDEN WERDEN

FRÖHLICH SEIN BEI SEINER ARBEIT

Wenn ich darüber nachdenke, seit wann meine Tätigkeiten nicht mehr Spielfreude und schöner Zeitvertreib waren, sondern Arbeit, dann kam das Anstrengende, das Verpflichtende, das Harte und Öde dazu. Das Schönste an der Arbeit ist ihr hurtiger Beginn und ihr endliches Ende. Keine Arbeit ohne Entfremdendes, Mühseliges, ohne Schweiß, ohne zu verzweifeln beim Misslingen, ohne »sinnlose« Routine. Für mich war Arbeit dann schön, wenn das Ziel in Reichweite lag. Oder wenn ich sehen konnte, was wir geleistet hatten, und wenn das Geleistete zu genießen war – also wenn unser kleines, mir damals sehr groß vorkommendes Kartoffelfeld endlich abgeerntet, die Kartoffeln in den Keller geschleppt worden waren.

Arbeit, das hieß, unseren großen Pfarrgarten umgraben, 60 Tomatenpflanzen einbringen. Sie wurden in jedem Jahr in die gleiche besonnte Ecke gesetzt – jedes Jahr aufs Neue mit Mist unter den Wurzelballen –, dann hieß es gießen, gießen, gießen. Das Wasser schleppte ich in Kannen vom 100 m entfernten Hof heran. Selbst das »Ausknipsen« der vielen Tomatenstauden war harte Arbeit, denn von einem bestimmten Zeitpunkt an war das anstrengend und lästig. Aber wie schmeckten dann die roten Bälle mit dem Tomatenpflanzenduft. Naschen als Lebensglück! Das Rübenhacken und -verziehen bei den Bauern, oft in drückender Hitze, kniend auf lehmharter Erde, war eine Plackerei. Aber dann die Pause mit Leberwurstbroten und bei sinkender Sonne die Auszahlung des Geldes nach getaner Arbeit. Ohne Fleiß kein Preis, das sagt sich so hin. Doch es stimmt auch. Von daher rührt meine Empfindung und Erfahrung, dass Arbeit Sinnerfüllung, Mühsal und Entfremdung zugleich ist. Ohne Erfüllung ist sie bloß leere Routine oder – wie man im Halleschen sagt – Klääche.

Auf dem Güterbahnhof zu den politischen Feiertagen nächtens arbeiten zu müssen, das war keine Befriedigung, jedoch zur Aufbesserung meines Stipendiums nötig. Auch das Schleppen von Säcken mit ungeröstetem Kaffee in der Kaffeebude war nur Schufterei für Geld. Beim Kellnern war es schon anders. Da hatte ich mit Menschen zu tun und sah, wie ihnen das Bier schmeckt, wie sie sich mit dem Schnaps zuprosten und wie sie begierig die Bratkartoffeln, die ich ihnen gebracht hatte, essen.

Zur Arbeit gehört jenes selige Geschafft-Sein, nachdem man etwas geschafft hat. Welch einen Schreck aber bekam ich und wie dankbar war ich für meinen Beruf, als ich eine Fischfabrik in Wilhelmshaven besuchte, ein Motorenwerk mit Taktstraße in Nürnberg oder das nagelneue Tetra-Pak-Werk in Wittenberg, zu dessen Produktionsstart man mich bat, die Eröffnungsrede zu halten. Unvergesslich die Bilder von den Frauen zu DDR-Zeiten in der riesigen ZBE, die Tag für Tag, Woche für Woche, Monat für Monat am Fließband saßen und Kartoffeln aussortierten. Hatte ich es da gut! Der UTP (Unterrichtstag in der Produktion) war oft eine Farce. Trotzdem möchte ich ihn nicht missen. Er war eine Erfahrung fürs Leben und lehrte, auch einfache Arbeit wertzuschätzen. Dadurch wurde ich sensibilisiert für die Abneigung derer, die mit ihren Händen arbeiten, gegenüber denen, die an Schreibtischen sitzen.

Der für das Wohl der Gesellschaft im Kollektiv arbeitende Mensch war das Idealbild der sozialistischen Gesellschaft. Aber Arbeit ist nicht das Leben. Wir leben nicht, um zu arbeiten, sondern arbeiten, um zu leben. Die Arbeit eines jeden zu achten, auch den Menschen anzuerkennen, der sie tut, das hat mich mein Vater gelehrt, und daran möchte ich festhalten. Das hat mit Respekt füreinander und Dankbarkeit gegeneinander zu tun. Mich überzeugt, was Oskar Negt in seinem Buch »Arbeit und menschliche Würde« im Blick auf die abgewickelten Ostdeutschen schreibt.

Wie tief Entfremdung zwischen den verschiedenen Lebenswelten in der DDR gehen konnte, illustriert für mich eine unvergessliche Erinnerung. Mein zehnjähriger Sohn Martin fragte eines Tages geradezu flehentlich: »Vati, warum arbeitest du nicht auch auf Stickstoff?« Wie sollte er seinen Mitschülern erklären, was ich als Pfarrer tue und was das überhaupt ist, ein Pfarrer.

Mit der Arbeit stellt sich die Frage nach dem Sinn, nach dem Wofür, nicht nur nach dem Wovon des Lebens. Vergänglichkeit kann nie ausgeblendet bleiben. Also sagte ich mir: Denk bei allem, was du tust, vorhast, erlebst, erleidest, schaffst, sorgst, wo du dich freust oder wo du untröstlich bist, denk bei allem an dein Vergehen, an deine Kreatürlichkeit; denn dann wird dir die Zeit wichtig, die dir für ein sinnvolles Tätigsein gegeben ist. Du wirst einmal, vielleicht schon sehr bald, loslassen müssen. Welch eine Gnade, wenn Traurigkeit in getröstete Gelassenheit übergeht und zur Weisheit wird. Nur wer sich seiner Vergänglichkeit bewusst ist, kann die Tiefe jedes Moments und wirklichen Glücks erfahren. Durch Tätigkeit. Durch Muße.

»Denn es gehet dem Menschen wie dem Vieh: Wie dieses stirbt, so stirbt er auch … Da sah ich, dass nichts Besseres ist, denn dass der Mensch fröhlich sei in seiner Arbeit; denn das ist sein Teil. Denn wer will ihn dahin bringen, dass er sehe, was nach ihm geschehen wird?« (Vgl. Prediger Salomo 3, 19 ff.) Tröstlich und traurig: Alle Lebewesen, ob Mensch oder

Tier, sind Kreaturen, die den gleichen Gesetzen der Vergänglichkeit unterworfen sind: Dem Menschen – dir! – ergeht es wie dem Vieh. Er wird heruntergeholt vom Sockel seiner Besonderheit. Am Ende des Lebens haucht er seinen Atem aus. Er wird verwesen wie das Tier und wieder zu Erde werden. Wer dies nicht wahrhaben will oder leugnet, unterliegt der Illusion und betrügt sich in seiner Eitelkeit selbst.

Fährt der Geist des Menschen im Unterschied zum Lebensatem des Tieres aufwärts, während die Lebensgeister des Tieres hinabfahren? Erfährt der Mensch Gnade, Erlösung im Gegensatz zum Tier? Davon schweigt dieser Text. Doch welche Schlussfolgerung lässt er zu? Nicht die große Depression, nicht das tägliche Hadern mit dem Tode, sondern das »Carpe diem!« angesichts des »Memento mori«. Was heißt carpe diem? Es heißt, fröhlich zu sein *bei* seinem Tun, fröhlich zu sein *in* seiner Arbeit. Es ist nicht »die Arbeit« in unserem verengten Sinn, die Erwerbsarbeit im Unterschied zur arbeitsfreien, der sogenannten Frei-Zeit, sondern die Lebenstätigkeit, die Aktivität des Menschen überhaupt, die Vita activa, die *Betätigung,* in der er *Bestätigung* und sich selbst wiederfindet: also die Aufgabe, die Beschäftigung, die Dienstleistung, die Handlung, die Pflicht, die Tat, das Unternehmen, das Werk, das Bestreben, die Hilfe, die Mühe, die Besorgung, das Nach-Denken, das Kopfzerbrechen, die Last, die Mühsal, der Beruf, das Amt, das Arbeitsfeld, der Broterwerb, der Dienst, der Job, die Existenz, das Fach, das Gewerbe, die Stellung, die Plage, die Schwierigkeit, die Schinderei, die Strapaze, die Dienstpflicht, die schöpferische Leistung, die (abrechenbare) Leistung, sich zu schaffen machen. Ja, fröhlich zu sein in seinem Tun, in allem Tun, was lebensförderlich, lebensdienlich, lebenserhaltend und lebensnotwendig ist. So vermittelt sich Lebenssinn.

Fröhlich zu sein beim Wenden des Heus, beim Stillen des

Kindes, beim Erzählen der Geschichte, beim Lernen des Gedichtes, beim Zapfen des Bieres, beim Bedienen des Gastes, beim Sammeln der Kollekte, beim Erklären des Koordinatensystems, beim Tragen eines Verletzten, beim Kartoffelschälen, beim Umgraben des Gartens, beim Säen des Weizens, bei der Ernte der Kirschen, beim Malen des Bildes, beim Backen des Brotes, beim Keltern des Weines, beim Pressen des Olivenöls, beim Steuern des Krans, beim Hobeln des Brettes, beim Schreiben des Stücks, beim Nähen des Rocks, beim Aufpumpen des Reifens, beim Installieren des Telefons, beim Sägen des Birkenstammes, beim Pflanzen des Rosenstockes. Das ist »das Tun« und nicht die Einengung auf »die Arbeit« auf dem ersten oder zweiten Arbeitsmarkt, auf die Arbeitsstelle nach Ost-West-Flächentarifvertrag: fröhlich zu sein *bei* seinem Tun.

Doch auch beim Surfen im Internet, beim Erfinden einer niedermachenden Schlagzeile, beim Kleben eines Wahlplakats, beim Ausstechen des Konkurrenten, beim Verbreiten der Lüge, beim Manipulieren des Menschen, beim Produzieren der Mine, beim Fliegen eines Kampfhubschraubers, beim Kämpfen um die Einschaltquote? Die Entfremdung nimmt ganz neue Formen an und erfordert eine andere Sensibilität und anderen Widerstand.

Jede Lebenssituation, in der der Mensch sich rührt, in der er etwas aufnimmt, etwas betrachtet, etwas verändert oder gelassen belässt, etwas erhält oder aufbaut, etwas beiseitetut, etwas »schöpft«, etwas besingt, bemalt, betastet – das alles ist »seine Arbeit«. Ich arbeite gern. Ich lasse gern liegen. Was für ein Glück, gelassen sein zu können.

Alte und jüngere Menschen habe ich sterben sehen und mit anderen zu Grabe getragen. Meinen Bruder Hans-Christoph mit sieben Jahren, eine 34-jährige Freundin, die Mann und vier Kinder verlassen musste, einen Kommilitonen, der sich erhängt hatte, meine 49-jährige Mutter, meinen so anregenden und tiefgründigen Freund Christoph Hinz, alte und lebenssatte Menschen, jüngere Dahingeraffte. Wer das Sterben, wer den Tod nicht verdrängt, lernt die Tage zählen. Meine Tage. Jeder Tag zählt. Gestalte ihn so, *dass* er zählt. Die Zeit läuft immer schneller. Verrinnend, mich überholend. Meine Tage lassen sich zählen, wiewohl mir ihre Zahl – glücklicherweise – verborgen bleibt. Mein Freund Rolf wurde herausgerissen, ohne jede Vorwarnung. Nur eine Woche Zeit hatte er, alle und alles zu verabschieden. Das kann ich nicht gelassen hinnehmen. Das wird mir Grund für gelegentliche Panik. Nimm das Leben mit allen Sinnen. Manches mache ich *noch einmal*, einiges zum *letzten Mal*, anderes *nun endlich mal!* Die Hinterlassenschaften der Kindheit für die Enkelkinder ordnen – und im Inneren mehr Ordnung schaffen. Die Kilometer, die ich mir mit dem Rad in hügeliger Landschaft für eine Tagesreise vornehme, zähle ich vorher und freue mich darüber, wie viel ich noch schaffe. Das 2. Klavierkonzert von Brahms hören, vor Barlachs Skulpturen schweigen, den Kartoffelbrei rühren, den Sonnenblumensamen in die Erde drücken und warten …

Mir ist nichts mehr selbstverständlich. Drum ist die Freude groß, noch über alle meine Sinne verfügen zu können. Ich wundere mich, bin erstaunt, werde dankbar. Ich verstehe anders zu genießen und alles zu genießen. Jeder Tag ist so kostbar. Keiner soll verschenkt werden. Es lebt sich intensiver, wiewohl nicht einfacher. Ich will mich nicht mehr treiben lassen und nur das Wichtige wichtig nehmen, Versäumtes wieder reaktivieren, Freundschaften zum Beispiel. Die Tage zählen – nicht aus Angst, sondern in dem deutlichen Wissen um die begrenzte Zeit, um die zu erfüllende, die auszufüllende Zeit. Tote Zeit beunruhigt mich mehr als früher. Ich will noch viel in mich aufnehmen und den Reichtum des Durchlebten in Erinnerung rufen, damit der hinter mir liegende Reichtum präsent wird. Was ganz und gar nicht schön war, wird ein wenig geschönt, aber nicht verleugnet. Was im Beruf zum »täglichen Muss« gehört, das brauche ich nicht mehr.

»Das muss ich mir nicht mehr antun« – diese modische Floskel spreche ich zwar nicht aus, denke das aber öfter. Vorbei die öden Sitzungen, wo alles Inspirierende ausbleibt! Keine berufsbedingte tote Zeit mit Langweilern mehr. Kein Blatt vor dem Mund, kein Taktieren und endlich das Dumme unbefangen dumm, Dumme beim Namen nennen! Und den Papierkorb mit Ungelesenem füllen. Wie das entlastet!

Meine Tage zählen: Getröstet und doch unruhig zurückschauen. Nichts ist erledigt.

Neugierig nach vorn schauen. Demütig die Begrenztheit annehmen. Wie wird es sein, wenn nur noch wenig geht, wenn ich mein Gedächtnis allmählich und unabwendbar einbüße, wenn ich ganz auf die Hilfe anderer angewiesen bin. Heute kann ich noch nicht sagen, wie es mir morgen damit gehen wird und was ich dann tun werde, *welche* Hilfe ich erbitte. Ich habe keine Zeit zu verlieren. Ich bin nicht auf der Suche nach der verlorenen Zeit, auch nicht nach der neuen. Ich höre wieder und anders, sehe wieder und anders, schmecke wieder und ganz genauso, fühle, taste, streichele wieder und zum ersten Mal. Wäre die Zahl meiner Tage unbegrenzt, es gäbe kein Glück! Das Glück, das ist immer der Augenblick. Er lässt sich nicht festhalten. »Unsere Tage ziehen dahin wie ein Strom«, heißt es im Psalm 90. Meine Tage

Mit Johannes Rau und meinen Enkeln zum 60. Geburtstag 2004

sind gerade an einer Stromschnelle angekommen. Ich kann besser in die Zeile einstimmen: »Es fähret schnell dahin, als flögen wir davon.« (Psalm 90,10) Das Leben mag schnell dahinfahren – ich fahre langsamer, kaue bedächtiger, höre genauer, sehe mehr denn je. *Und:* Ich bin ganz unruhig und noch ungeduldiger als früher! Dieser Tag – jede Stunde, jeder Atemzug – zählt. Bald einmal werde ich »Klage führen über den unabwendbaren Verlust meiner Augen« (Ingeborg Bachmann). Und ich weiß mich aufgehoben, auch wenn ich in die Grube fahre. Ich habe doch so viel Grund zum Danken und hoffe auf einen gnädigen Tod. Jetzt aber hole ich eine Flasche pfälzischen Weißwein aus dem Keller. Die Trauben hatte ich gelesen – mit Freunden, die kommen werden, wenn ich gehe.

Im Sommer 2011 sitze ich im Gutshaus in Liddow auf Rügen, weitab von allem, schweigend, allein und mit allem verwoben. Gleichmäßiges, starkes, ein fast stumpfes Rauschen. Die riesig wirkende Pappelgruppe wird von Windböen geschüttelt. Ein Geräusch, als sei da ein Ton auf dem Weg von einer Unendlichkeit zu einer anderen. Rechts von den hohen Bäumen eine alte Lindenallee. Geducktes Holz, dem Himmel nicht so nah wie die Pappeln. Sie trägt mit Stille zur Landschaft bei – der Wind hat keine Lust heute, so tief durch Blattkronen zu fliegen. Der Himmel spielt mit seinen Wolken. Vorhang zu, Vorhang auf. Dazu Getschilpe, Getschilpe. Schwalben mir direkt zu Kopfe, noch und noch. Im Nest, im dicken Knöterich, versorgt ein Bachstelzenpaar seine Jungen. Mich aufgeregt beobachtend, eilig, wahrlich flatterhaft.

Ich sitze still im Garten, wohl eine Stunde lang. Nichts als da sein. Da sein als ein beinahe Nichts. Der Natur bin ich egal – und fühle so, dass ich ihr Teil bin. Warum aber haben die Vögel kein Vertrauen zu mir? Ich tu ihnen doch nichts. Der Himmel ist frei von Raubvögeln. Ich sehe keinen Habicht. Und über den Boden schleicht keine Katze. Ein Vögelchen ist raus aus dem Nest und hält sich mühsam auf dem Mauerfirst, auf einem schrägen Dachstein. Ist wohl zu nahe bei mir, bekommt daher nichts von der ängstlichen Mutter. Rückt weiter heran. Rutscht, fällt herunter, liegt im Gras zwischen den Malven. Ich nehme es vorsichtig in die Hand. Es strampelt aufgeregt. Es fasst sich so zart an. Ich setze es wieder auf den First. Nun bewegt es sich in die richtige Richtung – unter die schützend üppigen Knöterichblätter. Dem Nest zu. Dann plötzlich fliegt der kleine Vogel. Landet auf dem Zinkfensterbrett des Hauses, wundert sich wohl, wie glatt und warm das Blech ist. Kriecht in eine Fensterecke. Ich nehme das Tier, setze es wieder hoch. Erneut bleibt die Vogelmutter auf Distanz. Sie geht aber auch nicht ins Nest – will mir wohl nicht zeigen, wo es ist. Keiner soll genau sehen, wohin sie die Nahrung im Schnabel bringt. Am nächsten Morgen die gleiche Szene. Die Vogelmutter kommt mir nicht zu nahe. Sie schützt sich, um ihr Nest zu schützen. Wenn ihr etwas Böses geschieht, verhungern die Kleinen. Also muss sie leben bleiben. Und das heißt, vorsichtig sein.

Am nächsten Morgen ist »mein« Vögelchen nicht mehr da. Konnte es nun fliegen oder hat es die Eule heute Nacht gefunden? Die will auch leben. Alles will leben, und eins nährt sich vom anderen. Sorge und Glück. Verzweiflung und Lebensfreude. Immer ist ein Wesen in Sorge um die Kleinen, auf dass sie groß werden, um wieder Kleine zu haben, für die wiederum sie sorgen können.

Gut verstehe ich, was Albert Schweitzer meinte, als er sagte: »Ich bin Leben, das leben will mitten unter Leben, das leben will.« Das will ich auch. Aber ich bin auch Leben mitten unter Leben, das Angst hat vor denen, die von mir leben wollen und also gegen mich leben. Bin also auch Leben mitten unter Leben, das Angst hat. Liebe und Angst. Liebe als Leben gegen die Angst, die Angst als Motor für ein Leben – um Angst zu überwinden – in Liebe. Klar sehen, dass Leben kostet. Und doch hoffen, dass der Preis niemals höher ist, als Liebe geben kann. Ist so Frieden, dann gibt Liebe wohl mehr, als man hoffen kann.

»Wir erweisen uns als Diener Gottes … in Freundlichkeit, in ungefärbter Liebe, in dem Wort der Wahrheit, in der Kraft Gottes, mit den Waffen der Gerechtigkeit zur Rechten und zur Linken, in Ehre und Schande, in bösen Gerüchten und guten Gerüchten, als Verführer und doch wahrhaftig; als die Unbekannten und doch bekannt … als die nichts haben und doch alles haben.«

Paulus im zweiten Brief an die Korinther Kapitel 6

Denn wir sind wohl gerettet,
doch auf Hoffnung. Die
Hoffnung aber, die man sieht, ist
nicht Hoffnung; denn wie kann
man des hoffen, das man sieht?
Römerbrief, 8,24

DANKSAGUNG

Der Brunnen der Vergangenheit ist wahrlich tief. Erinnern vergegenwärtigt, lässt weit Zurückliegendes erneut durchleben und durchleiden, es erhellt, es trübt und trügt, verklärt und verschiebt. Es bedrückt und beglückt. Was aus der Fülle des Zusammengetragenen gestrichen wurde, ist nicht vergessen.

Für Rat und Recherche, für Korrektur und Kritik, für Zuarbeit und Schreibarbeit danke ich insbesondere Enrico Heitzer, Volker Hörner, Maria Matschuk und Gerit Orbitz. Nur mit ihrer Hilfe bin ich überhaupt zurande gekommen.

ANMERKUNGEN

1 Siegfried Lenz, Beziehungen. Ansichten und Bekenntnisse zur Literatur. Copyright © 1970 by Hoffmann und Campe Verlag, Hamburg, S. 65.
2 Alfred Dedo Müller, Ethik. Der evangelische Weg der Verwirklichung des Guten. Berlin 1937, S. 366.
3 Ebenda, S. 365.
4 Ebenda, S. 340.
5 Michael Hepp, Kurt Tucholsky. Reinbek 1998, S. 45.
6 Ebenda, S. 44.
7 Kurt Tucholsky, Schloß Gripsholm. Auswahl 1930–1932. Hrsg. von Roland u. Christa Links. Berlin 1985, S. 396 (Ausgewählte Werke, Bd. 6).

8   Vgl. Friedrich Schorlemmer, Zeitansagen. München 1999, S. 270 ff.

9   Süddeutsche Zeitung, 25. April 2012, S. 3.

10 Vgl. den Text des Appells in: »Ich liebe Euch doch alle! Befehle und Lagerberichte des MfS. Januar – November 1989«, hrsg. von Armin Mitter und Stefan Wolle. Berlin 1990, S. 219.

11 Evangelisches Gesangbuch, Nr. 396.

12 Dietrich Bonhoeffer, Widerstand und Ergebung. © 1998, Gütersloher Verlagshaus, Gütersloh, in der Verlagsgruppe Random House GmbH, S. 433–436.

13 Ein Gott der keiner war: Arthur Koestler, Ignazio Silone, André Gide, Louis Fischer, Richard Wright, Stephen Spender schildern ihren Weg zum Kommunismus und ihre Abkehr. Konstanz/Zürich/Wien 1950, S. 15.

14 Ebenda, S. 255.

15 Ernst Barlach, Briefe. Rostock 1972, S. 354 u. 355.

16 Wolf-Dieter Zimmermann, Gerechtigkeit für die Väter. Einsichten und Erfahrungen. Berlin 1983, S. 169.

17 Pablo Picasso/Paul Eluard, Das Antlitz des Friedens. Hrsg. und mit einem Nachwort von Sebastian Goeppert und Herma Goeppert-Frank. Aus dem Französischen von Herma Goeppert-Frank. Frankfurt am Main 1988, S. 52 u. S. 6.

18 Reiner Kunze, rückkehr aus prag. Aus: ders., gespräch mit der amsel. Frankfurt am Main 1984, S. 118.

19 Bertolt Brecht, Bitten der Kinder. In: Brecht, Gedichte 2. Sammlungen 1938–1956. Bearb. von Jan Knopf. Frankfurt am Main/Berlin und Weimar 1988, S. 302 (Große kommentierte Berliner und Frankfurter Ausgabe. Bd. XII. Hrsg. von Werner Hecht, Jan Knopf u. a.

20 Vgl. Friedrich Schorlemmer, Absturz in die Freiheit. Was uns die Demkratie abverlangt. Belin 2000, S. 58 ff.

21 Ebenda, S. 158 ff.

22 Wolfgang Borchert, »Dann gibt es nur eins!« [Auszüge] aus: Wolfgang Borchert, Das Gesamtwerk. Hrsg. von Michael Töteberg unter Mitarbeit von Irmgard Schindler. Copyright © 2007 Rowohlt Verlag GmbH, Reinbek bei Hamburg, S. 527–530.

23 Carl-Friedrich von Weizsäcker, Bedingungen des Friedens. In: ders.: Der bedrohte Friede. Politische Aufsätze 1945–1981. 3. Aufl. München 1982, S. 134.

24 Ebenda, S. 135.

25 Vgl. ebenda, S. 136.

26 Vorgetragen und verbreitet im Juni 1983 auf dem Kirchentag Erfurt/Sömmerda.

27 Thomas Mann, Deutsche Hörer! Stockholm 1942, S. 117, 119.

28 Vgl. Günther Anders, Der Mann auf der Brücke. Berlin 1965, S. 86.

29 Vgl. Gespräch mit Friedrich Schorlemmer. In: Sinn und Form, 5/1990, S. 837 ff.

30 Vgl. Schorlemmer, Den Frieden riskieren. Sätze und Grundsätze, Pamphlete und Predigten aus 20 Jahren. Stuttgart 2003, S. 77 ff.

31 Brecht, Bitten der Kinder. In: Brecht, Gedichte 2, S, 302.

32 Bertolt Brecht, An Meine Landsleute. In: Brecht, Gedichte 5. Gedichte und Gedichtfragmente 1940–1956. Bearb. von Jan Knopf u. a. Frankfurt am Main/Berlin und Weimar 1993, S. 205 f. (Große kommentierte Berliner und Frankfurter Ausgabe. Bd. XV. Hrsg. von Werner Hecht, Jan Knopf u. a.).

33 Ökumenische Versammlung für Gerechtigkeit, Frieden … Eine Dokumentation, Aktion Sühnezeichen, 1990, S. 31.

34 Ebenda, S. 45.

35 Vgl. Gerhard Rein, Die protestantische Revolution. 1987–1990. Ein deutsches Lesebuch. Berlin 1990, S. 150 ff.

36 Richard Friedenthal, Luther – sein Leben und seine Zeit. München 1967, S. 327.

37 Abgedruckt in: »Dass Jesus Christus ein geborener Jude sei – Martin Luther und die Juden«, Stiftung Luthergedenkstätten in Sachsen-Anhalt, 2007.

38 Friedrich Schorlemmer, Freiheit als Einsicht. Bausteine für die Einheit. München 1993, S. 250 ff.

39 Die Predigt ist abgedruckt in: Deutsche Reden von Luther bis zur Gegenwart. Hrsg. von Gert Ueding, Frankfurt am Main, S. 825.

40 Bertolt Brecht, Der kaukasische Kreidekreis. In: Brecht, Stücke 8. Bearb. von Klaus-Detlef Müller. Frankfurt am Main/Berlin und Weimar 1992, S. 3185 (Große kommentierte Berliner und Frankfurter Ausgabe. Bd. XII). Hrsg. von Werner Hecht, Jan Knopf u. a.).

41 Vgl. die Dissertation von Kay-Ulrich Bronk, Der Flug der Taube und der Fall der Mauer. Die Wittenberger Gebete um Erneuerung im Herbst 1989. Leipzig 1999.

42 Vgl. Friedrich Schorlemmer, Nicht vom Brot allein. Berlin 2002, S. 331–359.

43 »Ich liebe Euch doch alle« – Befehle und Lageberichte des MfS. Berlin 1990, S. 249.

44 Ebenda, S. 250.

45 Die Schreibweise des Berichts wurde erhalten.

46 Möglicherweise handelt es sich um eine Mitschrift aus Luthers Tischgesprächen oder um eine Reaktion auf Luthers ungebührlich schmähende Druck-Schriften gegen den »Heiligen Vater«.

47 Bonhoeffer, Widerstand und Ergebung, S. 26.

48 Aus dem mir 1989 zugespielten Protokoll einer Sitzung der SED-Kreisleitung Wittenberg.

49 Rahel Frank, »Realer – Exakter – Präziser«. Die DDR-Kirchenpolitik gegenüber der Evangelisch-Lutherischen Landeskirche Mecklenburgs 1971–1989. Hrsg. vom Landesbeauftragten für Mecklenburg-Vorpommern für die Unterlagen des Staatssicherheitsdienstes der ehemaligen DDR, Schwerin 2004, S. 460–471, auch zum Folgenden.

50 Literaturwissenschaftler, Altkommunist, sechs Jahre im KZ Sachsenhausen, Intendant des Berliner Rundfunks (1946–1949), dann Mitglied des Redaktionskollegiums des ND (bis 1953), Leiter des Ausschusses für deutsche Einheit (1953–1957), Staatssekretär für Hochschulwesen (1957–1972).

51 Kazimierz Brandys, Briefe an Frau Z. Berlin 1965, S. 123 ff.

52 Kazimierz Brandys, Warschauer Tagebuch – Die Monate davor. 1978–1981. Polnische Bibliothek, Frankfurt am Main 1984, S. 139.

53 Ebenda, S. 30.

54 Ebenda, S. 289.

55 Ebenda, S. 360 f.

56 Selig sind die Verlierer. Friedrich Schorlemmer im Gespräch mit Meinhard Schmid-Degenhard. München 1996, S. 154.

57 Kerygma und Mythos. I, Ein theologisches Gespräch/mit Beiträgen von Rudolf Bultmann [et al]; herausgegeben von Hans Werner Bartsch. 4. erw. Aufl. Hamburg 1960.

58 Ebenda, S. 15 f.

59 Ebenda, S. 23.

60 Ebenda, S. 40.

61 Vgl. Franz Fühmann, Erfahrungen und Widersprüche. Rostock 1975, S. 198 ff.

62 Dorothee Sölle, Gegenwind. Erinnerungen. Hamburg 1998, S. 257.

63 Paul Tillich, Der Protestantismus. Stuttgart 1950, S. 237.

64 Zvonko Plepelič, Sag es weiter. In: ders., Du kommen um sieben – Gedichte. Berlin 1980, S. 58.
65 Heinrich Heine, Werke in fünf Bänden. Berlin und Weimar 1976, Bd. 5, S. 40.
66 Dietrich Bonhoeffer, Fragmente eines Aufsatzes: Was heißt die Wahrheit sagen? In: ders., Konspiration und Haft 1940–1945. Hrsg. von Joergen Glenthoej, Ulrich Kabitz und Wolf Krötke. © 1996, Gütersloher Verlagshaus, Gütersloh, in der Verlagsgruppe Random House GmbH, S. 620–622.
67 Mit dieser Problematik habe ich mich in meinen Büchern »Bis alle Mauern fallen. Texte aus einem verschwundenen Land« (1991) und »Absturz in die Freiheit« (2000) auseinandergesetzt.
68 Lebenswege. Friedrich Schorlemmer im Gespräch. Bd. 1–8, Halle 1999–2009; »Die Wahrheit zu zweit«. Die besten Gespräche. Auswahlband. Halle 2010.
69 Bertolt Brecht, Der Zweifler. In: Brecht, Gedichte 4. Gedichte und Gedichtfragmente 1928–1939. Bearb. von Jan Knopf u. a. Frankfurt am Main/Berlin und Weimar 1993, S. 377 (Große kommentierte Berliner und Frankfurter Ausgabe. Bd. XIV. Hrsg. von Werner Hecht, Jan Knopf u. a.).
70 »Such, wer da will, ein ander Ziel«. Festschrift für Albrecht Steinwachs. Spröda 2009, S. 61 ff.

BILDNACHWEIS

EGON BAHR, PETER ENSIKAT
Gedächtnislücken
Zwei Deutsche erinnern sich
Herausgegeben
von Thomas Grimm
204 Seiten. Gebunden
ISBN 978-3-351-02745-2
Auch als E-Book erhältlich

Zwei deutsche Legenden erinnern sich

Egon Bahr, Grandseigneur der deutschen Sozialdemokratie, enger
Wegbegleiter Willy Brandts, und Peter Ensikat, einer der bekanntesten
Kabarettisten und Intellektuellen der DDR, sind seit vielen Jahren
befreundet. Immer wieder trafen sie sich zu langen Gesprächen, in
denen sie einander ihr Leben erzählten und ihr Nachdenken über
Deutschland.

Das Elend der Nachkriegszeit, der Mauerbau, der Aufstand am 17. Juni
1953, die zaghafte Politik des »Wandels durch Annäherung« der beiden
deutschen Staaten, die Bahr maßgeblich bestimmte, bis hin zum Fall
der Mauer und den Debatten der Nachwendezeit – dieses Buch bietet
einen ebenso kurzweiligen wie prägnanten Überblick über die jüngere
deutsche Geschichte.

*»Während Egon Bahr und Peter Ensikat amüsant und schlagfertig mit-
einander parlieren, bringen sie die deutsche Geschichte des 20. Jahrhunderts auf die Reihe – den beiden ist ein Meisterstück geglückt.«*
FRANZISKA AUGSTEIN, SÜDDEUTSCHE ZEITUNG

*»Ein spannendes und aufregendes Gespräch. Greifen Sie zu diesem
Buch!«* DIETER HILDEBRANDT

Mehr Informationen erhalten Sie unter www.aufbau-verlag.de
oder in Ihrer Buchhandlung

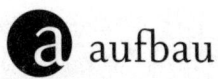

FRIEDRICH SCHORLEMMER
Wohl dem, der Heimat hat
319 Seiten
ISBN 978-3-7466-2651-2

»Hellsichtiger Theologe mit Herz.« NIEDERSÄCHSISCHE ALLGEMEINE

Friedrich Schorlemmer ermutigt zur Suche nach einem Ort, an dem wir anerkannt und gebraucht werden, zum Bruch mit starren Denkmustern und zu menschlichem Respekt. Sein Buch ist ein Plädoyer für das Besinnen auf tragfähige Werte und innere Gewissheit. Er porträtiert Menschen, die ihm viel bedeuten, reflektiert Hoffnungen und Ängste der Jahre 1968 und 1989 und denkt nach über Liebe und Einsamkeit, Zeit und Ewigkeit.

Mehr Informationen erhalten Sie unter www.aufbau-verlag.de
oder in Ihrer Buchhandlung

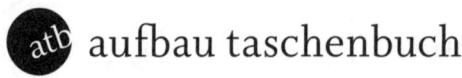

FRIEDRICH SCHORLEMMER
Lass es gut sein
Ermutigung zu einem gelingenden Leben
248 Seiten
ISBN 978-3-7466-7064-5
Auch als ebook erhältlich

»Eine aufrüttelnde Anleitung zum Glücklichsein.« MDR

Friedrich Schorlemmer folgt der Maxime »Lass es gut sein und lass es gut werden.« Aus genauen Beobachtungen gewinnt er Orientierungs-hilfen, die dem Einzelnen Halt und Hoffnung geben. Er macht Mut zu einem gedeihlichen Umgang mit der Natur, mit sich selbst und anderen, auch mit Gegnern und Fremden. Nöte und Ängste nicht verschweigend, schärft er eine Gelassenheit ein, die unsere Tatkraft stärkt.

Wie führe ich ein erfülltes Leben? Schorlemmer verteidigt Werte, die oft im Widerstreit liegen und doch jedem Halt geben können: Freiheit und Gleichheit, Selbstbestimmung und Rücksichtnahme, Recht und Gerechtigkeit. Er zeigt, was Menschen verlieren, wenn sich der Sinn des Daseins im Streben nach Wohlstand und Erfolg erschöpft.

»Befreiende Maßstäbe politisch-moralischer Urteilskraft.« FREITAG

Mehr Informationen erhalten Sie unter www.aufbau-verlag.de
oder in Ihrer Buchhandlung

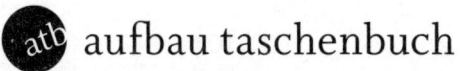

atb aufbau taschenbuch